家。欲要周身一家先要一身無有缺陷。欲要一身無有缺陷先要神氣鼓盪。欲要神氣鼓盪先要提起精神。神不外散欲要神氣收歛入骨。欲要神氣收歛入骨先要神氣鼓盪。欲要神氣收歛入骨先要兩股前節有力。兩肩鬆開氣向下沈劤起於腳根變換在腿。含蓄在胸。運動在兩肩。主宰在腰。上於兩膊相繫下於兩腿相隨。劤由內換收便是合。放即是

武式太极拳创始人、祖师 武禹襄
（1812—1880）

武式太极拳第二代宗师 李亦畬
（1832—1892）

武式太极拳第三代宗师 郝为真
（1849—1920）

武式太极拳第三代宗师 李逊之
（1882—1944）

武式太极拳第四代宗师 魏佩林
（1913—1961）

武式太极拳第四代宗师 姚继祖
（1917—1998）

武式太极拳第五代传人、国家级非遗传承人　翟维传

与恩师姚继祖推手　　　　　艺术拳照　　　　　与子世宗推手

1992年翟书英75岁寿诞全家福
中间坐者翟书英、翟赵氏夫妇，后排左起翟申传、翟会传、翟维传、程金山

38 岁在家中练功

39 岁在魏师家中练功

45 岁在丛台公园演示太极剑

63 岁在武禹襄故居值班时练功

69 岁时太极刀韵

70 岁学写毛笔字

74 岁在影棚拍拳照

75 岁时翟维传手稿

79 岁拳照

51岁在家中捅大杆

53岁在武禹襄故居召开武式太极拳联谊会时表演太极大杆

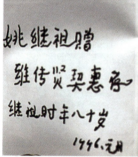
54岁获得姚师带赠言合照

66岁在武禹襄故居练功

65岁在开封留念

70岁在深圳编辑《中华基础功法》时拍摄

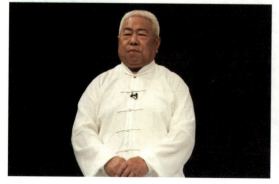
71岁在中国国际太极拳网拍教学片

79岁在武家大院拍"国家非遗记录工程"

2021年9月为河北省第六届旅游发展大会拍摄宣传片

广府古城传拳人

2017年5月20日在石家庄五方太极馆举办第二届武式太极维传联谊会时与弟子们合影

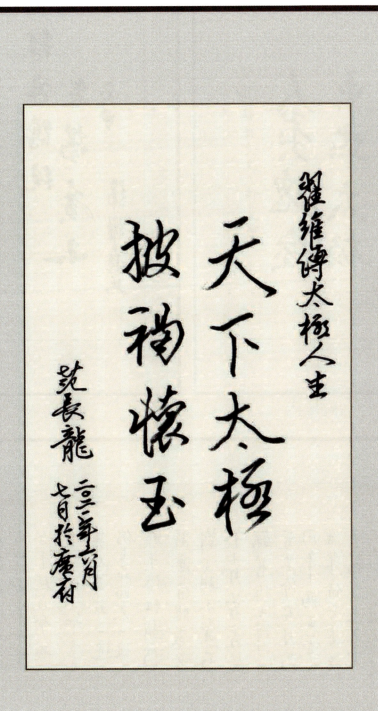

作者：范长龙

作者：李杰

作者：张耀庭

作者：武延绪

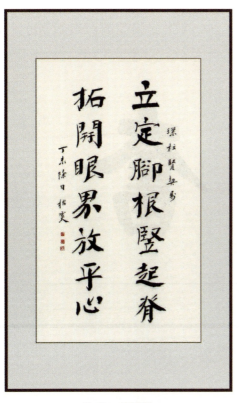

作者：武慕姚

作者：姚继祖

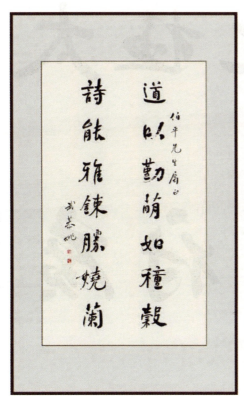

作者：武慕姚

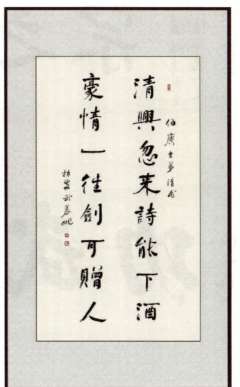

作者：武慕姚

作者：杨岐珍

作者：旭宇

作者：韩修龙

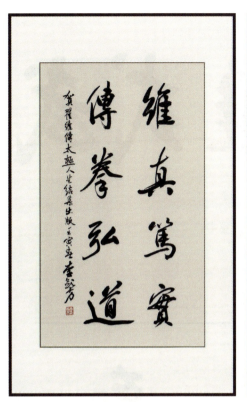

作者：李剑方

作者：钟振山

作者：任智需

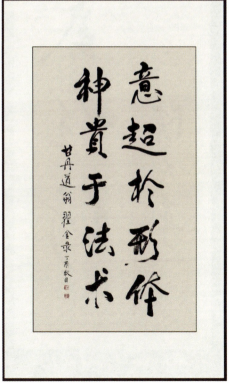

作者：翟金录

武式維傳

作者：門惠丰

作者：陈元亨

作者：李志荣

作者：解延龄

作者：佶梅　　　　　　作者：云明

作者：温彦国

作者：赵玉芹

作者：少君

作者：李和祥

作者：鹤森

作者：王文柱

作者：施南尧

作者：孟宪聚

作者：李景森

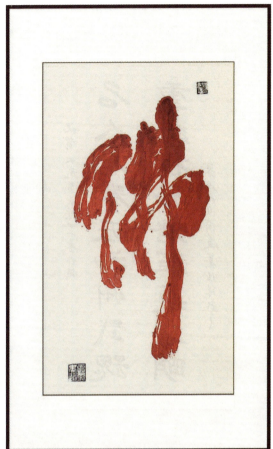

作者：任智需

作者：张伟

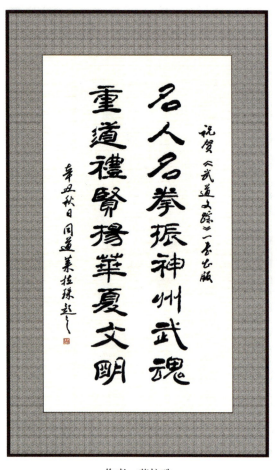

作者：莱拉珠

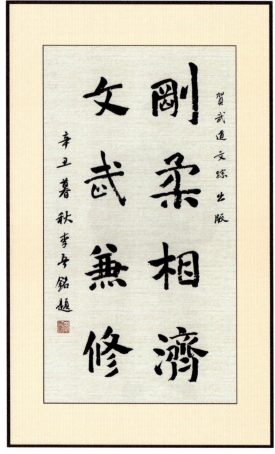

作者：李吾铭

作者：刘伯良

作者：李清水

作者：卫立均

作者：裴川石

作者：刘伯良

作者：闫鹏

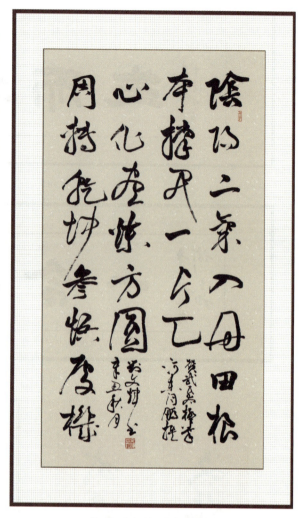

作者：闫鹏撰 刘文辉书

作者：夏有良

作者：张晓波　　　　　　　　作者：傅金铃

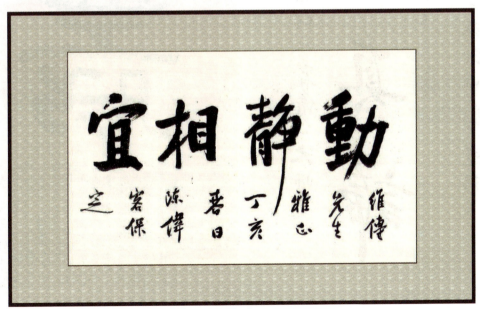

作者：陈伟

作者：翟维传

作者：建朝

作者：周晶

作者：党冀军

作者：王哲膑　　　　　　　　　作者：佶梅

作者：子彦

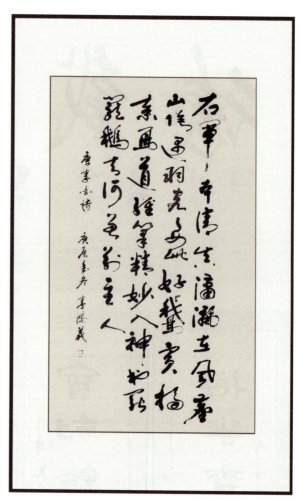

作者：李鸿义

作者：王彩英

作者：董学华

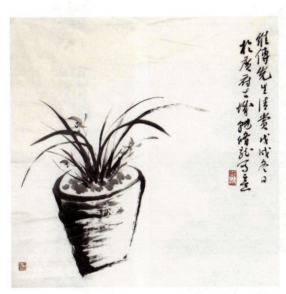

作者：韩修龙

作者：钰山

作者：王彩英

作者：钰山

作者：郭洪彬

# 武道文踪
——翟维传武式太极传习录

翟世宗 杜延平 乔望松 编著

上海大学出版社

图书在版编目(CIP)数据

武道文踪:翟维传武式太极传习录／翟世宗,杜延平,乔望松编著. —上海:上海大学出版社,2022.8
ISBN 978-7-5671-4492-7

Ⅰ.①武… Ⅱ.①翟… ②杜… ③乔… Ⅲ.①太极拳—基本知识 Ⅳ.①G852.11

中国版本图书馆 CIP 数据核字(2022)第 120074 号

书名题字　旭　宇
编目题字　马则中
责任编辑　黄晓彦
封面设计　缪炎栩

## 武 道 文 踪
——翟维传武式太极传习录

翟世宗　杜延平　乔望松　编著

上海大学出版社出版发行
(上海市上大路99号　邮政编码200444)
(http://www.shupress.cn　发行热线021-66135112)
出版人:戴骏豪

\*

上海东亚彩印有限公司印刷　各地新华书店经销
开本787mm×1092mm　1/16　插页4　印张37.5　字数750 000
2022年8月第1版　2022年8月第1次印刷
ISBN 978-7-5671-4492-7/G·3450　定价:360.00元

版权所有　侵权必究
如发现本书有印装质量问题请与印刷厂质量科联系
联系电话:021-34536788

# 序　一

太极拳集儒、释、道、武、医、艺于一体，正在当今时代充分展现着搏击、养生、娱乐、艺术、文化等诸多功能。武者从中悟出搏击之道，医者从中悟出养生之道，兵者从中悟出用兵之道，商家从中悟出经营之道，为政者从中悟出治国之道，习练者从中悟出为人处世之道，艺术家从中悟出美学之道……

太极拳从传统武艺走来，融入了现代遍及全球的体育健身热潮中，而且具有丰富的文化内涵和心灵指向，促进身心双修，深受世人喜爱，是全人类的健身法宝和文化瑰宝。太极拳为中华文化的一种象征，成为世界了解中国的一个窗口。

中华民族的伟大复兴不只是经济繁荣，同时更重要的是文化复兴。太极拳作为中国传统文化的重要载体，必将在人民健康事业和社会主义现代化建设中发挥重要作用。

《世界太极拳蓝皮书》立项后，引起太极拳界的关注。研创过程中，翟维传先生作为武式太极拳代表性传承人，为"流派篇"中关于武式太极拳的传承发展部分付出了很大努力。2020年10月8日在河南焦作召开的"黄河文明与太极文化研讨会暨《世界太极拳蓝皮书（2019）》首发式"上，年近八旬的他依然参会，与其他各大流派代表性传人以及诸多高校研究太极拳及太极文化的专家学者们欢聚一堂，为弘扬太极文化、振兴太极拳积极建言献策，令人欣慰。

守正传承一直是一代代太极拳人的初心使命。武式太极拳名家翟维传先生，怀揣这个梦想，不辞辛劳，四处奔波，几十年如一日，致力于武式太极拳的传承发展，非常难能可贵。

太极名家将自身的修炼经验和体验加以总结，奉献出来，让后学者少走弯路，祛病强身，早出功夫，造福社会，是一件非常有意义的事情。翟维传先生之子翟世宗子遂父愿，发掘整理这些太极拳宝贵经验和资料，可谓一件惠及后人的大好事，可喜可贺！

相信广大读者能通过这本书了解翟维传先生的太极人生，更能在太极拳技术、功夫境界上获得启发和提升！

李慎明
中国社会科学院原副院长
《世界太极拳蓝皮书》主编
2021年9月

# 序 二

武式太极拳是太极拳的代表性流派之一，不仅在功技上形成了鲜明特色和独特体系，在理法上也做出了巨大的、不可替代的卓越贡献。武式的前辈名家如武禹襄、李亦畬等的拳论光耀太极时空，对各流派太极拳的研修都有指导作用。

翟维传老师是当代武式太极拳杰出名家，他继承传统根脉，广泛传播太极文化，在太极拳内功外技、理法拳学等方面造诣精深，质朴淳厚，胸藏太极锦绣，维德维涵，大彰不妄，以数十年的研修与实践，精妙注释了"太极人生"的要义。

翟维传老师出版过多种讲解、论述武式太极拳的著作，对武式太极拳的发展起到了积极的推动作用。这次《武道文踪——翟维传武式太极传习录》一书的出版，系统反映了他的太极拳研修、承传历程，包括太极拳的技术、功架和发展体系，以及理法、心法结构和研究成果，是当代武式太极拳的重要著作，对各流派太极拳爱好者也具有独特的学习、参考价值。

我与翟维传老师相识多年，深感他对于太极文化的痴心、赤心，其德艺兼备，深耕拳垄，果实累累。本书以文志武，尺纸百回，蕴意绵长，为当代太极一大华章。

余功保
著名太极拳文化学者
世界太极拳网主编
2021年9月

# 自　序

我的家乡是太极拳之乡河北永年广府,我家住魏佩林老师家隔壁,距姚继祖老师家也就300多米,从小耳濡目染,喜欢上了太极拳。

我与恩师相伴40余年,深深体会练拳的艰辛和生活的不易。在生活最困难的时候,太极拳就是我们的精神支柱,帮助我们师徒渡过一个又一个难关。生活越艰难,我们就练得越刻苦,所谓"艰难困苦,玉汝于成",往昔生活加在我们头上的磨难,随着时间的推移和功夫的增长,都变成了宝贵的精神财富,使我们更能以开阔的胸怀和深厚的功力来应对生活的种种不幸。所谓"立定脚根竖起脊,拓开眼界放平心",不只是练拳的方法,更是生活的境界。功夫上身之后,练拳就进入了一个新的境界。我的人生只有太极,我的太极就是我的生活,走过了人生80年的风雨,我已经无法将太极和人生分离,我的人生就是太极人生!

太极拳是一种高明的搏击术和导引术,但其功能绝不限于搏击和养生。现代的太极拳,早已突破了自身的小圈子,向更广阔的领域发展。政要大咖、贩夫走卒、教师学生……只要有心向学,无人不可练太极;田间地头、庭院书斋、广场里弄……只要真心求道,无处不可练太极;春夏秋冬、夜半日中、平旦黄昏……只要念念不忘,无时不可练太极。太极拳,如同一个博大精深的文化宝库,有不同需求的人都可以从中挖掘出有价值的东西。

更重要的是,太极拳文化,作为中国传统文化的最具有代表性的一个载体,在中华民族复兴的伟大事业中,必将发挥出重要的作用。

太极拳群众化的蓬勃发展固然令人欣慰,但真正的、传统的太极拳正在远离人们的视野。随着老一代的太极拳家的渐渐离去,失传似乎只是一个时间的问题。

想到这一点,我常担忧,故不辞辛劳,四处奔波,毫无保留地传播传统武式太极拳,虽年近八旬,仍不忘薪火相传之重任。传承,需要培养一大批能明白拳理、拳架规范、推手功夫精湛的太极拳好手,如有机缘能培养出一二位太极拳家,则实为幸事。

一个真正的太极拳家,要对传统拳论有深刻的自我认知和亲身的实践,既能讲得出理,又能练得上身,更能动得了手。只有功夫上身的人才敢于讲真话,也才不屑于讲假话。"知之为知之,不知为不知,是知也。"对于"骨鸣",我并不十分清楚其原理,只是按照老师教的方法日复一日、年复一年地训练,自然而然就出现了这种现象。魏、姚先生也有这种功夫。我以为时间就是功夫,师父正确的传承加上徒弟刻苦的训练和足够的时间就是功夫。真正的传承不是论血缘的,是论功夫的。对于上门试手的同道,我从不推辞,点到为止,令人信服。不故弄玄虚,不炫耀师门,实事求是,凭借师父的传承和自身近70年的修炼,扎扎实实地将传统武式太极拳的精髓传承下去。

　　一个真正的太极拳家,要对传统理论和功法有继承有发展,既能根据师父口授心传继承传统太极拳的精髓,又能根据自身的个性和时代的需求发展创新。武式太极拳的一大特点是"走架即是打手,打手即是走架",所谓练法就是用法,但因其所练在气势而不在样式,故不经点拨终无法用于实战,这也是武式太极拳势简技繁、不易传承的原因。我针对这种状况,认真总结了魏佩林和姚继祖两位恩师的传承,对传统功法进行了系统总结和提炼,又结合自身修炼的经验和得失推陈出新,提出了一些新的训练功法。如桩功训练体系:矛盾桩、五行桩、活步桩等;拳架训练体系:五步八法套路、37式功夫架等;推手训练体系:桩上推手法、定步推手法、活步推手法等;打手训练体系:58打、招劲互变等。受恩师姚继祖先生启发,我经常把练功体会形诸文字,这就是本书"说"的一系列文章的雏形。勤于总结,善于思考,将理论与实践有机结合,既有传承又有发展,这是恩师的教诲,也是我练功的方法。

　　一个真正的太极拳家,要有高尚的情怀和仁爱之心。武式太极拳祖师武禹襄先生是一名儒生,儒家的"修身齐家治国平天下""为天地立心,为生民立命,为万世开太平"的理想和境界想必早已深入其内心。虽然武禹襄祖师终身不仕,但儒家的价值观必定影响着他的人生,乃至他的拳术。武式太极拳历代宗师李亦畬、郝为真、姚继祖等莫不是拳艺精湛又拥有仁爱之心。我的拳艺得自魏佩林和姚继祖两位恩师真传,提起恩师之德,常感念难忘。饮水思源,尊师重道,乃是中华武术的文化之魂,也是武术家武德的体现。

　　一个太极拳家就像一粒种子,会将本门的拳法发扬光大,开花结果,但培养一个太极拳家何其艰难!这要求习者有天赋、有明师指点、能下得了苦功,还需要有相对自由的时间做基础,这些综合起来讲,大概就是人们常说的"机缘"吧。不是所有人都具备这些条件,所以徒弟找好师父需要机缘,师父找好徒弟也同样需要机缘。

　　旧时代师父传徒弟比较保守,有的甚至临终才教所谓的"绝招",这已经不适应新时代发展需求了。太极拳要发展就必须以开放的心态面对求学者,要让真心求学的人在第一时间接触到真东西;武式太极拳"老三本"拳论现在都能看到了,这是时代的进步。我也应该把一生的修炼经验和体验好好总结一下,奉献出来,让后学者少走弯路,早出功夫。若能有幸碰到"有缘人",从书中得到启发而刻苦训练,提高功夫,并能将武式太极拳的精髓传承开来,便是我莫大的欣慰了。

　　将先贤所传,完整真实地继承下来,毫无保留地传承下去,在继承中谋发展,在发展中求创新,并能为社会、为人类进步做出贡献,这就是最好的传承!

翟维传<br>
2021年9月

# 前　言

太极拳是中华传统武术中的瑰宝，是中华传统文化最具代表性的载体和名片之一。它融合了儒家、道家哲学中的太极、阴阳辩证思想，集武术技击、医疗养生、修身养性于一体，具有特殊的武术、健身、文化、艺术等价值。

传统太极拳是一种高明的搏击术，综合众家之长，以太极之理贯之，高度提炼出"掤、捋、挤、按、采、挒、肘、靠"八种劲法和"进、退、顾、盼、定"五种基本步法，总称十三势。太极拳技击讲究"以静制动，以柔克刚，避实就虚，借力打力"，万变不离其宗，其中劲法和步法的千变万化都是以八法五步为基础的。各流派太极拳虽拳架有别，风格各异，但技击原理却是一致的。"练拳不练功，到老一场空"，太极拳当然也练功，但功力大的作用是保护自身，不是用来伤害他人的。太极拳讲究借力省力，要摸准劲路，凭技巧打人。

传统太极拳也是一种高明的导引术，它结合阴阳五行的变化，融合了古代导引术、气功、经络学，在行圆划弧中放松身体和精神，缓解身心和神经疲劳。太极拳用意不用力，在松柔圆活、中正安舒的动作中求顺遂，求舒适；在行圆划弧中慢慢地揉开关节，化僵为柔，疏通经络，充实丹田之气，使气血充足，精神壮旺。随着练习深入，自然阴阳平衡，病去功长。

传统太极拳具有文化性。"拳虽小技，可通大道。"文化，不单是易经、太极、阴阳学说，也不单是与茶艺、书法、古琴相融，更重要的是太极拳可以改变人的气质。杨禄禅将太极拳带入京城，为适应王公贵族的特点，去掉了繁难动作，创造了雍容大度的杨式太极拳；武禹襄化繁为简，以王宗岳太极拳论为准绳，创造了号称"文人拳"的武式太极拳。尤其是武禹襄以文入拳，将儒家理论融入太极拳，注重内气潜转而不露外形，不抓不拿，以劲路制人而不伤人。文化，是深入内心的素养和气质。练武式太极拳到一定层次，由内而外表现出谦逊与自信，不亢不卑，神气敛入脊骨，从容镇静，不骄不躁，又能随机而动，应变自如。

翟维传先生是中国武术八段，国家级非遗传承人，自幼师从魏佩林、姚继祖两位太极宗师，得其真传。60余年来练功不辍，获奖无数，授徒众多，习拳授艺之时又勤于思考，善于反思和总结，积累了大量的经验。翟先生对传统武式太极拳有继承有发展，继承两位恩师所传的拳理拳架，同时根据自身的练功体会和社会需要发展出许多新的功法。先生年逾八旬，全面总结60余年的太极拳经验，使之能流传于世，造福更多的太极拳爱好者，以期为全民健康事业做出贡献。

本书遵从"真实、全面、精选"的原则，以先生对武式太极拳的传承与发展为主线，分为"承、艺、说、维、传"等五个部分，全面呈现翟维传的太极人生。

承，为继承。讲述翟维传自幼习拳的经历，其中披露了老一代武术家许多鲜为人知的习拳方法，展示了先生与恩师魏佩林、姚继祖的深厚情谊。这里，读者将会看到先生从最初学拳到技艺大成，再到传拳授艺，从默默无闻到名扬四海的整个过程。

艺，为技艺。向读者展示翟维传的太极拳大部分技艺。一方面介绍了先生继承于恩师的"传统武式太极拳108式""武式太极拳十三剑、刀、杆""武式太极拳定步、活步推手"等；另一方面展示了先生在传统的基础上创编的37式、26式及五步八法套路，以及桩功功法和推手方法等内容，图、文、音频、视频并重（读者扫二维码即可观看演示或收听讲解，密码为555）。

说，为理论。精选了翟维传几十年积累的心得体会，有的已发表，有的是首次向外界披露。这些文章论述了太极拳许多关键性问题，比如阴阳、松、呼吸、气、神意、推手劲法、功夫层次等。还收录了先生总结提炼的有效教学方法及歌诀，这些都是先生亲笔所著，具有很高的指导意义和参考价值。

维，为维系、传播。从赛会与活动、讲学与专访、教学与授艺、聘书与荣誉四个维度以图片形式展示了翟维传横向传播活动和功绩。

传，为传承。收录了翟维传弟子名录，整理了弟子们拜师现场图片，记录了先生与弟子之间的传拳授艺之情，共享健康生活之乐；展示了翟世宗作为嫡亲传人学拳、传拳、协助父亲教学与活动等方面的努力与贡献；收录了部分弟子所写的与恩师交往及习拳感悟文章和书画作品等。

对翟维传来说，人生即太极，太极即人生。这五部分相辅相成，从不同的角度展示了先生的太极人生，以期读者能全方位地了解一代大师的成长、成功的经历和努力。

由于时间仓促，书中错误在所难免，欢迎同道批评指正。

编　者

2021年9月

# 目　录

| 第一回 | 逢乱世家道中衰　添新丁迎春降生 | 4 |
| 第二回 | 铁魔头闭城千日　广府城十室五空 | 5 |
| 第三回 | 百废兴广府解放　爷教孙学前聪颖 | 6 |
| 第四回 | 创武式弟兄三人　武杨家绵拳盛行 | 7 |
| 第五回 | 逊之公子承父业　俩爱徒得意门生 | 10 |
| 第六回 | 魏先生发人丈外　玄妙术惊幼心灵 | 14 |
| 第七回 | 爷领孙魏家拜师　好伙伴玩拳练功 | 15 |
| 第八回 | 十二岁正式学艺　窥魏师练到天明 | 17 |
| 第九回 | 怀绝技筋骨齐鸣　师殒命维传悲痛 | 19 |
| 第十回 | 帮三农地头较技　遇瓶颈问道姚师 | 21 |
| 第十一回 | 姚先生传艺授理　好徒儿尽孝心诚 | 23 |
| 第十二回 | 娶罗氏生子世宗　忆师爷受益终生 | 24 |
| 第十三回 | 闹"文革"姚师蒙冤　传国粹凌晨授徒 | 26 |
| 第十四回 | 春天来万物复苏　传秘笈师父师叔 | 28 |
| 第十五回 | 似惊弓乍暖还寒　如心愿中秋拜师 | 29 |
| 第十六回 | 逢盛世武汉赴会　扬美名北方枭雄 | 35 |
| 第十七回 | 担重任恩师赏识　迎八方代师传艺 | 38 |
| 第十八回 | 师荐徒舐犊情深　悟太极若有神助 | 41 |
| 第十九回 | 姚师故维传哀恸　砥砺行继承遗志 | 47 |
| 第二十回 | 智需助华武闭关　忽贯通功夫精进 | 49 |
| 第二十一回 | 广传播参会讲学　国家授八段非遗 | 52 |
| 第二十二回 | 津门馆武翟认亲　双重任使命在肩 | 54 |

第二十三回　修身心明师贤徒　合太极武道文踪 …… 56
附录一　经典拳论 …… 59
附录二　武式太极拳传承表 …… 93

## 第一章　继承 …… 101
第一节　修炼通则 …… 101
第二节　传统武式太极拳108式 …… 140
第三节　传统武式太极拳小架 …… 149
第四节　传统武式太极器械 …… 152
第五节　传统武式太极推手 …… 173

## 第二章　发展 …… 180
第一节　传统武式太极拳精要37式 …… 180
第二节　武式太极五步八法套路 …… 214
第三节　武式太极拳竞赛套路 …… 232
第四节　老年26式武式太极拳 …… 234
第五节　武式太极桩功九式 …… 255
第六节　武式太极桩上推手 …… 272

## 第一章　维传说拳理 …… 280
第一节　武式太极养生原理 …… 280
第二节　武式太极拳特点 …… 281
第三节　阴阳 …… 283
第四节　五行虚实 …… 286
第五节　神意修炼 …… 288
第六节　松 …… 289
第七节　身法 …… 295

| | |
|---|---|
| 第八节　懂劲 | 298 |
| 第九节　懒扎衣 | 310 |
| 第十节　气 | 311 |
| 第十一节　命门 | 314 |
| 第十二节　层次 | 315 |
| 第十三节　推手 | 319 |
| 第十四节　内功站桩 | 324 |

第二章　传武课堂　326
 第一节　太极拳八项教程　326
 第二节　太极拳要义精讲　328

第三章　维传释拳论　333
 第一节　解《太极身法行功歌要诀》　333
 第二节　经典拳论释义　335

第四章　维传谈感悟　346
 第一节　授艺精言　346
 第二节　太极拳歌诀　347

附录　翟维传出版发表的作品　361

第一章　赛会·活动　367
第二章　讲学·专访　406
第三章　教学·授艺　410
第四章　聘书·荣誉　426

第一章　弟子　435
 第一节　名录　435
 第二节　拜师　436

| | | |
|---|---|---|
| 第三节 | 培训 | 443 |
| 第四节 | 联谊 | 447 |
| 第五节 | 祝寿 | 450 |
| 第六节 | 同游 | 453 |

第二章 嫡传 461
   第一节 学艺 461
   第二节 活动 463
   第三节 教拳 472

第三章 弟子作品 483
   第一节 文章 483
   第二节 书画 530

附录 翟维传履历 536

后记 555

承

翟维传这辈子是平淡的，没有跌宕起伏，没有大富大贵。然而，他又是不平凡的，竟把难练的太极拳，练出了筋骨齐鸣，练出了不丢不顶、粘连黏随、引进落空合即出的境界！

少年翟维传是不幸的，算不上英俊帅气，甚至成年后还有些不好看。他出生于新中国成立前，3岁时土匪许铁英盘踞永年城作困兽斗近三年之久，广府城与外界隔绝，百姓缺吃少穿，处境恶劣。维传身体不再成长且孱弱多病。直到共产党解放永年城方使一切有了转机，生活才得以继续。

少年翟维传又是幸运的，与太极拳宗师魏佩林是一墙之隔的邻居，从小就受到熏陶，观拳耍拳成了儿时主要的兴趣和娱乐。爷爷教他识文断字，并亲手把他交给魏佩林学艺。幼小心灵感到这种仪式的压力，办了"正规手续"，就不能再把学拳当儿戏了。

维传本性敦厚、淳朴、诚实、倔强，外加一点逞强好胜，他玩拳是认真的、诚心的、挚爱的。魏老师神奇玄妙的放人一丈开外的功夫，强烈地吸引着他，使他时常夜不能寐，他立志要成为魏老师那样的人。

翟维传12岁开始被魏老师认可，18岁被姚继祖老师赏识，22岁与姚师成了忘年交，拳技突飞猛进，常常代师传艺，成了恩师不可或缺的得力助手。后来，姚师都有点离不开这个徒弟了。

如冥冥之中的安排，又如值得玩味的巧合，出生地亦即翟家老宅位于迎春街南段路西，与姚师家背靠背，奎楼巷的新宅是魏师家一墙之隔的南邻；爷爷是领路人，魏师是第一任老师，姚师接棒继续授拳。多年以后，从武氏家谱和翟氏家谱中得知，武禹襄的原配夫人便是维传老姑奶奶，从此以后练拳传拳便有了一种使命感。地缘、师缘、血缘，三种缘分合起来大概就是所谓的"机缘"吧！维传习拳好似命运使然。

从四五岁赏学，至12岁正式玩拳，跟随侍奉两位恩师近50载，习练至今80岁。翟维传将一辈子交给了太极拳，拳改变着他的人生，也改变着他的性格和相貌。如今的翟维传满头银丝，面容慈祥，有几分佛相，是一位可敬可亲的长者。

翟维传现在是中国武术八段、国家级非遗传承人、武式太极拳领军人物。为了武式太极拳的传承和发展，他常年奔波各地传拳讲学参会，成为太极拳界活动的主要嘉宾之一。

翟维传常说："功夫就是时间，没有一定时间是练不上功夫的。"这个"一定时间"是多长？对翟维传来说就是一辈子。

平凡的翟维传成就了不平凡的翟维传，这也许就是人生的辩证法。功夫要能经得住实践和时间的检验,人练拳,拳也练人,你付出多少就能获得多少!

新中国成立前有文化的人凤毛麟角,而翟维传自幼习文练武,虽因时代和环境限制,无法取得更高的学历,但好学好究的精神却成为练拳悟拳不可少的前提条件。成年后到永年县国营拖拉机站工作,业余时间继续玩拳。在姚老师的指点下,养成了记录习拳心得的好习惯,使他在拳理和拳艺上颇有造诣,逐渐形成了富有特色的太极拳思想体系和风格。

平凡到传奇,需要经年累月的修炼。欲知详情,且看翟维传习拳小传。

# 第一回
## 逢乱世家道中衰　添新丁迎春降生

永年城位于河北省南部,因历史上曾为广平府治所,故也称广府(城)。民国时期的广平府下辖13个县,坐落在现永年区东南部,距邯郸50里,是一座历史古城。2000多年前已建城池,名曲梁,自隋朝以来,历代多在这里设府置县,青砖垒砌的高大城墙不断加固,四座城门均有瓮城。该城又处在方圆70里的永年洼内,一遇水涝,便成泽国中的孤岛,水成为其天然屏障,永年城便为兵家所说的易守难攻之地。

20世纪40年代初,日本占领华北,冀南大地一片萧瑟,国家危难,民生凋敝。共产党八路军,民间抗日武装,日本鬼子,伪军保安团,国民党特务,各种势力,犬牙交错。

广府大街上,人来人往,维持着表面的热闹和平静。广府城墙的残垣断壁,护城河的浑水,远处荷淀残败的荷叶行单影只,书写着人们压抑的心情。

能在城里住的人,或是祖上书香名门,或是官宦之家,或是周边乡镇积累了一定财富置房迁入之人。

在城内迎春街南头路西有一户翟家,翟铎和四子在此居住,长子经历、次子经筵、三子经邦、四子经权,在明末清初从城西翟庄迁入,到新中国成立前已有六七代了,历来尚文而仕。由于连年战乱,家道中衰,四个儿子成家后子孙共二十几口挤在这个大院中。

翟经筵生有两子,长子书芳,结婚后不久病逝,无嗣。次子书英,20岁娶妻赵氏,1942年农历正月十一日,赵氏生一子,因为第二天就是立春,爷爷经筵给他起的小名儿叫迎春,也正应了迎春街的街名。按照永年方言习惯在名字后边都加"的",所以唤作"迎春的"。几天后,爷爷就给这个长孙取名"维传",这也是按家谱排的字。这个名字后来也应了一些事情,不知是预言还是巧合。

翟经筵在成安县有一个百货商铺,书英常年帮父亲打货。

1944年,翟经筵买下奎楼街一处旧宅,两岁的"迎春的"便随全家迁到奎楼街居住。

# 第二回
## 铁魔头闭城千日　广府城十室五空

1945年8月，日本投降，抗战结束。国民党政府迅即把皇协军保安团及各路土匪收编麾下对抗共产党八路军，在永年就有横行多年的大土匪许铁英。不久，蒋介石挑起全面内战，共产党带领广大人民群众同国民党反动派展开大决战。由于群众基础好，又是阻断国民党军"南北对进打通平汉铁路"的关键地区，河北南部大部地区已是解放区，只有广府城是个例外。

1945年10月，在临洺关据守的国民党残部原大土匪许铁英被打得七零八落，带领22名残匪逃往广府城避难，该城已被伪匪王泽民盘踞，王泽民还收编了当时永年县、鸡泽县部分伪军和伪警察共计2000余人。

早在10月16日，王泽民将夏堤滏阳河闸打开，并在裴屯村东大堤决堤放水，淹灌了整个永年洼。在20日后，许铁英、王泽民二匪害怕万分，下令紧闭四个城门，不准进出。由于冀南地区除此城外均已解放，广府城成了孤城。此时的城外一片泽国，解放军攻城也遇到了很大的困难。

为了支持二匪守城，国民党常常在广府城墙上空投武器弹药和食物。在城墙上支撑起一个白色大布袋，飞机超低空飞行，向大布袋投下物资。曾有一次物资没有投准，落到了城内一居民房上，把房顶砸了一个大窟窿，幸好屋中没人，土匪随即把物资弄走。后来解放军发现了这个大布袋的秘密，就在城外河堤上，用同样办法诱惑敌机空投，接收物资。

在此期间，守城匪军不断突围找吃的，结果不是被歼灭就是被俘虏，匪员大幅减少。二匪就下令把城内的青壮年男子全部抓了补充力量，翟书英也被抓走了。

1947年春节后，国民党军队对晋冀鲁豫根据地进攻已告失败，北犯的蒋军被阻于大名、安阳一线不能推进，最后南撤，与广府守敌会合已成泡影，广府城这个反共据点，没了利用价值。4月开始，国民党停止了对广府城匪军的空投支援，城内匪军很快混乱起来。

许铁英外号许铁魔，办事决绝，逐渐夺了王匪的权。他心狠手辣，起初挨家挨户抢夺粮食，百姓谁也不敢做饭，谁家只要一冒烟，马上就会招来土匪抢劫。再后来，因长期被困，土匪再也抢不到粮食，只好窜到城里酱菜园内、中药铺里抢酱菜、中药充饥。很快连城内的树皮、树叶都吃光了，最后只好到洼里捞水草吃。城里百姓被困在城中两三年，生活极其困难。国民党停止空投后，匪军抢掠更加严重，百姓饿死不少。

此时迎春的五六岁，正在长身体的时候遭遇此难，本来已经会跑会跳，每天忍饥挨饿，也不长个儿了，直到有一天连站都站不起来了，生命危在旦夕，全家人也都快要饿死了。长年在成安县经营百货店的爷爷翟经筵筹集食物来到城墙下,让城墙上的街坊通知翟家来取东西,翟书英按约定好的地点,在城东南角用绳子系上提篮顺着城墙放下,装好后再提上来。当时的城墙,城外还比较完好,不易攀登。城内侧由于年久失修、战乱毁坏,夯土裸露,可从内侧上城。城内匪军也快要饿死了,顾不上百姓的这些行为。但是一旦被发现,食物就会被抢走,风险很大,成功率不高。但为了活命也只能如此,直到后来饿死的人越来越多,这个办法也不成了。假如广府再晚些解放,迎春的命可能也保不住了。

直到1947年10月,盘踞了两年零五十天的二匪率残部弃城南逃,途中被解放军歼灭,永年城才宣告解放。翟书英趁乱跑回了家。从日本鬼子投降前的1945年3月四城门戒严到永年解放,城门被关闭两年零七个月。

广府解放后,迎春的父亲翟书英,怀着对国民党匪徒的仇恨,积极响应共产党的号召,报名参加了解放军,把对蒋匪的仇恨,化作南下的每一次勇敢战斗。不幸的是在河南安阳的一次战役中,翟书英腿部中弹负伤,被迫复员回家并被定为三级伤残军人,不能再干重活,终身享受解放军伤残补贴。由于家庭困难,政府还在城内南街给他安置了一处四间的房产。

# 第三回
## 百废兴广府解放　爷教孙学前聪颖

1948年,生活条件改善,小迎春健康得以恢复,识文学字提上日程。爷爷读过私塾,从小就跟大人做买卖,会经商还写的一手好毛笔字儿,也是远近闻名的文化人,教孙子识字,自然责无旁贷。

爷爷教认字还有独特的方法,他把烟盒展开,做成一个个小方块,每块上写一个字,100块儿装入一个小包,共13个小包,1300个汉字。每天学5—10个字,这13包汉字,再加上后来的几包,翟维传在入读小学之前就已经全部学会了。

当时,奎楼街东侧,零零星星有住户散落其间。奎楼街西侧,是一大片洼地。雨季时,洼地水势很大,城东南角上的魁星阁倒影清晰可见。

识字之余,爷爷时常还穿插一些人文历史故事。古城历史悠久,文化遗存众多,故事多得讲不完。

他触景生情、就地取材,"迎春的,我给你讲一讲咱家西边那个大水塘的故事吧。""还是大清国的时候。广平府是府衙所在地,四乡八里、十三个县的举子都要来此参加科举考试。人们在奎楼巷北头化育街两侧搭起了一顶顶帐篷服务举子,有买有卖,叫做赶考棚,打把式卖艺,甚至耍猴的也来凑热闹。"爷爷讲着讲着,还得意地吟诵起自己的大作:"三六九日王登殿,当今万岁坐龙庭,招考全国贡廪生,一个垛口一尊炮,一杆旗下一营兵……大清一统振江红。"

那时池塘的水清澈见底,读书人把这片洼地称作"砚池",池边垂柳婆娑,景色怡人,常有人临池写生,留连忘返。

从小受爷爷的教导,小迎春在上小学前就能认两千多字,还会背几首短诗,这为以后上学特别是学拳打下了良好的基础。

## 第四回
## 创武式弟兄三人　武杨家绵拳盛行

"去咋哩啊? 摸鱼儿哩啊?""摸鱼儿哩啊。"广府城大街上,时常会听到这样的对话,什么意思? 原来这是乡话俚语,指玩太极拳。

生活在鱼米水乡的人们,把打太极比作摸鱼,其中奥妙只有内行才能说清楚,也许是秘不外传的修炼秘笈。

说起太极拳,创拳故事在永年广为流传。清朝时期的广平府,商贾云集,买卖兴旺,习拳成风。在太极绵拳出现前,大洪拳、小洪拳、梅花拳盛行,杨武氏创拳后习练太极拳之风日盛。

城内西街太和堂药店是河南温县陈家沟人陈德瑚所开,其房东乃城内囤市街武家。武家乃广府四大望族武、范、窦、黎之首,世代传文习武。武烈,字丕承,庠生,英年早逝,卒时33岁;武赵氏是宣化镇君子堡把总赵宏勋之女,幼熟经书,温良恭淑达大义,夫亡后自课诸子,训以五经四书,三子二女依靠母亲教养成人,三兄弟俱成大家。

武澄清,字秋瀛,咸丰二年进士,官河南怀庆府舞阳知县,为了孝敬年迈的母亲,毅然辞去擢任信阳知州的提名。曾教学于成安、保定、房山、乐亭,门徒众多,山西巡抚胡景桂曾是其得意门生之一,有"大清同治皇帝敕封武澄清夫妇圣旨碑"立于武家大院内。

武汝清,字酌堂,道光二十年进士,授二品顶戴花翎,官刑部四川司员外郎。为人清正,时年,道光帝得知琦善签署《穿鼻草约》、擅自割让香港后,便派武汝清赴广东押解琦善回京。咸丰辛亥年,武汝清赴西宁查办番案,番司以重金贿之,汝清不受,时任刑部侍郎曾国藩曾谓其他大臣曰:"武员外清正,汝辈不及也。"后辞官归里,主讲于晖清书院与磁州书院达三十年。

武河清,字禹襄,号廉泉,贡生,终生研武,创立"武式太极拳",成为一代太极宗师,开"文人太极拳"之先河。

进士武勋朝在武汝清墓表中曾写道:"文章德义,竟爽一门,时有广郡三武之称。"三兄弟勤俭诚勉,积极经营家业,最终也使武家成为广府首富,声名远播。

禹襄一姐嫁同郡人李世馨,生四子:长子名经纶,字亦畲;次子名承纶,字启轩;三子名曾

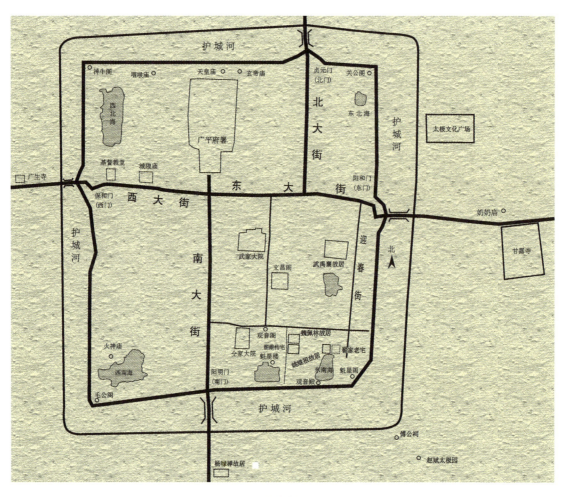

广府古城平面图

纶,字省三;四子名兆纶,早卒。

广府自古民风淳朴,习武之人甚多。武禹襄与杨禄禅自幼习练洪拳,都有很好的武术基础。杨禄禅是贫苦人家,以卖煤土糊口。武、杨两家是老亲,关系比较亲近,经常在一起练武。

有一天杨禄禅发现了太和堂药店伙计会打一种不知名的拳术,很是惊奇,拜见掌柜请求学拳。后经陈掌柜介绍,杨禄禅到河南焦作温县陈家沟从学于陈长兴累计十多年之久。

杨禄禅回家探亲,示之乡邻,众人见其架势绵软,并贴身粘人,即称之"绵拳"或"粘拳"。常与禹襄比较,禹襄觉玄妙,羡慕之余,决心择机访学。咸丰二年,禹襄奉母之命往河南舞阳探望兄长武澄清,取道温县,此时陈长兴已年迈,不再授拳,后又打听到赵堡镇陈清平拳艺精妙,即访之。当时陈清平有一桩特大难平的案子,大祸临头。武澄清与怀庆府知府相交甚厚,代其了结此案。陈清平为报大恩,便将自己拳技奥旨秘诀,倾囊传授。武禹襄研究月余,奥妙尽得。同时,其兄武澄清将在舞阳北舞渡盐店觅得的王宗岳太极拳谱等资料一并交与武禹襄带回广府。武禹襄曾因故得罪本地官员,科举几番受折,遂毅然放弃科考,一心服侍母亲、敦促晚辈读书,同时潜心钻研拳技。后与兄澄清、汝清共研此技,传外甥李亦畲、李启轩,完善拳理拳技,最终创出"武式太极拳"。

李亦畲后将王宗岳、武禹襄和自己的拳论汇总成册手抄三本,一本交胞弟启轩,一本交爱徒郝为真,一本自存,史称"老三本"。

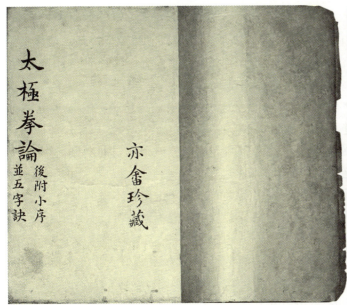

"老三本"之自藏本

再说杨禄禅,学成后以教拳为业,先在城南几个乡村发展,后经在京做官的武禹襄仲兄汝清推荐,到北京瑞王府做拳师,教那些皇亲贵胄打拳。由于拳技精妙,与人交手无有败绩,于是名声大噪,杨无敌之名随之传播开来。清光绪皇帝老师翁同龢观杨禄禅与人比武时说:"杨进退神速,虚实莫测,身似猿猴,手如运球,犹太极浑圆一体也。"并亲书对联一幅相赠:"手捧太极震寰宇,胸怀绝技压群英。"

还有一个传说,由于两家亲近,杨禄禅次子杨班侯幼年随武禹襄学文习武,武禹襄评价说"班侯文不智武奇才"。杨班侯年长进京随父教拳,就有了"两个七成教了一个六成"(指功夫层次)的戏言。当时这两种架式并不叫现在的名称,武式拳唤做"城里架",杨式拳名叫"南关架"。

# 第五回
## 逊之公子承父业　俩爱徒得意门生

传至20世纪三四十年代，城里架的佼佼者非李逊之师徒莫属。

李宝让，字逊之，生于1882年，卒于1944年，李亦畬宗师的次子，是武式太极拳的代表人物。李家是当地望族，李亦畬晚年得子，对逊之倍加体贴和爱护，把武式太极拳艺和秘诀全部授于逊之。在拳艺上，李逊之的造诣是相当深的。他天生悟性好，加上父亲的言传身教、倾心相授，使逊之完全继承了武式太极拳的衣钵，并将其发扬光大。

李逊之不满6岁，便在父亲的督促下开始学练武式太极拳。开始因年幼贪玩，常受到亦畬先生的训导和体罚，但不久逊之就迷上了太极拳。每日上午习文，下午习武，常常与哥哥李石泉推手较技，精研拳艺。李家世代书香门第，逊之平时给人的印象似个文弱书生，人们都以为他不懂太极拳，其实逊之的功夫早已达到上乘水平。

有一次，赶庙会期间，家中来了不少亲朋好友。街对面有一恶棍出言不逊调戏一女子，逊之出门迎接客人时发现此事，心中不平，于是上前好言相劝。恶棍不但不听，而且冲他大声喊叫，让他少管闲事。逊之再劝，恶棍举拳朝逊之打来。只见逊之略一闪身，轻轻一拨，恶棍便跌出一丈开外，来了个嘴啃地。恶根一看不好，爬起来溜走了。这时，乡邻好友才发现他是个武林高手，身手不凡，不愧是李亦畬的后代。

逊之平时为人和蔼可亲，平易近人，不少乡邻要拜师学艺，大都被拒绝了。在择徒的时候，逊之首先注重人品的好坏，他不但传学生武功，而且教他们德行：做人要孝顺父母，尊敬师长，忠诚老实，不说假话；学太极拳是为了强身健体、防身自卫，不可好勇斗狠，打架闹事；让学生懂得学武的目的，要求学生继承和发展武式太极拳，不能让拳艺失传；教导学生要勤学苦练，多加揣摩，严守身法，保持先辈们的特点。李逊之明确指出有了正确的练功方法，还必须下苦功夫去练，没有什么捷径可走，功夫是在老师的指导下苦练出来的。

李逊之自己在练功过程中，不断总结新的内容和练功方法，比如用绳子系住双手固定在脖子上，不用伸缩来发放人。李逊之身怀绝技，但从不仗武欺人。他待人热情，为人和蔼可亲。晚年时仍不断地研究拳法的奥妙，著有《初学太极拳练法述要》《不丢不顶浅释》《授艺精言》等拳论。李逊之是文武并重、德才兼备的一代太极拳大师。

李逊之一生只收徒四人，其中以魏佩林、姚继祖最为著名。

魏佩林，1913年生于永年县广府东街，共兄弟四人，排位第三。两个哥哥因病早逝，魏佩林也年少体弱，于是父亲让他练拳习武，强身健体。魏佩林早年曾习多种拳术，1929年16岁时入永年县国术馆全面学习太极拳，由于刻苦习拳而受到圈内关注，1932年恳请向李逊之老

1929年永年县国术馆全体
（二排右四馆长韩钦贤,二排右一李福荫,一排左二魏佩林）

师学习并得到老师允许。

魏佩林在逊之老师的严格要求和精心指导下,练拳非常刻苦,架子天天数十遍,杆子天天粘缠抖,推手处处意在先。每晚从师父家回来后仍不休息,在院内直练到后半夜,一招一势反复琢磨,务求精湛。就是在生活最困难时期,仍坚持每晚练拳到五更天,功夫豁然贯通后仍然如此,数十年如一日。

曾传说,李逊之为考验魏佩林对师父的诚意孝心,假说家中遇急用钱,向魏佩林诉说。几天后佩林变卖祖上留下农田土地,得200元现洋银元,给师父送去。逊之心中暗喜,没有收错徒。又几天后,对佩林言道:"对你的孝心真心老师非常感念,但事已解决,请把钱拿回去吧。"从此后两人更是亲如父子。

魏佩林一生没有从事过其他工作,专研太极拳,把传承太极功夫视为夙愿,把毕生精力全部用在了拳艺上,因此深得武式太极拳精髓,终于练成了"臂上困鹰、

武式太极拳第三代传人李逊之宗师

指震黄牛"之太极上乘功夫;达到与人推手随心所欲,使对手像皮球一样任其拍来拍去,身不由己;如要发放时,挨手似触电,放人有方向,跌位在意中,能轻能重,造诣高深,在永年一带被视为传奇人物。

姚继祖,字绍先,1917年农历十一月二十四日出生于永年广府东街一个书香门第,身体虚弱,出生后7个月就染病。祖父姚佩虞,熟读四书五经,是一位颇受乡里敬重的文化人,曾跟杨禄禅的大儿子杨凤侯及其孙少侯学杨式太极拳,其太极拳功夫也有很高的造诣。

永年县国术馆证章

永年县国术考试优胜纪念
(郝月如赠)

祖父见继祖身体状况很差,但禀赋聪慧,就在8岁时教他杨式太极拳。当时武式太极拳传人郝为真的次子郝月如在当地教拳,姚继祖在10岁时由父引荐从学于郝月如,一面读书,一面学拳,一练就是6年。在习拳的岁月里,姚继祖尊师重道,凡事认真谨慎,不骄不躁,脚踏实地,用心体会,不仅身体练得强壮起来,而且也渐渐迷上了太极拳。16岁进入永年县国术馆学习太极拳械与推手,由于他的太极拳基本功扎实,技艺日臻完善,对行功走架、刚柔开合、劲力转化都有自己的独到见解。尤其在技击应用上反复实践和体会,把太极拳的一招一式都进行了剖析分解,他打出的拳在绵软阴柔中见阳刚脆疾之精神。

1934年18岁时,为了进一步深造,姚继祖找到李逊之,请求拜师学艺。李逊之见姚继祖心诚意挚、聪明好学,认为孺子可教,应允随同学习。在李逊之的精心培养下,姚继祖在拳术理论和推手实践上进步很快,也逐渐掌握了武式太极拳的各种法门。

1937年日本侵略者占领华北,永年沦陷,时年姚继祖20岁。在日占区,日伪政府对民众进行亲日宣传,宣传要"使人民信服皇军的威力",大肆恫吓,威逼其屈服。

一次,永年广府召开运动会,日本人威逼群众观看,一队日本兵在操场上表演刺枪,耀武扬威,大叫大吼。一旁围观的继祖不以为然,不屑一顾地小声对同伴说:"日本的枪刺术跟中国的武术比还差儿点呵!"这话让一个懂中国话的日本兵听见了,心生愠意,逼迫姚继祖与他较量。姚继祖年轻气盛、血气方刚,顺手抄起一长杆子对阵上了刺刀的三八大盖枪。这日本兵根本不把姚继祖放在眼里,气势汹汹地持枪直捅过来,姚继祖用杆子粘住顺其势一拨一压按,日本兵踉跄而跌。在大庭广众之中,日本兵感到丢了脸,喊叫着要与姚继祖拼命,姚继祖面对凶神恶煞端着明晃晃刺刀的日本兵并没有后退。同伴感到事情不妙,奉劝姚继祖头脑冷静下来。此时,日本鬼子的小头目为了维持运动会进行,同时假意中日亲善,此事才算做罢。

往事如烟,思昔抚今,在民族受到践踏和凌辱的岁月里,太极拳给了他不屈不挠的力量!姚继祖敢于与侵略者一拼,表现了他艺高胆大、无畏强暴的精神。

同年,魏佩林、姚继祖、赵允元、刘梦笔四人在赵允元父亲赵骏臣的力促下举办了拜师仪式,正式成为李逊之入室弟子。赵骏臣是李逊之的好友。

1940年2月21日,农历正月十四,师徒友及李逊

青年姚继祖

二排右一李逊之,右二赵骏臣;前排李池荫;
三排右起刘梦笔、赵允元、魏佩林、姚继祖

之之子李池荫在永年焕章照像馆合影纪念,四个徒弟获赠师父肖像照片。

姚继祖敦厚聪慧,尊师重道,是师父的得意门生,师父把家传武式太极窍要倾囊相授。1943年,李逊之病重,姚继祖服侍床前,极尽孝道。

不管社会如何跌宕,姚继祖不辍所学,不坠宏志,终成一代宗师。自20世纪40年代李逊之仙逝,至1998年姚继祖辞逝,在半个世纪的时间里,姚先生是中国武式太极拳传播的主要担纲者之一。

新中国成立后的1959年,河北省武协在邢台束鹿举办武术运动会,魏佩林被聘为副总裁判长,姚继祖带领永年县代表队参加,被评为最佳代表队。

1960年,魏佩林被国家体委聘为太极拳教练,准备次年赴京就任。

# 第六回
## 魏先生发人丈外　玄妙术惊幼心灵

魏佩林家也在奎楼巷,是翟家的北邻,只一墙隔,还是个半人高花式矮墙,有砖空儿,能通风、观望,院中活动彼此能看见。两家睦邻通好,大人能说得着,小孩们能玩一块儿。

魏佩林有三个儿子:高申、高义、高志。其中魏高义与翟维传同庚,晚维传几个月,小名宏昌,那年两人7岁,形影不离。

翟维传小时候上魏佩林家去玩,偶遇上魏先生推手的场面:对手一个饿虎扑食打来,魏先生以懒扎衣迎之,几乎没见咋的动,对方就弹出丈外坐到地上,屡试皆如此。迎春的惊奇得不知所以。

翟维传渐渐地来魏先生家的次数越来越多,奇妙的功夫强烈地吸引着他。魏先生与人交手摸劲儿放人的场面在他脑中挥之不去。

他私下向宏昌请教:"你知道这是咋回事儿吧?"

宏昌摇摇头:"我也不知道。"

"我也想学,你想学不?"

"咱一块学吧。"

"约摸着俺爹不同意,咱还小,正上学哩。"

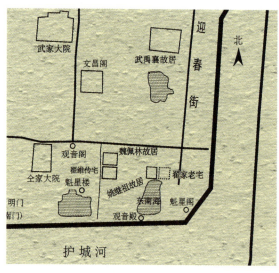

翟维传住宅与恩师住宅位置

"学会这个就没人敢欺负咱啦。"

"咱要有这个能耐,多带劲!"

有一次,迎春的没事又来观摩,魏先生正给徒弟讲拳,

"用目观六路,用耳听八方……接劲……不丢不顶……"

"以意领气,以气运身,意到气到劲到。"

……

小孩实在听不懂。

小孩子的天性还是玩耍。盛夏六七月,是孩子们快乐的时光。孩子们跑出城门,到一望无际的湿地去放飞自我,那里充满着无尽的诱惑。

小路两旁的柳树,池塘边的灌木,那是知了的天堂,"知—知—知—"地叫个不停,宏义的、迎春的、宏昌的三人同去粘知了。

迎春的去麦地薅几把将要割的麦穗,放在手心里,使劲搓搓,麦仁就会掉皮儿,把麦皮吹走,把一捧鲜嫩含浆的麦仁,放入口里开始嚼,嚼啊嚼,浆汁随着唾液咽到肚子里,嘴里剩下筋筋道道的一团儿就是面筋了。吐到手心,揉几下,挺粘手的,就好了,放到塑料纸上备用。

宏昌的到池塘边拽一根长点儿的苇子,撸掉苇叶,取一小块面筋包粘在苇杆的顶端,粘蝉的工具就做好了。宏义的寻着叫声,到柳树下向上望,仔细查看"一只""还有一只"。迎春的说:"这个树上也有一只。"宏义的拿苇杆顺着枝叉间隙向上移动,瞄准那褐色壳迅速一粘,知了顿时失声或间断失声,翅膀粘住了,再轻轻原路顺回苇杆,抓住知了放进玻璃瓶,瓶盖捅几个小窟窿透气……

夏秋交接八九月,刚下完雨,是抓知了猴的绝好时光。晚上最多,几个小孩跟大人打着手电筒,往树下、树干上照,有的刚钻出土,有的正在上树,松软地上还有很多小洞口,逮住它们很简单。知了猴躯体是半透明的,蜷成球状。运气好了一会就能抓上半脸盆,回家交给娘,在盐水里浸泡,捞出控干水,油炸或炒熟,很好吃的。在那个物质匮乏的年代,真是不错的美味。

# 第七回
## 爷领孙魏家拜师  好伙伴玩拳练功

因在学前识了两千汉字,所以迎春的上语文课不费力,但现在,迎春的最大的兴趣是学拳练武,他要学魏先生的功夫。有一天他跟爷爷说:"我想跟魏先生学拳行不行?"其实爷爷早就知道迎春的没事儿就往魏家跑,在自家院中就能看见迎春的等几个小孩在魏家看魏先生跟徒

弟一块练拳。爷爷心里早就有了数，但怕小孩子一时兴头，三心二意，所以说："小孩儿上学识字学文化最重要，是正事儿，学拳会耽误上学的。如果上不好学，我是不答应的。你从小身体弱，我也想让你锻炼锻炼，所以你要保证不影响上学，还要能吃苦，我就答应。"练拳是很苦的。迎春的是个实在孩子，他早就下了决心，一定要学会那种奇妙的武术，所以向爷爷保证："我要是两件事儿做不好，你可以打我骂我，别让我跟宏昌的玩儿。"孙子说到这个份上，爷爷也就同意了。

三天后，1948年3月21日，农历戊子年二月十一日，是个礼拜天，黄道吉日。吃完早饭，爷爷到院中向北观望，看见魏先生在家，就领着迎春的去魏家，一过大门洞，向堂屋喊道：

"魏先生在家吗？我有点事儿跟你说说。"

"来来来，快进来，什么事儿？"

"我有一事相求，迎春的想学拳。看到你跟人交手，实在玄妙，你不用动就把人打出丈外。迎春的想学你这本事，这个事让他吃不下饭睡不着觉，怕你不教。孩子从小身体也不太好，跟你锻炼锻炼吧，先生一定要答应啊！"

魏先生道："小事一桩，跟着学吧。"

"看他是不是这块料，练拳是很苦的，也是很枯燥的，很多人坚持不了，愿意试就试试吧。"

"我看这个孩子也不错，不奸不滑的，跟俺家宏昌玩得挺好，叫他俩做伴儿学吧。"

"谢谢魏先生，来，迎春的，给魏先生鞠个躬，喊师父。"

迎春的恭恭敬敬垂手站立，等魏先生坐到太师椅上，冲着魏先生说道："魏先生请收我为徒，我要好好学拳，保证不叫师父生气。"魏先生道："我收下了。"宏昌、宏毅在一旁也看到了，也拍手祝贺。魏先生接着说："不过，成不成就看你自己啦，这叫师父领进门，修行在个人。"大家表示赞同。爷爷说，"孩子就交给你了，打也打的骂也骂的，只要你肯收，就是他的福分。"

拜过师以后，迎春的和宏昌在一起的时候就更多了。起初，魏先生并没有特意教他俩打拳，他和宏昌就跟在大人们后边有样学样，比划比划。师父要考察考察小孩儿有没有常性，有没有悟性，有没有品性。

学拳一起，玩耍更在一起了。摸鱼，是广府大人小孩都爱干的事儿，护城河和蒲苇荡也是少年的天堂。

一个夏日的黄昏，天气稍微凉了些，小迎春和小宏昌一块儿跑到城外去荷塘里摸鱼。选一处荷塘的浅处，水面只没过小腿弯，赤脚踩入泥中，伸开双臂插入水中，全神贯注，含胸拔背，两手呈抱球状。但不能操之过急，要做到放松，平心静气，以静御动，虽动犹静，去寻摸鱼儿的触碰，这是个漫长期待的过程。当鱼儿触碰到手，要稳住神，双手粘连黏随，似挨似不挨，随劲遛鱼，瞬间发力，将鱼儿合抱摁于水底，抓于掌中。这摸鱼儿进程中，是不是与太极拳交手摸劲相似？不是每次都能成的，得多多练手，方能百摸百中。

# 第八回
# 十二岁正式学艺　窥魏师练到天明

20世纪50年代,社会安定,百姓安居乐业,永年广府习练太极拳蔚然成风,又恢复了战乱前的繁荣。人们串门子聊大天,张嘴闭嘴就是"摸鱼""摸劲""城里架儿""南关架儿",没有别的娱乐活动,人们的业余生活以推手比高低、摸劲比谁更巧妙为最大乐趣。大人是这样,小孩子耳濡目染,也崇尚此技了。

魏佩林一生痴迷太极拳术,没有找工作,专心练拳教拳,常往返于邯郸、邢台、峰峰、鸡泽等地传艺,在永年刘营、刘宋寨、马军营一带长期义务授拳。针对学员在推手中劲路单一、顾此失彼的情况,他创编"浑圆活步推手法";并结合教拳实际,改进教学方法,如"太极拳身法尺度""发劲准头法""身体相应法""内劲阴阳互变法""见劲找劲法"等。

1953年翟维传12岁,农历六月初六——这一辈子都铭记的日子。

魏师父把迎春的叫到跟前。

"你和宏昌已经跟我练了5年了,我也没专门教你们。你知道我的用意吗?"

"知道,师父是在考验我。"

"好,知道就好,从今天起我要正式教你。我们玩的这个拳叫太极拳,我师父是李逊之先生。先生父亲是李亦畬先生。李亦畬的舅舅就是我们这个拳的创始人,是武禹襄祖师。我们练的也叫城里架儿,像杨家的太极拳叫南关架。这些你都听说过吗?"

"有的知道,有的不知道。"

"好,这些你简单了解就行,最主要的是学习这种拳的技术,还要懂拳理。这样你才能知道你练的是什么,为什么这么练,结果是什么。所以心知是前提,身知是目的。做到心知身知,才是正道。如果说练拳的最终目的,那一定是防身和打人。所以这又涉及体和用的问题。体是前提,用是目的,一环扣一环,一层高一层。行,先说这么多,今天我就正式教你们。"

说完,从屋中出来,魏先生站在院中央,维传和其他人围拢过来。"起式,自然站立,全身放松,心平气顺,专心没杂念。一、重心沉到右腿,提起左腿横出,与肩同宽。二、两手向上掤起来,略与肩平,跟我一块做……"

魏先生教拳架,给徒弟捏肩膀,托屁股,从头顶一直摸到脚后跟。还常说:

"不这样,怎能把动作做对?有一处不对,打出来的拳就别着个劲儿。"

有一次,迎春的半夜睡不着觉,凌晨2点到院儿里溜达。月亮高挂天上,树影婆娑,视野清晰,他环顾四周,发现师父家院里人影晃动。他怕搅扰了师父,便蹑手蹑脚弯腰来到矮墙前,从一处砖洞向院内观瞧,只见师父正在打拳,一趟一趟循环往复,从院子南头走到北头。原来是

17

懒扎衣的架势，左右循环，用五行步向前行进。迎春的不动声色，一直看了半个时辰。后来，迎春的经常半夜出来看。师父走懒扎衣，常常练到凌晨三四点。

真是台上一分钟台下十年功啊！

魏师父功夫特别好，背后另有原因。自从魏佩林等四人拜师后，深知李逊之得真传，功夫了得。这四位如获至宝，都在用心修炼。但有一点不同，其中三位都有工作，是业余训练，只有魏佩林没找工作，专门练拳，并按照自己的理解，专攻一点，不计其余，将太极拳母式懒扎衣练得炉火纯青。

夜晚，魏先生十之八九在院中走懒扎衣，从不间断。迎春的看在眼里，记在心中，并暗暗立下宏愿，学习师父这种精益求精的治学精神，把108式一遍一遍地循环练习。有时在自己屋里，有时在院里，有时睡觉前在脑中过一遍动作，回味动作要领。

青年翟维传

在师父教拳时，迎春的问魏先生："师父，我见你半夜走懒扎衣，不练108式，为啥？"先生答："懒扎衣是太极拳的母式，是万能式，大部分动作都可以从它变去变来，同时也是攻防预备式，掤捋挤按采挒肘靠、四正四隅都包含其中，进退顾盼定五行步法也包含其中，练好懒扎衣就能掌握太极拳的核心，这些以后再教，你先把所学掌握好。"

1955年，迎春的、宏昌的已正式习练两年多，迎春的将所有套路一概学会。

永年县要在干部职工中推广太极拳，职工俱乐部领导郑连生便邀请魏先生教授武式太极拳。每天早上五点半，迎春的和宏昌的就跟着师父去俱乐部习练，等练完拳后再去上早自习。要是有领导来学了，魏先生亲自教，若是一般机关干部，魏先生就让这两个14岁的少年带着大家一起学拳，自己随机指导。

这是迎春的最早体验当老师的滋味。本来有些动作要领自己还有些模糊，平时练时一带而过，可是要讲给人听，自个儿不明白咋讲，这个经历使他进步很快。

其实，那个时候，少年翟维传对于学拳架子，并不怎么感兴趣，他真正的好奇心在于魏先生打人的轻而易举，这个太令他着迷了，心里总想着什么时候自己也能做到就好了。但翟维传终究是个诚实性格，老师给捏架子时，还是小心翼翼地认真纠正，一是怕批评，二是要对得起师父的好。

迎春的学前能识字两千，已够聪明，但是贪玩，他的兴趣在学拳，不在学习。

翟书英因伤退伍，不能干重活，就在南街摆摊卖日用百货养家。他有四个儿子一个女儿，维传是老大。由于家庭经济困难，维传高小毕业后，父亲就不再让他上学，维传便帮父亲上货、

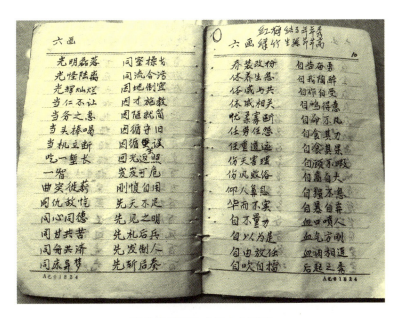

翟书英编写的成语大全手搞

替班,这段时间大约四年。

百货是从西南方向48里的邯郸郊区苏曹进的,有烟、酒、糖和日用杂货等,起初没有交通工具,全靠人步行肩背。维传一般早上5点出发,上午11点到苏曹,中午吃碗面条或包子,下午1点返程,晚7点左右到广府。进的东西也不可能太多,手提肩背,大约七八斤,但是这么远的路程也是相当辛苦的,好在不是天天进货,一个月进几次即可。两年后,家里花了160元买了一辆旧飞鸽牌自行车,不用起太早了,单程也得两个多小时,带的货可以几十斤了,减少了上货次数,比起步行肩背是幸福太多了。

摆货的是一张旧木床和一个方石墩,翟书英与北边一个修自行车的关系很好,收摊后就把货存放在他那里。四年时间里,翟维传除了帮父亲上货替班,其余的时间都是跟魏先生学拳。

# 第九回
## 怀绝技筋骨齐鸣　师殒命维传悲痛

由于魏先生专职习拳,比起另三位师弟来,功夫要好一大截,渐渐在广府及周边乡镇有名了,找魏先生学拳切磋的宾客络绎不绝。推手摸劲时时发生:家有客来,主客双方互相搭上了手,魏先生一个搓身,对方"嗖"地飞了起来,"咚"的一声,重重地撞到隔扇墙上,来客领教佩服,先生谦虚几句也乐在其中。

魏先生有一位弟子,身大劲不亏,五十斤的一袋面,一摞三四袋扛起来就走。有一次和魏先生在堂屋里试手,魏先生一发劲,这位弟子便"腾腾腾"地往后倾跌,"哐当"一声,把靠在墙边的一个立柜都撞倒了。

每每看到魏老师发放人,迎春的就会一阵阵地心潮澎湃,脑中闪现的就是"玄妙"二字,敬佩得五体投地。

跟魏先生学拳的有一位名叫石宝镜的,和迎春的相处得非常好。石宝镜大个儿,二百四五十斤的体重。老婆管他太严了,有时候大家正一起练着拳,宝镜老婆来了,当着魏先生的面就骂起来,嫌他不干活,弄得魏先生都不好意思。后来石宝镜也就中断练拳了,大家都为他感到惋惜。

石宝镜曾经给迎春的讲:"永年城,就魏先生能打了我,别人谁也打不了我。"

魏先生对自己孩子们脾气很好,有时孩子惹他生气,气得自个儿蹦,也不打不骂。魏先生祖上留下不少房产和土地,由于他专事练拳不上班挣钱,就变卖房产用于家中花销度日。在外人看来这就是败家之人。

但只能说魏佩林生不逢时,命运不济,如生逢当今,一身好功夫,定当受到国家重视,还会穷困潦倒么?!

1956年后,在魏先生家里,迎春的经常见到姚继祖,也曾得到姚先生的指点。

姚继祖没有魏先生个儿高,相较于魏先生的直来直去,明显有一种儒雅的气息。后来得知姚先生住翟家老宅西边,房后就是姚家院子,距现在住的奎楼巷几百米。姚先生在东街小学教书。

后来渐渐熟络了,姚先生给大家讲多年以前他们师徒的故事:

一个夏天夜晚,魏佩林、姚继祖师兄弟四人一块儿去李逊之师父家练拳,那天没有外人,不必拘礼。李逊之情绪很高,上身就穿一件背心,光着个膀子招呼弟子们:"外人常说太极拳软绵绵的不能打人,来来,今天就让你们试试。"

魏佩林是大师兄,迎上去和师父交手。师父不满意,说道:"你这是假打,不要有顾忌,来,随便打。"魏佩林开始使真招了,一个饿虎扑食,拳头狠狠地砸向师父。师父轻灵闪过,一个顺劲拔根加发放,魏佩林高大的身躯就被弹了出去。师父一伸手,早把魏佩林给拽了回来。

魏佩林道:"逊之先生那真是一羽不能加,蝇虫不能落啊。我用全力扑了上去,根本就打不到他的身上,只觉得一空,什么都没有了。"

有一次,练过拳之后,魏先生拿出一本老拳谱交给迎春的说:"你爷爷字写得好,请他给抄出一份吧,这样你以后可以慢慢学。"回家后一说,爷爷马上答应了,很快就抄好了一份,原本还给了魏先生。不幸的是,这本珍贵的手抄拳谱几年后弄丢了。

一次,翟维传发现了一件奇妙的事,魏先生站桩功时浑身发出咯叭咯叭的声响,好像是骨头撞击出的,时大时小,非常清晰。魏先生还能控制,想响就响,不想响就不响,想让哪儿响就让哪儿响。

翟维传十分惊奇,佩服得不行,感觉师父真乃神人,便问:"师父,你咋浑身响,这是啥功夫?"

"据俺老师讲,这叫'骨鸣'。"

"俺能练成这个吗?"

"咋不能?好好练,都能练成。这是内气潜转练到一定程度的表现。"

1960年至1963年,中国遇上了三年自然灾害。1961年初,魏先生因饥饿得病在家中亡故,享年49岁。

那段时期,人们的生活都极其困难,各自想方设法活命,根本无暇顾及其他。当时维传在南街居住,各自为生计所困,无法天天练拳了,所以魏老师病故时,维传没有第一时间得知此事。魏家不愿通知亲戚朋友,更无力大操大办丧事,很快就把人埋了。

在魏师家练功

几天后维传才得知这个噩耗。见到宏昌,宏昌回顾父亲在临终之时,仍然谆谆告诫三个儿子:"困难时期总会过去的,等将来你们能吃饱肚子了,还是要好好练拳。咱这个拳是好东西,千万不能丢了。"维传十分悲痛。七八岁跟魏先生,从起初的懵懵懂懂,到了十一二岁有了思考,现在十八九岁是学拳劲头正大的时候,而魏先生的突然离世,令维传一下子茫然若失,不知该何去何从。

## 第十回
## 帮三农地头较技　遇瓶颈问道姚师

1963年,永年县拖拉机站招工,每街9个名额,四街共36人,翟维传被录取,从此到广府西北40里的拖拉机站所在地苗庄上班,主要工作就是驾驶拖拉机到各村犁地、收庄稼、打麦子。由于离家远,大家都住单位,每星期天回家一次。各村招待都不错,炖肉熬菜,还给烟抽,比在家吃得好,工资和粮票也用不上,可以积攒下来补贴家用。维传刚上班时大约每月30块钱,9年后工资才慢慢提高,他把20块留给家里,自己攒10块。

上班后,小名儿"迎春的"没人叫了,除家里人和亲近的朋友,都叫他大名儿"翟维传"了。

下班后，翟维传不忘习拳，身边逐渐聚集了七八个同事。有的以前也练过，有的是跟维传学习的。大家在单位院子里一块儿练功盘架，推手摸劲儿。

有一个同事叫王同海，是南沿村人，和维传很说得来。王同海也练拳，闲暇时两人就一起玩拳比试。王同海听说维传手里有这样一本拳谱，很羡慕，维传便慷慨地拿给他看。那时正赶上秋收季节，王同海请假回家，拳谱也就被带走了。

假满，王同海返回拖拉机站，没等维传开口，王同海先怯怯地说道："拳谱不见了！"

"咋回事？""也不知啥时候没的。中间忙农活，拳谱收起来没顾上看。快回来上班了，我突然想起来，再找，哪儿也找不到了。""那下次回家时再找找吧，说不定掖在哪里了。""好好。"但是从此就丢了。

魏先生离世前后，是维传玩推手正上劲的时候。一有空闲，维传就到处找人推手，城里城外，年轻年长的，见谁就和谁推。特别是在各村儿犁地打麦时。也有村里边的太极拳习练者，田间地头找维传推手，维传来者不拒。对于维传来说，这正好是实践的好机会。那时翟维传个子不高，但身强力壮，又下苦功练拳，总是赢人，越赢挑战的人越多，这给了维传大量的实践机会。维传也没有什么思想包袱，也不怕输，反正就是玩得上瘾，没有输赢的思想包袱。

但是一段时间之后，维传觉着不对劲儿，为什么呢？因为把人推出去以后，对方往往说这样的一些话："你该不是年轻有劲儿哩。"听得多了，心里确实很困惑："欸，不是都说太极拳以小力胜大力吗？我有劲儿，你怎么打不出去我呢？"真是胜也郁闷，败也郁闷。他们不服维传的"手儿"，维传也不服他们的"话儿"。

魏先生在世之时不敢随意问，现在先生突然离世，让维传一下子无处可问了。回头想来，当时如果把这个困惑给魏先生说一说，请魏先生给说道说道，也许这里面的结就给打开了。但是当时一个是自己太年轻，远不够细致；二是当时的环境，师道尊严的思想还非常突出，一般学生在先生面前，都是毕恭毕敬，畏手畏脚，不敢轻率放肆、信口开河，结果真的是耽误了自己的进步。

永年城有一位名叫关钦的老先生，曾对维传讲："迎春的，我以前常和某某先生在一起，他拳艺高，有许多人跟他学。我常常在他家做客，心里也想学，可是碍于情面，不好意思开口问，更不好意思做做动作请他指点，怕被人笑话。结果白白看了多少年，徒徒浪费了大好时光，虚度了岁月，到现在仍然是个门外汉，一事无成。所以学拳，一要敢问，二要敢于丢丑，三要实际去练。迎春的，要吸取我的教训，趁年轻，好好练吧。"

练，没问题；丢丑，也不怕。可是魏先生一走，要再问，可就难了！

后来，维传和宏昌遇到什么问题，如果无解，就去找姚继祖先生问。第一次登门还是要有一定的勇气哩，见到姚老师想起魏先生，突感亲切，往事历历在目，忐忑尽消。求教次数渐多，在外人眼中，维传就是姚老师的弟子。

# 第十一回
## 姚先生传艺授理  好徒儿尽孝心诚

永年解放后,姚继祖被分配到教育部门工作。1951年被选送到河北师范中文专业进修;1953年到永年县教师进修学校任教师、负责人;后调文教局教研室,主持中学教研工作,多次被评为"模范教师""省劳动模范"。姚先生业余时间授徒教拳。

1965年,翟维传开始跟随姚继祖系统学习武式太极拳、械、推手等。姚翟两家离得很近,步行溜达也不过几分钟的路。跟姚老师学拳的,前有金竞成,后有胡凤鸣、钟振山,这四人后来就成了他的首批弟子。

在外界,姚继祖是一位得到真传的太极拳大师,而在城里的街坊邻居眼里,姚老师是一位有名的文化人,一位受人尊敬的和蔼可亲的长者。

姚老师到翟维传家串门有"三步曲":一喊(站在大门里向院中喊维传),二站(听回应),三迈步(如果在家就进院向屋里走),如果没有回应,决不进院。他举止步态、音容笑貌深深刻在翟家人的记忆中,翟家人视姚老师如长辈亲人一般。

1966年6月12日,安阳轴承厂之某到永年广府访拳会友,住在大街旅店,晚上在旅店内与西街路某推手切磋。第二天访姚老师,姚老师看他没有学拳之意,仅是来切磋技艺的,就把他送到翟维传家,邢台清河的郁海也在家练拳。姚老师走后,翟维传就和之某谈论拳艺,之某说他晚上在旅店和路某交手,路某用拿法没有把他拿住,又说自己在部队特务连练过军拳。翟维传想,他是想看一下自己的功夫,便说:"你不是练过擒拿吗?那就先请你用一下吧。"起身就握住之某的手腕,但之某怎么用法用力也没能把翟维传拿住。这时翟维传心里有了底,心想这水平也就一般,说道:"你握住我,看我拿住你不?"他握住翟维传手腕,用上力气,翟利用金丝内缠腕太极内功,还没有用啥力,他就支撑不住了,身体下移,站立不住。翟维传顺势发力前走,把他发于五尺之外床上后又跌于地上。之某起身后大惊失色。接着,翟维传站好又说:"你用劲推我,我也是不会动步的。"他不信,就推了几次,推不动,而他却前栽后仰站立不住。翟说:"这才是太极拳真功夫!"后又谈论了一些拳理。"我要上班去了,郁海在家陪你吧。"后来,他俩又玩了一会儿,他对郁海说这次广府之行收获很大,见识到了太极拳法的高深。

曾经,一个膀大腰圆、力气超常的人,在旁人的撺掇下,当着众人的面和姚老师试手,结果姚老师稍微一转,那人便被拨了出去。他煞是惊讶:"看老先生瘦瘦弱弱的,没想到这么大的劲儿!"

姚老师笑而不答。姚老师回头给弟子们说:"人家没问你,你就没必要给人家讲拳中的道理,不要好为人师。"

由于下村犁地管饭，翟维传节省的工资和粮票基本上都能积攒下来，多年下来也有了一定的积蓄。他为了感谢老师的授业之恩，决定要孝敬姚老师，多次买整袋米面送到姚家。在冬天到来前，还几次上峰峰拉过烧火取暖的煤累计几千斤给老师送到家，师徒俩情同父子，一时传为佳话。

1967 年，翟维传开始写太极拳心得体会，经常得到姚老师的指导。如《太极拳七字要诀》《太极阴阳之变化》等多篇论文就是姚老师多次批改后完成的。

1968 年，翟维传身上也出现了骨鸣现象，咯吱咯吱、咯叭咯叭地响，而且是能控制，让它响它就响，但声响不如师父大。回想当年的魏先生，魏先生是让哪儿响哪就响，这维传做不到。

# 第十二回
## 娶罗氏生子世宗　忆师爷受益终生

1966 年，经南街一个亲戚介绍，翟维传与城北屯庄罗直荣结为夫妻，婚后夫唱妇随，恩爱有加。1971 年儿子降生，取名翟世宗，五六岁就跟随父亲到姚老师家玩耍。世宗乖巧礼貌，很受师叔师爷喜爱。翟姚两家十分亲近，师父徒弟情同父子，世宗从小就称呼姚继祖为爷爷。跟随父亲有时上姚家，有时上广府文化站。

世宗上小学的时候，姚老师在文化站办了一个太极拳学校，在假期招收小学员，半天学文半天学武。世宗和几个师叔的孩子一起参加了学习班，正是这个时候，世宗开始真正系统地学习武式太极拳。有一天学太极剑，一个小学员做了"怀中抱剑式"，剑抱得有点向上了，放到了脖子前，姚老师见了脸一沉说："怎么想自杀？"一句话把大家都逗乐了，笑过之后世宗懂得了打拳要规范。

外地来参观太极拳的团队很多，印象最深的要数全日本太极拳协会访华团，当时邀请小学员表演太极拳，过后给每人一支圆珠笔，还合影留念。姚老师表演了太极拳，还和翟维传表演了推手，把日本人都看呆了，日本人就邀请姚老师去日本教拳，姚老师婉言谢绝。过后有弟子问为什么不去，姚老师说："中国人都还没教会，还教什么外国人。"

据翟世宗回忆，姚师爷的生活起居对自己的影响很大。

"爷爷每天凌晨三四点起床打拳写毛笔字，我问爷爷为什么起这么早，他告诉我：'这个时间最静，写字和打拳一样贵在静。'爷爷在冬天睡觉的被子也很特别，左右一折放平上面加一层被子，而脚头从来不像常人为了保暖再折一下。爷爷告诉我：'这样不会睡懒觉。'再有就是爷爷饮食，一般中午或晚上饮半两白酒，平常多大的宴会酒都是这么多，而菜更是有意思，每顿要有十来种菜，不是说像宴会一样满桌子的菜，而是他老人家有他专用食具，即像果盘一样的一个塑料盘，里面平均分成八瓣。通常的菜是：咸菜、豆腐乳、臭豆腐、煮咸豆、韭菜、辣椒、山芋、酥鱼和时令素菜等,他使我懂得了生活要讲规律。在工作上有一件事最具代表性:由于文化站是为退休干部和群众服务的,所以订的杂志和报纸特别多,但没有丢过一张报纸和一本杂志。爷爷专门收拾了一个房间放报刊,一天排着一天,十几年如一日,足足有两人高,当谁想查某天的报纸举手可得。通过这件事他教我做事要认真。"

"爷爷还是我的栽花、书法老师。去过爷爷家的人都知道爷爷的的院子很大但路很窄,百分之九十的面积都被花草占据,有各种颜色的月季、菊花、玫瑰和我叫不上名字的一些名花。这里最有意思的也是爷爷最欣赏的是两盆仙人球,虽然还不是很大,只要来客人,爷爷都会把它介绍给人家。在门口左边的一个形状是右螺旋的,在门右边的一个是左螺旋的,跟太极的劲路一样。而我最喜欢的两种花:一种是让爷爷装饰成二道门的凌霄花,这花现在已在我家长成一道风景。红红的喇叭形花从夏天一直开到秋后,花开一大片,非常壮观;第二种是进爷爷家路边的迎春花,每年春节到爷爷家拜年,满院的花儿都凋谢了,唯有它小小的黄花金灿灿的一片,仿佛告诉人们暖暖的春天到了。关于迎春花,还有一件奇事:因我家人都非常喜欢迎春花,每年都从爷爷那里往我家移几株,可连续几年都没有移活,我母亲就说不好养算了不要了,于是我们就放弃了。爷爷在1998年去世后,1999年的春天我们家的迎春花竟然活了,还开出了几朵小黄花。妈妈半真半假地开玩笑说:'你看你爷爷走了,你爸也舍得回来了。'爷爷其他爱好也很多。比如:猜谜语、下象棋、写书法等,其中以书法最有成就。爷爷的字和拳一样,浑厚、苍劲、饱满,很有颜氏之风。记得爷爷在教我书法时讲,书法和打拳一样应先求开展后求紧凑,具体应先学柳后学颜。就在爷爷去世前一个星期,我送去了几张宣纸请爷爷写几幅字,爷爷说由于这一段时间身体不好,没有练字,等过一段时间练练字后再给我写。爷爷的诺言和我的愿望终究都没有实现。"

"我在上初中的时候摔伤腿住了一个多月医院,爷爷只要没事就到医院看我,给我带书,讲人生、讲志向鼓励我,还教了我一个喝药的小窍门,比如喝片剂应放到舌上,尽可能地往里放,然后含一口水,一仰脖子就下去了。要喝胶囊就不是这样,胶囊比水轻,所以喝胶囊应先放进口中,含一口水,头一定要低一点,头一低胶囊自然就浮到上面了,一咽水就下去了。"

"爷爷在教拳上并不是一味地去教,而是引领学生去悟,爷爷曾给我父亲说:'拳是养出来的不是打出来的,拳里的东西全给你们讲了,现在只有靠自己去体会去悟,悟到身上才是自己的。'记得有一次早晨,我父亲在院中练功忘了开街门,爷爷敲开门后说:'维传,昨晚我琢磨到了一个劲,你体会体会。'然后两人反复验证,满意后方止。像这样的情况举不胜举。我的太极器械也是爷爷教的。我印象最深的事就是爷爷用两根筷子教我双刀的情景,那种快慢相间、轻灵圆活、柔中寓刚、刚柔相济的气势,我可以不客气地讲,现在他的弟子中无人可及。在和爷爷摸手上应数我父亲最多,每次不论表演、练习、讲解示范都是由我父亲来给爷爷配手,我和爷爷摸手并不多。"

"有一次在我家,爷爷让我用双手推其双臂,我用力一推,忽感对方像是要把我托起后又要有摔下之意。爷爷告诉我说:'在接到对方劲时必须得有一个松字,松是两胯松,两膊有向前向斜下方之意,一搓对方即腾空,而后你就说咋算了。'还有一次我双手推爷爷右臂感觉像钢筋水泥一般坚硬,随即用力,忽然间爷爷右臂又像棉花一样没有半点力气,更不要说力点了,我觉有机可乘,左右合力前推,不料一瞬间我觉有股力以排山倒海之势向我迎面扑来,我感觉喘不过气,不知是怕的还是吓的正要说不好,忽然感觉对方劲力全无,我只是被余力震退一跳,手腕已被爷爷握住。拳论上讲的'极柔软后极坚刚''忽隐忽现'的道理,我算真正领教到了。从爷爷教我的太极、书法、生活常识等一些事中,我悟到了不论干什么事都要用心用脑去悟,去发现它的窍要。"

"1995年5月永年武式门人举行一个联谊会,是在我家举行的宴会,共有百余人参加,办得很成功。爷爷在全国各地的弟子都到了,本来挺大的院子突然间变小了,到处都是人,街上停的都是车。宴会在一片热烈、喜庆、祥和的气氛中进行,大家谈体会,讲见解,表演套路,推手摸劲的好不热闹。"

"后来我参加了工作,回家的时间少了,但只要有时间我都会去看爷爷,我深知岁数大的人更需要陪他说话的人。有一次,爷爷给我搬了一个小板凳,我们一老一小坐在院子里聊天,聊的事情很多,有的事谈得也很深,也谈到了他的几个弟子,爷爷都作了一一点评,当然谈得最多的还是我的父亲;关于爷爷带我父亲参会的情况,我父亲代表爷爷参会的反馈情况,我父亲有哪些优点,又有哪些缺点,以后应多注意哪些方面等,爷爷都做了详细的分析。

我问爷爷:'您对哪个徒弟最寄以厚望?'

他老人家说:'你说哪?我对每个徒弟都寄予期望。'

'您有什么愿望吗?'

'我的愿望就是等我有条件了把我家规划一下。'

'这不挺好吗?'

'我有一个大的设想,从我家向南修一座桥,一直修到池塘中央(爷爷家到池塘边只有10米远),在池塘中央盖一个八角亭,池塘全部种上藕,我最喜欢荷花,夏天一到,满塘荷花,散步于荷花之间,有弟子相伴,神仙也难比!'"

# 第十三回
## 闹"文革"姚师蒙冤　传国粹凌晨授徒

"文化大革命"期间,姚继祖对拳艺的执着使翟维传终生难忘。当时姚老师被错定为"历史反革命"蒙受不白之冤挨批斗,曾一度不让在城内居住,被迫回到了他的老家单固去劳动改造。同时太极拳也被当成了"四旧"(当时提出"横扫一切牛鬼蛇神""破除几千年来一切剥削阶级所造成的毒害人民的旧思想、旧文化、旧风俗、旧习惯"——编者），不准习练传授太极拳。后来政策松动，姚老师回城被监视居住，继续挨批判。就是在这样的恶劣管制下，姚老师都没忘记授徒传艺，且教导徒弟不要中断学习。姚老师把太极拳当作国之瑰宝，造反派经常到家里来寻找"四旧"物品，姚老师为了不让造反派找到拳谱，一直把拳谱缝在贴身的内衣里当作自己的生命一般来保护。

姚老师在受监视的空档时间，经常偷偷与弟子们见面，传授技艺。

"当当当、当当当"，翟维传在睡梦中被叫醒，他听出这是姚老师在敲门，迅速打开手电筒，照了照桌子上的座钟，凌晨4:30，便一边快速起床穿衣，一边三步并作两步走到街门，打开插栓。姚老师轻轻将门推开一道缝，警觉地往身后望了几下，闪进门里，关上街门，随翟维传来到院中。

"迎春的，我刚才琢磨了个劲法，来，咱们试试。"……传授、辅导、纠错、试劲、摸劲、明理……，这时老师的脸，熠熠生辉，洋溢着一种儿童般天真的快乐。

这样的情景，数不清有多少次。姚老师天亮前必定悄悄离开，生怕被别人看见。每次来都只字不提政治运动，就是谈拳。姚老师涵养极高，爱面子，尽管戴着"历反"的帽子，可他从来也不发脾气，也不抱怨。这使翟维传非常感动，更增加了研拳的信念。

在那个年代，翟维传也曾迷茫过，放弃过。正是因为有了姚老师的执着和督促，才使翟维传坚持下来，没有半途而废。他常鼓励维传："好好练吧，总有一天国家会认可的，到那时，你就会感到功夫没白下。"

现在来看，姚老师无疑是有远见的。"文革"结束后，国家就全面恢复练拳了，现今武式太极拳已经成为国家非物质文化遗产，并从政策上为传承和弘扬保驾护航。

太极拳拳架是基础，但要真正掌握太极拳攻防技巧，离开推手别无他法。

怎么教推手呢？推手训练有一个专门术语，叫做"喂劲"。太极拳拳法，重在防守而不在进攻。要防守，却不能硬顶，术语叫做"不顶"，但是又不能丢开，术语叫做"不丢"。连起来，就是"不丢不顶"。怎么才能做到"不丢不顶"呢？就需要做到粘连黏随。在粘连黏随、不丢不顶中讨消息，这就是太极拳的"听劲"。"听劲"听准了，才能做到"引进落空""四两拨千斤"。

但"听劲"不是一个人能完成的事，必须得两个人，一个是喂劲，一个才能听劲。谁来喂？只有老师。所以说，徒弟拳技一点点儿的长进，那是老师喂出来的。

翟维传天生有力，所以在推手时，劲力本能地就使出来了，似乎也很奏效。姚老师敏锐地察觉到这一点，不厌其烦地告诫他："推手要学方法，要善于使脑。"这是姚老师一生之中对维传批评最多的话。

天生有力不是缺点，然"非关学力而有也"；太极拳练的是功力，"非用功之久，不能豁然贯通焉"。不主动丢开先天力大的优势，太极拳的功力就上不了身。

# 第十四回
## 春天来万物复苏　传秘笈师父师叔

1976年10月,党中央粉碎"四人帮","文革"十年至此结束,春回大地,万物复苏。国术馆、武术学校、武术班、武术类健身类杂志如雨后春笋涌现,太极拳习练也由地下转入地上,迎来发展机遇。

1979年后,姚继祖摘掉了"历反"帽子,永年国术馆重新挂牌开张,后来永年太极拳学校成立,扩大学员规模。

一位老先生,常在国术馆和姚老师一块儿练拳。后来姚老师在镇上的文化站工作,他经常去文化站找姚老师聊天。他对维传说:"迎春的,你呀,好好跟姚老师学吧,也是得传的弟子。原来在国术馆的时候,恁姚老师跟我推手,推不过我,啥也不啥。可后来也拜了李家,得了传,也咋拨拉我咋是。"

1979年9月19日,翟维传在姚老师家练功。西杨庄祁某,练武式太极拳十多年,有一定的功夫,常与人推手切磋,不断到城内找姚老师谈拳。这天他要求与维传切磋切磋,维传客气几句后,见祁某丝毫不让,就产生了发制对方的念头。双方各自站位,拉开架式,祁某猛力击向维传,维传瞬间接定彼劲,腰背闪展,使之落空拔跟,内劲猝发,对方被腾空击起,跌在丈余远的

老拳师在一起畅谈拳艺,左:姚继祖,右:关钦

炉灶上,将烧开水的铝壶砸扁,烫着了祁的腰臀,使之受惊不小。维传遭到姚老师的严厉训诫:"拳不是打出来的,是养出来的,与人推手要点到为止,不能得理不让人。"不打不相识,后来两人经常一起研究拳法,各有所进,成了很要好的朋友。

李逊之儿子李池荫家住城内西门里李家老宅,按辈分翟维传应称他师叔,翟维传常找李池荫请教。有一天,李池荫说:"迎春的,你练一趟,我看看。"翟维传规规矩矩打了一趟108式。"恁姚老师经常讲你不怕吃苦,肯下功夫,很有前途。我给你讲一点,你要去体悟。""在我父亲在世时候,听他经常讲,先求开展后求紧凑,练到一定层次时,要把架子练小,越小越好用。可是这要和自己的功夫层次成正比,希望你以后要在这方面多下点工夫,对你是有好处的。"

第二天,翟维传见到师父姚继祖,就把师叔讲的情况一五一十地复述了一遍。姚老师说:"既然你已经知道了,我再把小架子的要求和规矩讲给你。""两脚的站位要不丁不八,前脚迈步要不过后足尖,两手始终要有一手守中,另一手不要远离外侧,要动作圆活。""小架儿本来就没有套路,只是比单式,我们今后要编排一个小架套路。""逊之先生告诉我,'武式太极拳最终落成于小架'。其架势更加小巧紧凑,虚实分明,开合有致,绝无花哨繁冗,运动中既能体现出方圆相生之意,又注重身体对拉拔长的内劲运化,以内动不令人知的内气潜转来支配形体,动作可慢可快,并与爆发力相配合,充分发挥出柔中有整,整内含刚,刚柔相济的特点。"

姚老师性情和蔼,功夫深厚,怀艺不矜,从不把太极拳神秘化,总是运用通俗生动的语言和形象的示范动作教授徒弟,并结合自己多年练功体会,不厌其烦地和徒弟们试手,尽可能让其明白拳理和掌握技能,把自己钻研体悟的新成果分享给刻苦用功的弟子。

# 第十五回
## 似惊弓乍暖还寒　如心愿中秋拜师

随着太极拳活动的逐渐回暖,前来广府城的各地太极拳访客越来越多,其中还经常有外国人出现,日本人来得最多。日本人总是那种恭恭敬敬的态度,他们喜欢带上一些小礼品相赠,每当这个时候,来围观的小学生们挤了一大堆,日本人就给小学生们发圆珠笔。武式、杨式太极拳的师徒们一般就是给他们表演拳架和刀剑,他们观摩得很仔细。

1981年的一天,全日本太极拳协会学习访华团一行19人,慕名赴邯郸寻访,进行了长达7天的太极拳切磋交流。日本访华团住在邯郸宾馆。邯郸地区安排太极拳接待交流工作,姚老师被请了过去接待交流。

期间,姚老师为日本访华团讲授太极拳的实战应用理论,当讲到"彼用按,我用掤,即可破其来力"时,其中一日本人问:"掤字怎样用?"并跃跃欲试,但见姚老师已是上岁数的老人了,显出有几分顾虑。姚老笑道:"可以试试,不要考虑其他。"说着将一臂伸出,让其来按。一个

1981年姚继祖在邯郸辅导日本访华团

名叫高谷宽郎的人走上前来,双手用力下按姚老胳膊,想把姚老推出去。姚老胳膊不动,只用前腿一弓,高谷宽郎便抛球般仰面后退数尺,反复数次都如此。此时一年轻力壮身体高大并练过柔道的日本武士要求试试。姚老仍以臂伸出,让其接按。当日本武士按紧姚老胳膊时,姚老上身仍未动,只将前腿一弓,那日本武士触电般仰面后退数步,心悦诚服,竖起了大拇指,并请求拜师。

面对眼前情景,姚老师思绪万千,他想到了半个世纪前,家乡广府被日本侵略者占领、乡亲遭受欺辱,自己在运动会上用大杆击败日本鬼子兵险遭大祸的一幕。而今,日本友人来邯访拳寻根,显示我民族的自尊自强,太极拳已成为中日人民友好往来的纽带桥梁,作为一位从民族灾难岁月中走过来的人,深感"和平是打出来的,不是让出来的"普世道理的正确性,姚继祖怎不为民族的独立自主、繁荣强盛而感到自豪呢!

片刻的回忆和感慨被阵阵掌声打断,姚老师继续为他们讲拳,访问团成员对姚继祖精湛的技艺、渊博的学识,佩服之至。团长、日本东京太极学院院长、全日本太极协会指导委员长三蒲英夫也与姚老师成为挚友,回国后在日本的太极杂志上登刊文章和图片,详细介绍了姚继祖的生平和精妙的拳艺,并给予高度的评价。

日本人是如何知道姚老师的? 这还得从著名武术家顾留馨说起。

顾留馨是当代武术名家、太极拳大师,曾任上海市黄浦区第一任区长。1959年受国家体委委托,指导部分中央和国家领导人练习太极拳。1956—1966年任上海体育宫主任;"文革"结束后,1979年任上海体育科研所副所长。1977年和1980年两次东渡日本讲学、授拳。1979年当选为中国武术协会委员和上海市武术协会主席,后被聘为上海体育学院兼职教授。顾留馨当年负责整理各式太极拳资料,他是因姚继祖对古典拳论的高深造诣而了解到这位隐居广府的太极拳大师的。他曾专程赴广府拜访姚继祖,与之成为莫逆之交。后来两人书函往来频繁,探讨一些太极拳论上的问题,在当代中国太极拳界留下一段"以文会友"的佳话。

改革开放后,已年过古稀的顾留馨曾于1978年赴日本传播中国武术,以力推太极拳进入奥运会。在日本访问时多次提到太极圣地邯郸永年。

1981年2月16日,全日本太极拳协会学习访问团来到中国后,首先到上海见著名武术家顾留馨。

顾留馨向团长三浦英夫介绍:"真正代表杨家太极拳的并不是24式与88式,而是应该去邯郸找杨振基。武禹襄的拳架主要由李亦畬的亲戚郝家在传播,郝少如去世后,其代表性的传人是姚继祖,姚住在邯郸永年。"原定访问的行程中没有邯郸,由于顾留馨的建议,日本太极拳学习访华团决定改道访问邯郸,并提名要见杨振基和姚继祖。这使邯郸方面颇感突然,只能仓促应付。

"文革"中邯郸的太极拳活动处于停顿状态,老武术家拳不能练、又不能教,保存的珍贵文献资料、遗物也被化为灰烬。即使已到1981年,这种停顿的状况仍然改变不大。1981年3月21日,顾留馨收到姚继祖来信:"顾老师:十多年来,永未问候,歉愧殊深,实以在'文化大革命'中,继祖被扣以'历反'(按:历史反革命分子)帽子,诚恐累及师友,未敢通信;摘帽后,又不知老师是否在沪工作,鳞鸿虽信,投递无地,敬请原谅!"

"因我县对太极拳是漠不关心的,平时不抓这项工作,事急了,就抓人去应付一下,事情一过就算完了。邯地委武术科关于武术的一些指示让我带回县的,近三四年来都未曾办过(连个太极拳训练班都没有),只说:'没个,不能办。'"

"日本太极拳访华团来邯前一日午前,事前永(年)未通知我,忽然邯郸市委外事处长和永年县委闫主任,将车一直开到我们学校,立逼上车赴邯,真是县委临门急如星火,仓促赴邯,一无准备。以后如果再有人访邯,谈到我时,请赐示告知为感!"

"此次日本太极拳学习访华团未到邯郸,即指名找我,市县领导到会亲接,自思日本访华团何以知我。当时真如坠入五里雾中。至邯的第二天,夜十一时访华团始至,次日午前参加欢迎会后,高谷名鸿和我谈话,说明经您介绍,他们才得知我,足见老师关怀、提携,深感五内!"

"日本太极拳学习访华团来邯时,我发现他们对太极图不甚理解。当时因忙于教拳,没时间详谈,现在我可否给日本太极拳协会三浦英夫、中野春美写信说明,如果可以信应当怎样寄发(向国外寄信有无应办的手续,我不知道),希请一并示知为盼!"

……

"日本太极拳学习访华团的信和他们在邯和我在一起照的相片及团员的信与书籍等物,果然在我的预料中寄来了。我谨按您的教导,做了处理,其经过是这样:首先我将从日本寄来的信、相片、书籍等物送县,请示寄来的东西收不收?信,回答不回答?县方意见:给你寄来的东西,你可以收下,答复信的问题还是到邯郸市外事处问问的好。"

……

"自日本友人访问后,引起政府重视,现在逐步修复等情况。……至搜集永年武、李、郝、杨故里照片一节,因经过变乱,郝、杨二府故址又夷为平地,武、李二府亦已改变,现正设法找寻。"

从以上的信中,可得知姚老师接待日本拳友的情况。姚先生虽然已于1979年10月得到平反,但他仍未从"文革"的阴影里走出来,当他突然被拉到县招待所,不明不白待了一夜,惶恐不安。他在与日本人的交往中,也不知如何是好,谨小慎微,他写的信还要送到市外事办审查后方敢寄出。对外事办的差错也不敢指正,活脱脱勾勒出老武术家在政治运动中饱受风霜和严谨治学、对他人负责的神态。顾留馨给予了他亦师亦友的热情和有力的支持。

后来,姚老师多次接到日本来信,邀请他去日本讲学。姚老师非常谨慎,他每次收到日本的信件,都会上交镇政府。要知道,当时中国的改革开放刚刚起步,经济状况还十分落后,而日本已经非常发达了,去日本教拳,意味着能挣相当可观的学费。可是姚老师却坚决不去,他给徒弟们说道:"解放前我仅仅给旧政府抄过一些文档,解放后就被定为'历史反革命'。现在竟然去日本教拳,万一要给个里通外国的罪名那还得了?"

当年国内曾流行一句"外销转内销"的戏语,说一件事只要外国人讲好,我们自己才会认为好,才会去重视珍惜,所以这次日本友人来邯郸学习访问,他们对杨、武太极拳的喜爱,引起了邯郸各方领导的重视,这大大推动了邯郸地区太极拳活动的复兴进程。其中顾留馨的大力推荐功不可没。

1982年5月5日,城关北边后当头村冀某,学过杨、武式太极拳和多种外家拳术。听人言传,城内姚继祖的徒弟翟维传推手很不错,总想会一会,便上苗庄到翟维传上班单位要与他推手切磋。

工友康发权、高文清等围观者有四五人,两人在屋中拉开架式,冀某用擒拿格斗之法向翟发起进攻,几个回合下来,没能奏效,心理就没了底儿,后来就乱打乱戳,脚下使绊子没了章法。翟维传一看这人手段心里有了数。认为他是不懂太极之劲道,只知用招法制人,就产生了制他的念头。等冀某再次进攻之时,维传便随劲借力,闪战腾挪,使对方失重落空,顺势发力,使其跌出几尺以外,坐在地上。冀某起来又动手,被维传从屋内发出,跌在屋外院中,围观者无不为翟之技艺所折服。冀某从此再没有找过翟维传。

1982年中秋节前的一天,姚老师在翟维传家一块看电视,看到一位京剧大师喜收新徒,推动京剧事业发扬光大云云。维传就找师兄弟商量:"电视上演京剧大师收徒,现在能收徒了,兴这个了,姚老师也看了,咱们跟了老师这么多年,也该举行个仪式了。"大家都愿意。见到姚老师说了想搞个拜师仪式,老师同意,定于八月十五中秋节把事办了。当时四徒弟凑钱买了些瓜果点心,来到姚老师家,简单布置了一下,一起磕个头,然后和老师一起去照相馆合了个影,这才算正式确立了师徒名分,正式成为武式太极拳第四代传人姚继祖先生的首批弟子。掐指一算,距离最初跟姚老师学拳已过去20多年。

1982年姚继祖首批弟子

1983年8月的一天,在姚老师家练完拳,老师对四位徒弟讲:"练拳不能傻练,要用心,有问题要提出来,有了体会要写下来,要文、武结合,两条腿走路才能走稳,将来才会有所作为。"师兄弟四人在探讨后,就想合写一篇文字,商量来商量去,最终决定写一篇歌诀,名字定为《太极拳颂》,由金竞成执笔,其他三人你上句儿、我下句儿记到纸上。一块儿修改,经过一个礼拜的反复修改,最终定稿。

## 太 极 拳 颂

祖国遗产太极拳,融合导引吐纳功,
心理生理都包括,力学兵法也贯通,
老病妇孺皆可练,医疗体育价值丰。
倘爱搏击学技巧,锻炼推手兴味浓,
拳架推手相辅佐,祛病延年是其宗。
技击别有理法传,治病动作贵轻松,
放松肌肉能控制,呼吸深沉运内功,
由松入柔柔生刚,刚柔相济将成功。
初慢后快快复慢,一气呵成如蛇龙,
劲贯九分神十分,似停非停无始终,
以意行气气运身,意气运行丹田中。

初练架势要宽大，功久架势渐收拢，
收小收到没圈时，其中变化显神通。
每日行功细心练，一开一合在我躬，
手中月日画太极，圆转如意运鸿濛。
果然识得环中趣，一片春色乐意中。
无法有法是复法，懂得变化拳理通，
拳打万遍神明现，缠绕进行虚实中。
太极幻变妙如神，借用彼力贵其中，
倘能练到懂劲后，挨着一发如雷动，
只要一心练下去，强身健体乐无穷，
万众爱练太极拳，能为四化建奇功。

《武当》1983年第11期

当时全国有好多家武术类、健身类出版物，大家按捺不住心中的激动决定干一票大的，向全国影响比较大的刊物《武林》杂志投稿，如果能够登出，一定能给姚老师一个惊喜。9月5日，师兄弟一致决定投《武林》，署名为河北省永年县城关公社东广大队太极拳爱好者：金竞成、翟维川、胡凤鸣、钟振山（编者：翟维传为省事，曾一度将名字写"为川""维川"）。

习武以来，这是大家第一次在刊物上发表文章，经过不算漫长的等待，1983年《武林》第11期登出了。他们买了五本拿给师父看，姚老师看着徒弟的进步，喜在心上："你们的进步，我很高兴，但要文武双修，再接再厉，也不能让小小的成绩冲昏了头脑，不能骄傲，更不能顾此失彼，心知重要，身知更重要。"

文章发表不久，全国各地太极拳爱好者纷纷来信或来人，有想学太极拳的，有问太极拳理的，有来切磋拳技的，师徒应接不暇，忙得不亦乐乎。这件事儿使大家感到，不仅太极拳的功夫重要，太极拳的理论也很重要。只是小小的一篇文章，就会在全国产生如此大的影响。原来喜欢习练太极拳的人是那么多。

从那时起,翟维传文武兼顾不敢怠慢,一边刻苦学艺,一边总结练拳心得,常常把写好的体会拿去让姚老师批改,老师的指点,常有画龙点睛之效。不仅在拳艺上,在文化知识与品德修养上同样使他受益良多。

# 第十六回
## 逢盛世武汉赴会　扬美名北方枭雄

1984年3月28日,翟维传手中拿着一张邀请函和一封信,心中的兴奋和喜悦难以言表。这是"中国武汉国际太极拳(剑)表演观摩会"组委会领导、著名武术家陈湘陵先生写给姚继祖老师的信,大致内容是邀请姚老师参加大会,并邀请翟维传作为师父的陪同一起赴会。这是姚老师交给他通知他参会的,让做些准备。

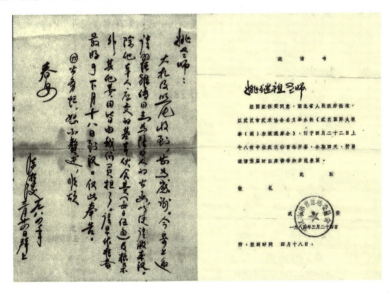

信和邀请函

4月20日,翟维传与师父登上了南去的列车。到武汉后下榻组委会安排的宾馆,与相继到来的全国各地太极拳名家相会,通过介绍,大家互相认识。先是沙国政、吴英华、马岳梁、郝家俊、吴图南,后又有杨振铎、傅钟文、李天骥、陈小旺、顾留馨相继到来,后来又与孙剑云相见。有与姚继祖认识的,谈起话来自然很亲近。翟维传兴奋地跟随师父与各路名家握手问候。下午5时许,组委会领导陈湘陵、庄汉生等同志来到宾馆看望大家,并一起照相留念。

21日上午9时许,每两人乘一辆小轿车,长长的车队行驶在宽阔的大街。武汉市委安排

35

大家参加市领导的接见,到达武汉宾馆迎宾厅,市领导与大家一一握手问好。

这是我国"文革"十年结束,改革开放五年以来,拨乱反正,各项工作步入正轨后首次举办太极拳各流派、各名家的一次大检阅、大总结的全国太极拳大会。这是一次里程碑式的盛会,国家体委非常重视,还邀请了日、美、德等30国代表队参加。

翟维传第一次出这么远的门,第一次参加这么大的会,面对这样隆重的场面,他心里兴奋极了,脑海里浮现出姚老师在"文革"被打成"历反"后仍叫徒弟坚持练拳,等待国家政策改变的场景,心里暗暗佩服姚老师坚韧不拔和真知灼见,耳边响起姚老师的谆谆教诲:"太极拳是好东西,我们练的是真东西,要坚持练,不能荒废,等政策变了,一定会有用的。"市领导的讲话,打断了翟维传片刻的回忆。"各派太极名家是我国的特殊人才,要注意保养好自己的身体,太极拳的发展就靠各位了。"领导又对各位名家的陪同人员说,"你们的到来,也代表了老师对你们的器重与认同,希望你们不要辜负老师的培养,要为太极拳的弘扬、传播做出贡献。"然后,各位名家轮流发言,最后合影留念。

接见结束后,按照武汉市委的安排,大家继续乘车,参观武汉长江大桥。过去大多数人也很少出门远行,一到大桥,大家的心都飞起来啦,太壮观了,太开眼界了,"一桥飞架南北,天堑变通途"。一眼望不到头的桥墩矗立在江中,江面上奔流不息的船舶,生机勃勃,大桥犹如一条巨龙在江天一色间腾飞,仿佛预示着一个民族的崛起,中华盛世的到来。

4月22日至25日是正式会期,22日上午"中国武汉国际太极拳(剑)表演观摩会"开幕。在市领导致词后,各派太极拳名家参加表演,接着,日、美、德等国代表队与我国几个省市代表队同场展演。出于对国术的保护,在表演时是不允许外国人录像的。

各派名家的表演风格迥异,各有所长。维传开阔了眼界,受益匪浅,同时也为认识各位名家和许多拳友而高兴。

大会安排姚老师讲学,"各位领导、各位老师、各位拳友、各国应邀前来赴会的爱好太极拳的朋友们:我今天来参加这个会,能和大家见面,得到向大家学习的机会,心里非常高兴!我是永年人……""……武式教学推手,开始亦练习粘连黏随,继则注意接劲制人,不提倡用招制人,据说用招制人如做不好,即成由己。郝为真虽留有'一时短打',据说那是为了提高学习人的兴趣,所以命名为'一时短打'。逊之先生说:'练习推手时,要注意接劲,能接劲才能知人,能知人,才能渐达懂劲。要在舍己从人中求懂劲,不要用由己不从人的方法抢上风,致使自己练拳终生仍不免在'有力打无力,手慢让手快'的道路上徘徊,达不到'四两拨千斤'的妙境。所谓'差之毫厘,谬之千里''枉费功夫遗叹惜'。"……

姚老师详细讲解武式太极拳的历史、特点及拳理,受到了与会专家的高度评价。武汉的报纸以"北国枭雄——姚继祖"为题对姚老师的生平和对太极拳的贡献做了具体翔实的报道。

这次大会评选出了全国当代最具代表性、最有影响力的"全国太极十三名家"。他们是:顾留馨、吴图南、傅钟文、沙国政、吴英华、马岳梁、李经梧、陈小旺、杨振铎、李天骥、姚继祖、郝家俊、孙剑云等。

翟维传除配合姚老师登场以外,其他大部分时间都是观摩。眼前的这些太极拳名家,平时在家里就大概听说过,现在都见到了,确实开眼界。他们彼此都很客气,很斯文。太极拳套路表演是开放的,可拍照,但不让外国人拍照录像。太极推手表演则是封闭的,都是各式太极拳师父带徒弟表演,互相不观摩,只录像。为什么封闭表演?应该是把推手当宝贝加以保护吧。

能够参加武汉太极拳观摩会,姚老师是专门给组委会写了信的,翟维传这才能够出去结交同道见世面。

20年后,翟维传还专门写文章纪念与姚老师同行的这次盛会。师父的提携使维传开阔了眼界,获得了极大的成就感和自豪感,这对翟维传的成长起了巨大的促进作用。

姚老师在家中教弟子们推手

1985年3月19日,翟维传在家接待一位俄罗斯的访客。这位客人是一个中国通,会说中文,对太极拳也算了解,问翟维传太极拳是否真能打人。翟维传说,能打人的才是真正的太极拳。太极拳不但能打人还不用力,因为太极拳修炼的是小力胜大力,是以柔克刚,客人想要试一试。

此人很胖,体重有两百多斤,身高一米八以上。翟维传让客人站好,两手用力推住自己右小臂,问:"你这样用力推住我,我是否能推动你?"客人说:"推不动。""你注意好。"说完维传利用引进落空合即出的技法,只向前一拥对手,瞬间客人急跌至身后两米远的沙发上。客人吃惊不小,起来又试了一次,还是如此。"这是我来中国第一次体验到太极拳的奥妙,回去一定要带人来向你学习。"等到第二年此人真的带人来学习了。

平日里,常有人找上门来切磋。

一次有客人来,练的是南拳,寒暄后,欲动动手体验一下。翟维传心想:姚老师常讲,拳打梦中人。你没练过太极,不知太极之法,我已有几分胜算。于是提出文比。何为文比?文比就是双方站定，搭上手推，谁的脚先移动谁就输。

翟维传要用姚老师的"三点论"胜他。所谓三点，就是推手当中双方手腕和肘相接的三个点。推手技巧全在这三点的调整和互换中。

在三点的转动当中，客人的拳路已被维传摸得很清楚，客人只要一使劲，翟就能随接随化，使其扑空，身体重心一栽，脚便滑了出去。来客没学过太极拳，更不懂得"三点"论，不知道闪战腾挪之法，推不动对方，便说道："你的劲儿真大。"翟维传想起姚老师的话，"不好为人师，不问不解答"，也就没解释。

姚老师非常注重对弟子的武德教育，经常教导弟子，练武时应当遵循武术行为规范，同时在他身上也体现了许多可贵的修养，如：在和来访者推手时，他常常点到为止，从不伤人或给人难堪，即使对方有较量的意思，也总是适可而止；在和弟子们试手时，尤其注意分寸，当发劲较猛的刹那间，他总是抓住对方的手腕，以免弹跳腾空，因失控而跌伤。

有一次失手，让姚老师记忆深刻。太极推手经常作为表演节目，当时外地来了一个观摩团，县上安排姚老师表演，表演地点是在一个舞台上。姚老师先是做了拳架演示，后来要展示一下推手发放技巧，姚老师就示意维传上去。

维传和姚老师搭上手，打磨了几圈，维传一个发劲，姚老师一吞一放，急忙抓维传手没抓住，维传"砰"的一下子就被弹了出去，恰巧舞台一角放着一个三角铁架，维传的头部刚好撞上去，血一下子冒了出来。姚老师非常懊恼，怪自己功夫不行，拿捏不好分寸。从此以后，很长一段时间他不再表演推手了。

后来再表演时，姚老师的功夫更细腻，在发放的一瞬间，一定把对手手腕抓住不至使其跌倒。

# 第十七回
## 担重任恩师赏识　迎八方代师传艺

1985年邯郸地区评选拳师，姚老师与翟维传为第一批拳师。同年姚老师成为广府文化站负责人。按县领导的要求，姚老师牵头成立永年县太极拳学校，为武式太极拳培养后备力量。同时，指定翟维传为武式太极拳小组组长，组织接待来访者，或参加比赛表演等。翟维传白天上班，晚上就到文化站与姚老师一道练拳，每每茅塞顿开时，不觉子夜将至。

师父到家开小灶也是常有的事。凌晨天还没有亮，姚老师就敲开翟家门高兴地说："维传来搭搭手，体会一下这样打是不是劲路更灵巧。"反反复复十几次，然后老师做桩让维传来试，直到满意才停。姚老师说："这样练才不会走弯路，有许多人就是一个弯路走下去，转了一个大圈子，上功夫的年龄都耽误了。"说得徒弟心里热乎乎的。维传也听明白老师的意思，此后练拳就更加勤奋。

姚老师在练拳、教拳之余，养成了随时记录自己练拳体会的习惯，把练太极拳中的体悟一点一滴地记下来。他说太极拳博大精深，探索不尽，常练常新，今天的体会和昨天的就不一样，要细心揣摩，才能有所心得，艺无止境啊！姚继祖对太极拳古典拳论的研究也下了不少工夫，不仅纠正了当今许多书刊中有关太极拳经典中以讹传讹的错误，甚至对古典太极拳论中的一些错讹之处也多有订正。不仅如此，他还以自己的练拳实践去印证前人所留下的理论是否准确。

姚老师是县政协委员，当他因年纪原因不再担任时，又特别推荐翟维传做县政协委员。

有一位叫秦文礼的，他是秦皇岛李经梧的高足，后来又到永年拜在姚老师门下。那时候永年老城也没有什么旅店，秦文礼每次来，大都住在翟家，与维传无话不谈。像这样从外地赶来的弟子，许多时候姚老师就安排维传代师传艺，维传帮助秦文礼学习武式太极拳，秦文礼就把他在李经梧那里所学的拳法经验也毫无保留地介绍给维传。两边都学的秦文礼，曾向维传谈起他的感想："我觉得李老师是教上不教下，姚老师是教下不教上。"这样的交流很有意义，深化了两人对于拳理拳法的认识。

1987年5月23日，东北某建筑公司虞伯民因公路过邯郸，到永年来访姚老师，姚老师因事忙，写字条叫翟维传来接待。虞是练孙式太极拳的，到过很多大城市，与人推手次数不少，在拳理上谈得也不错。两人推手切磋，都很客气，只是比了几个劲，点到为止。摸劲后虞伯民说："我与翟老师接触，受益匪浅，感觉老师步伐沉稳，使我站立不稳。同时我摸不到你的劲，使我处处都在不得机势。""我走了很多地方，还没有碰到像翟老师这样的功夫。"后又谈论一些拳理，虞伯民触动很大。后来常与翟维传来信求教拳艺，并介绍邯郸自来水厂某某前来找翟学艺。1998年又上门求教，并拜于门下，成为翟维传正式弟子。

天津冯某，60余岁，老家是广府的，自幼喜爱武术，对太极拳情有独钟。都是同道，与翟维传常年联系从未间断。冯某在天津跟从郝某练习太极拳时，特好与人推手较技，经常找人切磋，从未碰到过高手，感到自己功夫很好。

1989年3月18日，冯某因老家房产之事回来处理，得空来找翟维传推手。翟正在和弟子冯志刚谈论拳法，冯某进门就说："我最喜欢推手，还没人能让我佩服。""今儿个咱哥俩一定走走，向翟老弟学习学习。"因冯某年长翟十余岁，翟维传感觉不便与之较高低，素常通信中，也知道冯对功夫认识薄浅，但从不认为自己功夫差，就想着陪他走几趟摸摸劲而已。两人携手揽腕来到院中，弟子冯志刚在旁观战。几个回合后，并没有分出胜负。冯某便不屑道："广府老家也不过如此。"翟维传闻听此言，觉得这样推也不是个事，得叫他了解太极拳真谛，才能有自知之明，便在运动中，有意问了一下彼劲，在双方对劲一刹那，接定彼劲，粘走相生，使其拔根落空，随即前脚一实，身体一拥，将冯发出丈外倒地。翟维传急忙上前扶起，冯起身后大笑："我自以为身边无太极好手，不想老家之拳艺还名不虚传。"说罢扬长而去，后来再见面也不要求推手了。

1991年10月25日，永年县举办首届中国永年国际太极拳联谊会，筹备会的帷幕正在徐徐拉开。永年老城沸腾了，"少吸一盒烟，也要为城墙添块砖"。复修古城，开发洼淀，弘扬太极的战鼓敲响了，古城迎来了自清朝末年以来第一次大建设的高潮。永年太极天下扬名，古城要把太极拳最美丽的一面展现给世人。

姚老师受命担任武式太极拳千人方阵表演的总教练。姚老师指定翟维传为武式太极拳的牵头人，千人表演队伍总教练，组织人员训练、表演、竞赛。为了更好地完成这一重任，姚老师首先就是给他的几位弟子统一规范拳架。

以前，民间拳师在师父家学拳，不同于课堂学习。课堂学习讲究标准化，一个模子倒出来，大家练得都一样。弟子跟姚老师学，大都是谁有时间谁去，各学各的。老师教拳大多时候是一对一，而且老师所教，主要是教劲法。弟子们跟老师学拳，主要是学个理，这个理儿就是劲怎么走更巧。拳架一般都是各自回去练习，至于拳架练成啥模样儿，不很主要。徒弟的理解不同，打出来的拳自然就不一样。

大众化教学不同于个别教学，个别教学可以有针对性的扬长避短，大众化教学就必须在外形上立规矩、守规矩。个别教学的是向内的，要让弟子们在练拳和摸劲中发现自己，体验自身的劲道走向和变化；大众化教学是向外的，要让学员们在练的时候遵守共性的拳架标准，不得随意发挥，要美观整齐。个别教学目的是求功夫的，大众化教学的目的是表演、传播。

现在，面对带领千人表演的训练任务，首先就是要统一拳架。比如说，翟维传原先跟魏先生学拳时，在翻身二起之后，就是一个巧捉龙；现在在姚老师的带领下，统一成了伏虎式；原先的三通背和现在的打法也不一样，这一次都做了统一。

这次表演取得了巨大的成功，让武式太极拳第一次大规模地走进了人们的视野。走出来，才有发展。到群众中去，才能造福群众。姚老师带领弟子们使武式太极拳走出了宅院，走出了农村，走向了更为广阔的天地！同时，翟维传论文《论阴阳变化》获优秀奖并收录在《太极名家谈真谛》一书中。

姚老师经常委托翟维传代师传拳，有很多来向姚老师求教的爱好者都是由翟维传代替老师教拳。

尤其是20世纪80年代至90年代末，姚老师年事已高，不便亲自教授外来求学者。翟维传工作之余常在姚老师家练拳，与姚老师接触较多，自然成了老师的得力助手。

希腊考斯特斯来广府向姚老师学拳，姚老师让维传代教。翟维传一招一式，耐心地教，考斯特斯认认真真地学。外国人不懂中文，维传在翻译的协助下，反反复复地教了十几天。考斯特斯满意而归，维传也觉得提高了教拳水平。

维传师弟任智需向姚老师拜师时，姚老师已70多岁了，已没有更多的精力亲自教授了，便委托翟维传赴正定任智需处教拳。还有广府周围乡村的爱好者来学拳，摸劲切磋，姚老师一般都让翟维传代教或者出手切磋。翟维传代师教人的时间很长。

在拖拉机站上班的同事康民权，见维传练太极拳，也想学，维传就教给他。后经常带康跟姚老师见面，维传看他是个练拳的材料，介绍他给姚老师拜师，翟、康两人成了师兄弟了。维传

翟维传代师传艺希腊师弟考斯特斯

作为师兄,更尽心地教他推手、技击、套路,每天给他指导,康民权的功夫提高得很快。

姚老师晚年不便与人动手,若有外来切磋的同道,一般都是由维传代劳。因为动手多,维传积累了大量的实践经验,对于推手有了自信和把握。用翟先生自己的话来讲:"代姚老师与别人切磋,还没有给老师丢过人,一般都是我制人,人还未能得了我。"姚老师对于维传的表现也很高兴,很欣慰。自信来源于实力,维传与姚老师朝夕相伴,受到老师的指导多,批评当然也多。

因为维传放人狠,姚老师总是批评说:"拳是养出来的,不是打出来的,以后要叫人家信服了才算你对哩,不能光指望着自己有劲放人狠就是好。"等维传年龄大了才深刻理解了姚老师说的话是对的。维传常对自己的弟子讲:"太极拳是文明拳,不是打打杀杀,是运用技巧,省力借力,小力胜大力,以柔克刚,借力放人,点到为止,不叫对方被伤,不叫对方难堪,是比技巧、比功夫,以拳会友、修性养生、以拳入道,往这个道路上走才算走上了太极拳正路。"

想起姚老师的教导,维传至今仍然念念不忘:"我越来越觉得姚老师是正确的,若没有老师的指引,我还不知道要在错误的道路上走多久,老师就是指路人啊。"

# 第十八回
## 师荐徒舐犊情深　悟太极若有神助

当有些年轻人找姚老师想拜师时,姚老师就让他们直接来拜翟维传为师,就这样维传有了第一批弟子。维传永远忘不了姚老师的舐犊深情。1992年1月19日,经恩师介绍和批准,翟

翟维传及其首批弟子

维传在广府家中首次收徒四人：贾海清、王为方、冯志刚、王涛。

进入90年代，成立社会组织成了时髦。1992年9月27日，邯郸市武式太极拳研究会成立，姚继祖被选为荣誉会长。

翟维传跟随恩师姚继祖练拳40余年，亲身体会到老师在教拳时对弟子的用心。姚老师常对维传讲："练拳要先明理，明理才有路可走，才有方向，要先求心知，后求身知。"姚老师是这样说的，也是这样做的。姚老师讲拳时，总是先讲道理，再教动作。讲道理时，从动作的外表，到框架的规范，再到内部的配合，总是一层层进展，使人听起来非常明白；教动作时，也是一遍遍地纠正，直到满意为止。姚老师总是平易近人，不仅对弟子，只要是来求学者，不管远近，都是用心讲解，直到求教者满意。求教者离开时，姚老师总是送到大门以外。

在教授四杆对扎时，姚老师问维传："你对扎杆有什么看法？"维传说："要集中精神与对方之来杆相粘，要随对方之动，等进入我防范围之内时，才开始引化，动作要小，把对方杆引开时，即是我进攻对方之时，这时对方进不能进，退不能退。"姚老师听后非常高兴，说："你能理解到这一层次，说明你是用心了。"之后又讲述了很多技法。

姚老师经常教导徒弟凡事多问为什么，因太极拳不同于其他拳种，其理论精深，要勤思善悟，一层功夫有一层的认识，所以维传跟随姚老师学习时坚持多听多问，多记多写。比如在写练功体会上，对"蓄劲如张弓，发劲似放箭"之说，写出了很深刻的弓与箭的辩证关系。后来看到了宗师李亦畲身备五弓图，证明了维传的认识是对的，这都是姚老师教导有方。

在教授推手上，姚老师总是说维传动得大，可是练不到一定的层次，是做不到的。维传坚持不懈到现在，印证了姚老师的正确。这真是一层功夫一层认识，就看你坚持不坚持。

姚老师经常对徒弟讲，要守规矩，两手不能妄动，要以腰为主宰，可维传很多年都做不到，但他不忘教导，将老师的话作为座右铭，牢记心上。经过几十年的习练，终于总结出"动起腰、管住手、开合配、圆弧走"的习练理论。

太极拳是养出来的不是打出来的。可是维传年轻时总感到不狠点没有效果，对方不服气。

后来练到功夫上身了，才感到只有按老师的教导，经常对照纠正，才能走上正路。否则与师父教导越远，也即远离太极拳之要求，枉费工夫没有进展。这就是拳论上所说的"差之毫厘，谬以千里"。

太极拳是站在弱者的立场上思考问题，讲究以柔克刚，以弱胜强，要从人不要由己。太极拳在广府老城一带，还流传着一种说法，叫做"捋架"。为何称为"捋架"？按照翟维传的理解，太极拳重在防守，不在进攻，而捋，就是典型的防守。捋，就是"不顶"，不但不顶，还要助对方一臂之力，帮助对方一起往我身上加力，两力相合，这时己方稍一转腰调身，把这个合劲引偏，偏离身体中心，这样就让来劲儿走偏落空，这就是"引进落空合即出"。

翟维传在广府拖拉机站门市上班

"顶"是外家拳的打法，劲足够大了当然敢去顶，但如果劲儿小了，顶上去肯定要吃亏的。太极拳讲巧，以巧取胜，所以首先就是"不顶"，不硬碰硬，而是顺着对方劲走。但如果直接跑开了那也是不顶，但是就"丢"了，前辈告诉我们还要"不丢"，这就是大智慧！我们听起来，这"不顶"和"不丢"就像是一对双胞胎；可是在实际对抗时，不顶就很容易丢，不丢又很容易顶。这里面也是一个矛盾，就看怎么拿捏了。

要做到"不丢不顶"，就需要做到"粘连黏随"。这个捋法就含在这"不顶不丢，粘连黏随"里。比方说对方劲来，己方捋着对方劲走。为了不让对方伤着自己，捋劲里面得藏着一个掤劲；对方退，己方掤着跟上去，但随时准备往回捋；捋还可以和采结合，成捋采。总之，有了捋法，就是要和对方合到一起，顺到一起，然后当掤则掤，当采则采。

捋，其旨在守不在攻，"以静待动"，不"主于搏人"。但守中蕴含着攻势，守中蕴含着千变万化的劲道。

这就需要习拳者要舍得舍弃自己而顺随对方，放弃打人之念，敢放对方进来，然后做出相应的处理。

姚老师说的弹簧撞人，使对方如钱投鼓之功法，翟维传多年后得以体悟，其包含了太极阴阳、刚柔相济的道理。一定要按照老师所讲的拳理和功法，用心去追求，要舍得花时间去练。就怕光听不悟，说了不练，是不能由心知达到身知的。

武式太极拳身法严谨，架势紧凑，有许多与其他门派不同之处，需要习练者默识揣摩，细心体会。比如武式太极拳的弓步是"前腿为虚，后腿为实"，但"虚非全然无力，气势要有腾挪；实非全然站煞,精神要贵贯注"。后腿为实,精神贯注;前腿为虚,气势腾挪,这是武式太极拳的一大特点。手上发出的劲儿,是来自后腿的蹬劲,自然后腿是实、前腿是虚。劲儿一发完,后腿随即上步前跟,就变成了前腿实、后腿虚。虚实之间是依据交手的实际情况不断地发生变化的。比如在弓步状态下,为靠近对方,前腿会瞬间抬起迈出,这瞬间迈出就说明前腿的虚中包含着预动之势,时时刻刻准备向前进步;后腿坐实不是坐死,精神上要在后腿蓄劲,随时准备发劲。太极拳是靠劲儿打人,靠劲儿化人,如何运劲儿,如何发劲儿,是最核心的东西。所以拳术中的安排,都是围绕着劲的运用,劲使对了,拳就对了。

姚老师的点拨加上自己的勤思好悟,翟维传的拳艺又提高了不少。

1993年5月,翟维传参加第二届中国永年国际太极拳联谊会,任千人表演队伍教练,被大会评为"太极十二新秀"之一。1993年9月,参加第二届焦作年会。1995年5月,参加第三届中国永年国际太极拳联谊会,获传人代表优秀奖。论文《太极五行虚实之变化》获优秀论文奖,收入《太极拳论文集》一书中。这些成就都与姚老师的教导分不开的。

姚继祖先生曾一句话道出了拳艺之奥妙。有一天,维传问,什么是"引进落空"。姚老师说:"你问得好,引进落空说的是两人在推手时的技法,关键在这个'空'字。什么为空?给你讲了你得用心去体悟。对方推你之时,你要去引诱对方把对方推你之劲,改变成对方随你之劲,在改变这个关口上,正是对方之空点。"根据这一道理,维传用心去体悟了很久,功夫不负有心人,经过反复体悟与验证,终于由心知变为身知。后来维传常对人讲:"太极拳打人不是用力的,是利用放松来打人的。"

魏佩林墓地落成仪式

1995年8月,魏佩林老师墓地落成。1995年10月10日武禹襄故居一期竣工。垂暮之年的姚老师,十分关心广府古城的武式太极拳遗址遗存的修葺,"武禹襄祖师的故居虽然得到了保护,但还有大量的工作要做。一方面,一些应该归属于故居的房屋场地还被其他部门占用并废置;另一方面,周围很乱、很脏,与作为一处武术圣地的环境很不和谐。此外,许多房屋由于没有钱修复,还在那里被风剥雨蚀,看了令人痛心呵!如果不及时保护、维修,将来是无法弥补的……"

1995年11月,受国家武术管理中心、中国武术院邀请,翟维传与师弟钟振山一道代表永年到北京体育大学参加《武式太极拳竞赛套路》一书的编排工作。1996年元月,再次受邀到北京体育大学对《武式太极拳竞赛套路》进行审订。本书已出版,在全国各地普及与推广。

1996年5月的一天夜里,维传梦见和弟子们在练拳,一个高大的黑壮汉要和维传比功夫。他说他的劲很大,没有把太极拳放在眼里,更没有把维传放在眼里。当时维传也担心敌不过对方,但凭着对太极拳的信念,也想试试太极拳功夫到底怎样,于是说:"我站好你推我,先看你到底有多大劲。"对方听完维传的话后就用力推来,维传这里站定脚步,两肩放松,气向下沉,接定彼劲,腰一转换就把对方后脚拔起,使对方身体站立不住。黑壮汉感觉很吃惊地说:"我的脚下怎么就没有根了,想站也站不住。"维传说:"这就是太极拳的拔根。"他想再试一次,维传说来吧,随即又把对方脚根拔了起来。这次没等他站住,又变了一个劲道,使对方完全处于落空的状态,身不由己地向前栽了两步。维传如再改变劲道对方就会向后跌出,但维传没有再动。黑壮汉折服地说:"我只知道有力就可对付一切,以前我从未遇到过对手,没想到今天在这里知道了太极拳的厉害。"维传说:"这就是太极拳里的巧劲,借力打人的功夫。"黑壮汉听完后说:"看来光有笨劲是不行的,我以后还得向你学习太极拳,练练巧劲。"维传醒后翻来复去地想这事,梦境细节记得很清楚。等早上起床练功时,正好弟子世奎来家,就把梦给他说了一遍。后来又和世奎试了试梦中的劲,世奎也说出与壮汉一样的感觉。

1996年6月4日,维传梦见和弟子景山、世光等到一起练习推手。维传用接劲打劲,改变劲头,反复打劲来研究身体的变化。维传对他们说:"咱们打的这些劲要起个名字,也好和别人讲。"想来想去谁也想不出好名字,这时忽然看见一个老者形象的人站立在身边,看不清真正的面貌,对维传说:"这叫闷接、闷化、闷发、闷挂。"说后老者不见了,维传就醒了,醒后感到很奇怪。后跟姚老师说了这个梦,姚老师说:"逊之先师讲过,你要好好练功,夜里会有人来教你的。"

姚老师与翟维传推手

日有所思，夜有所梦。"懂劲后，默识揣摩，渐至从心所欲"，翟维传几乎天天和姚老师在一起，时时刻刻都在揣摩太极劲法，梦里出现练太极拳的场景不足为奇。

姚继祖先生十分重视对太极拳后备人才的培养及太极拳理论的探讨和研究。他认为，太极拳不能仅仅被看作一种锻炼身体的体育运动，它更是陶冶情操和锤炼毅力的"熔炉"，因此，应从小孩子抓起。为此，姚老不顾年岁已高，在永年广府亲手创办了一所太极拳学校，还担任了许多专业武校的教练。他不辞劳苦，不计报酬，传功授课。在教学中，他因材施教，循循善诱，培养了一批在国内外颇有影响的太极拳人才。

1996年7月19日，在姚老师的首肯下，翟维传与弟子贾海清合办永年武式太极拳学校南护驾分校，为实现太极拳要从娃娃抓起的理想而努力。

与台湾太极拳交流团合影

师徒情深

1996年8月,经姚老师推荐,翟维传应邀参加第四届中国温县国际太极拳年会,任年会副秘书长,参加了名人表演。论文《太极五行虚实之变化》获优秀奖并收录在《温县太极拳论文专集》中。

　　1996年农历十一月二十四,姚继祖老师80岁大寿,来自全国各地的弟子和再传弟子,有关领导嘉宾七八十人为姚老师祝寿。大家济济一堂,演拳推手,研讨恩师的德高艺精,对武式太极拳弘扬传承做出的巨大贡献,畅谈武式太极拳的发展愿景。80岁高龄的姚老师看到弟子们的汇报表演十分欣慰,鼓励大家再接再厉。

# 第十九回
## 姚师故维传哀恸　砥砺行继承遗志

　　在一个用红砖砌成,绿树掩映的小院里,走进北房正屋,四壁挂着各种字画匾牌。北墙中堂位置是一大两小三幅泛黄的隶书楹联,右联曰:立定脚根竖起脊,拓开眼界放平心;左联曰:神意导气行百络,腰腿换劲应万端。仔细品味,其中除了太极奥理之外,更多地蕴含着做人处世的哲理。左联为姚继祖师爷李亦畬留下的,右联是1966年10月姚老师写给武禹襄曾孙武慕姚的。中间是一竖幅古隶,大气磅礴,更见神韵,剑匣之中有龙气。体现了中华武术奋发向上、自强不息的浩然正气。晚年姚老师常坐在方桌旁太师椅上久久沉思,目光淡定,慈眉善目,使人油然而生敬意。

　　当拜访者沿着姚家小院外一条窄窄的小巷,走出很远很远之后,回过头来,老人还站在院子的大门口向访客招手致意。那消瘦而坚实的身影,霎时幻化为一棵青松,那是一座中华太极拳传承的丰碑!

　　姚老师在武术界德高望重,与各门派的关系相处得非常融洽,并常常组织各门派集会、表演、比赛等,深得各门派敬仰。姚老师成名后,并没有把拳艺变成交换名利、地位的商品,也从不把练就的功夫当作轻易致富的摇钱树,从不向求教者索取任何报酬,其一生清苦,默默奉献,晚年更是这样。这种高尚情操为弟子树立了武德方面的榜样。

　　1998年5月10日,姚继祖白天还照常向弟子讲拳,试手。当晚7时许,晚饭吃着吃着,突然脖子一硬,大叫一声,身子一歪,溘然而去,享年82岁。

　　姚老师不但拳技精湛,武德人品无不服人,拳如其人,人如其拳,而且理论造诣颇深,文武兼备,成为一代太极拳大师,名扬海内外。他在练拳过程中,还经常把自己的心得体会记录整理并编为歌诀,成为太极理论之珍贵资料,并曾整理成《太极锁钥》一书,可惜由于十年"文革"及其他原因一直未能出版,十分遗憾。1999年2月,姚老师生前未能问世的著作《武氏太极拳全书》由山西科学技术出版社出版。

姚继祖在家中

姚老师的逝世，使翟维传深深陷入悲苦之中。老师不在了，失去了亲人，失去了拳艺上的忘年挚友，心里空落落的，整天不是个劲儿，伤心难以释怀，神情恍惚，什么事都无心去做。经过一阵子的消沉，翟维传突感肩上担子越来越重，没有能给自己解惑的恩师了，武式太极拳发展重任就落在了徒弟身上，自己作为师父看重的弟子，唯有努力传播、传承、著述才能告慰恩师的在天之灵，才能慰藉自己悲伤的心境。

后来的岁月，翟维传尽量走出去，参加会议、论坛，到各地传拳、发展组织。如呼和浩特、珠海、温州、江门、邢台、邯郸等地都有了以翟维传为名誉会长的武式太极拳分支机构。授拳之余，挖掘、整理、拍摄、出版，继承和发展恩师的太极拳事业。

1998年8月，维传应邀参加第五届中国温县国际太极拳年会，任年会副秘书长，参加名家表演并被大会评为"太极拳名师"。

1998年10月15日，维传参加纪念邓小平同志题词"太极拳好"20周年——北京天安门广场万人太极拳表演活动，获纪念奖及表演证书。

1998年10月，维传应邀参加第五届中国永年国际太极拳联谊会，获传统武式太极拳第一名，论文获优秀奖，被评为"太极拳大师"。

1998年10月底，维传应邀参加第三届武当拳法研讨会暨"武当杯"武术大赛，获优秀奖证书及奖杯，被武当拳法研究会聘为顾问。

《武当》杂志主编高飞多次采访过姚老师，对永年武式太极拳非常了解，特别对姚老师的武德为人非常敬佩。姚老师去世后，高总编邀请翟维传去参加武当拳法研讨会，他对维传说："姚老逝世前，是我最后给他拍的一张《武当》杂志封面。姚老是武德双修，您作为他的弟子，不仅得到了姚老的真传，而德操更像他老人家。姚老有你这样的弟子，后继有人了。""别人都是特邀研究员，你放到最高，是顾问。"可想而知，没有恩师的知名度和高飞对维传的了解，第一次参加大会就被聘为顾问是不可能的。

同年12月，维传应武当山拳法研究会之邀到武当山参加会议，住在武林宾馆，同屋有湖北罗田县马则中，他练的是家传内家拳，两人相谈甚欢，都想交手试技。两人就在房间里拉开架

翟维传与发小魏高义

势：翟用拳击打马胸部，马用左手把翟之拳挑开，进右手推翟胸部，翟用左手接对方右肘部腰稍一转，马就站不住脚，坐于床上。通过几次切磋，马都无能为力。事后总结，翟："你练的只是招法，不懂劲道，更没有下盘功夫。"马："通过跟您切磋，知道了什么才是真正的内家功夫，我要向您学习，拜您为师。"会后则中给维传买了一把单刀作为纪念。1999年农历正月马则中到永年拜师，成为武式太极拳翟维传正式入门弟子。

在会议期间，有一位叫张奇的拳友找到翟维传说："会上我看了那么多人的表演，就是觉得你这个拳最有味儿。"后来就邀请维传去大连讲课。

同年12月，维传应邀参加中原内家拳法研究会成立暨"石人山杯"全国武术名家邀请赛，获优秀奖杯及证书，被聘为中原内家拳法研究会顾问。

1999年2月，由弟子马则中联系，维传应湖北省罗田县体育局邀请到罗田县授拳。

同年4月，应大连武当拳法研究会会长张奇的邀请，维传到大连商讨振兴武当拳学对策，并被大连武当拳法研究会聘为顾问。

# 第二十回
## 智需助华武闭关　忽贯通功夫精进

任智需何许人？石家庄正定人士，河北三才集团董事长，投资兴建大型演武修炼场所——

华武园,后来,慕名来广府拜姚老师为师。姚老师年事已高,就派翟维传代师传艺。智需常来广府小住几日学艺,因生活品质要求高,又喝不惯广府的咸水就自带桶装水,与维传同吃同住同学。翟维传也常去正定小住以教师弟,常来常往,情投意合。恩师姚继祖去世后,为了给师兄维传散心,任智需提出让维传去正定华武园住一阵子。维传通过前一阵子外地的活动和授拳,也想静一下心来把40多年来两位恩师所教进行"反刍"、消化、提炼,使功夫再提高一个层次。两人一拍即合。

翟维传在华武园与师弟任智需推手摸劲

1999年5月,翟维传携弟子到石家庄正定华武园,后自己留下来进行闭关悟拳,训练了三个多月。每天:

早上,懒扎衣走上两小时;

上午,走架两小时,师兄弟推手摸劲儿一小时,写心得;

下午,捅大杆一小时,写心得,站桩两小时;

晚上,走架一小时,写心得。

每天练功与思考时间超过了八九个小时。

除盘架子练功摸劲外,还"反刍"恩师教导,思考总结。

维传记忆特别深刻的是魏老师经常夜里在院子里练走步划圈之势,从南头走到北头,又从北头练到南头。初习拳时不知道他在练什么,后来知道这不是在练懒扎衣吗?又听老师讲武式太极拳之母式就是懒扎衣,它可以千变万化。套路的每一式都是懒扎衣势变化而成的,通过不断体悟,实感此势的重要性,因此就想要多练懒扎衣。

懒扎衣,被称为武式太极拳的母势。既是母势,那就是无所不包。太极拳所有的十三种技法,都蕴藏在这一母势里。不过由于武式太极拳追求"拳打卧牛之地"的最大效果,身法收紧,外动幅度小,各种势法走小圈不走大圈,看上去似乎混沌一片。

再联想先辈以往的名言,都把母式作为重中之重。郝为真常说:"我练了一辈子拳,就学会一个懒扎衣。"魏先生说:"学会懒扎衣,走遍天下无人敌。"翟维传通过练习懒扎衣,感到功夫快速提高。拳谚讲"怀揣八卦,脚踏五行",懒扎衣包含了太极拳的精要——五步八法。

在反复思考中,翟维传终于得出结论:魏先生专走懒扎衣,唯其如此,他才能更精确,更扎实,更透彻。

有了这样的思想,懒扎衣在翟维传心目中的地位越来越重要,他也养成了反复练习懒扎衣的习惯。特别是利用生活中的许多零散时间,练不成整套拳路时,翟维传就抬手懒扎衣。懒扎衣成了本能动作。

同时针对学生越来越多,时代迅猛发展,社会生活节奏越来越快等现实,总结出了一套入门从简、由简到繁、步步深入的学练体系和方法。在华武园编创的活步桩就是其中之一。

怎样来命名又成了一个难题,回想起来有很多拳种都有桩功系列,就把它叫做桩功,又有步伐在不停地运动,后才确定为"活步桩功",成了武式太极拳中独特的功法之一。

活步桩,源自魏先生专练懒扎衣给维传的启发,动作简单,内涵很丰富,入门容易,但是练上一辈子仍无止境。

通过翟维传自己的体悟修炼与教学实践,大家都对此功法反映很好,气感强、上功快,同时锻炼上下又锻炼内外。后来又发展为精义九式,并在《中华武术》发表推广。现在更名为桩功九式。活步桩功成了维传所教的弟子及学员中必不可少的基础功法。

翟维传对于姚老师的回忆,主要集中在小架子上。

回忆姚老师讲拳时特别强调:"武式太极拳的学练是从中架子开始的。只有功夫深了,才能练成小架子。"有时兴致所至,姚老师偶尔也给弟子们演练一下小架子的打法,点出它的要领。当时就引起了翟维传的极大兴趣,一直想着啥时候能练成小架子,发人于不动之中。

回想起李池荫师叔,老先生问:"太极拳的最高境界是什么?"维传不知如何作答。老先生说道:"打到无圈的地步。"

这和姚老师的观点异曲同工。所以对于小架子,对于无圈的追求,就成了翟维传的一大心事。现在静下心来,创编和进一步完成小架子套路排上日程,反思这小架子和大架子的区别,翟维传觉得架子越小,就越发圆活有趣。

因小架只有口授无有定形套路,不易传授,所以姚老师在世时就嘱咐翟维传对小架进行整理形成套路,后经姚老师多次修改仍未定稿。这次有时间了,这个任务得以完成。后来,2003年7月由俏佳人公司出版了系列音像光盘之一《武氏太极拳桩功、小架》在海内外发行。2006年4月山西科技出版社出版10本丛书之一《武式太极拳小架》,姚老师夙愿得偿。

闭关结果,翟维传经过对老师话语的反复追忆,静心的思考,走架的揣摩,摸手的印证,站桩的沉淀,这时的他才感觉脚下有根儿了,特别顺手,咋玩咋是了——功夫上身,明显提高。所以后来维传常对弟子讲:"要不说得讲专业,这还是老师传承了的,给你说了东西儿的,不说,你练到老也不中啊！"

## 第二十一回
## 广传播参会讲学　国家授八段非遗

　　1999 年，翟维传应邀参加河南省举办的"全国中老年太极拳邀请赛"，获传统武式太极拳、剑比赛两项一等奖。会议期间，结识广东省江门市太极拳联谊会会长吴泽明先生，被该会聘为顾问。应中国国际武当拳法联谊会的邀请，作为特邀嘉宾到武当山参加会议，并做名家表演，后到十堰市参加名家专场表演。《论太极拳内涵与修炼》获论文奖，收入《武当拳法探微》一书中。同年，南护驾太极拳分校晋升为永年县武式太极武校。

　　2000 年，翟维传应邀参加中国邯郸太极拳联谊会，获传统武式太极拳、剑比赛两项金牌，被北美洲武（郝）派太极拳总会聘为海外顾问。应邀参加大连武当拳法研究会举办的全国武术名家邀请赛，获太极拳比赛银杯奖。《谈太极拳粘与走的关系》获优秀论文奖，收入《武当武术论文集》一书中。在国家体育总局于江西上饶举办的第三届武术之乡武术大赛上，获传统太极拳比赛二等奖。

　　2000 年 5 月 9 日，同事苏某因病去世，通知维传参加葬礼。维传掐指一算，一块到苗庄县拖拉机站上班的 60 名同事，50 岁左右开始，因突发各种疾病去世的已有 40 多人，还有一些正因患癌症、心脑血管病等备受煎熬。这与生活条件、医疗水平以及职业习惯有关系，然而从小习练太极拳的翟维传却越活越精神。这充分说明了太极拳对人的影响是全方位的，尤其是对身体的保健、性格的完善及应变能力的提高均有良好的作用。

　　2001 年，由武当杂志社编印的《武式太极拳述真》出版。翟维传参加中国邯郸国际太极拳交流大会，比赛中获武式太极拳传统套路、武式太极拳竞赛套路和自选套路三项金牌。应邀参加中国珠海国际太极拳交流大会，被大会聘为特邀技术顾问，进行了名家表演及拳艺交流。《解"蓄劲如张弓，发劲似放箭"》作为唯一一篇功法论文在大会会刊中刊载。

　　2002 年，翟维传应邀到四川省成都市授拳讲学。成立永年县维传武式太极拳研究会并担任会长。应邀组队参加第二届焦作国际太极拳交流大会，比赛成绩显著，队员获两个推手冠军，并获集体最高奖——体育道德风尚奖。受邀组队参加第九届中国邯郸永年太极拳交流大会，代表武式传承人在开幕式上进行名家表演，获大会"贡献杯"；队员获 4 金、4 银、2 铜的好成绩。

　　2003 年，翟维传受人民体育音像出版社俏佳人音像公司之邀，率弟子到广州拍摄"武氏太极拳系列教学光盘"（11 碟）。在广府家中收徒 12 人。应邀到辽宁省铁岭市授拳讲学。组队参加邯郸举办的河北省太极拳展示大会，做名家表演；弟子获 4 金、6 银、3 铜的好成绩。

　　2004 年，《武式太极拳术》一书出版。翟维传应第二届香港国际武术节组委会的邀请，组队前往香港比赛,参加名家表演;队员获 8 金、2 银的好成绩。邯郸市武式太极拳学会参加在永年广府举办的首届永年广府太极拳年会,并取得优异成绩。应浙江弟子邱永清的邀请,在温州进行近一个月的传拳授艺活动。永年县维传武式太极拳研究会 20 余人代表永年县组队参加唐山举办的河北省太极拳锦标赛,取得了竞赛套路 1 金、1 银,传统套路第一名 4 人、第二名 5 人、第三名 5 人的优异成绩,并获大会"体育道德风尚奖"。永年县太极拳协会成立并任协会副主席。受邀组队赴石家庄市参加中日韩民间太极拳交流会暨廉让堂太极拳研究会成立,被研究会聘为顾问。邯郸市太极拳委员会成立,任副主任。组队参加永年县太极拳、械比赛;参加名人表演,队员获一等奖 4 人,二等奖 4 人,三等奖 3 人,集体获表演二等奖,集体总分获第三名的优异成绩。永年县魏佩林武式太极拳功夫研究会成立,被聘为研究会顾问。应邀参加第二届中华武术展现工程研讨联谊会暨展现工程宣传推广协作体成立大会,当选为大会常务理事。应邀到辽宁省大连市授拳讲学。永年县郝为真太极拳学术研究会成立,被聘为研究会顾问。在家中收温州弟子 4 人。应广东江门太极拳协会之邀,讲学办班并纳徒 2 人。在广东讲学期间,被广东省开平市太极拳联谊会聘为顾问。

2005 年,翟维传应邀组队参加第二届永年广府太极拳年会,参加名家表演,被聘为广府太极拳协会副会长,同时荣获组织贡献奖。应弟子陶江波邀请到江苏省金坛市传拳授艺。到河南郑州参加张志俊先生 60 岁大寿及收徒仪式。应邀参加在正定举办的河北省武术文化交流大会,荣获传统武术表演优秀奖,并被推选为该会在邯郸地区的负责人。被邯郸市武术协会聘为邯郸市武术协会荣誉主席。作为武式太极拳代表到山西太原参加杨振铎先生 80 岁华诞,并共同研讨太极拳的发展大计。应邀参加永年广府太极武术馆成立及永年县太极培训基地成立大会。应邀参加山东省烟台市运动协会世秀太极苑成立大会,被聘为世秀太极苑名誉主任。参加第三届中国焦作国际太极拳交流大赛,作名家讲学及表演,获中国武术协会颁发的表演证书,并作为武式太极拳传人代表接受焦作电视台的专访。再次应弟子陶江波的邀请到江苏省金坛市授拳讲学。内蒙古呼和浩特维传武式太极拳研究会成立,被聘为该会名誉会长,弟子岳江华当选会长。再次应邀到浙江省温州市授拳讲学。应邀参加国家有关部门为永年县命名"全国太极拳之乡""中国太极拳研究中心"挂牌仪式与表演活动。应马来西亚太极拳总会会长李文剑先生的邀请,到马来西亚槟城、吉隆坡两地授拳,该国《光明日报》及《星洲日报》以"武式太极拳引进大马"和"翟维传发扬武式太极拳"为题,进行了采访报道。再次应广东省江门市太极拳协会的邀请,到江门市授拳讲学。

2006 年,翟维传在江门收徒 6 人。"传统武式太极拳丛书"一套十本出版。

2008 年,翟维传在武禹襄故居收徒 6 人。在家中纳徒 2 人。在香港传拳期间纳徒 2 人,同时香港武式太极拳总会成立。

2012 年,《中华太极基础功法》《武式太极拳传统 108 式》《武式太极拳精要 37 式》《武式太极拳简易 28 式》《武式太极拳竞赛套路 46 式》等出版。

2014 年,在中国台湾出版《武式太极拳三十七式》《武式太极拳小架》《武式太极拳老架》。

2018年,中国武术协会批准翟维传荣誉晋升中国武术八段。国家文化和旅游部认定翟维传为国家非物质文化遗产代表性项目太极拳(武氏太极拳)的代表性传承人。注册成立永年禹襄太极研究院并任院长,以弘扬传统太极文化、增进全民健康、发展竞技太极拳为宗旨,以研究、传授太极拳术,培养太极拳师,组织非遗传承、赛事与全民健身活动为己任。

# 第二十二回
## 津门馆武翟认亲　双重任使命在肩

武禹襄的陵墓处于荒郊野外,没有通大路,远离景区。翟维传一直想让景区管委会划一块墓园为武禹襄重新修坟,通大路,还要融合到旅游线路上,便于游客和太极拳爱好者游览拜谒。这件事涉及武家后人和武式太极拳传人,双方一起找政府最合适。

为商量武禹襄迁坟修坟之事,翟维传弟子、武校校长、居住在广府城西三里的南护驾村贾海清说,本村有同学名叫小华,是武家的亲戚,他管武禹襄的曾孙武福鼐的夫人叫老姨。小华与住开封的武福鼐夫人一家联系上后,于2006年4月12日,翟维传与贾海清、翟世宗、小华一行坐武校的车去开封拜访。

翟维传携弟子到河南开封拜望武福鼐夫人

在武福鼐夫人家中,翟维传一行向老人家问好、合影,与武福鼐夫人的女儿、女婿介绍武式太极拳传承情况及迁坟修墓事宜。吃饭时武家人谈到武禹襄原配夫人为翟氏,当时大家也没有多想。

2007年8月15日,河南大学举办"中华武术大学堂第二期太极名家讲堂",翟维传应邀担任武式太极拳主讲导师讲学授课。期间,翟维传一行又去看望武福鼐夫人。两家已经熟络,也特别亲近,武家人还把武禹襄墓表拓片给了翟维传带回广府,当时回来没人仔细看,没人注意这个事儿。

2012年9月,翟维传在弟子陈吉强的大力支持下,在天津市津南区咸水沽开办维传武式

左起:翟世宗、武福橙夫妇、武林

太极会馆并驻馆授拳。2013年5月,翟维传有事回广府,一天,在家中接到武家在广府的本族人的电话,说有一个叫武林的人,是大门儿武澄清的后人,居住天津,现在回来迁武澄清的坟,想与翟维传见个面。当然迁坟的事与翟无关,见面是因为乜练武家拳比较有名儿。当天翟家有弟子在家练拳,正准备去饭店,就在饭店吃饭见面,与武林就认识了。武林介绍自己是武澄清曾孙武福橙之子,席间谈到维传去过开封看望武福鼐夫人,已得知武禹襄夫人为翟氏云云。武林就对翟维传说:"等我回去了,我家有从国家档案馆调出来的家谱,好几本,我在大港区,离咸水沽比较近,到时候拿上家谱去拳馆拜访翟老师。"

回到天津,时间不长,武林来到了拳馆,从武家家谱书上查找相关内容,查到:"三祖禹襄公讳河清配氏翟氏史子六人,长锡侯公讳用康、次悦民公讳用怿、三叔和公讳用咸,均元配翟太恭人出。"接着查另一本武家家谱:"讳河清公元配翟,同邑清从九品翟焕儒长女,清嘉庆十四年十一月初六生。"翟维传说,"好像俺老爷爷叫翟焕儒,俺家家谱上写着:'翟焕儒生一子一女,女嫁本邑武氏'。"因当时翟家家谱没带,记不清是哪两个字,是不是一个人,闹不准。武林说:"那咋的办?"翟说:"等世宗啥时候回广府把家谱拿来,一对照就行了。"两个月后,翟世宗回家办事儿,把家谱拿到天津,又把武林叫来,搁到那儿当面一对,知道了,一回事。再一对照辈份,武林比翟维传小一辈,翟维传与武家福字辈同辈。从那时开始,就知道这个关系了,武林就叫维传表叔了,按翟家辈份,翟维传叫武禹襄老老姑夫。几天后,翟维传携子世宗到大港区武家拜望武福橙夫妇并认亲。

2014年11月4日，翟维传携弟子到武家大院参观了武禹襄原配夫人、维传老姑奶奶翟太恭人居室，请武家大院陈少春总经理介绍了武家的历史。大家都觉得真是巧合，又好像是命运的安排。

2018年9月，武福楹携子武林到广府翟维传家回访。那是永年禹襄太极研究院刚成立三个月，两家人及随从及弟子在研究院宣传画影壁墙前合影留念。

2019年10月3号，在"太极拳五步八法"第二期弟子培训期间，武林由同族武建周、武占峰两人陪同，应邀给弟子讲武家历史和文化。

遗憾的是，武禹襄迁坟之事没有结果，加之开封的电话后来丢失，没有再联系，至今，开封武福蕭夫人不知武翟认亲之事。

太极拳师徒传承：武烈→武禹襄→李亦畬→李逊之→魏佩林、姚继祖→翟维传

翟家谱父子传序：翟焕儒→武翟氏→翟明堂→翟铎→翟经筵→翟书英→翟维传

作为武家的亲戚和武式拳传人的双重身份，肩负两个责任，翟维传感到更应该把拳练好，传承好，光大先人的事业。

# 第二十三回
## 修身心明师贤徒　合太极武道文踪

因天时、地利、人和，翟维传自小就接触武式太极拳，与魏师家一墙之隔，与姚师家也不过几百米距离。魏姚两师均得真传，他跟随两师50余年，自己研拳近70年，深感太极拳的博大精深，"即使练拳一辈子，也不能完全理解透彻"。

就武式太极拳来说，祖师武禹襄、宗师李亦畬两人开太极拳历史之先河，总结出很多精深的太极拳理论并流传于世，被各派奉为经典。虽然现代太极拳发展很快，已经遍地开花，走出国门，走向世界，可是真正懂太极拳的人凤毛麟角。又因派别纷多，难辨真假，派内分系，各承其技，师承、嫡传、入门弟子等分别甚多，故而虽百花齐放，但正果难成，令人扼腕。正如王宗岳拳论说："差之毫厘，谬之千里。"

功夫分层次，一层功夫一层认知，一层认知一层功夫。姚师曾讲，武式太极拳分为五层功夫：一打招，二懂劲，三打意，四用气，五打神。当今能达到懂劲层次的为数不多。翟维传认为："练习太极拳，要以研习太极拳论为根基，时常对照，与拳论相合就是对的，不符合拳论的就是不对的。如由己之动、以力抗力是不符合太极之要旨的，而随人之动、后发制人、落空拔根、借力打力等才是太极拳之理。在练习中，改变自己的后天意识很关键，另外就是通过正确的传承，勤加练习，认真参悟。姚师说：'先求心知，后求身知，不能练至身知是练不上太极功夫的。'"

在健身养生方面,翟维传认为:"我练习武式太极拳最大的体会和感悟首先是它的健康价值,人只有健康了才能干好工作。太极拳对身体最大价值是强身健体、益寿延年。太极拳要求内外相合,'内'指的是神意气,'外'是指肢体动作,通过意气的引导、肢体的配合,达到内外双修;又因太极拳要求'一动无有不动,一静无有不静',每一动都使全身各个部位得到锻炼,这是太极拳与其他运动方式最大的不同。太极拳是有氧运动,缓慢松柔的运动能使人流汗而不气喘。武式太极拳运用逆式呼吸法修炼丹田之气,长期习练能使丹田内气充盈,精力倍增,免疫功能得到增强,特别是通过开呼合吸的意气配合,促使横膈膜上下运动,使五脏六腑都得到按摩和锻炼,这种内外协调而统一的运动方式是太极拳能够强身健体、祛病延年的根本原因。"

"真正的健康是身心两方面的健康。60余年的修炼,使我体悟到太极拳的健身效果是在训练得法的基础上慢慢取得的;同时修炼太极拳还能增长智慧,转变人的心态,提高内心的定力,从而拥有健康的心理和良好的精神面貌,提升生活品位,优化生命状态。人精气神充足,精神壮旺,就能获得健康,延年益寿。"

"只有得到明师指点才能学到奥妙的技艺。明师之明,不在名声,而在于明理、明法、会教。因为习练太极拳是一个由心知到身知的过程,必须要有老师的言传身教,才能练到身上。回想起来,我就是跟随两位恩师40余年,不断坚持习练与体悟而得以窥得其中奥妙。因太极拳与其他拳种不一样,讲的是省力、借力、从人、圆活等,这就必须要有一个很好的肢体框架,又要能根据太极阴阳变化之理去完成从对立到统一,生克互变,阴阳的分合。这不是一招一式之功,而是周身部位的整体组合。太极拳外在的架子好练,内在的功夫难求。恩师姚继祖先生曾说:'练不到周身一家脚手随,进不了太极之门。'这必须通过老师的正确引导,悉心指点,手把手纠错才能做到,可见太极拳没有很好的传承,是练不上功夫的。"

当同道朋友问翟维传对他的太极人生如何总结定论时,他拿出一页早已写好的竖格宣纸,内容如下:

"10—20岁:耕种之年。在这一段,学习人情世故、文化艺术,根据自己的爱好,种瓜种豆,去努力追求。

20—30岁:阳刚之年。不怕苦累,好胜心强,脾气急躁,气易上浮,有天不怕地不怕思想,一时冲动,没有主见。

30—40岁:发挥之年。发挥自己所学之长,去养家糊口,去努力拼搏,争取荣誉和收入,只看到自己优势,不考虑过错。

40—50岁:转换之年。家业稳定,思想放松,办事想前顾后,不去争强好胜,心里有了底数,做事稳扎稳打。

50—60岁:平衡之年。家兴人旺,心理负担减少,只想自己以后所追求的爱好,身心稳定,儿女孝顺,自悟自乐。

60—70岁:定型之年。保持现状的基础上,不断努力,勤想勤动,不进则退。

70—80岁:收获之年。名利双收,知足常乐,心传口授,弟子满堂,尽享人生之乐。

80岁之后:神明之年。研拳自乐,授拳不辍,量力而行,顺其自然。"

正确传承、自身努力;善于动手,勤于笔耕;一生练拳,永无止境! ——这就是翟维传的太极人生。

在党和国家以及各级政府的亲切关怀下,太极拳得到普及并快速发展,但习练者大多都以健身强体为主,并不懂得太极拳的搏击和修身功能。太极拳是以太极阴阳变化之理,从矛盾的对立统一达到阴阳相济,实现省力借力之效果的一种高明的搏击术。太极拳也是一门集强身、防身、修身于一体的艺术,所以真正的太极拳高手不是打打杀杀之一介武夫,而是兼具深厚的文化修养的谦谦君子。

还原太极拳真义,以先辈的经典论著为指南,勤思善悟,心知体认,时常对照,方有所得。"差之毫厘,谬以千里,学者不可不详辩焉",也是翟维传对徒弟的教诲。

对照祖师武禹襄与宗师李亦畬的学拳和创拳的过程,姚继祖和翟维传的教学相长是极其相似的。好师父要配好徒弟,好徒弟要有好师父,名师高徒是互相成就的。非执着者不授艺,非聪慧者不传技,20年前择师不易,30年后选徒亦难。

培养真正的太极拳人才是作为国家级太极拳传承人翟维传的最大心愿,栉风沐雨,砥砺前行,不忘初心,方得始终!

附录一

# 经典拳论

## 一、太极拳论

　　太极者,无极而生,阴阳之母也。动之则分,静之则合。无过不及,随曲就伸。人刚我柔谓之走,我顺人背谓之粘。动急则急应,动缓则缓随。虽变化万端,而理唯一贯。由招熟而渐悟懂劲,由懂劲而阶及神明。然非用功之久,不能豁然贯通焉。虚领顶劲,气沉丹田。不偏不倚,忽隐忽现。左重则左虚,右重则右杳。仰之则弥高,俯之则弥深。进之则愈长,退之则愈促。一羽不能加,蝇虫不能落。人不知我,我独知人。英雄所向无敌,盖皆由此而及也。

　　斯技旁门甚多,虽势有区别,概不外壮欺弱,慢让快耳。有力打无力,手慢让手快,是皆先天自然之能,非关学力而有为也。察"四两拨千斤"之句,显非力胜;观耄耋御众之形,快何能为?

　　立如枰准,活似车轮。偏沉则随,双重则滞。每见数年纯功不能运化者,率皆自为人制,双重之病未悟耳。欲避此病,须知阴阳:粘即是走,走即是粘;阳不离阴,阴不离阳;阴阳相济,方为懂劲。懂劲后,愈练愈精,默识揣摩,渐至从心所欲。本是舍己从人,多误舍近求远。所谓差之毫厘,谬之千里,学者不可不详辨焉。是为论。

王宗岳

## 二、十三势

　　一名长拳,一名十三势。

　　长拳者,如长江大海,滔滔不绝也。

　　十三势者:掤、捋、挤、按、采、挒、肘、靠、进、退、顾、盼、定也。掤、捋、挤、按,即坎、离、震、兑四正方也;采、挒、肘、靠,即乾、坤、艮、巽四斜角也,此八卦也。进步、退步、左顾、右盼、中定,即金、木、水、火、土也。此五行也。合而言之,曰"十三势"。

王宗岳

## 三、十三势行工歌诀

　　十三总势莫轻识,命意源头在腰隙。
　　变转虚实须留意,气遍身躯不稍痴。

静中触动动犹静,因敌变化是神奇。
势势存心揆用意,得来不觉费工夫。
刻刻留心在腰间,腹内松静气腾然。
尾闾正中神贯顶,满身轻利顶头悬。
仔细留心向推求,屈伸开合听自由。
入门引路须口授,工用无息法自修。
若言体用何为准?意气君来骨肉臣。
详推用意终何在?益寿延年不老春。
歌兮歌兮百四十,字字真切义无疑。
若不向此推求去,枉费功夫遗叹息!

王宗岳

## 四、打 手 歌

掤捋挤按须认真,上下相随人难进。
任他巨力来打我,牵动四两拨千斤。
引进落空合即出,粘连黏随不丢顶。

王宗岳

## 五、释 原 论

动之则分,静之则合。
分,谓阴阳分;合,谓阴阳合。太极之形,如此分合,皆谓己而言。
人不知我,我独知人。
懂劲之谓也,揣摩日久自悉矣。
引进落空,四两拨千斤。
合即拨也,此字能悟,真有夙慧者也。
左重,右重,仰之,俯之,进之。
是谓人也。
左虚,右杳,弥高,弥深,愈长。
是谓己,亦谓人也。虚、杳、高、深、长,人觉如此。我引其落空也。
退之则愈促。
乃人退我进,促迫彼无容身之地,如悬崖勒马,非懂劲不能走也(或不能如是也)。

此六句,左右前后上下之谓是矣。

偏沉则随,双重则滞:

是比活似车轮而言,乃己之谓也。

一边沉则转,两边重则滞,不使双重,即不为制矣,是言己之病也。

硬则如此,软则随,随则舍己从人,不致胶柱鼓瑟矣。

武秋瀛

## 六、拳　　论

初学推手,先学搂、按、肘。此用搂,彼用肘;此用按,彼用搂;此用肘,彼用按。二人一样,手不离手,互相粘连,来往循环,周而复始,谓之老三着。

以后高势、低势渐渐加多,周身上下,打着何处,何处接应。身随劲(己之劲)转,论内劲不论外形。此打手摩练之法,练得纯熟时,能引劲(人之劲)落空合出,则艺业成矣。

然非懂劲(此劲字兼言人、己)不能。人之劲怎样来,己之劲当怎样引,此中巧妙,必须心悟,不能口传。

心知才能身知,身知胜于心知,徒心知尚不适用,到得身知方为懂劲,懂劲询不易易也。

搂:本音楼,牵也。又,龙珠切,曳也,挽使伸也。俗音吕。

秋瀛老人识

## 七、十三势说略

每一动,唯手先著力,随即松开,犹须贯串,不外起承转合。始而意动,既而劲动,转接要一线串成。气宜鼓荡,神宜内敛,勿使有缺陷处,勿使有凸凹处,勿使有断续处。其根在脚,发于腿,主宰于腰,形于手指。由脚而腿而腰,总须完整一气,向前、退后,乃能得机得势,有不得机得势处,身便散乱,必至偏倚,其病必于腰腿求之。上下、前后、左右皆然。凡此皆是意,不在外面。有上即有下,有前即有后,有左即有右。如意要向上,即寓下意。若将物掀起,而加以挫之之力,斯其根自断,乃坏之速而无疑。虚实宜分清楚,一处自有一处虚实,处处总此一虚实,周身节节贯穿,勿令丝毫间断。

禹襄武氏并识

## 八、身　　法

含胸,拔背,裹裆,护肫,提顶,吊裆,松肩,沉肘,腾挪,闪战。

武禹襄

## 九、四字秘诀:敷盖对吞

敷:敷者,运气于己身,敷布彼劲之上,使不得动也。
盖:盖者,以气盖彼来处也。
对:对者,以气对彼来处,认定准头而去也。
吞:吞者,以气全吞而入于化也。
此四字无形无声,非懂劲后,练到极精地位者不能知。全是以气言,能直养其气而无害,始能施于四体,四体不言而喻矣。

武禹襄

## 十、太极拳解

解曰:
身虽动,心贵静,气须敛,神宜舒。心为令,气为旗,神为主帅,身为驱使。刻刻留意,方有所得。先在心,后在身。在身,则不知手之舞之,足之蹈之。所谓"一气呵成,舍己从人,引进落空,四两拨千斤"也。须知:一动无有不动,一静无有不静。视动犹静,视静犹动。内固精神,外示安逸。须要从人,不要由己。从人则活,由己则滞。尚气者无力,养气者纯刚。彼不动,己不动;彼微动,己先动。以己依人,务要知己,乃能随转随接;以己粘人,必须知人,乃能不后不先。精神能提得起,则无双重之虞;粘依能跟得灵,方见落空之妙。往复须分阴阳,进退须有转合。机由己发,力从人借。发劲须上下相随,乃一往无敌;立身须中正不偏,能八面支撑。静如山岳,动若江河。迈步如临渊,运劲如抽丝。蓄劲如张弓,发劲似放箭。行气如九曲珠,无微不到;运劲如百炼钢,何坚不摧。形如搏兔之鹘,神如捕鼠之猫。曲中求直,蓄而后发。收即是放,连而不断。极柔软,然后能极坚刚;能粘依然后能灵活。气以直养而无害,劲以曲蓄而有余。渐至物来顺应,是亦知止能得矣。

又曰:
先在心,后在身。腹松,气敛入骨,神舒体静,刻刻存心。切记,一动无有不动,一静无有不静。视静犹动,视动犹静,动牵往来气贴背,敛入脊骨,要静。内固精神,外示安逸。迈步如猫行,运劲如抽丝。全身意在蓄神,不在气,在气则滞。有气者无力,无气者纯刚。气如车轮,腰如车轴。

又曰:
彼不动,己不动;彼微动,己先动。似松非松,将展未展,劲断意不断。

廉泉武氏识

## 十一、十三势架

懒扎衣,单鞭,提手上势,白鹅亮翅,搂膝拗步,手挥琵琶式,搂膝拗步,手挥琵琶式,上步搬拦捶,如封似闭,抱虎推山,单鞭,肘底看捶,倒撵猴,白鹅亮翅,搂膝拗步,三通背,单鞭,云手,下势,更鸡独立,倒撵猴,白鹅亮翅,搂膝拗步,三通背,单鞭,云手,高探马,左右起脚,转身踢一脚,践步栽捶,翻身二起,披身,踢一脚,蹬一脚,上步搬拦捶,如封似闭,抱虎推山,斜单鞭,野马分鬃,单鞭,玉女穿梭,单鞭,云手,高探马,十字摆莲,上步指裆捶,单鞭,上步七星,退步跨虎,转脚摆莲,弯弓射虎。

注:此篇抄自李亦畬自藏本

## 十二、武氏打手法

两人对立,作双搭手(即左手咬腕,右手扶肘;或右手咬腕,左手扶肘),搭手之足(左手搭手则左足,右手搭手即右足)在前,一进一退(进者先进前足,退者先退后足),至末步(即第三步),退者收前足成虚步,进者跟后足成跟步。

换手时,搭腕之手不动,扶肘之手由上而换。如此进退搭换,循环不已。

练发劲时,一般皆在应退步而不退时作准备。

练熟后,前进、后退,都可化发。进用按挤,退用掤捋。

注:此篇抄自李亦畬自藏本

## 十三、探太极拳之源

予阅聊斋十四卷,李超武技传,浅识此技始末。王渔洋云:拳勇之技,少林为外家,武当张三峰为内家,三峰之后又有关中人王宗,宗传温州陈州同,州同明嘉靖间人,故今两家之传,盛于浙东。顺治中,王来咸字征南其最著,鄞人也。征南之徒又有僧耳、僧尾者,皆僧也。

注:此篇抄自李亦畬自藏本

## 十四、十三势行工歌解

解曰:

以心行气,务沉着,乃能收敛入骨。所谓命意源头在腰隙也。

意气须换得灵,乃有圆活之趣。所谓变转虚实须留意也。

立身中正安舒,支撑八面,行气如九曲珠,无微不到。所谓气遍身躯不稍痴也。

发劲须沉着松静,专注一方。所谓静中触动动犹静也。

往复须有折叠,进退须有转换。所谓因敌变化示神奇也。

曲中求直,蓄而后发。所谓势势存心揆用意,刻刻留心在腰间也。

精神提得起,则无迟重之虞。所谓腹内松静气腾然也。

虚领顶劲,气沉丹田,不偏不倚。所谓尾闾正中神贯顶,满身轻利顶头悬也。

以气运身,务顺遂,乃能便利从心。所谓屈伸开合听自由也。

心为令,气为旗,神为主帅,身为驱使。所谓意气君来骨肉臣也。

亦畬李氏识

## 十五、《五字诀》序

太极拳不知始自何人,其精微巧妙,王宗岳论详且尽矣。后传至河南陈家沟陈姓,神而明者代不数人。我郡南关杨某,爱而往学焉,专心致志,十有余年,备极精巧。旋里后,市诸同好,母舅武禹襄见而好之,常与比较,伊不肯轻以授人,仅能得其大概。

素闻豫省怀庆府赵堡镇,有陈姓名清平者,精于是技,逾年母舅因公赴豫省,过而访焉。研究月余,而精妙始得,神乎技矣。

予自咸丰癸丑,时年二十余,始从母舅禹襄学习此技,口授指示,不遗余力。奈予质最鲁,廿余年来,仅得皮毛。窃意其中更有精巧,兹谨以所得笔之于后,名曰五字诀,以识不忘所学云。

光绪辛巳中秋廿六日亦畬李氏谨识

## 十六、五　字　诀

一曰心静:

心不静,则不专,一举手前后左右全无定向,故要心静。起初举动未能由己,要息心体认,随人所动,随曲就伸,不丢不顶,勿自伸缩。彼有力,我亦有力,我力在先;彼无力,我亦无力,我意仍在先。要刻刻留心,挨何处,心要用在何处,须向不丢不顶中讨消息。从此做去,一年半载便能施于身。此全是用意,不是用劲。久之,则人为我制,我不为人制矣。

二曰身灵:

身滞则进退不能自如,故要身灵。举手不可有呆像。彼之力方挨我皮毛,我之意已入彼骨里。两手支撑,一气贯穿。左重则左虚而右已去,右重则右虚而左已去。气如车轮,周身俱要相随。有不相随处,身便散乱,便不得力,其病于腰腿求之。先以心使身,从人不从己,后身能从心,由己仍是从人。由己则滞,从人则活。能从人,手上便有分寸,秤彼劲之大小,分厘不错;权彼劲来之长短,毫发无差。前进后退,处处相合,功弥久而技弥精矣。

三曰气敛：

气势散漫，便无含蓄，身易散乱。务使气敛入脊骨，呼吸通灵，周身罔间。吸为合、为蓄；呼为开、为发。盖吸则自然提得起，亦拿得人起；呼则自然沉得下，亦放得人出。此是以意运气，非以力使气也。

四曰劲整：

一身之劲，练成一家，分清虚实。发劲要有根源，劲起脚根，主于腰间，发于脊背，行于手指。又要提起全副精神，于彼劲将出未发之际，我劲已接入彼劲。恰好不后不先，如皮燃火，如泉涌出。前进后退，无丝毫散乱。曲中求直，蓄而后发，方能随手奏效。此谓借力打人、四两拨千斤也。

五曰神聚：

上四者俱备，总归神聚。神聚则一气鼓铸，炼气归神，气势腾挪，精神贯注，开合有致，虚实清楚。左虚则右实，右虚则左实。虚，非全然无力，气势要有腾挪；实，非全然站煞，精神要贵贯注。紧要全在胸中、腰间运化，不在外面。力从人借，气由脊发。胡能气由脊发？气向下沉，由两肩收于脊骨，注于腰间，此气之由上而下也，谓之合。由腰行于脊骨，布于两膊，施于手指，此气之由下而上也，谓之开。合便是收，开即是放，能懂得开合，便知阴阳。到此地位，功用一日，技精一日，渐至从心所欲，罔不如意矣。

李亦畬

## 十七、左右虚实图

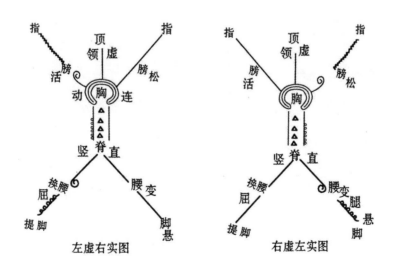

左虚右实图　　　右虚左实图

## 十八、论虚实开合

　　实非全然站煞,实中有虚;虚非全然无力,虚中有实。上图(编者注:即左右虚实图),举一身而言,虽是虚实之大概,究之周身,无一处无虚实,又离不得此虚实。总要联络不断,以意使气,以气运劲,非身子乱挪,手脚乱换也。虚实,即是开合,走架打手,着着留心,刻刻留意,愈练愈精,功弥久,技弥精矣。

　　观前页论解图说详且尽矣,然初学未能骤几也。余故以意见所及者浅说之,欲后学一目了然焉。

　　夫拳名太极者,阴阳即虚实,虚实明然后知进退。进固是进,进中留有退步,退仍是进,退中隐有进机。此中转关在身法,虚领顶劲而拔背含胸,则精神提起;气沉丹田而裹裆护肫,则周旋健捷;肘宜屈而能伸,则支撑得势;膝宜蓄,蓄而能放,则发劲有力。

　　至与人交手,则手先著力,只听人劲,务要由人,不要由己,务要知人,不要使人知己。则上下、前后、左右自能引进落空,则人背我顺。此其转关则在乎松肩,主宰于腰,根于脚,俱听命于心,一动无有不动,一静无有不静,上下一气,即所谓立如枰准,活似车轮,支撑八面,所向无敌。

　　人劲方来,未能发出,我即打去,此谓打闷劲。人劲已来,我早静待,着身即便打去,此谓打来劲。人劲已落空,将欲换劲,我随打去,此谓打回劲。由此体验,留心揣摩,自能从心所欲,阶及神明焉。

李亦畬

## 十九、身备五弓解

　　五弓者,上有两膊,下有两腿,中有腰脊,总称五弓。五弓者,总归一弓。一弓张,四弓张;一弓合,四弓合。五弓为一弓,才能人用。大弓张,四弓张;大弓合,四弓合。总须节节贯穿,一气呵成,方能人为箭,我为弓(见左图)。

李亦畬

## 二十、撒放秘诀:擎引松放

擎起彼身借彼力,(中有"灵"字)
引到身前劲始蓄。(中有"敛"字)
松开我劲勿使屈,(中有"静"字)

放时腰脚认端的。（中有"整"字）

擎、引、松、放四字有四不能：脚手不随者不能，身法散乱者不能，一身不成一家者不能，精神不团聚一处者不能。欲臻此境，须避此病，不然虽终身由之，究莫得其妙。

李亦畲

## 二十一、走架打手行工要言

昔人云："能引进落空，能四两拨千斤；不能引进落空，不能四两拨千斤。"语甚概括。初学未由领悟，余加数语以解之，俾有志斯技者，得所从入，庶日进有功矣。

欲要引进落空，四两拨千斤，先要知己知彼；欲要知己知彼，先要舍己从人；欲要舍己从人，先要得机得势；欲要得机得势，先要周身一家；欲要周身一家，先要周身无有缺陷；欲要周身无有缺陷，先要神气鼓荡；欲要神气鼓荡，先要提起精神，神不外散；欲要神不外散，先要神气收敛入骨；欲要神气收敛入骨，先要两股前节有力。两肩松开，气向下沉。劲起于脚根，变换在腿，含蓄在胸，运动在两肩，主宰在腰。上于两膊相系，下于两腿相随。劲由内换，收便是合，放即是开。静则俱静，静是合，合中寓开；动则俱动，动是开，开中寓合。触之则旋转自如，无不得力，才能引进落空，四两拨千斤。

平日走架，是知己功夫，一动势先问自己周身合上数项不合。少有不合，即速改换，走架所以要慢不要快。打手是知人功夫，动静固是知人，仍是问己。自己安排得好，人一挨我，我不动彼丝毫，趁势而入，接定彼劲，彼自跌出。如自己有不得力处，便是双重未化，要于阴阳开合中求之。所谓"知己知彼，百战百胜"也。

李亦畲

## 二十二、打 手 歌

掤捋挤按须认真，采挒肘靠就屈伸；
进退顾盼与中定，粘连黏随虚实分；
手脚相随腰腿整，引进落空妙入神；
任他巨力向前打，牵动四两拨千斤。

李亦畲

## 二十三、敷字诀解

敷，所谓一言以蔽之也。人有不习此技而获闻此诀者，无心而白于余。始而不解，及详味之，乃知敷者，包获周匝。人不知我，我独知人，气虽尚在自己骨里，而意恰在彼皮里膜外之间，所谓气未到,而意已吞也。妙绝!妙绝!

李启轩

## 二十四、太极拳走架白话歌

提顶吊裆心中悬,松肩沉肘气丹田;
裹裆护肫须下势,含胸拔背落自然;
初势左右懒扎衣,双手推出拉单鞭;
提手上势望空看,白鹅亮翅飞上天;
搂膝拗步往前打,手挥琵琶躲旁边;
搂膝拗步重下势,手挥琵琶又一番;
上步先打迎面掌,搬拦捶儿打胸前;
如封似闭往前按,抽身抱虎去推山;
回身拉成单鞭势,肘底看捶打腰间;
倒撵猴儿重四势,白鹅亮翅到云端;
搂膝拗步须下势,收身琵琶在胸前;
按式翻身三通背,扭项回首拉单鞭;
云手三下高探马,左右起脚谁敢拦;
转身一脚栽捶打,翻身二起踢破天;
披身退步伏虎式,踢脚转身紧相连;
蹬脚上步搬拦捶,如封似闭手向前;
抱虎推山重下势,回头再拉斜单鞭;
野马分鬃往前进,懒扎衣服果然鲜;
回身又把单鞭拉,玉女穿梭四角全;
更拉单鞭真巧妙,云手下势探清泉;
更鸡独立分左右,倒撵猴儿又一番;
白鹅亮翅把身长,搂膝前手在下边;
按势青龙重出水,通背三下拉单鞭;
云手高探对心掌,十字摆莲往后翻;
指裆捶儿向下打,懒扎衣服紧相连;
再拉单鞭重下势,上步就是七星拳;
收身退步拉跨虎,转身去打双摆莲;
海底捞月须下势,弯弓射虎项朝前;
怀抱双捶谁敢进,走遍天下无人拦;

歌兮歌兮六十句,不遇知己莫轻传。

启轩偶成

## 二十五、太极拳的三层练习

初层练习,身体如在水中,两足踏地,周身与手足动作,如有水之阻力。
歌诀:
> 如站水中至项深,身体中正气下沉。
> 四肢动作有阻力,姿势变换要慢习。

二层练习,身体手足动作如在水中,而两足已浮起不着地,如长泅者浮游其间,皆自如也。
歌诀:
> 如在水中身悬空,长江大河浮游中。
> 腰如车轴精神通,滔滔不断泅水行。

三层练习,身体愈轻灵,两足如在水面上行。到此时之景之况,心中战战兢兢,如临深渊,如履薄冰,心中不敢有一丝放肆之意,神气稍为一散乱,即恐身体沉下也。拳经云:神气四肢总要完整,一有不整,身必散乱。必至偏倚,而不能有灵活之妙用,即此意也。
歌诀:
> 身体如在水上行,如临深渊履薄冰。
> 全身精神须贯注,稍微不慎坠水中。

郝为真

## 二十六、初学太极拳练法述要

　　始涉走架行工之术,首当以诸款身法律之。身法诀度,势势旨要,均有矩矱。可预择母势往复体认,缓慢以悟精准,进而逐势度规依法,精心揣摩之。勿顾此失彼,忌遣用拙力。务必两足成不丁不八之式,步幅以自然伸落为度,出手以高不过眼远不出足为限。目达手至,目随手运。意驱足移,劲起于脚,上运至手,虚实听命于腰。腰为枢纽,腰脊连联,上系肩臂,下接胯腿。腰活如车轴,脊竖如枰准。腰不活,身僵劲滞;脊不竖,技无成日。
　　次谋势架顺遂轻灵,脚手相随,周身一家焉。夫何以周身一家?始基乃外、内三合耳。外三合者,手足、肘膝、肩胯是也。内三合者,神意、意气、气力三合之谓也。外、内三合相辅相成,不可偏废。累积至此,能入神气鼓荡、阴阳相济、内外浑一之境,则周身一家得矣。
　　倘至臻于斯,复求不丢不顶,引进落空,四两拨千斤打手之法,则易如反掌焉。

李逊之

## 二十七、不丢不顶浅识

彼有力我亦有力，何能不支撑？言不顶人之劲头，以挫力去之也。

彼无力我亦无力，何云不丢？言以跟劲去之也。

李逊之

## 二十八、身法要点

太极拳身法主要有：含胸、拔背、裹裆、护肫、提顶、吊裆、松肩、沉肘、腾挪、闪战、尾闾正中、气沉丹田、虚实分清共十三条。

（1）何谓含胸？

曰：心以上为胸。胸不可挺，要往下松，两肩微向前合，谓之含胸。能含胸，才能以心行气。

（2）何谓拔背？

曰：两肩中间脊骨处，似有鼓起之意，两肩要灵活，不可低头，谓之拔背。

（3）何谓裹裆？

曰：两膝着力，有内向之意，两腿如一条腿，能分虚实，谓之裹裆。

（4）何谓护肫？

曰：两胁微敛，取下收前合之势，内中感觉松快，谓之护肫。

（5）何谓提顶？

曰：头颈正直，不低不昂，神贯于顶，提挈全身，谓之提顶。

（6）何谓吊裆？

曰：两股用力，臀部前送，小腹有上翻之势，谓之吊裆。

（7）何谓松肩？

曰：以意将两肩松开，气向下沉，意中加一静字，谓之松肩。

（8）何谓沉肘？

曰：以意运气，行于两肘，手腕要能灵活，肘尖常有下垂之意，谓之沉肘。

（9）何谓腾挪？

曰：有动之意而未动，即预动之势，谓之腾挪。

（10）何谓闪战？

曰：身、手、腰、腿相顺相随，一气呵成，向外发出，劲如发箭，迅若雷霆，一往无敌，谓之闪战。

（11）何谓尾闾正中？

曰：两股有力，臀部前收，脊骨根向前托起丹田（小腹），谓之尾闾正中。

（12）何谓气沉丹田？

曰：能做到尾闾正中、含胸、护肫、松肩、吊裆，就能以意送气，达于腹部，不使上浮，谓之气沉丹田。

（13）何谓虚实分清？

曰：两腿虚实必须分清。虚非完全无力，着地实点要有腾挪之势。腾挪者，即虚脚与胸有相吸相系之意，否则便成偏沉。实非全然占煞，精神贯于实股，支柱全身，要有上提之意。如虚实不分，便成双重。

郝月如

## 二十九、操手十五法

（1）以手指敌人中心，手不能用；肩肘指之，肩肘不能用，心意指之。
（2）遇刚则柔，而刚要紧在其后。
（3）进手时要用螺旋力，静动不离，粘连黏随，追风赶月之意。
（4）彼螺旋，我亦螺旋而进之；进时须垫步。
（5）不得已而退时，须用己手掩护敌手，整身则退之为要，所谓"雀跃"也。
（6）两手用力要平均，如抱球状。不可此手有力，彼手无力。
（7）如甲手势败时，则须快进乙手为佳。
（8）敌手击来时，不必惧他；只须顺其势、借其力而击之。
（9）顺敌劲之梢节，直到敌之中节，进击敌之根节要紧。
（10）动手时，务以周身一家为要，不可用局部力。
（11）敌人取我之中节时，须用全体变中以应之。
（12）手不得到敌之根节时，不可发；周身圆动力打去。
（13）全身动作，时时以划圆圈为主，然圈越小越佳。
（14）手腕要灵活，如蛇吸食之状。
（15）腰要灵活，如蛇缠物之形。

郝月如

## 三十、武式太极拳的走架打手

太极拳不在样式在气势，不在外面而在内。平日行工走势，须研究揣摩空松圆活之道，要神气鼓荡，全身好似气球，气势贵腾挪，身体有如悬空。两手无论高低屈伸，一前一后，一左一右，皆能灵活自如。两腿不论前进后退，左右旋转，虚实变换，无不随意所欲。善于用意，巧于运气，到此地步，一举一动，皆能合度，无所谓不对。

习太极拳得必先求尾闾正中。正中者脊骨根对脸之中间也。迈左步，左胯微向左上抽，用右胯拖起左胯；迈右步，右胯微向右上抽，用左胯托起右胯；则尾闾自然正中。能正中，则能八面支撑；能八面支撑，则能旋转自如，无不得力。次则步法虚实分清；虚非全然无力，内中要有腾挪，即预动之势也；实非全然站煞，内中要贯注精神，即上提之意也。切记两足在前弓后蹬时不要全然站煞，应该分清一虚一实，否则即成双重之病。两肩须要松开，不用丝毫之力，用力则不能舍己从人，引进落空。沉肘即肘尖常向下沉之意。前膊和两股注意内中要有腾挪之势，无腾挪则不灵活，不灵活则无圆活之趣。又须护肫，肫不护则竖尾无力，便一身无主宰矣。又须蓄劲，吸为合为蓄，呼为开为发。盖吸则自然提得起，亦拿得人起；呼则自然沉得下，亦放得人出。此是以意运气，非以力使气，即太极拳呼吸之道也（此中所说"呼吸"，专指太极拳的"开、合、蓄、发"而言，与吾人平常呼吸不同，请读者不要误会）。

太极拳之为技也，极精微巧妙，非恃力大手快也。夫力大手快者，先天自然赋有，又何须学焉。是故欲学斯技者，宜先从含胸、拔背、裹裆、护肫、提顶、吊裆、松肩、沉肘、虚实分清求之。这些对了，再求敛气，气敛入骨，注于腰间。然后再求腾挪。腾挪者，即精气神也。精气神贯注于两脚、两腿、两手、两膊前节之间。彼挨我何处，我注意何处，周身无一寸无精气神，无一寸非太极，而后再求进退旋转之法。旋转枢纽在于腰隙。能旋转自如，丝毫不乱，再求动静之术。静则无，无中生有，即意出。意无定向，要八面支撑。单练之时，每一势分四字，即"起、承、开、合"。一字一句能否八面支撑，不能八面支撑，即速揣摩之。如二人打手，我意在先，彼手快不如我意先，彼力大不如我气敛，彼以巨力打来，我以意去接，微挨我皮毛不让打着，借其力，趁其势，四面八方何处顺，即向何处打之。切记不可用力，不可尚气，不可顶，不可丢；须要从人仍是由己，得机得势，方能随手而奏效。动亦是意，步动而身法不乱，手动而气势不散。单练之时，每一动要问能否由动中向八面转换，不能八面转换，即速揣摩之。如二人打手，我欲去彼，先将周身安排好，意仍在先，对定彼之重心，笔直去之；我之意方挨彼皮毛，如能应手，一呼即出；如彼之力顶来，不让其力发出，我之意仍借彼力，不丢不顶顺其力而打之。此即借力打人，四两拨千斤之妙也。此全是以意运气，非以力使气也。能以意打人，久之则意亦不用，身法无所不合。到此境界，已臻圆融精妙之境。说有即有，说无即无，一举一动，无不从心所欲。真不知手之舞之，蹈之足之矣。

习太极拳者，须悟太极之理。欲知太极之理，于行工时先要提起全副精神，外示安逸，内固精神，气势腾挪，腹内鼓荡。太极即是周身，周身即是太极。如同气球，前进不凸，后退不凹，左转不缺，右转不陷，变化万端，绝无断续，一气呵成，无外无内，形神皆忘，乃能进于精微矣。

在打手时，我意须要在先，彼之力挨我何处，我之意用在何处，彼之力方挨我皮毛，我之意已入彼骨里；以己之意接彼之力，非以己之力顶撞彼之力，恰好不后不先，我意与彼之力相合。左重则左虚，右重则右杳，仰之则弥高，俯之则弥深，进之则愈长，退之则愈促，一羽不能加，蝇虫不能落，人不知我，我独知人，所谓粘连黏随，不丢不顶者是也。

习太极拳者，须悟阴阳相济之义。动之则分，静之则合。分者，开大也；合者，缩小也。其中皆由阴阳两气开合转换,互相呼应,始终不离也。开是大,非顶撞也;缩是小,非躲闪也。一动无有不动,一静无有不静。动者,气转也;静者,有预动之势也。所谓视静犹动,视动犹静。气如车轮,腰如车轴。非两手乱动,身体乱挪。紧要全在蓄劲,蓄劲如张弓,发劲似放箭。无蓄劲,则无发箭之力。发劲要上下相随,劲起于脚跟,注于腰间,形于手指,由脚而腿而腰,总须完整一气。腰如弓把,脚手如弓梢,内中要有弹性,方有发箭之力也。自己安排好,彼一挨我皮毛,我意接定彼劲。挨皮毛,即是顺随之势;能顺随,则能借力;能借力,则能打人,此所谓借力打人,四两拨千斤也。到此地步,手上便有分寸,能称彼劲之大小,能权彼来之长短,毫发无差;前进后退,左顾右盼,处处恰合,所谓"知己知彼,百战百胜"也。平日走架即是打手,打手即是走架,此皆一理。走架每一势要分四字,即起、承、开、合是也。一字一问对不对,少有不对,即速改换。差之毫厘,失之千里。能领悟此意,行住坐卧皆是太极,学者不可不详辩焉。

平日走架行功时,必须以意将气下沉,送于丹田(以意非以力,非努气,非用呼吸),存养涵蓄,不使上浮,腹内松静,气势腾然。依法练习,日久自能敛气入骨(脊骨),然后用意将脊骨之气由尾闾从丹田往上翻之。达此境界,就能以意运气,遍及全身。彼挨我何处,我意即到何处,气亦从之而出,如响斯应,疾如电掣。周身无一处不是如此,此即所谓"行气如九曲珠,无微不到;运劲如百炼钢,何坚不摧",亦即"意到气即到"是也。又丹田之气,须直养无害,才能如长江大海之水,用之不竭,取之不尽。迨至功夫纯熟,炼成周身一家,宛如气球一样,左重则左虚,右重则右杳,物来顺应,无不恰合。凡此皆是"以意运气",非"以力使气","在内不在外",亦即"尚气者无力,养气者纯刚"是也。

郝月如

## 三十一、论舍己从人

太极拳有舍己从人之术,挨何处,何处灵活。假使挨手,手腕灵活;挨肘,肘能灵活;挨胸,胸能灵活。周身处处如此。

又,挨手意在肘,挨肘意在肩,挨肩意在胸,挨胸意在腰,挨腰意在股。以此推之,如粘连黏随,不丢不顶,引进落空,借力打人,皆此意也。

郝月如

## 三十二、走架与打手之间的辩证关系

太极拳的走架打手之间,有着密切相联的关系。太极拳能否达到"人不知我,我独知人;人为我制,我不为人制"的奇妙境地,关键在于能否做到知己知彼。平日练习走架,是为了求得知己的功夫;平日练习打手,是为了求得知人的功夫。能知己,然后才能知彼。要获得太极拳艺,就必须先从练习走架开始,待掌握了一定的太极拳运动原则,有了一定的运动基础后,才能进行打手的练习。与人打手,紧要全在对自己的安排与变化。走架即是练习安排自己的本领,练习打手即是求得因敌变化的本领。平日走架的正确与否,对于打手的成败是至关重要的。打手的成功建立在走架的基础之上,所以习者必须严肃认真地对待走架基本功的练习。先将安排知己的本领学会,然后再学习知人的本领——打手。忽视了走架作用,就无法获得太极拳的精妙艺术。

走架的目的在于运用,所以平日行工走架时,就要当作正在与人打手;而打手又离不开走架的基本原则,因此在打手时要当作仍是走架。所谓"无人则当若有人,有人则当若无人;走架即是打手,打手即是走架,两者理惟一贯"。通过走架能使打手运用太极拳的理法,练习打手又能促进走架功夫的提高,反过来再增强打手技艺⋯⋯。如此往复循环,使太极拳艺不断提高,所以走架于打手之间的关系又是相辅相成的。太极拳艺必须依靠走架与打手相辅相成密切相联的关系的存在才能获得,二者缺一不可。习者必须明白原理,按照规律,用心钻研,工到则会事成。由初练渐至熟练,由艺粗渐至艺精;工用一日,技精一日。能精者,还能再精,永无止境。

郝少如

## 三十三、论引进落空、借力打人

太极者,打手不用先天赋有之力和快手,力则从彼处去借而是用意。借者,既省力而又不伤气。太极拳是一门最讲究省力打人的艺术,所谓"借力打人"是也。因为太极拳是一门艺术,而不是单纯的技术,所以借力打人也即是太极拳艺最本质的特点。

借力者,是以后天有关太极拳之力学去获得。先天的自然之能有限,并有盛衰之年;后天之巧而取之不尽,而用之不竭,乃艺命无穷也。后天之巧,有"四两拨千斤"之妙。能四两拨千斤者,则能以己先天之小胜彼之大,亦能以耄耋之年胜年轻力大的气勇者。所以太极拳者既不在先天自然之能的大小,亦不在力大气足的青壮期,而在"引进落空,四两拨千斤"的巧妙技艺。当习者初读此句时,会深感奥妙而不能领悟,于是不知其所行。其实只要遵循它的原理,按照它的规律去求之,当具备了一定的运动条件后,便能逐渐地实现——由招熟而渐悟懂劲,由懂劲而阶及神明。

习太极拳者须切记"用意不用力"的原则。打手之巧在于用意,不在外面而在内。一举一动非单纯的形动,有意动,始而气动,继而形动也。意气须分开,又须一致,但意为统帅,所谓"以意行气"是也。意到则气到,乃能意气跟得灵,方见落空之妙。先在心,后在身。在身者,则能引进落空,借力打人。

何谓"引进落空"?所谓引进落空,即是须大胆地放纵彼之进击,而不是将其拒之门外。只有大胆地放纵,才能引进落空;不能放纵,则不能引进落空。但放纵须有前提条件,即:虽为放纵,却皆由我之意牵引其而进。此须粘连黏随,不丢不顶;须得机得势,舍己从人,知己知彼。彼手快,不如我意先;彼力大,不如我气敛。若彼以快速巨力打来,我之意在其先已与其相接,顺其而来,接住彼劲,恰好不后不先,随引即蓄,借尽其力,蓄而后发,引进落空,借力打人便能奏效。不可用力,不可尚气,意气须跟得灵。

彼挨我何处,我心就用在何处,要知己知彼。若要知人,则务要使人不能知己;若要使人不能知己,则务要以己之虚去探彼劲之实。须枰准彼劲之大小,权准彼来之长短和粗细。左重则左虚,右重则右杳;避彼之实,而入彼之虚,顺其势,借其力。此即所谓"知己知彼,百战百胜"也。能知己知彼,才能因敌变化。能因敌变化,"引进落空,四两拨千斤"之技才能神妙无穷。

欲要知己知彼,则先要舍己从人,不要由己。从人则活,由己则滞,而从人仍是为了由己。若彼欲往左,则我以意领其往左;彼欲往右,则我以意领其往右。若彼欲进,则我以意牵引其而进;彼欲退,则我以意顺其而退。若彼欲往上,则我以意率其而上;彼欲往下,则我以意率其而下。若彼欲开,则我以意掣其而开;彼欲合,则我以意掣其而合。能达此地步,乃能"左重则左虚,右重则右杳;仰之则弥高,俯之则弥深;进之则愈长,退之则愈促"。从外观之,似随人而动,然则人为我之内形所控制,故舍己从人仍是由己。舍己从人非纯粹外形的随人,没有内形的支配是舍近求远。这样,不但无法达到舍己从人的目的,反而会为人乘机而入。故舍己从人须内外结合,周身相随,得机得势。其关键还是在内,能舍己从人,方能探知彼劲之虚实。

一身之劲在于整,一身之气在于敛。身法须一一求对,并要加以互相联系起来成为一体,然后再求敛气,气要敛入腰脊。敛者,须以意将气下沉贴于背,由两肩收于脊骨,敛于腰脊。气能敛于腰脊,然后再求注于腰间,一身便有主宰,一身能有主宰,一身之劲便能完整统一。气势须包围精神,精神又须支撑气势。神聚、气敛、精神贯注,精、气、神三者须合一。一动无有不动,一静无有不静。自己安排得好,人一挨我,我在下即能得机,而在上即能得势,上下相随,前后左右无不得力也。能得机得势,乃能舍己从人。

平时练习打手,须在粘连黏随、不丢不顶上下功夫。走即是粘,粘即是走;粘即是用意,走即是行气。以己依人,务要知己,乃能随接随转;以己黏人,务要知人,乃能不后不先。彼之力有多大,我之意仍与其相合,彼增我亦增,彼减我亦减,累黍不差,不给彼有丝毫用力之余。彼在上无处使劲,在下无处得力,我趁势入之,接定彼劲,彼自能跌出不言而喻矣。

能粘得住人,然后能吸得住人,使之不能走脱。能吸得住人,然后能随意牵引得人进而使之落空。若要物漂出,务要往下加以浮物之力,其根自断,乃无生根立足之地,如江海浮舟则自然浮得起彼身;彼身既已浮起,然则随漂即出,极能轻松也。须切记:借力打人须断彼之根,彼之根未断,则力未借着而不能发;能断彼之根,打人省力而清脆,乃能使人心悦诚服。若要将彼跌空,须加以掀起之意,随引随化随蓄一气呵成,则自然能使彼犹如跌入深渊一般而落空,其劲全为我接定所掌握;彼身既已腾空而劲力全为我所借尽,然则一呼即出,远近多少,取之何样抛跌,顺势能及。此即所谓"借力打人",仍是引进落空,四两拨千斤之妙也。

平日行工,一动势须问问是否有空松圆活之趣,精神能否支撑八面。能支撑八面,乃能八面转换,气须存养涵蓄不使上浮,以直养而无害,气势须贯注于两膊,形于手指,周身须通畅饱满,节节贯穿;太极即是周身,周身即是太极,无一寸不是如此,行气才能如九曲珠无微而不到。气如车轮,枢纽在腰,彼挨我何处,我气即行往何处,何处即分虚实。虚便是阳,实即是阴;阴不离阳,阳不离阴,阴阳相济,乃能以虚实制人。切记:须以己之虚去探彼劲之实,勿要用己之实而使彼知己。因敌变化须走内劲而不可露形迹,劲由内换而使人莫测,彼只能挨我之虚,即挨我皮毛,而得不到我之实,无从得力也。此即所谓"人不知我,我独知人"。以虚实制人,人为我制,乃能一往无敌,斯是太极拳之妙也。

总而言之:引进落空、借力打人是以意使技,而非以力能成技也。周身须完整统一,动则俱动,动中须有静,动者才能不慌不乱,乃能依法行动;静则俱静,静中须有意存(即有预动之势),静者才能达于劲断而意不断,乃能一触即发。开中寓合,则开者还能再开;合中寓开,则合者还能再合,所谓"长江大海,滔滔不绝"也。虚实宜分清楚,虚实的变化全在内而不在外。在内者,劲换而不露痕迹,劲走而人莫知,乃能随接随转,由得机得势,及舍己从人;由舍己从人,乃知己知彼;由知己知彼,乃引进落空,借力打人。牵引在上,运化在胸,储蓄在腿,主宰在腰,蓄而后发,一身须俱备五张弓,才能做到蓄劲如张弓,发劲似放箭。劲以曲蓄而有余,周身之劲在于整,发劲要专注一方,须认定准点,做到有的放矢。劲起于脚跟,由脚而腿而腰形于手指,须完整一气,不能有丝毫间隔断续。一举一动须达于无角无棱、无有凹凸、无有缺陷的要求。若能达此境界,不论向前向后、向左向右,乃能无懈可击。以意行气,以气运劲;意往上升,气往下沉;动者,气转也。先在心,然后便能施于身,日久功深,盖吸则自然提得起,亦拿得人起;呼则自然沉得下,亦放得人出。吸,为合为蓄为收;呼,为开为发为放。只要依法求之,就能逐渐地做到物来顺应,敏感自得。进者,便能达到"一羽不能加,蝇虫不能落"的境界。若到此境界,则无所谓内外,无所谓不对,一举动则无不恰合法度,形神皆忘;左重则左虚,右重则右杳,触之则旋转自如,无不得心应手;如响斯应,疾如电掣。"引进落空,借力打人"则无不随心所欲矣。

郝少如

## 三十四、敷、盖、对、吞四字秘诀解

敷:敷者,运气于己身,敷布彼劲之上,使不得动也。

解曰:此是两手不擒、不抓、不拿,仅敷在彼之身上。以气布在彼劲之上,如气体一般之轻,令彼找不到有丝毫得力之处;以精、气、神三者贯穿,使其无丝毫活动之余而动弹不得。

盖:盖者,以气盖彼来处也。

解曰:此是以气盖至彼劲,而又不使之惊动,令彼有再大的劲亦发不出来。

对:对者,以气对彼来处,认定准头而去也。

解曰:此是须认定彼劲来之目标,以气对准彼劲之部位,与彼劲之大小、长短和粗细尽相吻合,运劲如百炼钢,何坚不摧。

吞:吞者,以气全吞而入于化也。

解曰:此是须以己之磅礴气势将彼之周身包围住,并吞噬其全劲,而又加以化之,使其劲力再大也必落入全力覆没之地。

又解曰:以上四字绝妙。周身必须达到犹如气球一般之柔软,气势达于磅礴之概,全身好似气球一般而无懈可击,行气自如而能遍及全身之境地。非懂劲后,练到这种极精境地者不可得。完全是以气运动而走内劲,所谓"全是以气而言,无形无声"。

再曰:这四个字虽然它们的用法不同,各有其妙用,但是字字之间有密切相联的关系,既是互相合作的,又是都可以互相转换的,不是呆板的。惟有四字同时存在于习者的意念中,运用时才能因敌变化,随机所用而变换灵活,乃能得心应手,使无形无声的气言,能够演出太极拳神妙无比的绝艺。

郝少如

## 三十五、内功要言

闭目清心生,用心透天机。
拳是传家宝,全在说自己。
用目观六路,用耳听八方。
上下浑元气,都在内心为。
耳听迎风见,闭嘴口不张。

魏佩林

## 三十六、打手要言

守中待兔,浪尖浮船,风中大旗,柳树摆头,鱼跃龙门,朝天望月,中有静、粘、随、弹、惊、发之意。

内托丹田,蹬自行车,抽胯尽头,倒簸箕土,引进身前,挫杆面杖。

见虚就近,见轻即发,粘连黏随。

无退无进,蓄而不发,外松内聚。

魏佩林

## 三十七、太极一点劲

常人认为：太极拳打的是寸劲，大也。太极拳劲，动一点即可打人，这一点就是一个米粒的距离。

大于这一点为过，小于这一点为不及，能用点劲打人方知太极巧妙，得太极也。

魏佩林

## 三十八、太极拳歌诀

### （一）古"养生歌"

精养灵根气养神，练功修道见天真。
身中养就长生宝，祛病延年不老春。

### （二）咏太极拳

武当太极称内家，卫身保健世所夸。
腰脊为主带四体，脚趾五行运八卦。
神领意导气流行，上下内外汇洪蒙。
手脚肘膝肩胯合，粘连黏随永为宗。

### （三）尾闾中正歌诀

顺步出掌肘合膝，拗步出掌手合足。
磨腰抽胯肩胯合，尾闾自然不偏倚。

### （四）太极拳行功歌

脚占七分手三分，上下相随切记真。
八卦变化源五行，主宰腰隙时留心。
神意导气注丹田，抽贯周身劲隐现。
尾闾正中通上下，满身轻利顶头悬。

### （五）"脚手随"歌

手起脚不起，上步防采挒。
脚起手不起，前进怕掤挤。

进退脚手随,遇险可化夷。
发劲整且疾,推手日精奇。

### （六）"擎引松放"歌

擎引松放紧相连,擎放衔接成一环。
练到环形无迹处,四字俱在一触间。
（第二句或云:粘连走发成一环）。

### （七）推手打劲歌

彼劲欲回跟踪逼,僵停宜申寻根来。
力来我接并中截,搓其劲头宜沉急。
周身一家脚手随,挨定彼身捂彼力。

### （八）赠武慕姚

1966年10月,得与舍亲禹襄曾孙武福鼐（字慕姚）会于故里,谈及太极拳,彼颇以未习为憾,余因写"太极拳要诀"数语,及一对联相赠。

1. 太极拳要诀

太极运动,中外流行,动作安详,神意奔腾。
气沉丹田,顶劲虚领,不偏不倚,尾闾中正。
上下相随,虚实分清,进退旋转,腰为司命。
劲起于脚,运行周身,结合呼吸,渐现渐隐。
周身骨节,肌肉百络,一动俱动,方为得法。
寄语同好,慎守此诀,祛病延年,献身祖国。

2. 对联

神意导气行百络,腰腿换劲应万端。

### （九）咏"周身一家"

神意导气运周身,肢体随气共转运。
腰脊中枢领全体,上下相随就屈伸。

### （十）打手歌

1. 身法

虚领顶劲竖起脊,气沉丹田立定根。
手脚相随腰腿整,腰脊为主领全身。

2. 步法一

　　退步要高进要低,脚踩五行随人移。
　　任彼冲撞与袭击,随机应变整且疾。

3. 步法二

　　推手步法不只一,常用五种随势易。
　　常步如常有转换,变步下变上不变。
　　续步暗进人不晓,践步急进将人赶。
　　蹀步猛退身站定,或攻或守当机断。

4. 听劲

　　接定彼劲静心听,随人进退与纵横。
　　微感松沉袭将至,聚神伺彼力初萌。

5. 时间

　　不先不后静中求,八面支撑时绸缪。
　　彼力如泉刚出地,我劲似风推彼头。

6. 打法一

　　远柔近刚分缓急,虚实前后定横直。
　　欲彼前跌下翻上,欲彼后跌上翻下。

7. 打法二

　　彼实在前当直取,彼实在后宜横击。
　　彼若无力应缓送,彼若有力可猛袭。
　　欲彼后跌上翻下,欲彼前跌下翻上。
　　彼距我远用拥迫,彼距我近宜用撞。

8. 运劲

　　运气收放依抽贯,发劲刚柔靠隐现。
　　八卦变化源五行,随着就势任君便。

9. 心法

　　天长地久任悠悠,彼既无心我亦休。
　　俟彼来击为借力,莫谓无力难展筹。

10. 击狡

　　彼身不整力且柔,欲想进击不须愁。
　　擎起彼劲身自整,制彼仍以劲上求。

### (十一) 太极枪颂

太极枪法妙绝伦,进退变化唯随人。

粘定彼枪听彼劲,边走边进见奇神。
上刺咽喉下刺阴,左肋右肋走中心。
身枪一家君须记,切勿失宗走旁门。
长枪短用世所珍,长用追随短护身。
掤挑按挤任彼使,黏随有的在我心。

姚继祖

# 三十九、拳　　解

1. 永年人称太极拳为"粘拳"或"绵拳"的原因

太极拳在永年及永年周围邻县一带,都管它叫"粘拳"或"绵拳"。直到永年国术馆成立后,才逐渐改称太极拳。当时呼作"粘拳""绵拳"的原因有三:一是从外表上说的,一是从感受上说的,一是从习者行功用劲上说的。

从外表上人们给它命此名的原因是:太极拳走架行功时,内固精神,外示安逸,四肢运动,望去恰似弱柳迎风,绵软无力,故管它叫"绵拳"。再者,武、李、郝老先生教人推手时,首先令人练习接劲、听劲、拿劲,不轻于发人。因此在示范时,一搭手即使人进退不得,望去好像把人粘住一样,故管它叫"粘拳"。

从感受上人们给它命此名的原因是:永年太极拳在练习推手时或与人比较时,粘连黏随,不丢不顶,使人感到伸手前来如击棉絮,绵软无力,故管它叫"绵拳";推手时或比手时,退步想走,不能走开,接触点像粘连在一起一样,因此又管它叫"粘拳"。

从用劲上人们给它命此名的原因是:练太极拳,不重撞劲、绷劲、抖劲、攻劲,以其均有缺点,特尚粘劲,以其能伸缩,展拓变化,缺点较少,因此管它叫"粘拳",意在尚粘劲之拳也。

2. 释"脚手随"

脚手随,即手与脚相随,亦即上下相随也。其运用有内外之别:

(1) 从外形上说,手脚的进退要相随,上下要相照,远近要相齐也。

(2) 从内劲上说,左手之开,其劲源在右脚跟,要与下面之左脚的腾挪力量相随相合也(右手与此相反)。

总之,不管是双手,还是单手,其进退要与脚的进退相随,其远近前手不能出前脚,其发力要同时也。

3. 释"五行"

太极拳下踩五行,上打八卦,合之而为十三势。

"五行"即金木水火土,喻东西南北中,亦即习者的前后左右中,拳论中术语叫"进退顾盼定"。

太极拳运动的重点,乃下踩五行,上打八卦,以腰为主,带动全

身而动。今先说明腰怎样带动下肢形成五行。

腰由后腿挪到前腿上为进;由前腿挪到后腿上为退;在两腿正中为定;左旋,右转,即左顾右盼。至下肢应该怎样适应亦颇简单,今做示意图如下。

4. 释"一身备五弓"

两臂、两腿、脊椎,形成五弓。

肩沉、肘垂、挫腕,则两臂形成两弓;

两腿的伸缩形成两弓;

裹裆、护肫而拔背含胸则脊椎形成一弓。

5. "引进落空合即出"中的"合"字释义

"合"字的解释不一,兹分记之,以备研究。

(1) 武秋瀛云:"合即拨也。"

(2) 有人谓:"合乃以我之身合彼之身也。"

(3) 以我之力接彼之力也。

(4) 乃虚实合归无极也,即以周身一家的合劲发人也。

(5) 说文字义"会也……战也"。

(6) 逊之先师云:"一走一回即合。"试之与"发"字无异。

6. 释"起承转合"

武禹襄拳解中云:"起承转合。"李亦畬拳论中云:"起承开合。"转乃转变也,开乃无极生太极阴阳分开也,亦即变也。

起:起始也。我先准备也。逊之先生云:"未搭手前,我应该在十字路口,站成八面支撑之势,以便随机应变。"

承:承接也。与人相接。以我之劲与对方之劲相接触也。

转:转变也。阴阳分开而变也。所谓动之则分也。人亦接我,我察人力之动向,边走对方之劲,边将自己之阴阳虚实分开,并转变好,使人落空。

合:阴阳合也,会合也,战也。

阴阳一合(即阴阳相济),即结合成一种发人力量,故打手歌云"引进落空合即出"也。

或云打手二人合也,战也亦可。

7. "粘黏连随"解

粘黏连随在用法上与口头说法上是"粘连""黏随"。意思是和对方接触后使用"不丢不顶、舍己从人"诸拳法使推手二人接触点粘黏在一起,连随不分离的意思。

有些人,喜欢从字义上钻究,将此四字分开,各表一意,实际上是没有必要的。

粘:我顺人背谓之粘。我劲在彼劲之上时用之。

黏:劲断意不断谓之黏。我劲在彼劲之下时用之。

连:不顶谓之连。我劲在彼劲之前时用之。

随:不丢谓之随。我劲在彼劲之后时用之。

8. 释王宗岳《太极拳论》中"人不知我,我独知人"

太极拳练到功夫高深时,发人时上肢除接劲、听劲外是不动的。发人全在腰腿。

推手时,上肢虽与人接,因我上肢不动,人无从知我欲想怎样,故云"人不知我"。

因我上肢与对方接触,对方想击我而先动其上肢,我因之能知道人劲将要怎样运动,故云"我独知人"。

9. 释王宗岳《太极拳论》中的"舍己从人"

"舍己从人"是人劲怎样运动,我即随着人的动向而运动。简单地说,就是舍了自己的意图,去顺从别人的意图而运动,顺从别人的动向而确定自己的进攻计划。

10. 释李亦畬《五字诀》中的"从人仍是由己"

"从人仍是由己"乃我在对方运动未展开前,已测知对方意欲怎样,在人运动未展开前或展开时,我即顺从对方的意向,制对方于背境;或在我八面支撑、周身无有缺陷的基础上,随人动向,制人于背境。这样就形成了外似由己,实仍从人的所谓"从人仍是由己"了。

功夫不到一定程度,想做到"从人仍是由己"是困难的。

11. 释"随屈就伸"*

(1)"随屈就伸"是说人向我进,我随之屈,紧跟着我就以伸反击之。逊之先生说:"人力来,我以力化之,人力既化,我就逆化人之力向,反击之。"

(2)"随屈就伸"是说我随人而屈后,就使伸开也。如人来甚刚,我边用曲蓄化其刚猛之力(曲蓄在上下肢),边使自己成为舒展的得机得势之势。即去之也。

这样做,使"人刚我柔谓之走"时就给"我顺人背谓之粘"准备好了一切条件。

随屈:是我随对方之势,与对方接触有关部位变弯曲也。

就伸:乃我肢体的弯部,用我的虚实变换,使自己成为顺势,使我的曲处能自然伸开也。

"随屈就伸"的"就"字,须作动词解。

12. 释"阴阳相济"

释一:王宗岳《太极拳论》首段内云"人刚我柔谓之走,我顺人背谓之粘";末段内云:"粘即是走,走即是粘,阴不离阳,阳不离阴,阴阳相济方为懂劲。"

为了进一步说明"阴阳相济",吾谓:粘不离走,走不离粘,阴不离阳,阳不离阴,"粘走相济"即"阴阳相济"也。

释二:所谓阴阳相济,在手则要开合相济,务使开中寓合,合中寓开;在脚则要虚实相济,务使虚中有实,实中有虚;在腰腿则要进退相济,进固是进,进中要留退步,退固是退,退中要有进机;在劲则要刚柔相济,顺随固是柔劲,但两膊支撑而不塌,是谓柔中寓刚。发放同是刚劲,但两手搓摩而不顶,是谓刚中寓柔。

---

\* 也有"随曲就伸"写法。

13. 释"刚柔相济"

王宗岳《太极拳论》中云:"粘即是走,走即是粘,阴不离阳,阳不离阴,阴阳相济……"

武禹襄《太极拳解》中云:"一动无有不动,一静无有不静,视动犹静,视静犹动。"

李亦畬《走架打手行功要言》中云:"静则俱静,静是合,合中寓开;动则俱动,动是开,开中寓合。"

阴阳、粘走、动静、开合,均刚柔之道也。故吾谓:"粘随走化而不塌陷,谓之柔中寓刚;支撑发放而不顶抗,谓之刚中寓柔。"亦即所谓"刚而不猛,柔而不屈者"也。

14. 释"蓄劲如张弓,发劲似放箭"

手脚上下相随,气由两手收于肩,通过含胸拔背使气贴背敛入脊骨,注入腰间,此时周身上下、外形内气均如弓形,故曰:"蓄劲如张弓。"

发劲时气由腰而脊而肩,经臂上贯于手,同时由腰而胯而腿,下注于足,形成手脚一上一下分张之势,同时腰亦行前移,形成放箭时弓把前移与两弓梢以上下分张两夺之势,同时发力的样子,故曰:"发劲似放箭。"

也有人认为,"蓄劲如张弓"是指自己蓄劲时,身体各部曲蓄,形如把弓张开一样。"发劲似放箭"是说明太极拳运发的劲,似放出的箭一般快速有力。

笔者认为,以上关于"蓄劲如张弓"的说法,尚可。把"发劲似放箭"说成太极拳的劲,似放出的箭一般的快速有力,从字面上看是可以的,从练法上看是不妥当的。因箭似的坚刚的快速的力,是一种刚直不变的力,和外家拳运发的劲无异;太极拳的劲是一种刚柔相济的劲,是一种能刚柔,能起落,能变化,能展拓的劲,是一种坚韧而有弹力的劲,是一种刚而不猛,柔而沉实,不疾而速,如弹簧一样按之则落,悬之则起,不丢不顶,粘连黏随的劲。若以放出的箭来比太极拳的劲,则只说明了太极拳发劲的快速与坚刚一面,而不能说明太极拳劲的缓和柔曲尚能粘连黏随等变化的一面。若太极拳只有刚劲,则"人有力我亦有力",尚能做到;而"人无力我亦无力"就没法办了。

因此,笔者认为,古谱所谓"发劲似放箭",不是以放出的箭来喻太极拳的劲,而是以放箭时弓把和弓梢发的分张两夺形象来比喻说明身体与四肢发劲时的形象。

15. 释"折叠"与"转换"

李亦畬《五字诀》中云:"往复须有折叠,进退须有转换。"

"折叠"是指推手时上体两肢连续使用八卦进行粘走,折叠人力。这种解释是正确的。

如推手时,手的往复,时时含着接、引、进、转、击五种意图,以俟机袭人。因之手在往复中是含有粘走变化的。这种变化外圆而内方,因其外圆,故不露形迹;以其内方,在走化诱发时,即形成一些曲折往复动作,这种动作一起一伏,一横一直,一上一下,一左一右……好似折叠人劲一样,故叫"折叠"。

或谓,"折叠"是指推手时折叠对方四肢。笔者认为这种说法欠妥。如果真是折叠对方的四肢,那么"舍己从人……'借力打人'……打人不让对方感觉有被屈处"就没法解释了。

"转换"是指下体两肢随人动转,运用五行步法转换虚实。如在推手时的进退屈伸、旋转等虚实变换中,那种互为其根的虚实变化,即为"转换"。

16. 释"擎、引、松、放"

擎者:随人动,一面走化其力,一面吃住彼之劲根,使其一足支身,力不得发,身不得动也。

引者:引其发力也。

我感觉其劲根已为我吃住,即整我身,蓄我势,以备发。由于我坐腿蓄势,对方感觉我对其迫力一松,必思挣扎起来向我反击。

松者:我为了发力,要周身放松,静待对方向我发力。

放者:俟对方向我反击的力量,将发未出时,我接定彼劲,认定彼准头而发之也。

如果对方不向我反击,我蓄劲后,认定对方准头而去亦可,不过没有上述借力而发省力效果大罢了。

17. 释"准头"和"端的"

李亦畬"擎引松放"四字秘诀中有"放时腰脚认端的"一语。

武禹襄"敷盖对吞"四字秘诀中有"以气对彼来处,认定准头而去也"一语。

"准头"乃腰脚也。

"端的"清也,准也。"认端的"乃认清,认准也。

"认定准头而去",是说发人时应看准一定的目标而去也。

结合起来看,即发人时应看清对方腰在哪条腿上,哪个脚上,即向哪个脚的外侧,踝骨外一寸处之地面上去之也。

18. 释"三易"

拳术中所谓"三易",乃易骨、易筋、洗髓。亦即明劲、暗劲、化劲。

明劲:练精化气,为武火。

暗劲:练气化神(即练气归神),为文火。

化劲:练神还虚,为火候纯也。

火候纯,则内外一气成矣。再练,则亦无劲,亦无火,入于虚灵神化矣。

19. 释"腾挪闪战"

李传云"腾挪闪战",杨传云"腾挪闪展"。

腾:提顶,竖脊,蹬足,撑臂,力含上腾之意;

挪:转腰,扣膝,裹裆,甩胯,挪动对方力向;

闪:使对方力量被闪落空,击不中我的劲根与身体;

战:我意气贯周身,周身骨节开展而发也(此乃以周身一家之力发人,绝非只用手推,肘击,胯打之力也)。

郝少如著《武式太极拳》内云:"腾挪,乃蓄'发人之力'亦即预动之意;闪战,乃以放箭似的刚力发人也。"

20."轻、重、浮、沉"解

双重为病:失于填实(填腰则不灵活,实而无蓄)。

双沉不为病:实而有蓄,能灵活运用。

双浮为病:只如缥缈,浮而无根。

双轻不为病:有根之轻。

半轻半重:半有着落。

偏轻偏重:偏无着落,必失方圆。

半浮半沉:失于不及。

半轻偏轻:灵而不圆。

偏浮偏沉:失于太过。

半重偏重:滞而不正。

半浮偏浮:茫而不圆。

若双轻不近于浮,双沉不近于重,半有着落,灵而不昧,坚整不滞,乃为平手,除此以外皆为病手。

姚继祖

# 四十、拳 论

## (一)练功三阶段

先生云,练太极拳有三个阶段:初期如不会游泳的人站在水中,两足踏地,身体与手足动作,如有水之阻力,感觉滞重不灵,摇曳不定;中期,身体仍如在水中,但两足浮不着地,如善泅者浮游其间,身躯四肢皆自如也;后期,身体愈轻灵,两足如站水面上,到此地步,心中感觉,战战兢兢,如临深渊,如履薄冰,不敢有一丝放肆之意,神气稍散乱,即恐身体降落下去。

拳经云"神气四肢,总要完整,一有不整,身心散乱,心主偏倚,而不能有灵活之妙矣",即此之意也。

## (二)论"不丢不顶"

论一:能不丢不顶,则粘黏连随自得,但不丢不顶不是容易做到的。

比如,人退我进,彼此两手(或身体其他部分),虽然是相接未离,但接触的密度无故稍松,或自己手上的力量无故稍减,亦即犯了"丢"的错误。

"不顶",并非一般人所说的连一点支撑力也没有,纯柔相随;而是以我之力(支撑力)接定彼之来力,以变换虚实,随曲就伸,达到错开劲头,两手支撑,无有缺陷。

至去人时须要用力,亦是肯定的,但能做到躲开彼之劲头而去,即为不顶。

故武禹襄老先生云:"一搭手,有进无退。"逊之先生云:"力之用,飘为贵。"前者系说明搭手用力,后者系说明发人用力,均合不丢不顶的要求。

郝为真老先生,生前曾在桌子上以指带动火柴盒,使之旋转,以此解释"不丢不顶",实足绝好例证。而与现在一般不明太极拳理的人们推手时所用的按字测意的所谓不丢不顶,实有不渊之别,学者不可不详味焉。

论二:太极推手时要求"不丢不顶"。有些人不知"不丢不顶"究竟怎样练习,只从字面上来研究,而不在推手应用上去探讨,因之在推手时多系轻接对方手和臂,不管自己周身相随否,不管彼此劲究竟相接否,一味在两臂上追求彼进我退、彼退我追的从人不由己的所谓"不丢不顶",因而使"不丢不顶""粘连黏随"失去了应有的作用。"粘连黏随""不丢不顶"必须在"周身一家""上下相随""接定彼劲"三个条件下去进行才能起到作用,才能使对方在自己的手或臂的带动下,站立不稳,轻则跳跃不停。

例如,将一火柴盒,放在桌上,伸一指捺其上,意欲让火柴盒随指的带动,在桌上移动位置。如果用的力大了,则火柴盒被捺得太紧,不能被手指带动;如果用的力量太小了,则手指和火柴盒接触得太松亦不能带动火柴盒移挪位置。因此,用的力量必须不大不小,捺得不轻不重,才能灵活地使火柴盒在自己手指的带动下,在桌上来往或盘旋转动。这正和推手时用力应不大不小,不丢不顶,恰好带动对方一样。

### (三) 论"开合收放"

"开合""收放"原为一体,不宜分谈,更不能分练。开即放,合即收,收为吸,放为呼。收则周身筋缩,骨节紧合,肌肉松静,所谓一静无有不静,静是合,合中寓开。呼则周身筋伸骨节开展,肌肉紧缩坚实,所谓一动无有不动,动是开,开中寓合。开合指周身筋骨肌肉而言,收放指呼吸行气而言,二者互为里表,不容稍离,否则不能灵活、坚整。

诚能开合收放,内外合一,不但在增强体力上效果显著,而且在推手上亦可逐步缩小其动作,由有形归无形,渐至一吸即走,一呼即发,所谓意动身不动的境地。

### (四) 论呼吸

太极分阴阳,在气为吸呼。呼乃开与发,吸为合与收。初学求自然,习久须讲究,能教一气先,莫教一气后。

### (五) 对王宗岳《太极拳论》中"高深长促"等字用法的体会

以前笔者对王宗岳拳论中的"仰之则弥高,俯之则弥深,进之则愈长,退之则愈促"数语的体会是:人想仰高,我随之使更高;人俯身下沉,我随之更深;人向我进逼,我使人感觉我还有后退余地;人后退时,我要紧促地跟上去使其无立足之地。这些体会,基本上和一般人所见是相同的,依而练习,亦不见什么功效。

后来与一位较自己身高的人推手,运用"仰之则弥高"法则时,自己虽尽力高上去,亦高不过人家。对于这个问题,笔者经过几次思考,得出一个结论:即对方欲想仰之向上时,我在仰上速度上、力量上,要超过对方。即所谓后发先至,彼即为我所动。这样既合了"仰之则弥高"的法则,又并合了"彼不动,自不动,彼微动,已先动"的论述。其余"深、长、促"等句,亦均感如此去做,甚为合适,故特记之。

### (六) 对"阴阳相济、粘走互济"的探索

王宗岳《太极拳论》中云:"粘即是走,走即是粘;阴不离阳,阳不离阴。"笔者多年来只能做到粘然后走,或走然后粘,而不能使粘走互济,如李亦畬《五字诀》中所述"左重则左虚而右已去,右重则右虚而左已去"那样。

笔者在练习中,在虚实互易时结合了发力,得出一种"一面走化人力,一面发人的周身一家力量"。思之与"粘即是走,走即是粘;阴不离阳,阳不离阴"甚合,故志之,以备继续探索。

### (七) 对"似松非松,将展未展"之我见

有人云"似松非松,将展未展",乃自己练功时周身筋肉似松非松,四肢骨节(或劲)将展未展。

或云"似松非松"乃推手时我已占绝对优势,而停止对对方进迫,似是松了,但神意仍专注着,等待对方发力反攻。"将展未展"是待对方反攻力量将发未发出来时,迎头击之。

记得陈秀峰曾在"似松非松,将展未展,劲断意不断"后面,又加了"藕断丝连"四个字,倒颇恰当。

笔者根据这句话出现在"彼不动,己不动;彼微动,己先动"打手要言后面,感觉"似松非松,将展未展"这句话说的是打手时彼我之间的事。自己在推手时亦有这样的体会:"似松非松"指彼此欲发前一种不即不离的状态,在此状态下互相感受对方的劲力,有此感受后,自己就当把劲松开,严阵以待,聚精会神地静听彼劲怎样来。彼力一动,尚未展开的时候,即所谓将展未展,我即抚定彼之劲头,对准彼之劲根,搓揉之,彼必跌出。此亦正合所谓"不先不后,不丢不顶"了。丢了(亦即接得松了),则摸不出彼劲;顶了,彼有感则变;先了,彼能走化;后了,彼力已能施展,主动在彼,我进无益。

### (八) 论劲

太极拳之劲,重内而不重外,重根而不重梢,圆整混一,灵活不滞,坚、韧、刚、柔,四者俱备,斯为正宗。

劲之运用:神意领先,气力随至,粘走应变,有赖肢躯。如,起于脚,变于腿,含于胸,运于肩,输于臂,形于指,发于脊,主于腰。由脚而腿而腰,要完整一气。由手而臂而肩,要一气贯串。腰通脊柱,上与两肩两膊相系,下与两胯两腿相随,上下贯通,手脚相济。

劲之转变：腰脊如车轴，肢体如辋辐，行气如车轮。动则俱动，轴动则辋辐自动；静则俱静，轴静则车轮自止。

劲的收放，由内抽贯，意领神导，渐隐渐现。这种以意导气，起落、展拓、变化自如的劲，管它叫"粘劲"。

劲有数种：创劲太直，难于起落；攻劲太死，难于变化；绷劲、抖劲太促，难于展拓，且都失之刚多柔少，形迹外露，容易致伤。

唯有粘劲，劣少优备，手到劲发，又灵又疾，俯仰旋转，变换如意，蓄发无形，动静随机。用于推手，壮弱咸宜，从容走化，沉着粘依，气敛神聚，意静身逸，经常习此，可以蓄神，可以养气，可以活血，可以健肌，可以通经舒络，可以强筋长力，祛病延年，无一害而多益，是以粘劲，太极最尚。

## （九）太极拳走架行功说略

昔人云："周身一家如练到，拳术即上康庄道。"诚见周身一家在太极拳技击上是一种极为重要的基本功夫。平时走架的目的说是为了练习手、眼、身法、步，实际就是练习"周身一家"。

周身一家的练法要求周身上下内外一动无有不动，一静无有不静的统一运动，故其在强身保健与医疗上具有十分重要的作用。

初学不明途径，不得要领，有的上下不能相随，有的内外不能相合，做不到周身协调地统一运动，因此阻碍了太极拳在医疗保健上良好效果的发挥。为了克服上述缺点，提高太极拳在强身保健与医疗上的效果，使太极拳更好地为人民体育事业服务，现根据笔者见闻体会所及略述于下。

走架行功必须在"周身一家"上用功夫，一举一动都要注意周身的统一运动。欲想周身一家，须知内外三合，内练神气，外练肢体，内外兼修方为合法。

外三合者，手与足合，肘与膝合，肩与胯合。其运用乃以腰为主。上与两肩两膊相系，下与两胯两腿相随，上、中、下三节相适应。为此练去，则周身自然上下相随，中正不偏，久练可以矫正体态，使走架姿式顺随美观，使身体重心稳固，动作灵活，为进一步练习推手打下得机得势无有缺陷的基础，所以在行功时必须注意外三合。

内三合者，神与意合，意与气合，气与力合。其运用乃以神导意，以意导气，气至力生。神似帅，意似将，气似兵。神意为气之领导，气是力之生母。无神意领导，则气无所从；气无所从，必致散漫；气势散漫，则力无生母；力无生母，则力不坚整，身易散乱。走架时，神、意、气三者如不相合，如此练去，对充沛精神，增长体力，医疗内脏与神经系统疾病，均有莫大妨碍，所以在行功时要神、意、气三者密切相合。

内外三合，实为里表，一主一副，不能偏废，古谱行功歌云"意气君来骨肉臣"正说明这点。诚恐学者重外而轻内，只学外表形式，不顾神、意、气的运行，减少了身体内部横膈膜与脏腑直接和间接的运动；或过于轻外而重内，对身法要求不严格，因之产生耸肩、驼背、锅腰、出臀以及头歪、项斜、脊椎偏倚等不良姿态。如不及时纠正，不但会减少医疗保健的实效，而且会妨碍身体各部的正常发展，影响走架姿式的顺随与美观。两种偏向均应切忌。

但锻炼神气，必依法则，运动肢体，亦有定方。当知神非镇静不能清，气非团聚不能刚，顶悬脊竖则体正，手脚相随则式圆，提顶吊裆而松肩沉肘，则沉着松静；含胸拔背而裹裆护肫，则周旋健捷；身躯进退，不偏不倚，四肢屈伸，忌僵忌直，以神导意，宜静宜缓，以意导气，渐隐渐现。手一出，神先领导，足一动，意即注之，目为神舍，目到则神至，气随意行，意注则气凝。眼不离手，伸手则神气毕集，意不忘足，着足则力量俱来。如此练去，时刻注意外部的手、足、肘、膝、肩、胯的上下相随，与内部的神、意、气上下运行，内外相合，形成周身上下、内外，一动无有不动，一静无有不静的统一运动，即周身一家，六合混一的基本练法。谨守此法，坚持练习，渐成习惯，一动则上下相随，内外相合，周身一气贯串，则所谓周身一家功夫成矣。

周身一家的运动，要求每一举动，都具有周身肌肉、筋络、骨节以及内部横膈膜、脏腑内外一动俱动的特点，此乃太极拳所以能却病延年，应用于医疗保健的根本原因。正如古人所说"流水不腐，户枢不蠹"的道理。这是练习太极拳欲想强身健体防治疾病慎勿忽视的一种特效方法，而且是练习太极推手时欲想得机得势、无有缺陷、重心稳固的基本功夫，愿同好者，慎勿忽视焉。

## （十）论打手

1. 打手小序

二人打手之际，立身务须中正，方能支撑八面。精神能提得起，则无双重之虞；意气须换得灵，乃有圆活之趣；粘依能跟得上，方见落空之妙。往复须分阴阳，进退须有转合，机由己发，力从人借，蓄劲如张弓，发劲似放箭，曲中求直，蓄而后发。

发劲以前，先要神气鼓荡，气势腾挪，精神贯注，腹内松静，两肩松开，气向下沉。劲起于脚跟，变换在腿，含蓄在胸，运动在两肩，主宰在于腰，上与两膊相系，下与两腿相随。劲由内换，收即是合，放即是开。静则俱静，静是合，合中寓开；动则俱动，动是开，开中寓合。触之则旋转自如，无不得力。这样才能引进落空四两拨千斤。

凡去人之时，发劲要有整劲（即抖劲），发劲时切记不可犹豫。倘不得势，便不顺劲，即不可发劲，发必顶劲（即阻击也）。如遇此时，即默识揣摩，渐至从心所欲。万不可彼有力我即以力支撑，本是舍己从人，多误舍近求远，所谓差之毫厘，谬之千里，学者不可不详辨焉，是为序。

2. 初学推手四要

接、随、走、拥为初学推手四要。

（1）接：接定人劲也。

不接定人劲，则不能知人；不能知人，则不能从人；不能从人，则必由己。由于由己，则毕生习练亦只能以着打人之身，不能擎起人劲打人之劲，与外家无异。

王宗岳《太极拳论》末云："……本是舍己从人，多误舍近求远，所谓差之毫厘，谬之千里，学者不可不详辨焉。"这是告诫后之学者,不要只学由己的用着打人,以致不自觉地误入歧途也。

(2) 随:随人而动也。

不能随人而动,就要由己妄动,就不能时刻掌握着人劲的动向与企图,丢、顶、扁、抗等病势必产生。因此,欲想做到舍己从人,粘黏连随,引进落空,四两拨千斤,就必须在"随"字上用功夫。

(3) 走:走化人力也。

不会使自己得机得势走化人力,使之落空,就不能做到粘依跟得灵、引进落空四两拨千斤。欲想走化人力后自己仍能得机得势,就必须周身一家,上下相随。首先使自己周身没有缺陷,然后接定彼劲,静心听准彼劲之动向,随曲就伸使之落空而后发也。

(4) 拥:拥之使人出也。

初学推手者,发人时有发无收,脚手不随,不能用周身一家之劲。发人用拥,就可免去以后只会用刚劲发人,不会用柔劲拿人,以及推手时动手伤人的缺点。俟有一定基础之后,即不以拥字为限矣。

3. 推手打劲方法

(1) 打"来劲"用"截"或"牵"。

彼劲已向我来,若来势不猛,我则正面迎接,而从侧面截击之,使彼不得发挥其力,而为我制;若来势甚猛速,用截不及,即可用牵,顺其力向借其来力而跌之。

(2) 打"回劲"用"随"。

彼感落空,意欲回收,我粘定其劲,随彼劲紧逼之,使彼无容身之地。

(3) 打"停劲"用"串"。

彼劲发尽而未变,或彼又欲进不能,欲退不可时,恃力坚持,我串击之。即所谓挨肘串肩,挨肩串腰……

(4) 打"出劲"用"搓"。

彼劲将展未展,劲头刚出,我即换其劲头而搓之,同时并对准其脚跟,彼必跌出。

(5) "打闷劲"用"捂"。

运劲于周身,以手、肘等处,接定彼劲,神意拢住彼之周身,捂住彼之劲头,逼定彼之劲根,使彼身不得动,力不得出也。彼劲若坚欲发出,则必以其力还击其身。

4. 推手四级功

粘、接、灵、化为习练推手的四个阶段。

(1) 粘:粘连相随永得机。

这时尚不能接劲打人,发劲时还得接触到对方身上,但自己能引进落空,得机得势。必须基本上练到周身一家,脚手随的程度乃可。

(2) 接:接定彼肢击彼力。

此接劲打人也,发人时只接触到对方四肢或身上某一点,即能拔起对方的劲根,使对方不能换力而被发出。必须心静、身整,接定彼劲,或能用"擎引松放"四字诀乃可。

（3）灵:灵虚使人进退难。

至此阶段,即能引对方完全落空,使之不能自主,既不能进,又不能退,听我指挥。必须敛气入骨,接定彼劲,稳化彼力,才能使之深陷我圈内而不能出,听我指挥;或能用"敷盖对吞"四字诀乃可。

（4）化:化为神意无形迹。

必须练到神聚、气敛、心静、身灵、劲整五者俱备乃可。到此地位,发人动作极小,则所谓"意动身不动"矣。像武禹襄晚年,能不动脚手、站着,令人以拳击其背,将人发出;李亦畲晚年,坐着不动,让人来击,将人发出;以及郝为真曾站着不动,使人击其胸,能使人跌出。均是实例。

姚继祖

附录二

# 武式太极拳传承表

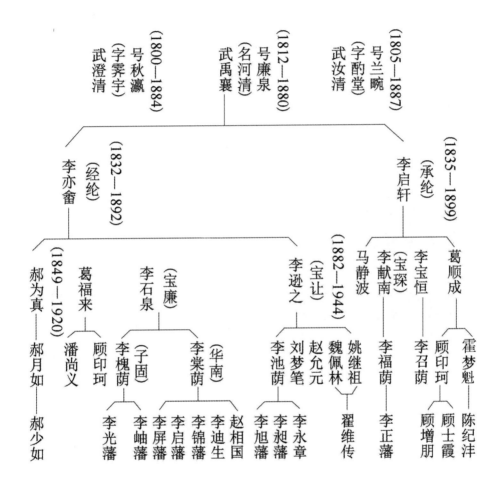

## 武式第三代郝为真宗师弟子及再传弟子

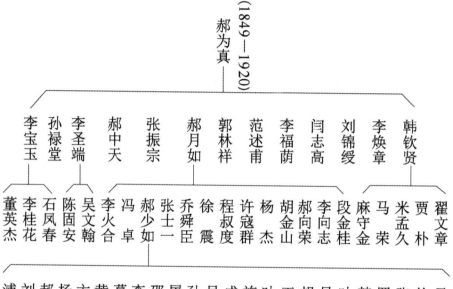

# 武式第三代李逊之宗师弟子及再传弟子

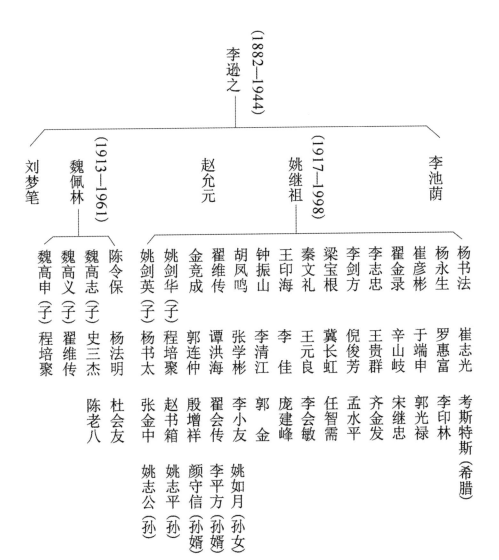

- 李逊之 (1882—1944)
  - 李池荫
    - 杨书法 — 崔志光
    - 杨永生 — 考斯特斯（希腊）
    - 崔彦彬 — 罗惠富
    - 翟金录 — 于端申
    - 李志忠 — 郭光禄
    - 李剑方 — 辛山岐
    - 梁宝根 — 王贵群 — 宋继忠
    - 秦文礼 — 倪俊芳 — 齐金发
    - 王印海 — 冀长虹 — 孟水平
    - 钟振鸣 — 王元良 — 任智需
    - 胡凤山 — 李会敏 — 李会敏
    - 翟维传 — 李清江 — 庞建峰
    - 金竞成 — 张学彬 — 郭 金
    - 姚剑华（子）— 谭洪海 — 李小友
    - 姚剑英（子）— 郭连仲 — 翟会传 — 姚如月（孙女）
    - 　　　　　　 殷增祥 — 李平方（孙婿）
    - 　　　　　　 颜守信（孙婿）
    - 程培聚 — 赵书箱 — 姚志平（孙）
    - 杨书太 — 张金中 — 姚志公（孙）
  - 姚继祖 (1917—1998)
  - 赵允元
  - 魏佩林 (1913—1961)
    - 陈令保 — 杨法明
    - 魏高志（子）— 史三杰 — 杜会友
    - 魏高义（子）— 翟维传 — 陈老八
    - 魏高申（子）— 程培聚
  - 刘梦笔

艺者,道之形也。所谓艺,一是技能、技术,与武艺、拳艺之义同;二是艺术,技能练至纯熟,熟能生巧,达到艺术的高度。艺,既是道的表现形式,也是技术达到从心所欲的境界。

　　太极拳除国家认定的六大流派之外,还有很多支脉,套路繁多,技法丰富,即使同一流派,也因传承人的不同而表现出不同的风格,但"虽势有不同,而理惟一贯"。太极拳最突出的特点就在这个"理"字上。理,便是"道",悟透了太极之"道",拳架、招法、劲法就只是表现"道"的形式,这个形式便是太极拳的"技"与"艺"。

　　"技可进乎道,艺可通乎神",由"技""艺"而"道""神",需要一个循序渐进的过程。练拳之初,守住规矩,勤学苦练,练习套路和招法,达到"招熟",这是"人练拳",练的是"招",是每一招式的规矩和用法,属于"技";练熟之后,逐渐体会劲力运行的规律,懂得了阴阳相济,进入"懂劲"层次,而后默识揣摩,改了自身劲道,突破招法限制,此为"拳练人",练的是"劲",是自身阴阳虚实变化及与对方劲力的阴阳虚实变化的配合,属于"艺";再练便是"阶及神明",达到"从心所欲不逾矩"之境界,此为"人拳合一",练的是"道",修的是"神",练至此境界,招法、劲法都归于神意,气势饱满,阴阳合一,举手投足皆太极,神意动处大道生。

　　翟维传先生自幼跟随两位恩师修炼武式太极拳,全面继承了武式太极拳的技术体系,又勤学苦练,精研理论,在传承的基础上精心提炼总结,增演改进,逐渐形成了更为完善的功法训练体系。

　　本部分所呈现的内容有继承有发展。传统武式太极拳108式是姚继祖老师修订定型的,在《武氏太极拳全书》中有详细的介绍,此处只展示拳架照片和名称,供读者参考;十三剑、十三刀、十三杆及基本的桩功功法、三步半推手等均是继承老一辈的技艺,不敢有丝毫改动;武式太极拳37式是翟维传先生在传统套路基础上创编,经姚继祖老师修订的功夫架,不纵不跳,松沉圆活,每一招势都是从推手中提炼出来,又能应用于推手,既有养生之效,又有打手之功,招招圆活,势势连贯,练时由静而动,动静相生,阴阳虚实变化自如,转换折叠顺应自然,内气潜转神意饱满,架势紧凑气势鼓荡,立定脚根放开眼界,环环相扣,一气呵成;老年26式武式太极拳是应中国老年体协之邀创编的适合老年人练习的套路;五步八法将武式太极拳十三势及关键的桩功功法融为一体,编排为套路,利于保留及传播,方便太极拳爱好者练习。

　　翟维传先生功夫纯正,拳架工整,尤其是桩功和推手功力深厚,颇有见地。翟维传先生先后得到魏佩林和姚继祖两位恩师的指导,依据太极之"理",结合自身练功体悟和时代特点,创编了"矛盾桩",综合多种桩功功法编排了"活步桩功",又在定步推手基础上,独创了"桩上推手"之功法,提高了推手的训练效率,增加了训练的趣味性。

　　艺无止境,太极拳博大精深,翟维传先生的拳架与功法体系堪称典范,希望习练者能耐心揣摩,遵循太极之道,循序渐进,勤学苦练,勇攀太极拳之高峰。

# 第一章 继 承

## 第一节 修 炼 通 则

### 一、身 法

太极拳的"身法"指练太极拳时以腰为轴,配合四肢活动的方法。身法要求中正安舒,收放旋转自如。身法靠全身主要关节运转,肌肉协调收缩,以意带动,"形神合一"来实现。它要求身体各部位做到:头要"虚领顶劲",颈要自然竖直,肩要松沉,肘要沉坠下垂,胸要舒松自然,背要舒展伸拔,腰要自然松直,脊要保持正直,臀要收敛,胯要松,膝要伸屈自然柔和。它还包括太极手、太极腰、太极脚、太极眼以及太极六合等。太极拳的身法是其理、法、功、技、艺的载体,只有掌握正确的身法练拳,才可步入正道。

1. 太极手

在太极拳的所有动作中,手的动作是最多的。而在技击中,手是最主要的攻防部位。手的形状、动作、位置等合理、准确,才能起到相应的作用,反之,会影响练习和应用的效果。

荷叶掌

推掌

(1)荷叶掌

五指自然分开,手心内合,不可用力。以前额为准,手掌放在前额上,慢慢离开,即为荷叶掌型。其动作要与开合相配合。

（2）推掌

套路掌法之一。蓄劲时，吸气、收腹、提肛，发劲时呼气。推掌时，劲起脚跟，由腿而腰，松胯、塌腰、含胸、圆裆、沉肩坠肘，臂由屈转为微伸，掌经由肩上或胸前向前方或侧方内旋推出。手心向前，指尖朝上。腕指松沉，不可夹腋夹臂，应全神贯注，气达四梢，力达掌外沿，动作圆活有力且具有弹性。

捋掌　　　　　　　　　　　　　　　撩掌

（3）捋掌

套路掌法之一。沉肩、坠肘、松胯、塌腰、含胸，以腰为主宰，内气贯于双手，以单掌或双掌顺着前进的劲路，向自身左或右斜方向引带。

（4）撩掌

套路掌法之一，也称"挑掌"。撩掌时，指尖斜朝上，手臂略弯，坠肘，沉肩，肌肉要放松并以肩关节为轴，用腰带动手臂，掌自下向前上方挑举，手心向体侧。动作要迅速有力，力透指尖腕背。

切掌　　　　　　　　　　　　　　　劈掌

(5）切掌

套路掌法之一。运用此掌时，劲运于掌根外侧，特别要注意肩的松、沉，以免妨碍劲力的顺达。其手心可向左，也可向右。

(6）劈掌

套路掌法之一。含胸、塌腰、松胯、沉肩、坠肘，结合腰胯的旋转和胸部的开合，将内劲运于手掌外侧。同时要全神贯注，气势磅礴，手疾眼快，动作协调，手不可过直，手掌保持掤劲，臂掌要上下相随。

托掌　　　　　　　　　　　　　　　按掌

(7）托掌

套路掌法之一。掌自下而上外旋托举至身前或头部侧上方。出掌时，掌心向上，同时要沉肩、坠肘、含胸、塌腰、松胯，不可僵硬、紧张，内劲送至掌根，劲力向上时身体须下沉，形成对拉劲，以符合太极阴阳之理。

(8）按掌

套路掌法之一。含胸、塌腰、松胯，单掌或双掌自上而下沉压，手心向下。下按时臂微弯，手腕微塌，腕指松沉，不可抬肘直臂。上下要协调一致，就像将水上的球按入水中或水底。

捶拳　　　　　　　　　　　　　　　太极眼

(9) 捶拳

四指并拢卷屈,指尖贴于掌心,拇指卷屈于食指和中指上接成拳。不宜握得过紧,避免手臂僵滞。拳在套路中的式法有搬拦捶、栽捶、指裆捶、肘底捶、双抱捶、弯弓射虎、翻身撇身捶等。

2. 太极眼

太极拳要求手眼身法步要协调,对眼神极为重视,在做每个动作之前,眼神先行,通过眼睛视线的转化来体现内在的精神气势。眼神的运用要配合形体动作和意气的走向,眼神的含收、展放与眼睛的大小无关,它可体现以意领气,眼神向前延伸和往回含收的运行变化。眼神的展放和含收在技击中的作用极大,眼神随意气走向的一开一合而一放一收,使周身内外上下一致。有精神才有气势,有气势才有取胜的先决条件,所以太极拳前辈说"眼神也可使对方心惊胆战"。

3. 太极腿

拳论常说,太极拳的关键在腰不在腿,但腿在太极拳中也是非常重要的部位。从健身角度讲,双腿支撑全身,是练拳时稳定的基础;从技击角度讲,腿的活动范围大,上下、左右、前后、远近都可出击,而且力量大。所以太极拳非常重视腿功。《太极拳论》曰:"其根在脚发于腿,主宰于腰,形于手指,由脚而腿而腰,总须完整一气……有不得机势处,于腰腿求之。"太极拳的任何动作,都要求节节贯穿。在人体中,腿为根节,腰为中节,头和手为梢节,动作时首先以根节催中节,然后以中节催梢节,只有这样才能一气贯穿。太极拳还要求双腿弯曲,圆裆裹膝,气沉丹田,步如猫行,既重心稳定又轻灵圆活,要做到这些,腰腿无功力是绝对不行的。正因为如此,习练太极拳可以有效地锻炼双腿,长年习练太极拳的人,腰腿都十分有力,支撑力很强,在任何情况下都能做到"稳如泰山"。

太极拳以分清虚实为第一要义,也就是说太极拳运动的特点即阴阳虚实变化。腿的虚实在行拳走架时特别重要。拳谚云"步不稳,则拳乱"。在步法的转换时,应做到"进步必跟,退步必撤"。整套太极拳在行功过程中,重心不是偏左就是偏右,两腿在虚实倒换中以维持身体平衡。发劲时,发劲之足为实,另一足为虚。但腿的虚实变化不是突变,而是渐变,是一个慢慢变化的过程。两脚虚实比例一般是四六开,也有三七、二八开的动作(如虚步)。分虚实才能将重心集中在一点上,使动作的转换更加灵活。当功夫练到家时,即使是一条腿,也能顶两条腿用。

调伸缩是指太极拳架式的高低全靠两条腿调节。在技击上,通过腿调整身体的伸缩,劲才能发出去,即利用伸缩完成发力。

步法在技击中是决定成败的关键。只有把步法练好了,达到自身的稳固,支撑八面,才能取得对抗的胜利。太极拳的步法主要有虚步、实步、弓步、跟步、践步、跌步、独立步等。

| 虚步 | 实步 | 弓步 |

（1）虚步

虚步分前虚步和后虚步。身体重心坐于一条腿上，没有承担身体重量的另一条腿为虚腿，亦称"虚步"。前脚虚为前虚步，后脚虚为后虚步。虚并非全然无力，气势要有腾挪之意。

（2）实步

承担身体重量的腿称为实腿，亦称"实步"。实不是全然站煞，要精神贯注。

（3）弓步

前腿屈膝前弓，膝盖不超过足尖，后腿似直非直，膝关节要有沉屈之意，要求两足的方向为不丁不八。

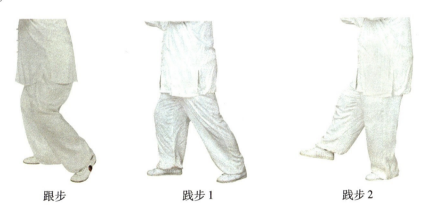

| 跟步 | 践步1 | 践步2 |

（4）跟步

重心前移，后足提起向前虚点至前足后方，为跟步。

（5）践步

前腿向前迈步，后足前跟步落于前足之处，前足向前跃进，为践步。

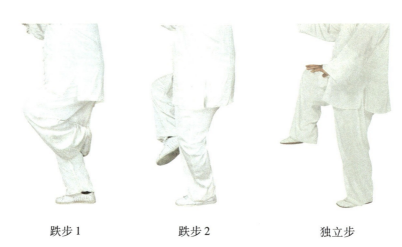

跌步1　　　　　　　跌步2　　　　　　　独立步

（6）跌步

一腿落下，另一腿上跳，下落之足在上跳之足处，上跳之足向后撤步，为跌步。

（7）独立步

实腿微屈站立，虚腿提起，要求胯与膝平，为独立步。

太极手　　　　　　　太极眼　　　　　　　太极腿

4. 太极脚

习练太极拳，身体的根基是极为重要的，其根就在于脚。在运动时，脚下的阴阳变换能带动腿、腰及上体的运化，所以可以说，太极的功夫就在脚下。

（1）五行之根

脚是太极拳的五行之根。前进、后退、左顾、右盼、中定这五行都是脚上的变化，因此古有"胸运八卦，脚踏五行"之说。五行的变化是完成脚下根基变换的关键，它关系到身法的顺背、桩功的稳健。脚的变化犹如主宰的总机关，运动时两脚如同站在太极图中阴阳鱼的两个极点上，全仗脚下两个极点的阴阳变化带动两腿的虚实变化、腰的旋转及上身八卦法的完成。如此行功，是由下动带动上动，似树枝随风摆动，绝无妄动之意，能达到这一点，就是做到了"周身一家"。

（2）足跟为轴、外摆、内扣

脚跟为轴是说以实腿的脚跟为轴进行转换。脚跟的转换又分为外摆、内扣。以脚跟为轴脚尖往外为外摆，往内为内扣，以此来调整身型，完成动作转换，做到不偏不倚、劲路短快。

外摆　　　　　　　　　　　　　　　　内扣

（3）劲源、不丁不八

劲源是说脚是发劲之源,也是蓄劲之源。在发劲时,就是利用脚根之力(即劲起于脚跟),通过地面的反弹力,使下肢的内劲提拔上来,完成发力。也就是利用腿的伸缩,完成弹簧力。

不丁不八

太极拳还要求在脚法上要做到"不丁不八"。这是说两腿站立时,不能站成丁字步,也不能站成八字步,在不丁不八之中。此即一脚向前方45度迈步,脚尖稍内扣,圆裆,下盘稳固,使劲力顺达。

## 5. 太极腰

《太极拳论》对腰的论述很多，如"腰为一身之主宰""腰如车轴""有不得力处要于腰腿处求之"等，还有武谚道"练拳不练腰，终生艺难高"，由此可见腰在拳术中的重要性。腰，上与两膊相系，下与两腿相连，腰带四肢，为劲力枢纽。力起于脚、腿，经腰分配，传于背、膊，达于手。要想下盘稳固，须气沉于丹田、命门后撑、尾闾前挑。要想腰劲十足，须练好带脉。带脉在人体的腰部围圈，是一条横向的经脉。人体上其他的经脉都是纵向的，这条经脉就好像一条绳子将所有的经脉系在一起统束全身直行的经脉，状如束带，故称带脉。

合腰胯就是把腰放松坐到胯上和胯结合成整体。合腰胯利于意气下沉稳固下盘，利于蓄劲和传导。松腰、沉腰、拔腰是合腰胯的内容。腰的主要作用是"主蓄发"，就是以腰的变化，结合四肢完成这个蓄发的功法。

太极脚

太极腰

## 6. 十三条身法

太极拳的十三条身法是指含胸、拔背、松肩、沉肘、提顶、吊裆、裹裆、护肫、腾挪、闪战、气沉丹田、尾闾正中、虚实分清，下面分别述之。

含胸

拔背

(1) 含胸

两臂关节松开,胸不可挺,两肩微微向前合,胸有内含之意,但不可前俯。

(2) 拔背

两肩关节松开,胸不可挺,背骨似有上涨、鼓起之意,不可低头。

松肩　　　　　　　　　　沉肘

(3) 松肩

两肩自然松开、下垂,不可上纵,不可用力。

(4) 沉肘

两肘尖自然下沉,使肩、肘、腕都能灵活运动。

提顶　　　　　　　吊裆　　　　　　　裹裆1

(5) 提顶

精神集中,意向上虚领顶劲,自然地提领全身,头不可低,身不可前俯后仰。

(6) 吊裆

两腿虚实分清,裆如吊空一样,臀部有前送之意,小腹有上翻之意。

（7）裹裆

两腿虚实分清,两膝有内向之意。

　　裹裆2　　　　　　　　　护肫　　　　　　　　气沉丹田

（8）护肫

两手各护半胸,两胁有微微内收之意,使胸中感觉松快。

（9）腾挪

虚实变化自如,进退能随机应变,有动之意而未动,即预动之势。

（10）闪战

动作一气贯通,身体旋转灵活,发劲迅猛,所向无敌。

（11）气沉丹田

做到以上身法,就能以意行气,气能顺通地注入丹田,使底盘稳固。

　　尾闾正中1　　　　　　尾闾正中2　　　　　　虚实分明

（12）尾闾正中

头向上虚领顶劲,尾闾骨向前托起丹田,身不前俯后仰、左偏右倚,百会穴和会阴穴上下自然垂直。

（13）**虚实分清**

两腿虚实必须分清,虚不是完全无力,实不是完全站死,精气神要贯注于实腿,有上领之意,身法不可散乱。

十三条身法相辅相成,相互影响,互相渗透,对于习练太极拳至关重要。

含胸、拔背

松肩、沉肘

提顶、吊裆

裹裆、护肫

腾挪、闪战

气沉丹田

尾闾正中

虚实分清

7. 一招四式

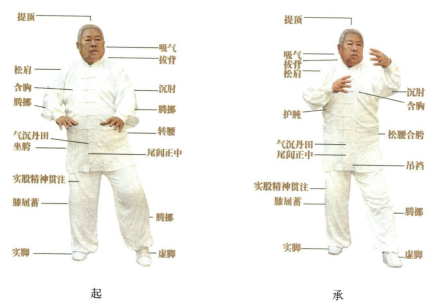

起　　　　　　　　　　　承

（1）起

全身放松去杂念,手领框架身法伴；阴阳调配虚实变,内外相合顾全面。

（2）承

两手内合划弧圆,意气松沉于丹田；有上有下阴阳济,外合内开撑八面。

开　　　　　　　　　　　合

(3) 开

两手坐腕外开旋,意领气跟身拥前;劲起脚跟注于腰,发于脊背达于梢。

(4) 合

两手内合身体松,后足前跟虚实清;上下协调整体动,守好框架基础功。

## 二、心　　法

太极拳的内功心法,一直被拳家视为习练内家拳的无上秘诀。拳谚曰"修为在心"。这就是说,太极拳的修为,实质是心的修为。简而言之,太极拳心法就是遵循太极拳道而修养自心之法。这里的"心法"有两层含义,一是方法,一是法则。重点在于法则,因为太极拳的心法特点是心无常心,法无定法,非心非法,故有心则有法。正如拳论所说"功夫无息法自修"。由此可知,太极拳心法可谓统领太极拳修为的根本大法,是由道而生的最根本、最深刻的法则。

### (一) 阴阳

1. 阴阳

太极拳是运用阴阳变化之理、阴阳互补之法的拳术,在练习中必须以阴阳之理来指导自己的形体变化。每一动、每一式都离不开阴阳,太极拳也可以称为"阴阳拳"。它使矛盾对立得到统一,使阴阳得到平衡,对养生、健身及技击都有莫大的效用。

从"阴阳"两字的字面上看,阴阳涵盖了所有对立面,如阴是暗,阳是明;阴是黑,阳是白;阴是反面,阳是正面等。在太极拳术中,阴阳是指开与合、上与下、左与右、内与外等,这些都是矛盾对立所在,阴阳的演变也就是由矛盾对立到统一的过程。

2. 阴阳对立统一

太极拳的核心就是使身体练成浑圆一体,在习练时要认识矛盾和解决矛盾,使矛盾得到统一,要提起精神,排除杂念,做到体松而意紧,随时都能做突发的动作。如身体向前时,同时要有身体向后的争力,向左、向右、向上、向上亦是如此。应先从单方面练起,后再进行多方面的争力练习,使身体匀整协调、浑圆一体。太极拳的动作要求以内动带动外形的运动,达到内外合一,使机体呈现最佳的相合状态,这也离不开阴阳矛盾的对立统一。既能创造矛盾,又能使阴阳矛盾在体内外十分协调地得到统一,这便是太极拳的奥妙所在。

3. 阴阳相生相克

太极拳的阴阳也包含阴阳的相生相克。相生就是自己在套路上的阴阳配合及与对方的阴阳相合。如在行功时,手脚必须达到阴阳相合。相克则是指两劲相顶。如在推手上,功夫还没上去时,两劲都是硬顶硬拼。

4. 阴阳相济

太极拳的阴阳还包含阴阳相济。王宗岳在《太极拳论》中说"由招熟而渐悟懂劲,由懂劲而阶及神明",这里的"懂劲"就是指阴阳相济,自己的阴阳相济与对方的阴阳相济,就是在一动上同时体现出阴阳,如对方的劲来时,我一手走为阴,另一手推为阳,即为阴阳相济。

5. 阴阳互补

太极拳的阴阳还包含阴阳互补。阴阳互补是指在走功时,手上要有阴,才能利用腰的旋转产生阳补。当两手行功时,一手阴走,一手阳粘,这样才能显现出技击的效果来。

　　阴阳　　　　　　　　对立统一　　　　　　相生相克相济互补

习练者不仅要体味拳理的阴阳、矛盾的统一,更要悟透世间矛盾转化的规律,使心情开朗、意念张弛有度。练拳不要光想到技击,技击只是太极拳的一个方面,更重要的是修身养性,使心理及身体内外与世间诸多矛盾平衡。所以太极拳有极为深刻的内涵,有极佳的养生健身功效。太极拳习练者要在习练中认识矛盾,解决矛盾,遵循这一规律,多思善悟,才能进入更高境界。

## (二) 松

"松"是太极拳中非常重要的功法要求。它在太极拳中既指身体放松,也指精神情绪上的放松。放松的前提首先是"心静",而"静"又包含了诸多内容。因为,能静下来身体才能放松,在松静自然的状态下走架,才能使架式表现出松柔、圆活、大方的特点,如行云流水,柔缓起伏,给人以美感。在技击中,太极拳讲究"以静制动",即"静以含机,动以变化"。"静"不是没有变化的静,而是从动静相生、阴阳相辅的辩证观点出发,强调动和静的相互转化,是"动中寓静,静中触动"。"静"只是方法,"动"才是目的,这就是"以静制动"。

1. 松静

太极拳首先要求体松心静意专。练拳时要洗心涤虑,去其妄念,平心静气,以待其动。心静才能用意不用力。按照先易后难的次序专心练意、息、松、气、形、神、劲的协调。心静与意专是辩证关系,只有心静才能做到意念专注,反过来意专能进一步做到心静。只有这样才利于收敛内气,引动鼓荡。太极拳是缓慢的有氧运动,且"一动无有不动",使各部的肌肉关节、五脏六腑都能得到锻炼。心静了,还可以使大脑中枢得到很好的休息,能很好地缓解身体的疲劳,对人们的健康非常有利。

2. 松合

"松合"说的是在习练太极拳时怎样能做到放松和心静。太极拳讲究开合,"开"是整个身体扩展的意思,"合"是整个身体内收的意思。要想达到放松,首要条件是达到松合,只有在松合的状态下,才能得到真正的放松。如果没有合,是无法达到放松的。

3. 松柔

太极拳运动要使身体进入松柔状态,要想做到柔,首先身体要放松。松是指肌肉放松,而肌肉的放松又有赖于精神情绪上的放松,以精神情绪配合肢体进入松柔状态,而不是松懈、一点力也没有。身体做到松柔可避免僵滞现象的出现。

从太极拳的走架来看,松柔要求在运动时做到动作似行云流水,舒缓飘逸,轻柔圆活,连绵不断,这样不但可以使习练者身心合一,融于天地,融于自然,达到物我两忘、物我一体的境界,而且能使观看者受到自然之美的感染,得到美的享受。

4. 松沉

松沉是在完成身体松柔的基础上,使体内意气与肢体活动配合,完成体内意气圈的形成,达到内外相合的要求。要做到松沉,首先应做到太极身法的"含胸拔背""松肩沉肘",特别要注重"气沉丹田"和"尾闾正中",这是完成松沉的关键。

5. 松随

松随是在松柔、松沉的基础上,进入与对方摸劲这一过程的一种功法,是开始推手时自身对松柔、松沉、松随的体验。柔、沉、随都是在松的前提下完成的。拳论说的"不丢不顶、舍己从人、粘连黏随、随曲就伸、引进落空、人刚我柔谓之走"等,都离不开松随的配合。松随也是交手时对自身的要求,因为太极拳在技击上要求做到以弱胜强、以柔克刚、借力打力。可以说,太极拳的技击核心,是在柔和静的主导下进行的,是道家"反者道之动"的方法论在太极拳技击上的具体运用。

6. 松放

松放是完成松柔、松沉、松随后得到的最佳效果。太极拳技击的特点,概括起来不外乎"以静制动,以柔克刚,以慢打快,以小力胜大力"等,而这一切都是在松柔、松沉、松随的主导下进行的,这也是道家"反者道之动"思想的具体应用。

松静

松合

松柔、松沉、松随、松放

(三)守中

1. 中和

中和是指易理上所说的中庸之道。太极拳讲究中和、平衡,比如在健康上,达到阴阳平衡则百病不生。如果情绪急躁,通过练功练至不焦不躁,也就是达到了情绪上的阴阳平衡。所以在身法上、思想上，都要保持平衡。在架式上的平衡应是阴阳相配的平衡。如在行功时，左走右必进，右走左必进，不能光一只手或一只脚运作，应该是整体的运作；在腰的旋转上，不能以一只手配合，应该是两只手配合，有阴有阳，才能达到平衡；在站立上，左右旋转顺当，也才能完成平衡。太极拳要求的"不丢不顶"，同样说的是平衡。平衡的调整要与阴阳相配合，太极拳都是通过阴阳的配合达到平衡状态的。在架式上，指的是两只手一阴一阳，往回带为阴，出手为阳，意念要平衡，不能一手狠一手轻。在站立上也要掌握平衡，如果不能保持身法的中正平衡，就会左偏右倚，导致站立不稳。

2. 中定意识线

太极拳要求在运动时必须保持身体的中正，太极拳中的"尾闾正中"的身法就是针对身体中正而言的。它能完成身体上下的组合，使意气上下通达，打通任督二脉，促进体内中正之气及意气圈的形成。具体做法是：在完成含胸、拔背、松肩、沉肘、提顶等身法的同时，使气沉丹田，尾闾前送，小腹上翻，内意托丹田，命门后撑，使裆吊起，脊椎竖直，百会穴与尾闾上下形成垂直线，向下延伸可直达脚底涌泉穴。这条上下垂直的意识线，叫做"中定意识线"，是身体的轴心。

中和

中定意识线

## 三、功　　法

拳谚云："练拳不练功，到老一场空。"太极拳非常重视内功的习练和浑圆劲的增长，功法在整个太极拳训练体系中非常重要，是掌握太极精髓之门径。而且太极拳的套路本身就是一种科学严谨的综合功法，所有的身法、心法、功法都包含在里面。

### （一）内功原理

太极拳属于内功拳，要求做到外练肢体、内练意气、内外相合，以意识引导，在气的带动下配合肢体进行习练，才能收到良好的效果。

1. 丹田

丹田是太极拳的本体。太极拳在习练上，要求"气沉丹田"。丹田是性命双修的养生之所，习拳时，将气沉于丹田，在发放时才能劲足。所谓的内劲内气，就是从丹田习练出来的，而且习练的时间越长，内劲越大。

2. 逆呼吸

在太极拳的意气上，讲究逆呼吸。所谓逆呼吸，就是以小腹呼吸与脐内呼吸相结合，即吸气时腹部自然内收，腹肌收缩，腹壁回缩或稍内凹，横膈肌随之收缩下降，使腹腔容积变小；呼气时小腹自然外鼓，腹肌放松，腹壁隆起，横膈肌上升还原，使腹腔容积变大。

逆呼吸在呼吸时改变腹腔容积，而使腹腔改变的内容物不是吸入或呼出的空气，而是另外一种物质，这种物质就是"内气"。所以，逆呼吸字面上是一种呼吸空气的"方式"，实质上则是内气的"呼吸"（升降、鼓荡）。它与我们正常呼吸时采用的胸式呼吸不同，要求合的时候，气往下沉，沉入丹田，再通过命门使气沉到脚底；发力的时候，通过气的上提，往上发力，到达手指上。

3. 内气潜转

太极拳里的虚实、转换、开合、蓄发都与圆的运动分不开，并要求在习练时必须先把圈划圆，处处以圆为前提。在划圈时，体内的意气运转既要与外部的肢体划圈相结合，又要与身体各部分的公转与自转相配合，每一动即分阴阳，又要使阴阳互为其根，这样在技击中，才不易犯"丢顶"之病，才能做到边化边打，边打边化。螺旋劲即圈的形成，能使对方直来的劲力，化为我动作弧线上的切线运动，可使对方之劲随着我的接力点而失去自身的平衡和稳定，从而达到引进落空、借力打人的目的。拳谱上还有这样的说法："练功练到意气循环，内气潜转，功自然成。"这里的内气潜转是指内气在体内发生潜转，循环往复，这对养生和技击两方面都大有裨益。

丹田　　　　　　　　　逆呼吸　　　　　　　　　内气潜转

4. 气势鼓荡、骨鸣

气势鼓荡是指气势撑圆鼓荡，能做到八面支撑，给对方造成一种撼动，起到合劲的作用。在技击中，气势鼓荡表现为周身上下处处是拳，挨哪儿，哪儿发，神志专一，全神贯注，有遇敌欲吃之势。

气在身就能形成敛气入骨。所谓敛气入骨，就是通过内气的潜转，使气收敛入骨，达到心不外弛、气不外散。利用松沉功夫，随着吸气将彼力收敛入脊骨，或沉入涌泉、化入地下，这样就能把彼力化为无有。

敛气入骨，把力道练进骨头里，练到骨髓中，筋的颤动就会引起骨骼的共鸣，继而带动全身骨头鸣动，以震荡之力冲洗骨髓，完成脱胎换骨。要想达到骨鸣的境界，需要多年的习练。只有勤学苦练，并在名师的正确指导下，方能有所求得。

5. 内力

内力即内劲，是指通过长期训练，体内的神意气所形成的中和之气，是以精神、意念为引导,并在机体调和的基础上所产生的功力。练太极拳练到内劲产生,身体才会强壮,精神才会饱满,由此可对太极拳技法的提升起到良好的促进作用。

气势鼓荡、骨鸣　　　　　　　　内力

所谓"意到、气到、劲到"之内劲,是在松柔的基础上,去掉肢节的局部之动,使身体各部机能同时运动起来,这样才能真正发挥出人体的巨大能量,也才能达到"周身一家"之要求。这是松柔与劲整矛盾的统一,正如拳论所说:"极柔软,然后极坚刚。"

### (二) 桩功

太极桩功分为养生桩和技击桩两种,两者是不可分割的有机整体。

其中,养生桩是提高身体素质的功法,可使身体气足神旺,筋骨坚实,并对慢性病、心血管疾病及消化系统疾病患者有良好的保健效果,对肢体老化的老年人也颇有益处。可以说,养生桩是练习太极拳最基础的功法。

技击桩是进行技击的基础功法,分为定步技击桩和活步技击桩两种,必须严格地进行训练。

定步提按式　　　　　　　　定步撑抱式

（1）提按式

身体自然站立，两足分开与肩同宽，两膝微屈，腰胯放松，两眼平视前方，做到提顶、吊裆、含胸、拔背、松肩、沉肘、气沉丹田、尾闾正中之身法。两手抬至胯前，手心向下，指尖朝前，两手有下按之意，又有上提之感。

（2）撑抱式

身体自然站立，两足分开与肩同宽，两膝微屈，腰胯放松，两眼平视前方，做到提顶、吊裆、含胸、拔背、松肩、沉肘、气沉丹田、尾闾正中之身法。两手抬至胸前，与乳同高，距胸约30厘米。手指自然分开，两臂放松撑开，两手相距约30厘米，手心向内有抱物之意，又有外撑之感。

定步技击桩左式　　　　　　　　　　定步技击桩右式

（3）定步技击桩

定步技击桩以拳架中的"懒扎衣"式为主。两腿一前一后站立，左腿在前，左手在前，右手于胸前与左肘平齐，两臂放松撑圆，目视左手前方。两腿步法为不丁不八。此为左式。

反之，右腿在前，右手在前，左手于胸前与右肘平齐，两臂放松撑圆，目视右手前方。此为右式。

定步为不动步，两腿可互换站桩，两腿重心为前三后七。虚腿在前，气势要有腾挪之意；实腿在后，微屈下坐。定步桩功练习的是外静内动，要求精神贯注，提起精神，排除杂念，做到体松而意紧，随时都有突发的动念。

（4）活步桩

活步桩也是太极拳的基础功法之一。与定步桩功的不同之处在于，活步桩功练习的是内动与外动相结合。相比定步桩功，活步桩功上手更快，因为它既练习了步法，又练习了身法、意气。它能做到精神意念的配合，并结合意气的调整，形成体内的意气圈。

定步桩收功

活步桩

活步桩为技击桩，习练时，体内以意念引导，与肢体同样要有各方面的矛盾争力。在肢体周身内外的配合上，首先由大动到小动，由小动到微动来感觉周身整体的协调感。

## 四、劲　　法

### （一）劲源

所谓内劲，是以意念为引导并通过机体调和所产生的功力。功力是因松与紧的矛盾对立到统一而产生，所以在发放时，必须周身放松，才能实现整体的紧。只有当身体的肌肉与体内的意气同时协调起来，才能真正发挥人体的巨大能量。

太极拳在技击上所发出的能量，是在松柔的基础上，意、气、力三者同时运动，做到意到、气到、劲到。在练拳时，以意领气，再气到，最后劲到，循此路线，三方面紧密结合，串成串，合为一体。

具体为：意气沉于脚下，活于腰间，全身节节放松，利用地面的反作用力，使劲力由脚下而腿，而腰，发于脊背，行于手指。太极拳的这种作用与反作用的用力方法，能使人体各部分节节贯穿，发出一种无限量的动力。它不是通过局部运动所能获得的，而是通过全身整体运动由神、意、气在体内的循环与肢体的配合所产生的力量，功力越高，功率越大。

### （二）五行步法

太极拳有"十三势"之称，它包括了八法和五步。

太极拳的八法又称为"八卦"，是太极拳的八种劲道，也就是太极拳技击基本方法，即掤、捋、挤、按、采、挒、肘、靠，其中掤、捋、挤、按称为"四正"，采、挒、肘、靠称为"四隅"。此八种劲道可单用又可相互配合，变化无穷，所以有"可变为八八六十四卦"之说。

五步又称为"五行"。它利用"五行"相生相克的关系及变化之规律，将太极拳的前进、后退、左顾、右盼、中定五种步法称作"五行"。五行步法是下肢变化动作的要求，按要求去做，身体下盘才能得机得势，上身才能运动自如。步法是保持身体平衡的关键，是支撑全身的根基，只有懂得了五行之变化，才能使太极拳技艺不断提高。

前进　　　　　　　　　后退

1. 前进

身体的前方为前。在太极拳中,将向前进步和身体利用两腿的虚实变化向前移称为"前进"。"前进"在用意上起到进击、发力与粘制对方的作用,如拳术中的掤劲、挤劲、按劲、肘劲和靠劲等都和五行中的前进步法密不可分。

2. 后退

身体的后方为后。在太极拳法中,把身体的虚实从前方后移和向后退步称为"后退"。"后退"主要走化对方来劲,把对方的来劲往自己身体的近处引化和粘制,达到引进落空和蓄而后发的目的;同时还能起到后发制人的作用,如拳术中的捋劲和采劲。

左顾　　　　　　　右盼　　　　　　　中定

### 3. 左顾、右盼

在身体前进后退及中定时，利用两腿和腰的旋转运动，身体形成向左或向右的转动，向左为左顾，向右为右盼。左顾和右盼主要是为了改变对方劲路，走化对方劲力，达到粘制和发力的目的，即拳论上所说的"左重则左虚，而右已去；右重则右杳，而左已去"。

### 4. 中定

中定步法是虚实变化过程中的中间站，又是前进、后退、左顾、右盼的源头。如在中定步时向前弓步为前进，向后坐腿为后退，向左转为左顾，向右转为右盼。

在粘走劲不断变化的情况下，以上五种步法也在互相变化、互相配合、互相依赖。如用后退步法走化对方来劲时，还要与左顾和右盼相配合。这样才可以改变对方的劲路，使对方落空，达到我顺人背的目的。如在粘制对方时，不但要用左顾或右盼，还要与前进相配合，这样才能达到既走化对方劲路，又粘制对方的目的。

十三势、五行　　八法四正　　八法四隅

## （三）劲种

### 1. 掤劲

掤劲是往上方或斜上方走的劲。运用时可将对方来劲掤起，使其不易近己身。它的作用是把对方之劲粘住，或使其拔根。运用时要注意臂的弧度及支撑力，不是与之相对抗，而是利用腰的运动变化，使对方之劲成为我动作弧线上的切线，从而使对方失去着力点，身体重心不稳，并受到我的控制。无论前进、后退、左旋、右转，掤劲都无处不在。可以说，掤劲在太极拳中极为重要，是进攻、粘制中不可缺少的劲。运用时要注意松肩、沉肘、含胸、拔背、尾闾正中等身法。

### 2. 捋劲

捋劲是往自己身前引化对方的劲。其作用是顺着对方的来劲往前捋带，使对方的来劲进入我的防范范围，使其拔根落空。运用时需注意和对方劲的配合，要使对方之来劲变为对方之随劲，才有落空之机，使对方失去平衡，达到我顺人背之效。这全在于虚实的变化和身法的配合。运用时要求以身领手、上下相随，身法不可散乱。

3. 挤劲

挤劲是在掤劲的基础上,以前小臂为支点,向正前方掤迫发力之劲。它为进攻之势,在顺随对方劲的变化中形成,才可省力。挤劲发力时应做到劲起于脚跟,注于腰间,发于脊背,行于手臂,要一气贯穿,身法不可散乱。

掤劲　　　　　　　　　捋劲　　　　　　　　　挤劲

4. 按劲

按劲是用两只手往前下方推按之劲。其作用是抑制对方的攻击,牵引对方来劲,使对方落空、拔根,为向前发放创造条件。在身法上要做到松肩、沉肘、松腰、坐胯,气向下沉,使身体稳健,得机得势,有利于内气的周转及蓄发时多变。

5. 采劲

采劲是利用腰的旋转,往左右采制对方,在拳法变化中分为擎探、顺随、松紧、沉提等。如对方来劲迅猛,我可顺随其劲采之;如对方有进攻之意,我需用擎探之法,先给对方加力,利用对方抵抗之力,顺其采之。用采劲的先决条件是根据对方的反应,灵活多变地处理,否则是达不到省力、借力的目的的。

6. 挒劲

挒劲是朝两斜前方的劲。运用于挒劲时,既要承受又要转移对方的劲力。前者为从人,后者为由己,从人须顺随,在顺随对方的同时应改变其方向,达到进击的效果。在顺随的同时还可横击对方,但要注意动作与身体应协调一致。

按劲　　　　　　　采劲　　　　　　　挒劲

### 7. 肘劲

肘劲是利用肘法击打对方的劲法。肘法很多,运用也十分灵活多变,都是顺随之中突变而至。用肘可沉带对方,形成牵引劲力,使对方拔根、落空。肘法是近身对抗的技法,因此在运用中须特别慎重。

### 8. 靠劲

靠劲是利用肩靠对方的劲法。靠劲必须在双方身体贴近,自己得机得势而对方又因受牵引失去平衡时方可使用,否则靠劲容易被对方转化,反遭到对方的打击。因靠劲发力凶猛,易伤人,所以使用时必须慎重。

肘劲　　　　　　　　　　靠劲

八劲详解　　　　　　　　　　　扩展劲

9. 搓劲

搓劲是由下往上搓的劲。

搓劲1　　　　　　　　　　　　搓劲2

10. 拔劲

拔劲是向上提领对方的劲。

拔劲1　　　　　　　　　　　　拔劲2

## 11. 切劲

切劲是利用两手掌根往下切的劲。

切劲1　　　　　　　　　　切劲2

## 12. 带劲

带劲是引带对方的劲,可使对方的劲落空。

带劲1　　　　　　　　　　带劲2

### 13. 扬劲
扬劲是往上引带对方的劲。

扬劲 1

扬劲 2

### 14. 沉劲
沉劲是往下沉带对方的劲。

沉劲 1

沉劲 2

### 15. 滚劲
滚劲是利用手腕的滚动产生的劲。

滚劲 1　　　　　　　　　　　　　滚劲 2

### 16. 吸劲
吸劲是利用意气吸带对方，使对方失控拔根。

吸劲 1　　　　　　　　　　　　　吸劲 2

## 17. 拥劲

拥劲就是整个身体朝前如一堵墙般拥迫对方的劲。

拥劲

## 18. 撞劲

撞劲是当对方击打自己,自己利用虚实的调整,以身体与对方劲力相抗的劲。

撞劲 1　　　　　　　　　　　撞劲 2

19. 飘劲

飘劲是在接劲的过程中,利用波浪式的上下左右飘随产生的劲。

飘劲 1

飘劲 1

掤劲、撞劲、飘劲

复合劲

20. 复合劲

复合劲是太极拳劲的高级层次。它变化无穷,在使用过程中体现出借力、省力、接力、化力等各种技法。

(1) 捋、挤、按

对方身体前移向我掤进,我坐右腿收胯、转腰,手向后捋带,化解其掤劲。紧接着重心前移,转腰前挤,使对方重心不稳,再迅速使按劲,将对方推离身前。

捋　　　　　　　　挤　　　　　　　　按

（2）捋、按、搓

对方使用挤劲，我坐右腿收胯、转腰，手向后捋带，化解其掤劲。紧接着降低重心，利用按劲迫使对方身体前倾，再迅速使用搓劲，将对方推离身前。

捋　　　　　　　　按　　　　　　　　搓

（3）捋、掤、按

对方使用按劲，我顺其按势，运用捋劲化解。紧接着上身稍后倾，运用掤劲，再迅速前按，将其推离身前。

捋　　　　　　　掤　　　　　　　按

(4) 挤、捋、按

我运用挤劲使对方拔根,紧接着运用捋劲使其重心不稳,再迅速运用按劲,将其推离身前。

挤　　　　　　　捋　　　　　　　按

(5) 掤、捋、采

我运用掤劲粘制对方,紧接着向后捋带,使对方拔根,再迅速下采,将其推离身前。

掤　　　　　　　　　捋　　　　　　　　　采

（6）捋、搓

我运用捋劲化解对方的按劲，紧接着前弓腿，运用搓劲，将对方推离身前。

捋　　　　　　　　　　　　　　搓

（7）采、捯、挤

我运用采劲化解对方的挤劲，紧接着运用捯劲使对方拔根，再迅速前挤，将其推离身前。

| 采 | 挒 | 挤 |

## 五、用　　法

### （一）推手原则

1. 圆弧运动

太极拳处处要求做圆、划圆、走圆、运圆，套路要求划圈为圆，技击中要求圆活。前辈拳论曾说"圆活有趣"，做到圆活，才能显出太极拳的趣味。如同车的轮子，只有圆转，方才顺当。也就是说，圆了就活了。在推手时，同样要划圆，走弧形圈，在圆的运作中找对方的不得劲和背势，并寻找自己的顺势。在圆的过程中，应随走、随转、随引。

2. 不丢不顶

"不丢"是指两人在接手中两劲不可丢开，或者两手不可丢离；"不顶"是指与对方之劲不可顶抗。这都需要用"粘连黏随"来解决。而不丢不顶、粘连黏随必须在周身一家、上下相随、接定彼劲这三个条件下进行才能起到作用，才能使对方在自己的手与臂的带动下站立不稳。

粘连黏随应先从"随"字说起。"随"是跟依的意思，在两人推手运动时要和对方缓急相随，进退相依，不丢不顶，舍己从人，跟随得灵才能得机得势。"黏"即在随对方动作的同时，通过黏着点，探寻对方的重心，打破对方的身体平衡，使对方使不上劲。在练好"黏随"的基础上，进一步掌握"粘连"两字的含义。"连"是与对方劲的连接和相合，从高层次讲，是与对方在频率上的合度，就是平常说的摸劲和听劲功夫。听劲越灵，越易根据对方劲的变化达到粘制对方的目的。

3. 舍己从人

舍己从人是说他人之劲如何运动，我即随其动向而运动。简单地说，就是舍了自己的意图，去顺从别人的意图而运动，根据别人的动向来确定自己的进攻计划。

### 4. 拔根、落空

在太极拳技法的运用上，如何才能省力，如何才能借力？其先决条件就是使对方拔根、落空。这是太极拳练习者必须遵循的规律，只有达到这两个先决条件，才能完成引进落空、借力打人、力从人借，使功夫更进一步。

前拔根

后拔根

拔根即使对方失控，站立不稳。因为当一个人得劲，四平八稳站立时，是无法被推动的。必须使对方在运动的过程中产生拔根失控，才能将其推动。

在推手中，与对方较劲，利用接劲，使对方前脚掌抬起、重心后倾，站立不稳，此为前拔根。利用向后的捋劲，使对方脚跟拔起、重心前倾，站立不稳，此为后拔根。

落空是指使对方在接劲点上落空。如在推手过程中，对方用按劲，我随对方之劲并向下变化，使对方重心不稳，造成对方的劲落空。

落空1

落空2

圆弧运动　　　　　不丢不顶、舍己从人　　　　拔根、落空

## （二）推手技巧

### 1. 招劲互动

套路的每一式为一招，招是用主观意图主动进攻的方法；而劲则是指太极拳的劲道，劲道的变化就是无招，它根据对方来劲的变化而变化。当对方用招法进攻，我用劲法变化，反过来再制对方，即为招劲的互动。

### 2. 整体运作

王宗岳《太极拳论》中说"一动无有不动，一静无有不静"，讲的就是在每一动时，全身的肢体框架、内外肌肉群都在动，形成整体运作。整体运作对健身的效果非常明显，因为它一动带动全身在动，使全身上下都得到了锻炼。在一动无有不动的情况下，以内带外，以腰为主宰，上与两膊相系，下与两腿相随，以腰带动四肢，周身共同运作，形成"周身一家脚手随"。

招与劲　　　　　　招劲互动　　　　　　整体运作

### 3. 身备五弓

何为五弓？就是身体分为五张弓，两臂为两弓，两腿为两弓，腰身脊柱为一弓。要求主弓带四弓，要动都动，要停都停，以腰为主宰，上与两膊相系，下与两腿相随，要开都开，要合都合。五弓的用意上比如说肘为弓把，肩跟手为肘梢；膝为弓把，脚跟胯为弓梢；腰为弓把，下面尾闾和上面脊椎为弓梢。要把这五张弓合在一起，成为一体。五弓的蓄发就是要合都合，要开都开，在身法配合、协调上都要做到，这都是基础。拳论上讲"蓄劲如张弓，发劲如放箭"，在蓄劲的时候要把弓张起来。这两句就是把对方比喻是箭，自己是弓，要看你有没有把对方放到你的弓上，只有放到弓上了，你才能放箭。太极拳讲究要把对方落空拔根，使其失去平衡，才能达到

省力借力。

4. 门轴转动

如果把人体比作一扇门,练拳行功走架时,头顶百会穴与脚底涌泉穴形成上下的转轴,成为一条垂直的中心线,这条垂直线就如同门的上下转轴,使身体的移动如门轴和门板的关系一样。利用腰的转换,带动整体的转动。练习时以此为标准,才能使身体做到周身一家,转换灵活。在此基础上运用,可根据动作虚实的变化,来改变下身和上身的垂直点。

在虚实变换时着意点的安排上,太极拳在技击时是以中定点为核心,虚足为一点,实足为一点;变换时以腰眼为标准,腰眼依托的那条腿即为实,反之为虚。

5. 频率相合

太极拳要求在接劲上做到频率相合,即在与对手接手时要与对方之劲粘连,不可丢也不可顶;要与对方之劲密合,做到两人相合的阴阳相济。做到频率相合,掌握与对方相接的时机快慢;做到知己知彼,才可百战百胜。在丢与顶的演变上,对方丢要用跟,对方顶要用随;自身主动丢是为了使对方落空,自身主动顶则是为了与对方黏合。

身备五弓　　　　　　　门轴转动

6. 折叠转换

太极拳在练功和交手时,应注意折叠转换之术。折叠就是改变劲的方向,必须配合腰、腿的转换来完成,有上即有下,有前即有后,有左即有右,须在相对运动的过程中产生。它包含内劲的运动和身法及意念的配合,如在内劲运行上,意欲上升时,即寓下意,且意欲往上多少,则寓意向下多少,不论前后、左右,皆是如此。在往复运动中应时时注意折叠劲的配合,它是一种能改变对方劲力方向的劲。

"进退须有转换",说的是阴阳虚实之间的互相转换。阴阳虚实之间的区别和转换关键之处在两个腰眼之间。两个腰眼在运动时总是一上一下,一虚一实,以实托虚,虚实又要相吸相依,虚可转实,实可转虚,变化在内而不在外,不露外形,这才能达到"人不知我,我独知人"的境界。

7. 开展紧凑

练拳时还要注意开展与紧凑。太极拳前辈说,在练功时,要先求开展,后求紧凑。开展就是指将架式放大,使架式美观大方,主要是练习外在的肢体。随着功力的不断提升,要将架式逐渐缩小,变得紧凑,只有架式紧凑了,劲路变换速度才能加快。将架式缩小后,运动的范围变小了,路线变短了,动作的变化速度自然就快了。

频率相合、折叠转换　　　　开展紧凑

## （三）推手实践

太极推手是太极拳运动中的一种双人徒手对练,是锻炼技击能力的必由之路。太极推手是以阴阳学说为理,以"五步八法"为法,以粘连黏随、不丢不顶、不偏不倚、舍己从人为原则,研究两人在相持的情况下,以巧取胜,即以付出很小的力达到最佳技击效果为目的的一种竞技运动。它蕴藏着中华民族的文化内涵及古老的东方哲理,有很高的防身、健身价值,堪称武术中的精华。

只有在具备了一定的太极拳基础,掌握了一定的太极拳理,才可进行太极推手训练。太极拳套路为体,推手为用,体与用应紧密结合,缺一不可。练习套路是知己功夫,也就是先从自身做起,从太极拳的身法、动作入手增进自己的功力;推手是知人功夫,是凭自己的感觉了解对方劲力的大小、方向、快慢并采取相应的措施,达到以小力胜大力、以柔克刚、引进落空、借力打力之效果。

太极推手具有一定的技术性和实用性,它是由拳架过渡到散手的中间环节,推手技术内在的变化比散手更加细微、复杂和困难。可以说,练习推手是提高散手能力的关键,它与散手相辅相成,是一个统一的整体。

太极推手要求依据对方的动态变化来接劲打人,不提倡以招击身,充分体现出太极拳的不丢不顶、粘连黏随、舍己从人、力从人借的特色,它要求松柔圆活,不用强力、拙力,因人而动,随曲就伸。练习太极推手,应从易到难,由简到繁,不要急于求成。练习时,动作要求做到松静圆活、轻灵沉着、彼此相随,切勿僵硬。总之,只有通过反复练习运用,才能提高推手技艺,进入太极之门。

太极推手分为定步推手和活步推手。

### 1. 定步推手

定步推手分为单推手和双推手。它是利用掤、捋、挤、按四种方法进行的对抗性训练,也叫做"四正推手"。定步推手要求脚步不动,利用腰腿的前弓后坐虚实变化来与对方接劲,并与其两手的掤、捋、挤、按往复循环配合。在推手中要做到不丢不顶、粘连黏随、舍己从人,从中训练摸劲、听劲之功夫。推手的规律是掤对捋、挤对按、捋对掤、按对挤,可如此周而复始练习。

2. 活步推手

太极活步推手,其特点是步伐灵活,进退互换处处保持上下相随、内外相合,圆活有趣,前进、后退、左顾、右盼、中定五行步法尽在其中,掤捋挤按、采挒肘靠八种劲道顺势而生。基本步法要求为三步半,进者进三步,将后足再向前跟半步;退者退三步,再把前足向后提收半步。应注意的是,前进时第一、二步前足应踏在对方前足外侧,第三步则要踏在对方裆内前足内侧,这样双方互换,周而复始,运转不已。在推手中也要做到不丢不顶、粘连黏随、舍己从人,进而掌握摸劲、听劲之功夫。

推手概述　　　　　定步推手　　　　　活步推手

### (四) 功夫层次

太极拳是适合终身习练的内家拳术,对身体健康大有益处。现代人习练太极拳,更注重的是它的健身功能,而忽视了它的技击功能。如果想要提升太极拳功力,必须将健身和技击两者结合起来,不能只注重健身,而丢弃了它的技击功能。太极拳的技击功夫,分为以下五个层次:打招、懂劲、打意、用气、打神。

1. 打招

所有武术都有招式,太极拳亦是如此。根据太极拳的招式进行演练,这是最基础的阶段。因为招是死招,无法活变。王宗岳在《太极拳论》中说"由招熟而渐悟懂劲,由懂劲而阶及神明",由此可见,在太极拳习练过程中,必须先知招法,这是太极拳的入门基础。

2. 懂劲

懂劲是根据太极拳的阴阳变化之理来完成相生相克,达到阴阳相济、借力打人、省力打人的效果。

太极推手是提升太极拳懂劲功力的一个阶段,是进入散手技法的中间环节。懂劲功夫的掌握很不容易,首先应注意自身的阴阳配合,在行动时身体每一动就产生了阴阳,各部位就发生了变化:如两腿虚与实,两手开与合,腰的左右旋转,以及呼与吸在运动上的配合等,身体多处的阴阳组合与意气相合,形成了整体的阴阳。在阴阳的配合上,前辈李亦畲在他的著作《五字诀》中说"左重则左虚,而右已去;右重则右虚,而左已去""气如车轮,周身俱要相随"等,这些都说明了阴阳的相济和配合。在阴阳的平衡与相配上,《太极拳论》还说"立如枰准,活似车轮,偏沉则随,双重则滞",就是要求始终保持身法端正、阴阳平衡。身与手要圆活如轮,既能旋转,又能支撑八面,这样才能得机得势。做到自身的阴阳只是知己的功夫,还应做到知彼,在接劲与推手时要做到与对方阴阳相济,这样才能算得上真正懂得了太极拳术中阴阳相济的真谛。

3. 打意、用气、打神

达到懂劲层次后,要进一步做到熟能生巧,练习越久体会越多,自然能够做到以意念打人,进入打意的层次。

达到以意念打人后,就能够利用气来控制人,进入用气的层次。

打神指的是用精神打人,精神是自己所练出来的气势。运用练出来的整体气势震慑人,使对方不攻自破,这属于太极拳的最高层次,但现在几乎还没有人能够达到。

五层功夫　　　　　打招　　　　　懂劲

打意、用气　　　　　　　　　　打神

## 第二节　传统武式太极拳 108 式

1. 传统武式太极拳 108 式简介

武式太极拳架,为武禹襄祖师首创,由 108 个式法组成,并吸收推手和散手中的一些技法,堪称正宗,是一套完整体现古法精髓的太极拳法。这一套太极拳拳理精深,套路浑圆一体,不仅对提升太极内劲修为大有裨益,更以其独特的养生功效闻名于世。

传统 108 式套路,从中架开始教学,其架式紧凑,立身中正,动作舒缓,虚实清楚,开合有致,刚柔相济,阴阳相辅,靠内气潜转来支配外形,内固精神,外示安逸,是修身养性、习练太极高深功法的有效法门。

拳架起式是面向南方,拳式的动作朝向分东、南、西、北四正方,和东南、西南、西北、东北四斜角。所有动作和姿势在改变每式方向时要用实腿,以足跟为轴,足尖向里转动为"里扣",向外转动为"外摆";两腿始终不可蹬直,要保持一定的弯曲度,弓腿时前膝不可过足尖,要做到进步必跟,退步必随,两腿要相吸相系;两手各管半边,不可逾越,出手要求高不过眼,远不过前足尖;要求身法、步法、手法三者有机配合与统一,强调内外一致,要以内气的变化来支配外形的运动。

2. 传统武式太极拳108式套路名称及图示

第一式　起势　　　　　　　　第二式　左懒扎衣
第三式　右懒扎衣　　　　　　第四式　单鞭
第五式　提手上式　　　　　　第六式　白鹅亮翅
第七式　左搂膝拗步　　　　　第八式　手挥琵琶式
第九式　左搂膝拗步　　　　　第十式　右搂膝拗步
第十一式　上步搬拦捶　　　　第十二式　如封似闭
第十三式　抱虎推山　　　　　第十四式　手挥琵琶式
第十五式　懒扎衣　　　　　　第十六式　单鞭
第十七式　提手上式　　　　　第十八式　高探马
第十九式　肘底捶　　　　　　第二十式　倒撵猴一
第二十一式　倒撵猴二　　　　第二十二式　倒撵猴三
第二十三式　倒撵猴四　　　　第二十四式　手挥琵琶式
第二十五式　白鹅亮翅　　　　第二十六式　左搂膝拗步
第二十七式　手挥琵琶式　　　第二十八式　按式
第二十九式　青龙出水　　　　第三十式　三通背一
第三十一式　三通背二　　　　第三十二式　三通背三
第三十三式　单鞭　　　　　　第三十四式　云手一
第三十五式　云手二　　　　　第三十六式　云手三
第三十七式　单鞭　　　　　　第三十八式　提手上式
第三十九式　右高探马　　　　第四十式　左高探马
第四十一式　右起脚　　　　　第四十二式　左起脚
第四十三式　转身蹬一脚　　　第四十四式　践步栽捶
第四十五式　翻身二起　　　　第四十六式　跌步披身

| | | | |
|---|---|---|---|
| 第四十七式 | 伏虎式 | 第四十八式 | 踢一脚 |
| 第四十九式 | 转身蹬脚 | 第五十式 | 上步搬拦捶 |
| 第五十一式 | 如封似闭 | 第五十二式 | 抱虎推山 |
| 第五十三式 | 手挥琵琶式 | 第五十四式 | 斜懒扎衣 |
| 第五十五式 | 斜单鞭 | 第五十六式 | 野马分鬃一 |
| 第五十七式 | 野马分鬃二 | 第五十八式 | 野马分鬃三 |
| 第五十九式 | 手挥琵琶式 | 第六十式 | 懒扎衣 |
| 第六十一式 | 单鞭 | 第六十二式 | 玉女穿梭一 |
| 第六十三式 | 玉女穿梭二 | 第六十四式 | 玉女穿梭三 |
| 第六十五式 | 玉女穿梭四 | 第六十六式 | 手挥琵琶式 |
| 第六十七式 | 懒扎衣 | 第六十八式 | 单鞭 |
| 第六十九式 | 云手一 | 第七十式 | 云手二 |
| 第七十一式 | 云手三 | 第七十二式 | 单鞭 |
| 第七十三式 | 下势 | 第七十四式 | 更鸡独立一 |
| 第七十五式 | 更鸡独立二 | 第七十六式 | 倒撵猴一 |
| 第七十七式 | 倒撵猴二 | 第七十八式 | 倒撵猴三 |
| 第七十九式 | 倒撵猴四 | 第八十式 | 手挥琵琶式 |
| 第八十一式 | 白鹅亮翅 | 第八十二式 | 左搂膝拗步 |
| 第八十三式 | 手挥琵琶式 | 第八十四式 | 按式 |
| 第八十五式 | 青龙出水 | 第八十六式 | 三通背一 |
| 第八十七式 | 三通背二 | 第八十八式 | 三通背三 |
| 第八十九式 | 单鞭 | 第九十式 | 云手一 |
| 第九十一式 | 云手二 | 第九十二式 | 云手三 |
| 第九十三式 | 单鞭 | 第九十四式 | 提手上式 |
| 第九十五式 | 高探马 | 第九十六式 | 对心掌 |
| 第九十七式 | 十字脚 | 第九十八式 | 上步指裆捶 |
| 第九十九式 | 上步懒扎衣 | 第一〇〇式 | 单鞭 |
| 第一〇一式 | 下势 | 第一〇二式 | 上步七星 |
| 第一〇三式 | 退步跨虎 | 第一〇四式 | 转脚摆莲 |
| 第一〇五式 | 弯弓射虎 | 第一〇六式 | 懒扎衣 |
| 第一〇七式 | 退步双抱捶 | 第一〇八式 | 收势 |

起势　　　　　　　　左懒扎衣　　　　　　　右懒扎衣

单鞭　　　　　　　　提手上式　　　　　　　白鹅亮翅

左搂膝拗步　　　　　手挥琵琶式　　　　　　右搂膝拗步

| 三通背二 | 云手一 | 云手二 |
| --- | --- | --- |
| 高探马一 | 高探马二 | 右起脚 |
| 左起脚 | 转身蹬一脚 | 践步栽捶 |

野马分鬃二

玉女穿梭一

玉女穿梭二

玉女穿梭三

玉女穿梭四

下势

更鸡独立一

更鸡独立二

对心掌

■ 武道文踪——翟维传武式太极传习录

十字脚　　　　　　　上步指裆捶　　　　　　上步七星

退步跨虎　　　　　　转脚摆莲　　　　　　弯弓射虎

退步双抱捶　　　　　收势　　　　　　传统武式太极拳108式套路

## 第三节 传统武式太极拳小架

1. 传统武式太极拳小架简介

武式太极拳小架,是由祖师武禹襄经李亦畬传下来的,在过去被称为内功功法,是传统武式太极拳的核心功架,以单式练习为主,没有定型套路,原系武式门内秘传口授,知者甚少,能做到身上者更是寥寥无几。翟维传依据恩师姚继祖传授的内功功法,以及师叔李池荫(逊之先生之子)的提点,又通过回忆恩师魏佩林过去练功的情景,悟到了一些诀要。据姚老师讲,其师李逊之先生告之于他:"武式太极拳最终落成于小架,其特点架势更加小巧紧凑,虚实分明,开合有致,绝无花哨烦琐,运动中既能体现出方圆相生之意,又注重身体对拉拔长的内劲运化,以内气潜能来支配外形,动作可慢可快,可与爆发力相配合,充分发挥出柔中有整、整内含刚、刚柔相济的技术特性。"

为了更好地继承和弘扬武式太极拳,翟维传把内功功法融入到一套内功套路中的想法告之恩师姚继祖,经姚老师首肯后就进行了对内功小架套路、文字的编排与整理工作,经过反复体会论证,完成了小架的初稿,经姚老师多次修订后定稿。1998年10月"第五届中国永年国际太极拳联谊会"上翟维传以该小架参加比赛荣获自选套路金牌后,武式拳小架才为观众所认知,并真正对外公开。随后在《武式太极拳术》一书中和"中华武术展现工程"之武式太极拳系列光盘中有了该套路的拳照文字说明和套路演示;2006年4月,由山西科学技术出版社出版《武式太极拳小架》一书。

先求开展,后求紧凑,是每一位太极拳习练者修习的正道,也就是先要把拳架的大圈划好、划圆、划顺,再划小圈。练者达到一定境界后,方可过渡到小架。武式太极拳小架以小巧紧凑、变化灵活、虚实分明、开合有致为基本,进一步求周身一家,用意不用力,内外相合。做到以神领意,以意导气,以气摧身。小架以内动的变化来支配外形,既能体现出方圆相生之意,又注重身体的对拉拔长的内劲运化,以内气潜转来配合身体的起落旋转,以十三条身法为基准,八种劲道和五行步法随势而生,其拳理、拳法,变化奥妙无穷,意象万千,所以要有一定的太极拳基础后,方可练习。武式太极拳小架是增长太极功夫,提高技术层次必不可少的练功套路,在具体操作中有五点要义:

一是在下盘步法的要求上,进步前足迈出微过后足尖,退步足尖微过后足跟,以足跟为轴,实脚转身,足尖向里为内扣,向外为外摆。

二是在中盘腰坐到胯上,要尾椎骨上翻,与鼻尖相吸,做到尾闾正中,命门后撑、溜臀,使意气直达脚底。

三是上盘两手要求各管半个身体,不可超越。在两手变化上,主要做到开合互变。开,手腕外旋;合,手腕内旋。处处做到行圆划弧,主手高不过眼,远不过前足尖。

四是内在的虚实互变和周身的折叠转换,更突出了有上即有下,有左即有右,有前即有后,身体对拉拔长的内劲运化与周身各部位的配合,动作可慢可快,并可与爆发力相配合,充分体现出柔中有整、整内含刚、刚柔相济的功法特征,这些特征要在每一个动作中体现出来。

五是在呼吸相配上,吸为合为蓄,呼为开为发。合时吸气,气沉丹田,实腿要精神贯注,意念下沉于脚底,周身要有内收之感。开时呼气发力,劲由脚而腿而腰而脊形于指,要一气贯穿。

2. 传统武式太极拳小架拳照图示

起势、收势

懒扎衣一

懒扎衣二

白鹅亮翅

搂膝拗步一

搂膝拗步二

| 高探马 | 上步七星 | 退步跨虎 |
| 云手一 | 云手二 | 手挥琵琶式 |
| 上步搬拦捶一 | 上步搬拦捶二 | 如封似闭 |

野马分鬃一　　　　　野马分鬃二　　　　　单鞭

弯弓射虎　　　　　　伏虎式　　　　　　传统武式太极拳小架

## 第四节　传统武式太极器械

### 一、武式太极十三剑

1. 武式太极十三剑简介

武式太极十三剑,因可连续习练也称十三连环剑,是武式太极短器械中的一种。它由13个势法组成,以劈、刺、撩、挂、勾、点、抹、托、架、扫、推、化等剑法组合,剑法精妙,布局合理,衔接紧凑,灵活稳健,忽刚忽柔,忽隐忽现,连绵不断,快慢相间,蓄发相变,完全符合太极之理,阴阳变化之法。

在练习时,一动全动,剑身合一,刚柔相济,完整一气。要做到剑法用意明确,合乎规范,剑指与剑的运动协调配合,运动如行云流水,连绵不断,劲力深厚圆活,力达剑身。这样既可使人心旷神怡,得到艺术美的享受,又可收到健身防身之效果。

习练者在有了武式太极拳身法后,方可充分体现武式太极十三剑之味道。武式太极十三剑的特点是:步法灵活稳健,招式连绵不断,动作朴实无华。虽然只有十三招式,但招招实用,式式制敌,快慢相间,蓄发相变,并特别注重剑指的配合,要求以指领剑,以身运剑,指剑相应,气象万千。武式太极十三剑,动作幅度不大,也没有高难度动作,适合各年龄层朋友习练,是全民健身不可多得的一项有氧运动。

2. 武式太极十三剑名称及图示

| 第一式　进步绷剑 | 第二式　退步剪形 |
| 第三式　进步裹砍 | 第四式　上步刺剑 |
| 第五式　转身劈头剑 | 第六式　进步炮剑 |
| 第七式　退步勾挂 | 第八式　藏身剑 |
| 第九式　左右劈剑 | 第十式　抱剑 |
| 第十一式　托剑 | 第十二式　进步阳手剪腕 |
| 第十三式　跟步阴手剪腕 | 收势 |

起势、收势　　　　　　　　进步绷剑　　　　　　　　退步剪形

进步裹砍　　　　　　上步刺剑一　　　　　　上步刺剑二

转身劈头剑一　　　　转身劈头剑二　　　　　进步炮剑一

进步炮剑二　　　　　退步勾挂一　　　　　　退步勾挂二

| 藏身剑 | 左右劈剑一 | 左右劈剑二 |

| 抱剑 | 托剑 | 进步阳手剪腕 |

| 跟步阴手剪腕一 | 跟步阴手剪腕二 | 武式太极十三剑 |

## 二、武式太极刀

### （一）武式太极十三刀

1. 武式太极十三刀简介

武式太极十三刀是武式太极拳体系中的短兵器，由祖师武禹襄所创。

武式太极十三刀套路为单人练习套路，该套路由十三个基本式法和一个转身组成，短小精悍，刀法独特，用法绝妙，刀刀制人，无一虚招。用法以按、刺、劈、砍、撩、架、闭、拦、搓、抹等为主，动作刚柔相济，快慢相间，完全符合太极拳之理、阴阳变化之法，要求手、眼、身、法、步密切配合，动作连贯，运劲绵长，完整一气，刀法清晰，用意明确。拳谚云"单刀看手，双刀看肘"，就是强调手与刀配合的重要性，要做到手领刀运，身催刀动，刀领身转，人刀合一等。"对练"为双人对练套路，该套路不同于外门对练套路，其特点是动作幅度不大，刀刀制对方最近之要害处。"对练"完全符合武式太极拳原理，刀法受武式推手所启，奥妙非文字所能尽述也。所以在过去，该套路非武式门人、弟子而不授之。

武式太极十三刀，过去只注重技击，不用做表演，且套路时间太短，不适合现在参加表演或比赛的需要。所以在原套路（只朝一个方向练习）的基础上，改变为左、右演练的方式，在基本十三式后加入"转身缠刀"一式作为第二遍的连接。这样演示两遍，既弥补了比赛时间上的不足，又让观众得到两面都能看到的视觉感受。

2. 武式太极十三刀名称及图示

| | |
|---|---|
| 起势 | 第一式　按刀 |
| 第二式　青龙出水 | 第三式　风摆荷花 |
| 第四式　白云盖顶 | 第五式　背刀 |
| 第六式　迎坟鬼迷 | 第七式　震脚提刀 |
| 第八式　拨云望日 | 第九式　避刀 |
| 第十式　霸王举鼎 | 第十一式　朝天一炷香 |
| 第十二式　拖刀败势 | 第十三式　灵猫捕鼠 |
| 收势 | |

武式太极十三刀

按刀　　　　　青龙出水　　　　　风摆荷花

白云盖顶　　　　　背刀　　　　　迎坟鬼迷一

迎坟鬼迷二　　　　　迎坟鬼迷三　　　　　震脚提刀

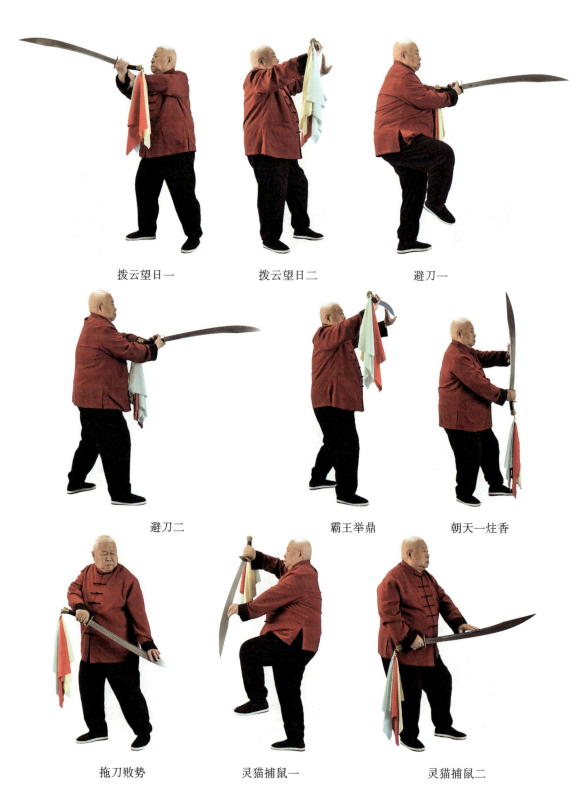

## （二）武式太极四刀对练

1. 武式太极四刀对练简介

武式太极四刀对练是武式太极代代相传之绝技，很少对外传授。其刀法独特，用法绝妙，刀刀制人，无一虚招，完全符合太极之理、阴阳变化之法，二人对练，攻防互变，周而复始。长期演练，定能达到健身、防身之效果，进而步入神明的境界。

2. 武式太极四刀对练名称及图示

套路名称：

第一式　里剪腕（刺心）

第二式　外剪腕（刺背）

第三式　挫腕（抹头）

第四式　撩腕（削腿）

动作分解：

**预备式**

白方为甲，蓝方为乙。

【动作1】甲乙双方对面站立，相距两米之远，各自以左手抱刀，目光对视。（图1）

【动作2】承前式，双方同时抬臂抱刀至胸前，右手同时抬手接刀，双方目光对视。（图2）

图1

图2

**第一式　里剪腕（刺心）**

【动作1】承前式，甲乙双方同时右手举刀进右步，向对方头上劈去。（图3）

【动作2】承前式，当乙方进步举刀劈至甲方头上方时，甲方急侧身左转，身体后移，同时右手持刀转腕，刀锋变向左方，向乙方右手腕剪去。（图4）

图3　　　　　　　　　　　　　图4

【动作3】承前式,乙方右手持刀急下落后撤,同时急撤右腿跌步后移,化解甲方剪腕之刀。(图5)

【动作4】承前式,甲方趁乙方避刀的同时,急践步前进,以右腿在前。同时,右手持刀变为刀锋向上,刀尖向前,刺向乙方心窝。(图6)

图5　　　　　　　　　　　　　图6

### 第二式　外剪腕(刺背)

【动作1】承前式,乙方急以左腿向左方蹉步闪身,同时,右手反手持刀,由上向右下弧形外剪甲方右手持刀之腕。(图7)

【动作2】承前式,甲方急将右脚向左横移,同时,右手持刀向左撤带,巧妙避开乙方的外剪腕。(图8)

图 7　　　　　　　　　　　　　　　图 8

【动作3】承前式,乙方在甲方避刀之时,同时,进右步挺刀,向甲方的后背肋部刺去。(图9)

**第三式　挫腕(抹头)**

【动作1】承前式,甲方继续身体前移,跨步右转,进左步。同时,右手持刀向乙方右手腕灵巧地挫去。(图10)

图 9　　　　　　　　　　　　　　　图 10

【动作2】承前式,乙方急持刀下落,身体后坐以化解甲方挫腕之势。(图11)

【动作3】承前式,甲方随即进右步,横刀向乙方颈部抹去。(图12)

图 11　　　　　　　　　　　　　　图 12

### 第四式 撩腕（削腿）

【动作1】承前式，乙方急弓右步，同时，双手托刀，由下向上，反撩甲方右手持刀之手腕。（图13）

【动作2】承前式，甲方右手持刀急向右上方撤避，同时，身体坐于左腿，撤右步脚尖点地，避开乙方撩腕之刀。（图14）

图13

图14

【动作3】承前式，乙方急旋腕转刀，向右下方削甲之右腿。（图15）

【动作4】承前式，甲方急收撤右腿，同时自上向下旋刀弧形削乙方右手臂。（图16）

图15

图16

### 收势

【动作】承前式，乙方急撤步转身，回避甲方之刀，举刀待势；甲方也回步举刀待势，至此对练结束。（图17）

【要点】如欲继续演练，甲方可转身从进步劈头开始，周而复始。

图17

# 三、武式太极杆

## （一）武式太极十三杆

### 1. 武式太极十三杆简介

武式太极大杆又名大枪，是祖师武禹襄所创，历代宗师均精此技法。

武式太极大杆是武式太极长器械的一种，材质多用白腊杆，杆长3—5米，直径以后手微握不住杆身为标准，不带枪头为杆，加上枪头为枪。武式太极十三杆势法少而精绝，劲路短快，变化无穷，完全符合太极之理、阴阳变化之法。要求做到不丢不顶，粘连黏随，舍己从人，力从人借，顺随粘拿，劲力浑圆，力达杆尖。武式太极十三杆以绷、挑、合、按、缠、刺等劲法为主，其要领为精神集中，身体中正，身体与杆成为一整体，神、意、气、劲要贯注于杆身之上，步法要扎实稳健。拳谚云"枪扎一条线"，所以杆的走粘幅度不要过大，以使对方刺不着身体为准则；幅度过大不易回防与反击，甚至易露出破绽。长期演练，可增长内劲，劲整浑圆，可达到杆即是手，手即是杆，杆人合一的境界。

大杆在太极拳中是提高太极功夫很好的辅助器械。拳谚讲"身体不整，用枪校"，亦说明杆在太极拳中的重要性。杆是手臂的加长，在杆的使用上要求"前手如管，后手如锁"，在杆的运力上要求"前手用杆，后手用力"。前手要将杆牢牢控制，运用自如，后手犹如锁扣，将杆牢牢扣住，两手要协调一致。

除套路外，还有捅杆、杠杆、缠杆、散杆、黏杆等对练技法。

### 2. 武式太极十三杆名称及图示

起势

第一式　绷一杆

第二式　青龙出水

第三式　童子拜观音

第四式　饿虎扑食

第五式　拦路虎

第六式　拗步

第七式　斜劈

第八式　风扫梅花

第九式　中军出队

第十式　宿鸟归巢

第十一式　拖杆败势

第十二式　灵猫捕鼠

第十三式　手挥琵琶式

收势

起势、收势

第一式 绷一杆

第二式 青龙出水 1

第二式 青龙出水 2

第三式 童子拜观音

第四式 饿虎扑食 1

第四式 饿虎扑食 2

第五式　拦路虎

第六式　拗步

第七式　斜劈

第八式　风扫梅花

第九式　中军出队1

第九式　中军出队2

第十式　宿鸟归巢

第十一式　拖杆败势1

第十一式　拖杆败势2

第十二式　灵猫捕鼠1

第十二式　灵猫捕鼠2

第十三式　手挥琵琶式

武式太极十三杆

## （二）武式太极四杆术

### 1. 武式太极四杆术简介

武式太极大杆四杆术对练，是练习太极杆体与用相结合的两人对练法。步法采用进三步半，退三步半，与活步推手相同。四杆术练法有粘黏四杆和四散杆。粘黏四杆是按顺旋的方向运动，四散杆是按逆旋的方向运动。

四杆术要按照粘连黏随、不丢不顶之要求，配合掤、挑、合、按、缠之功法练习。其练习要领为：精神要集中，身体要中正，身体与杆要成一整体，杆是两手的加长。精、气、神、劲要贯注于杆尖之上，步法要扎实稳健，要做到身灵、步活、手合、杆黏。对练时，两杆不得脱离碰撞，走粘的幅度不宜太大，以使对方刺不着身体为准则；幅度太大不利于回刺与反击，甚至露出破绽。两杆粘随，杆随身变，身杆协调，上下相随，长期演练，可达两杆粘黏随合、不丢不顶，杆即是手，手即是杆，杆人合一之功效。从中可探求杆法的粘、蓄、化、拿、引、发，达到由懂劲而阶及神明的境界。

### 2. 武式太极粘黏四杆名称及图示

名称：平刺心窝、下刺脚面、斜刺膀尖、上刺咽喉。

**第一式　平刺心窝**

【动作1】以下图示左方为甲，右方为乙。甲乙双方以左手握杆使其竖立于身体左肩前，杆尖向上，相对而立约三米之远，目视对方。（图1）

【动作2】双方同时左手握杆向前上方抬起，以右手接握杆之后把，向右腰际后带内旋，左手握杆下按，使杆斜平于身前，双方杆尖同时向着对方。（图2）

图1

图2

【动作3】乙两手握杆，左手在前，右手在后，左腿前迈并弓出，向甲心窝刺去。（图3）

**第二式　下刺脚面**

【动作4】甲两手握杆，粘住对方刺来之杆，同时退右腿，身体后移，腰微向右转，使刺来之杆刺于身体右侧落空。（图4）

图3

图4

【动作5】乙在落空不利之时,急进右步,两手握杆划弧下行,刺向甲之左脚面。(图5)
【动作6】甲粘随乙之杆划弧下行,同时退左步,使乙刺来之杆落空。(图6)

图5

图6

### 第三式　斜刺膀尖

【动作7】乙两手握杆弧形向上行进,同时进左步去刺甲膀尖。(图7)
【动作8】甲退左步,两手握杆粘随乙之杆上行,拨开乙刺膀之杆。(图8)

图7

图8

### 第四式　上刺咽喉

【动作9】乙右步前跟,两手握杆,刺向甲咽喉。(图9)

【动作10】甲急撤左步,身体后移,腰微向右转,化开乙刺咽喉之杆。(图10)

图9

图10

【要点】如果两人继续练习,甲方需迈左步去刺乙方心窝,这样两人攻防互变,周而复始,两杆粘黏相随,永不离开。长期习练,对掌握粘连黏随、不丢不顶、舍己从人之功法要求,对自身的上下相随、劲整浑圆、增长内劲等起到非常重要的辅助作用。

3. 武式太极四散杆名称及图示

名称:平刺心窝、斜刺膀尖、下刺脚面、上刺咽喉。

### 第一式　平刺心窝

【动作1】以下图示左方为甲,右方为乙。甲乙双方相对站立,两人相距约三米之远,各以左手握杆,杆竖立于身体左肩前,杆尖向上,目视对方。(图1)

【动作2】双方同时左手握杆向前上方抬起,右手去接杆之后把,向右腰际后带内旋,左手握杆下按,使杆斜平于身前右侧,双方杆尖直向对方。(图2)

图1

图2

【动作3】乙双手握杆进左步前弓,刺向甲心窝。(图3)

【动作4】甲精神集中,握杆粘住乙刺来之杆,向右后粘带,同时腰微向右转,右腿向后退步,使乙刺来杆落空。(图4)

图3

图4

### 第二式　斜刺膀尖

【动作5】乙杆被甲带空,即回抽丢开甲杆,使甲杆落空。(图5)

【动作6】乙即进右步,握杆从甲杆左方向甲膀尖刺去。甲急退左步,身体微向左转,同时握杆粘接住乙杆,向左粘拨,使乙刺膀杆落空。(图6)

图5

图6

### 第三式　下刺脚面

【动作7】乙进左步握杆顺势划弧下行,去刺甲右脚面。(图7)

【动作8】甲退右步划弧握杆下行,粘黏住乙杆,腰向右微转,使乙刺来杆落空。(图8)

图7

图8

### 第四式　上刺咽喉

【动作9】乙顺势握杆上行,同时后步前跟,向前去刺甲咽喉。(图9)

【动作10】甲前步后撤,身体微向右转,同时两手握杆弧形向上,粘接乙杆,向右粘带,使乙杆落空。(图10)

图9

图10

【要点】如此乙进甲三步半后,改为甲进乙三步半,攻防同以上一样,如此循环,进行对练。这主要练习两杆的接粘攻防,接杆要顺随粘带,使两杆不碰不响,久之则自然得心应手,攻防自如,变化万千。

武式太极粘黏四杆

武式太极四散杆

### （三）武式太极捅大杆

1. 武式太极捅大杆简介

捅大杆是太极杆练习中的一种功法，是以太极之理、阴阳变化之法，练习身体与杆的协调配合，以绷、挑、合、按、捅五种功法变化为主，完成太极杆的一次圆循环。习练时要求做到步法扎实稳健，精神集中，身体中正，注重身体松柔与劲整的配合。含蓄时使体内意气沉于脚底，进击时要使劲起于脚跟，注于腰间，发于脊背，力达杆尖。长期演练，可增内劲，劲整浑圆，杆人合一，必能达到健身防身之功效。

2. 武式太极捅大杆图示

【动作1】绷。两腿前后站立，两足为不丁不八。左腿在前，右腿在后，两手握杆，左手在前为前把，右手握杆之后端为后把。杆尖经前下方从身前向左方绷去，同时，腰随杆动向左微转，目视杆尖前方。（图1）

【动作2】挑。身体后坐，同时左手前把托杆上挑。右手握杆，后把弧形下按，使杆尖向上挑起，目视杆尖前方。（图2）

图1

图2

【动作3】合。身体向下松沉，腰微向右转。同时，两手握杆向右后合带，要有粘合引带对方来杆之意，目视杆尖前方。（图3）

【动作4】按。重心后移，身体向下松沉，腰微向右转。同时，两手握杆向下后按带，要有粘合引按对方来杆之意，目视杆尖前方。（图4）

【动作5】捅。右足跟蹬地，左腿前弓，腰向左转。同时，右手握杆后把内旋，左手托杆，由腰际向前捅出，力达杆尖，目视杆尖前方。（图5）

图3

图4

图5

武式太极掤大杆

## 第五节　传统武式太极推手

太极推手是太极拳运动中的一种双人徒手对练,是锻炼技击能力的一种方法。太极推手要求以对方的动态变化来接劲打人,不提倡以招击身,充分体现出太极拳的不丢不顶、粘连黏随、舍己从人、力从人借的特色,它要求松柔圆活,不用强力、拙力,因人而动,随曲就伸。练习太极推手,应从易到难,由简到繁,不要急于求成。练习时,做到松静圆活、轻灵沉着、彼此相随,切勿僵硬。总之,只有通过推手的学习,反复练习运用,才能提高技艺。

### 一、武式太极定步推手

1. 武式太极定步推手定步推手简介

太极定步推手是一种脚步不动、利用两腿前弓后坐虚实换,在不丢不顶、粘连黏随要求下,两手的掤、捋、挤、按循环往复的双人攻防对练方法。

2. 武式太极定步推手图示说明

(1) 预备式

红方为甲,蓝方为乙。两人相对而立,相距两步之远,内固精神,外示安逸,身体各部位力求松静自然舒适,两眼平视对方。(图1)

(2) 搭手

双方同时上右步,足跟着地。同时,起右手,手臂前举微屈,松肩沉肘,手背相对,手腕交叉相接,双方左手掌扶于对方右肘处。(图2)

图1　　　　　　　　　　图2

(3) 乙掤甲捋

乙右腿前弓,同时以右臂向前掤,身体前移;甲顺势向右微转,向右后坐步,同时以右腕粘接乙掤劲,左手扶乙右肘,向右收合捋带,化解乙掤劲。(图3)

(4) 乙挤甲按

乙顺甲之捋式,右臂撑圆,向甲胸部挤出。同时,左手离开甲右肘,附于自己右小臂内侧,甲顺乙之挤势,以左手承接乙之左手,两手同时向乙按去,化解乙之挤劲。(图4)

图3　　　　　　　　　　图4

(5) 甲掤乙捋

乙以左臂承接甲之按劲,同时右手由下环绕,接粘甲之左肘。此时甲顺势向前弓腿,以左臂向前上掤去;乙顺势身体后移,坐于左腿,同时两手粘接甲左臂向左后捋带。(图5)

(6) 甲挤乙按

甲顺乙之捋势,右手离开乙左肘,附于自己左肘内侧,向乙胸部挤去。乙顺甲之挤劲,以两手粘接甲挤劲,向甲胸前按去,甲顺乙按劲身体后移捋开乙按劲。(图6)

图5　　　　　　　　　图6

武式太极定步推手

## 二、武式太极活步三步半推手

1. 武式太极活步三步半推手简介

太极活步推手,其特点是步伐灵活,进退互换处处保持上下相随、内外相合,前进、后退、左顾、右盼、中定五行步法尽在其中,掤、捋、挤、按、采、挒、肘、靠八种劲道随势而生。基本步法要求为三步半:进者进够三步,将后足再向前跟半步;退者退够三步,再把前足向后提收半步。应注意前进时,第一步、第二步前足应踏在对方前足的外侧,第三步则要踏在对方裆内前足内侧。第四步后足向前跟半步,以足尖点地,这样双方进退互换,周而复始运转不已,从中训练不丢不顶、粘连黏随、舍己从人和摸劲、听劲之功夫。

2. 武式太极活步三步半推手图示说明

(1) 预备式

白方为甲,蓝方为乙。甲乙双方对面站立,相距两步之远,应注重内固精神,外示安逸,思想集中,身体中正安舒,气势收敛含蓄,两眼平视相对。(图1)

(2) 搭手

双方各进右脚,同时伸出右手与对方之右手相搭,腕背相接有粘贴之意,臂略屈作弧形,含有掤劲,同时双方抬起左手,以手掌粘贴对方之肘尖。(图2)

图1

图2

(3) 乙掤甲捋

乙右腿前弓,身体前移,同时右手臂外旋向甲掤进。甲右手粘随乙之掤劲,顺势将手臂内旋后引,手掌贴于乙手腕处,左手扶于乙之右肘,同时退右步,坐右腿收胯、转腰,两手粘随捋开乙之掤劲。(图3)

(4) 乙挤化甲捋劲

乙顺甲捋劲转腰进胯,继续弓右腿前移重心。同时,随势屈右肘以右小臂平挤甲之胸部,左手离开甲右肘置于右肘内侧,随即左足前跟半步,以足尖点地。(图4)

图 3

图 4

（5）甲按化乙挤劲

甲随乙之挤劲，即屈左臂，坐右腿，左足后收半步，足尖点地。同时，含胸转腰收左胯，用双手向左下按乙之右臂，化开乙之挤劲，向前推按，并前迈左步，落于乙右足外侧。（图5）

（6）乙化按为掤

乙顺甲按势，用左手接搭甲双手，顺势后撤，右手下落弧形移置甲左肘尖处，粘接对方肘尖，腕肘相接，含有掤劲，同时左腿退步重心后移。（图6）

图 5

图 6

（7）乙化按为捋

甲随乙之掤劲上左步，至乙右足之内侧，弓左腿，双手外旋向前推按乙方左臂。乙顺甲之按劲，左腿后退一步，左手以手掌贴于甲左手腕，右手扶于甲之左肘，顺势收胯转腰，捋开甲之按劲。（图7）

（8）甲化捋为挤

甲顺乙捋劲，屈左臂进胯，重心前移，以左臂向对方胸部平挤，随即右足前跟半步，以足尖点地。乙顺甲之挤劲，转腰收胯右前足后退半步，足尖点地，化挤为按。（图8）

图7

图8

以下四图为乙进、甲退的过程，如此周而复始，运转不已，即为三步半推手法。（图9—图12）

图9

图10

图 11

图 12

武式太极活步三步半推手

# 第二章 发 展

## 第一节 传统武式太极拳精要 37 式

1. 传统武式太极拳精要 37 式简介

传统武式太极拳精要 37 式是为了适应当前全民健身运动,由翟维传与恩师姚继祖先生共同编排的,这也是姚师在晚年对武式太极拳继承和发展的又一贡献。

武式太极拳精要 37 式是在保留传统武式太极拳 108 式精髓的基础上,去掉了一些烦琐和重复的动作,融入了一些新的功法和练法的精减套路。

整套拳术遵循太极养生之法,注重意气配合,以意念引导动作,上下相随,松柔圆活,对呼吸系统、心血管系统、神经系统、消化系统等均有很好的保健效果。是强身健体、释放压力、延年益寿的养生健体良方。

该套路由 37 个式法组成,演练一套约用时 8 分钟。通过近十年在全国各地的传播,广大习练者一致认为其架式圆活紧凑,身法松柔合度,意气内外相合,气感强,上功快,同时也解决了传统套路参加比赛的时间限制,很适合当前全民健身运动的需要。

2. 传统武式太极拳精要 37 式名称

| | |
|---|---|
| 第一式　起势 | 第二式　左右懒扎衣 |
| 第三式　单鞭 | 第四式　提手上势 |
| 第五式　白鹅亮翅 | 第六式　左右搂膝拗步 |
| 第七式　上步搬拦捶 | 第八式　如封似闭 |
| 第九式　抱虎推山 | 第十式　左右野马分鬃 |
| 第十一式　左右玉女穿梭 | 第十二式　开合式 |
| 第十三式　云手 | 第十四式　高探马 |
| 第十五式　对心掌 | 第十六式　手挥琵琶式 |
| 第十七式　按式 | 第十八式　青龙出水 |
| 第十九式　左右更鸡独立 | 第二十式　左右封肘式 |
| 第二十一式　左右捞月式 | 第二十二式　下势 |

第二十三式　上步七星　　　　　第二十四式　退步跨虎
第二十五式　伏虎式　　　　　　第二十六式　翻身懒扎衣
第二十七式　倒撵猴　　　　　　第二十八式　捌手靠打
第二十九式　掤式　　　　　　　第三十式　　挤式
第三十一式　捋式　　　　　　　第三十二式　按式
第三十三式　弯弓射虎　　　　　第三十四式　进步懒扎衣
第三十五式　双峰贯耳　　　　　第三十六式　退步双抱捶
第三十七式　收势

3. 传统武式太极拳精要37式套路详解

运动轨迹：左手、左脚用⋯→示意，左手、右脚用→示意。

### 第一式　起势

【口诀】起势心静意要专，开步两脚与肩宽。两手掤托松沉伴，阴阳矛盾上下翻。

【动作1】面朝正南，身体自然直立，两眼平视前方。两臂自然下垂至身体两侧，手心向内，手指向下。全身放松，神情安逸。（图1）

【动作2】身体重心移至右腿，意气沉于右足，左腿抬起，向左侧横跨，步子落实，两足与肩同宽。全身放松，两眼平视前方。（图2）

【动作3】身体向下松沉，两腿微屈，吸气。同时，两手内旋，手心朝向斜上方，双臂向前上徐徐平掤，略与肩平。目视前方。（图3）

【动作4】双手外旋，手心朝下，两肘下沉微屈。双手徐徐下按，至两胯前与腰平齐，指尖朝前。同时，两腿微屈成坐势。（图4）

【要领】起势动作要求心静意专。注意肢体与站立时体态要自然、安舒，头宜正直，下颌微微内收，虚领顶劲，两肩松开，气向下沉，做到含胸、拔背、裹裆、护肫、尾闾正中等身法要求。

图1　　　　　　　图2　　　　　　　图3　　　　　　　图4

### 第二式　左右懒扎衣

【口诀】转腰坐腿分阴阳,八法五步内中藏。虚实开合相随变,松沉圆活意当先。

【动作1】承前式,腿微向右转,将身体重心移至右腿,双手呈弧形向右后方捋带。同时,左脚跟略微上提,左腿有提起之意。(图5)

【动作2】左腿向身体的左前方迈出,脚跟着地,脚尖上翘,两腿右实左虚。同时,两臂呈弧形内合向上掤起,左手高不过眼,远不过左脚尖,右手提至胸前,与左肘平齐,双眼平视左手前方。(图6)

【动作3】右脚跟蹬地,左腿前弓,左脚掌落平,身体前移。同时,双手坐腕竖掌外旋并向前推出。目视两手前方。(图7)

【动作4】身体向下松沉,意气贯注于左脚。同时,两手呈弧形向下沉带。目视身体前方。(图8)

【动作5】右脚向前跟步至左脚右后方,脚尖点地,两腿左实右虚。同时,两手呈弧形向上内合至胸前,与肩平齐。目视两手前方。(图9)

【动作6】以左脚脚跟为轴,脚尖里扣,身体转向右前方,并提右脚跟,两腿为左实右虚。同时,两手随身体转动,内合至胸前,右手在前,左手至胸前与右肘平齐。目视右手前方。(图10)

【动作7】两手划弧向下后捋带,继续划弧内合向上掤至胸前。同时,身体向下松沉,意气贯注于左实腿,右腿向右前方迈出,脚跟着地,脚尖上翘。面向右前方。(图11)

【动作8】左脚跟蹬地,身体前移,右腿前弓,右脚脚掌落平。同时,两手坐腕竖掌外旋并徐徐向前推出。目视两手前方。(图12)

图5　　　　　图6　　　　　图7　　　　　图8

图9　　　　　　图10　　　　　　图11　　　　　　图12

【动作9】身体向下松沉，意气贯注于右脚。同时，两手呈弧形向下沉带。目视身体前方。（图13）

【动作10】左脚向前跟步至右脚的左后方，以脚尖点地，两腿右实左虚。同时，两手呈弧形向上，内合至胸前与肩平，掌心向前。目视两手前方。（图14）

【要领】懒扎衣是武式太极拳之母式，包含了五步八法，其余各种姿势都源于懒扎衣的变化。练习时要求两腿虚实分清，身体不可偏倚，双手向上掤时要有引导对方来势之意，还要有提领腿足迈出之意。双手内合时，两肩要有向内抽吸之意，以胸部指挥两手的运动，胸臂之间要有圆活之趣。跟步时，上下半身要协调相随，做到松柔、圆活、劲整，保持各项身法的要求。

图13　　　　　　　　　图14

### 第三式　单鞭

【口诀】实足内扣随腰转,左右粘带意气连。左腿开步虚实换,两手分开拉单鞭。

【动作1】承前式,右脚脚尖微向里扣,以右脚脚跟为轴,腰向左转至正前方。同时,两手内合抱于胸前,两腿仍为右实左虚。目视两手前方。(图15)

【动作2】腰微向右转,身体向下松沉,意气贯注于右实腿,左腿向左横跨一步,脚跟着地,脚尖上翘。同时,两手随身转向右粘带。目视两手前方。(图16)

【动作3】右脚跟蹬地,左腿前弓,左脚掌落平,腰微向左转至面向左前方。同时,两手徐徐左右分开,左手竖掌外旋,高不过眼,右手斜掌外旋,与肩平齐。目视左手前方。(图17)

【要领】转动身体时需保持稳定。迈左步时右腿要以一气贯注,右脚蹬地前要有蓄劲之势,身体须保持中正,同时要注意松肩、沉肘、含胸、拔背、气沉丹田等身法。

### 第四式　提手上势

【口诀】扣足提手腰微转,两手左右划弧圆。虚腿回撤足点地,精神提领目视前。

【动作】承前式,以左脚脚跟为轴,左脚尖里扣,腰向右转,面向右前方;右脚向左移,脚尖点地,提悬与左脚旁。同时,左手从身体左侧划弧至头上左前侧,手心朝前;右手弧形下落至右胯前,手心向右胯处。目视身体前方。(图18)

图15　　　　图16　　　　图17　　　　图18

【要领】左手上举时,左肩不可随之上耸而要往下松沉,右手向下不可有丢塌之势,注意上下阴阳协调,身法不可散乱。

### 第五势　白鹅亮翅

【口诀】松沉两手合胸前,右腿迈步弓向前。双手开旋分上下,周身协调贵连贯。

【动作1】承前式,右手从右胯前内合上掤至面前,左手由左小臂内弧形内合下落至胸前,两手交叉。同时,身体重心松沉于左腿,右腿向右前方迈步,以脚跟着地,脚尖上翘,两腿为左

实右虚。目视两手前方。（图19）

【动作2】左脚脚跟蹬地，右腿前弓，右脚掌落平，身体前移。同时，右手外旋弧形上掤至额头的前上方，左手由胸前外旋，向前下方推按。目视左手前方。（图20）

【动作3】身体向下松沉，意气贯注于右实腿。同时，两手随松沉向下弧形沉带外旋，双手掌心向下。目视两手前方。（图21）

【动作4】左脚向前跟步至右脚左后方，以脚尖点地，两腿为右实左虚。同时，两手弧形向上内合至胸前，与肩相平。目视两手前方。（图22）

图19　　　　　图20　　　　　图21　　　　　图22

【要领】松沉合收，右手上掤时，胸肩要有下沉之意，要注意松肩、沉肘。左手推出时，右手不可松懈软塌，两手要配合密切，一气贯穿，身体要保持中正。

### 第六式　左右搂膝拗步

【口诀】扣足合手松沉现，转腰搂手拗步变。阴手划弧于膝外，阳手直攻敌胸前。

【动作1】承前式，以右脚跟为轴，右脚尖里扣，腰向左转90度。同时，左手内合弧形向左下至腹前，掌心向下，右手内合至右额旁。目视身体前方。（图23）

【动作2】身体向下松沉，意气贯注于右实腿，左腿向身体左前方迈步，以脚跟着地，脚尖上翘。目视身体前方。（图24）

【动作3】右脚脚跟蹬地，左腿前弓，左脚掌落平，身体前移。同时，左手外旋弧形，向左下方搂至左膝外侧，手心向下；右手经胸前竖掌外旋向前推出，手高不过眼，手远不过左脚尖。目视右手前方。（图25）

【动作4】右脚前跟至左脚右后方，以脚尖点地，两腿为左实右虚，两手要有内合之意。目视身体正前方。（图26）

【动作5】右腿向身体右前方迈步,以脚跟着地,脚尖上翘。同时,右手划弧内合向右下方搂带至胸前,左手内合弧形向上至左耳旁。目视身体前方。(图27)

【动作6】左脚跟蹬地,右腿前弓,右脚掌落平,身体前移。同时,右手弧形外旋向右搂带,至右膝外侧,左手竖掌经胸前向前推出。目视左手前方。(图28)

【动作7】左脚向前跟步,至右脚左后方,以脚尖点地。同时,两手有内旋内合之意。目视左手前方。(图29)

【要领】转身时要以眼领手。在用手搂带的时候,手与肩左右要相吸相系,有引蓄之势;手向前推出时,手掌要有沉着之意;跟步时,周身要有收合之意。

图23　　　　图24　　　　图25　　　　图26

图27　　　　图28　　　　图29

### 第七式　上步搬拦捶

【口诀】退步两手划立圆,右搬左拦步迈前。进捶须用腰背力,上下合整威力现。

【动作1】承前式,左腿后撤半步,身体后移。同时左手掌心向下压沉,右手向前上托起,与肩平齐,掌心向上。目视右手前方。(图30)

【动作2】重心坐于左腿,腰微向左转,右腿后带,以脚尖点地。同时,左手内旋,右手外旋,双手划弧向胸前将带至小腹前。目视右手前方。(图31)

【动作3】右腿向前迈步落实,左腿变虚步,有向前迈步之意。同时,两手继续向下后将带,与弧形向上掤起,右手变拳旋腕向右搬带,左手至右臂小臂内侧,有向前拦挡之意。目视前方。(图32)

【动作4】左腿向前迈步,以脚跟着地,脚尖上翘。同时左手竖掌外旋向前拦挡,掌心斜向前,右手握拳内合至腰际。目视左手前方。(图33)

【动作5】右脚跟蹬地,左腿前弓,左脚掌落平,身体前移,腰微向左转。同时,左臂稍收,左掌掌心转向下,右手握拳外旋向前击出至左手腕上方,拳眼向上。目视右拳前方。(图34)

【动作6】上身及双手保持不动,右脚向前跟步至左脚右后方,以脚尖点地,周身有内合之意。目视前方。(图35)

【要领】上下相随,内外相合。两手回将要有圆活之趣。左手前伸要有提领左足迈步之意,右手击拳时,右肘要有沉着之意,同时要注意虚实和折叠转换。

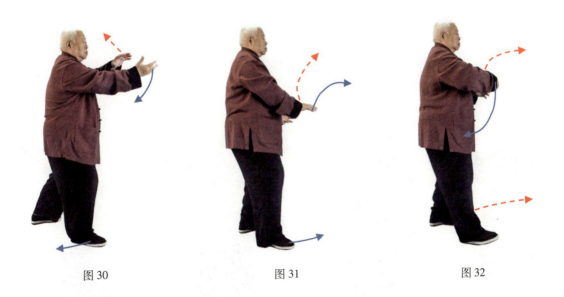

图30　　　　　　　　　图31　　　　　　　　　图32

图33　　　　　　　　图34　　　　　　　　图35

**第八式　如封似闭**

【口诀】步退手旋合胸前,两手下按意上翻。进步搓推虚实变,内外相合劲浑圆。

【动作1】承前式,右腿向后退半步后坐实。同时,左掌呈弧形向上拉带与肩平齐,掌心向下;右拳变掌,从左手臂上回带,掌心向上。目视左手前方。(图36)

【动作2】左脚收回至右脚左前方,以脚尖点地,两腿为右实左虚。同时,两手掌下按至胯前,手心向下。目视前方。(图37)

【动作3】右脚脚跟蹬地,左腿向前迈步前弓,左脚掌落平。同时,两手竖掌外旋向前搓推。目视两手前方。(图38)

【动作4】右脚向前跟步至左脚右后方,以脚尖点地,两腿为左实右虚。同时两手有内合之意。目视前方。(图39)

图36　　　　　图37　　　　　图38　　　　　图39

【要领】退步时,沉肘,身体要保持稳定。迈步前,实腿要做到松沉,精神贯注。迈步时有如履薄冰之意,两手向前搓推时要有沉着之意,要做到松肩、沉肘、气沉丹田等身法。

### 第九式　抱虎推山

【口诀】扣足转腰去抱虎,右手划弧开合旋。进步身手相随动,意领气到来推山。

【动作1】承前式,右脚向左后方退步,以左脚跟为轴,腰身同右转,右手向右划弧,左手内合随身移动。目随左手移动。(图40)

【动作2】腰身右转180度,右手向身体右后划弧,左手内合弧形至左耳旁。目视前方。(图41)

【动作3】右腿向身体右前方迈步,脚跟着地,脚尖翘起。同时,右手外搂握拳于右胯前,左手含外旋推出之意。目视前方。(图42)

【动作4】以左脚跟蹬地,右腿前弓,右脚掌落平。同时,右手握拳继续向内划弧至腹前外撑,左手随身转竖掌外旋向前推出,掌心向前。目视两手前方。(图43)

【动作5】腰向右微转,左脚向前跟步,至右脚左后方,以脚尖点地。同时,两手对拉划弧成抱球状,右手在上,掌心朝下;左手在下,掌心朝上。目视两手前方。(图44)

图40　　　　　　图41　　　　　　图42

图43　　　　　　图44

【要领】身体向后转动时,要保持稳定。两手运动要有引化之意,全身上下要协调相随。右手抱虎之势要饱满,左手前推要沉着,跟步时周身要有收合之意。

### 第十式　左右野马分鬃

【口诀】腰转步跟手运圆,两手抱球于胸前。进步弓腿捌劲打,腰做枢纽意当先。

【动作1】承前式,身体松沉,右实腿精神贯注,左腿向身体左前方迈出,以脚跟着地,脚尖上翘。同时,右手向左,左手向右,有内合之意。目视身体左前方。(图45)

【动作2】右脚跟蹬地,左腿前弓,左脚掌落平,腰微左转,身体前移。同时,右手外旋向右下划弧,下捋至右胯前,左手内合向左前撩起,高不过眼。目视左手前方。(图46)

【动作3】腰微向左转,右脚向前跟步至左脚右后方,以脚尖点地。同时,两手划弧抱球至胸前,左手在上,掌心朝下,右手在下,掌心朝上。目视身体前方。(图47)

【动作4】身体松沉,左实腿精神贯注,右腿向右前方迈步,以脚跟着地,脚尖上翘。同时,左手向右前拦接,右手弧形向左下运转,双手有内合之意。目视两手前方。(图48)

【动作5】左脚跟蹬地,右腿前弓,右脚掌落平,腰向右微转,身体前移。同时,左手外旋,向左下方弧形捋带,右手内合向右前上方撩起,高不过眼。目视右手前方。(图49)

【动作6】左脚向前跟步至右脚左后方,以脚尖点地,两腿为左虚右实。同时,两手有内合之意。目视身体前方。(图50)

【要领】上步时身体要沉稳,两手动作要有圆活之趣,身体上下要协调一致,要注意两手的阴阳变化和折叠转换,每条身法保持好。

图45

图46

图47

图48

图49

图50

**第十一式 左右玉女穿梭**

【口诀】跟步转腰左右旋,松沉合手于胸前。迈步前弓整体动,掤架推进意气连。

【动作1】承前式,身体向下松沉,右实腿精神贯注,左腿向左前方迈步,脚跟着地,脚尖上翘。同时,左手向左上方掤起至胸前,右手内合至左手内侧与胸前。目视两手前方。(图51)

【动作2】右脚跟蹬地,左腿前弓,左脚掌落平,腰微向左转,身体前移。同时,双手外开,左手外旋向上掤起至额前,右手竖掌外旋从胸前向前推出,与左手上下相齐,双手掌心向前。目视两手前方。(图52)

【动作3】腰微向左转,右脚向前跟步至左脚右后方,以脚尖点地。同时,两手向下内合划弧抱球至胸前,左手在上,掌心朝下,右手在下,掌心朝上。目视两手前方。(图53)

【动作4】身体向下松沉,左实腿精神贯注,右腿向身体右前方迈步,以脚跟着地,脚尖上翘。同时,右手内合向右上方掤起至胸前,左手内合至右手内侧于胸前。目视身体右前方。(图54)

【动作5】左脚跟蹬地,右腿前弓,右脚掌落平,腰微右转,身体前移。同时,右手外旋掤至额前上方,左手竖掌外旋从胸前向前推出,与右手上下相齐,双手掌心向前。目视两手前方。(图55)

【动作6】腰微右转,左脚向前跟步,至右脚左后方,以脚尖点地。同时,两手有内合之意。目视两手前方。(图56)

【要领】步法变换要稳,身体折叠转换与两手动作要相吸相系,要注意含胸、拔背、松肩、沉肘、气沉丹田、尾闾正中之身法。

图 51　　　　　图 52　　　　　图 53

图 54　　　　　图 55　　　　　图 56

**第十二式　开合式**

【口诀】后腿坐实精神贯,两手回撤开旋变。进步弓腿手前合,后足必跟记心间。

【动作1】承前式,身体向下松沉,重心落于左腿,右脚跟上提,脚尖点地。同时,两手外旋,向后捋带至两胯前,手心向下。目视两手前方。(图57)

【动作2】右腿向前迈步,以脚跟着地,脚尖上翘,然后脚掌落平;左腿向前跟半步至右腿左后方,脚尖点地。右实腿精神贯注。同时,两手弧形上移至胸前,高与肩平,掌心向前。目视两手前方。(图58)

图57

图58

【要领】懂得互变,两手利用开合变化。两手动作要协调配合,要做到上下相随,圆活有趣。注意身体的松沉转换,并做到提顶、吊裆、含胸、拔背、尾闾正中等身法。

### 第十三式 云手

【口诀】扣步转身来划圆,双手对称云盘旋。松沉随着开合变,左右粘走如人愿。

【动作1】承前式,以右脚跟为轴,脚尖里扣,身体左转90度,面向初始时的正南方。同时,左手内合弧形向左掤带,右手划弧下落至右胯前,双手掌心向内。目视左手前方。(图59)

【动作2】腰微向右转,右实腿精神贯注,左脚跟上提,脚尖点地。同时,右手内合划弧经胸前向上掤带,左手内旋向左下至左胯前,掌心向内。目视右手前方(图60)

【动作3】身体松沉于右腿,腰微向左转,左腿向左横跨一步,以脚跟着地,脚尖上翘。同时,左手内合划弧经胸前向上掤带至面前,右手外旋向右下划弧。目视左手前方。(图61)

【动作4】右脚跟蹬地,左腿前弓脚掌落平,身体左移。同时,左手竖掌外旋,向左前方推出,高不过眼,远不过脚,右手内合划弧向左下至小腹前。目视左手前方。(图62)

【动作5】以左脚跟为轴,脚尖里扣,身体右转90度,身体松沉于左腿,右脚跟撤至左脚右前方,以脚跟着地,脚尖上翘。同时,右手内合从胸前划弧向上至面前,左手向左下划至小腹前,掌心向下。目视右手前方。(图63)

【动作6】左脚跟蹬地,右脚掌落平,身体重心落于右腿。同时,右手外旋竖掌前推,左手内合向右划弧形至小腹前。目视右手前方。(图64)

【动作7】以右脚跟为轴,脚尖里扣,身体左转90度,身体松沉于右腿,左腿向左横跨一步,以脚跟着地,脚尖上翘。同时,左手内合经胸前划弧向上至面前,右手向右下划弧形至右胯外侧,双手掌心向内。目视左手前方。(图65)

【动作8】身体向下松沉,右腿精神贯注,左脚脚掌落平前弓。同时,左手外旋竖掌前推,右手内合弧形向左至小腹前。目视左手前方。(图66)

【动作9】与云手【动作5】相同,要领亦同。(图67)

【动作10】与云手【动作6】相同,要领亦同。(图68)

【动作11】与云手【动作7】相同,要领亦同。(图69)

【动作12】与云手【动作8】相同,要领亦同。(图70)

【要领】两手动作要协调配合,要做到上下相随,圆活有趣。注意身体的松沉转换,并做到提顶、吊裆、含胸、拔背、尾闾正中等身法。

图59　　　　图60　　　　图61　　　　图62

图63　　　　图64　　　　图65　　　　图66

图67　　　　　　图68　　　　　　图69　　　　　　图70

**第十四式　高探马**

【口诀】腰旋步跟手随变，合手松沉腰右旋。进步开合去探马，阴阳对拉贵连贯。

【动作1】承前式，腰向左微转，右脚跟步至左脚右后方，以脚尖点地。同时，两手外旋，手心向左下。目视身体前方。（图71）

【动作2】身体向下松沉，精神贯注于左实腿，右腿向前迈步，以脚跟着地，脚尖上翘。同时，右手内合向上掤托，左手内合沉肘，旋腕。目视右手前方。（图72）

【动作3】左脚跟蹬地，右腿前弓，右脚掌落平，身体前移。同时，右手内旋向前掤托，左手外旋竖掌坐腕，从胸前推出。目视左手前方。（图73）

【动作4】身体后移，重心坐至左腿。同时，左手内合向前划弧向后引带，右手外旋上掤竖掌前推。目视右手前方。（图74）

图71　　　　　　图72　　　　　　图73　　　　　　图74

【要领】右手掤托要有向上之意，左手前推要有沉着之意，两手前后要有对拉之意，要注意周身的折叠转换及阴阳互变，各条身法要旨需保持好。

### 第十五式　对心掌

【口诀】弓步扣足两手旋，回撤松沉意当先。进步掤架对心掌，脚到手到整体现。

【动作1】承前式，左脚跟蹬地，右腿微弓，右脚尖里扣，腰向左转90度。同时，右手内合随身转向左拦扫至胸前，掌心朝斜上方；左手外旋划弧至左胯前，掌心向左侧。目视右手前方。（图75）

【动作2】身体向下松沉，精神贯注于右实腿，左脚尖点地。同时，右手向后引带至胸前，左手掤架于面前，双手手心向内。目视正前方。（图76）

【动作3】左腿向前迈步前弓，身体前移。同时，左手继续向上外旋掤架至额前上方，右手朝外竖掌向前平推，两手掌心向前。目视两手前方。（图77）

【动作4】右脚向前跟步，至左脚右后方，以脚尖点地，两腿为左实右虚。同时身体向下松沉，两手有内合之意。目视两手前方。（图78）

图75　　　　　图76　　　　　图77　　　　　图78

【要领】两手的运动与身体要配合妥当，要注意引、蓄、发的配合。做好松肩、沉肘、气沉丹田、尾闾正中等身法，上下要贯穿一气。

### 第十六式　手挥琵琶式

【口诀】退步撑圆随势变，两手合力松沉伴。八面支撑气势满，退步必撤记心间。

【动作1】承前式，右腿向后退半步，身体后移。同时，两手外开撑圆。目视两手前方。（图79）

【动作2】重心坐于右腿，腰微向右转，左腿微后撤，以脚尖点地。同时，两手内合于胸前，左手微向下捋带与肩平齐，右手内合划弧至腹前。目视两手前方。（图80）

图 79　　　　　　　　　图 80

【要领】右实腿要精神贯注，要注意步法的虚实变化以及两手与身体的折叠转换。两手的合力要配合得当。

**第十七式　按式**

【口诀】两手上下圆弧转，腰带肢体随动变。坐势切手身前俯，沉气固基目视前。

【动作1】承前式，腰微向右转。同时，右手内合划弧上掤至右肩前，左手内合划弧右向下捋带。目视右手前方。（图81）

【动作2】右手外旋继续向下坐腕下按至小腹前，左手外旋划弧外拨至左膝外侧。同时，右腿下蹲，左脚落实，身体微向前俯，但头不可低。目视前下方。（图82）

图 81　　　　　　　　　图 82

【要领】右腿下蹲必须精神贯注,身体前俯但不可前冲;胸背要松沉,目光不可俯视地面,上下要协调一致。

### 第十八式　青龙出水

【口诀】掤架进步意领先,弓腿拥推劲浑圆。脚到手到心中记,劲起足跟整体现。

【动作1】承前式,身体直起,重心坐于右腿,左腿前迈,以脚跟着地,脚尖上翘。同时,左手搭于右手腕,随右手从下向上掤起至面前。目视左手前方。(图83)

【动作2】身体向下松沉,精神贯注右实腿,左腿向前迈步前弓。同时,右手外旋向上掤架,左手外旋竖掌从胸前推出。目视左手前方。(图84)

【动作3】身体后移,重心坐于右腿。同时右手内合划弧向后下将带,掌心向上,左手内合划弧回收后竖掌外旋从胸前推出。目视左手前方。(图85)

【要领】身体直起时要保持身体的稳定,右手上掤时右肩往下松沉,左手前推要有沉着之意,周身上下要协调相随,保持好各条身法。

图83　　　　　　　　　图84　　　　　　　　　图85

### 第十九式　左右更鸡独立

【口诀】对拉拔长身后坐,弓步迎戳同时连。两手起落随身动,顶裆击面独立现。

【动作1】承前式,右脚跟着地,左腿前弓,重心移到左腿。同时,左手竖掌前托,右手插向前下方。目视两手前方。(图86)

【动作2】右腿上提至膝与胯平。同时,左手下按至左胯前,掌心向下;右手竖掌外旋向上托至面前,掌心向左前方。目视右手前方。(图87)

【动作3】右腿下落站稳,气向下沉,精神贯注于右实腿,左腿上提至膝与胯平。同时右手外旋下按至右胯前,左手内合向上竖掌至面前,掌心向右前方,目视左手前方。(图88)

图86

图87

图88

【要领】实腿要精神贯注，抬腿时足面要有掤劲之意，身体要八面支撑，不可偏倚，上下要配合一致，要注意有上即有下的内劲变化。

**第二十式　左右封肘式**

【口诀】退步起手把肘封，面前划弧把身松。进步挤脚手到，守好框架八面撑。

【动作1】承前式，左腿下落，脚尖点地。同时，左手划弧下落至腹前，手心向下。目视两手前方。（图89）

【动作2】腰微左转，左腿向后退步坐实，身体后移，重心坐于左腿，右腿向后撤步，以脚尖点地。同时，左手呈弧形向上引带至面前左侧，右手内旋向上引带至稍高于头顶左侧。目视两手前方。（图90）

【动作3】左脚脚跟蹬地，右腿向身体右前方上步前弓。同时，右手平掌外旋，左手竖掌外旋与右小臂内侧，两手内合划弧从胸前推出。目视两手前方。（图91）

【动作4】身体后移，重心坐于左腿，右腿后撤至左脚右前方，以脚尖点地。同时两手划弧向下内捋带至腹前，掌心朝下。目视身体右前方。（图92）

【动作5】右腿后撤一大步至左脚右后方落实，重心移至右腿，左腿向后带步，以脚尖点地。同时，双手向右上方引带，右手划弧向上至脸侧，掌心向外，左手立掌内旋至额前，掌心向内。目视两手前方。（图93）

【动作6】右脚跟蹬地，左腿向身体左前方上步前弓。同时，左手外旋至腹前，右手竖掌外旋至左手腕处，助力向前平推。目视两手前方。（图94）

【要领】实腿要精神贯注，虚腿要有上提之意，两手运动要圆活协调，身法不可散乱，要做到上下相随。

图89　　　　　　　　图90　　　　　　　　图91

图92　　　　　　　　图93　　　　　　　　图94

### 第二十一式　左右捞月式

【口诀】退步捋带松沉掤，撤步捞月妙无穷。松沉撑接含蓄成，脚手齐到如涛涌。

【动作1】承前式，身体后移，重心坐于右腿，左腿后带，以脚尖点地。同时，两手划弧向下后捋带至腹前，掌心向下。目视身体前方。（图95）

【动作2】身体松沉于右腿。同时，两手掤起至胸前，掌心向内。目视左手前方。（图96）

【动作3】左腿向后撤步至右脚左后方坐实，右腿向后带步，以脚尖点地。同时，左手内旋，右手外旋，往左后捋带。目视前方。（图97）

【动作4】身体向下松沉，重心落于左腿，右腿向右前方迈出，脚跟着地，脚尖上翘。同时，

双手内合划弧上掤至胸前,双手掌心向内。目视两手前方。(图98)

【动作5】左脚跟蹬地,右腿前弓,右脚掌落平,腿微右转,身体前移。同时,双手竖掌外旋从胸前向前推出,与右手上下相齐,双手掌心向前。目视两手前方。(图99)

【动作6】腰微右转,左脚向前跟步,至右脚左后方,以脚尖点地。同时,两手有内合之意。目视两手前方。(图100)

【动作7】身体松沉于左腿。同时,两手掤起撑圆至胸前。目视右手前方。(图101)

【动作8】右腿向后撤步至左足右后方坐实,左腿向后带步,以脚尖点地。同时,两手划弧向下至两胯前。目视前方。(图102)

【动作9】右脚跟蹬地,左腿迈步前弓。同时,两手竖掌外旋向前推出。手、膝、脚尖三点平齐。目视两手前方。(图103)

图95　　　　图96　　　　图97

图98　　　　图99　　　　图100

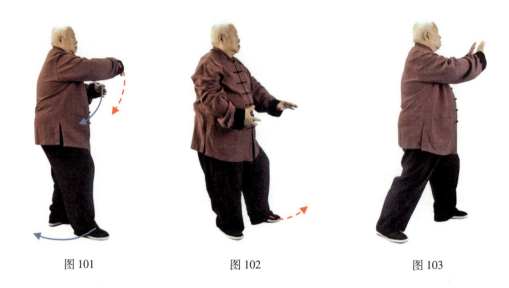

图 101　　　　　　　图 102　　　　　　　图 103

【要领】步法变换要稳,身体折叠转换与两手动作要相吸相系,要注意含胸、拔背、松肩、沉肘、气沉丹田、尾闾正中之身法。

**第二十二式　下势**

【口诀】身体右移虚实变,实腿屈蹲目视前。腰为主宰整体动,顺势防守意集中。

【动作】承前式,身体后移,重心落于右腿,腰向右转90度;同时,右腿下蹲,左腿伸直;右手向下划弧至右后上方竖掌,左手向下划弧至左腿内上侧,手心向内下方。目视左手前方。(图104)

图 104

【要领】右手上举时,右肩不可随之上耸而要往下松沉,左手向下不可有丢塌之势,注意上下阴阳协调,身法不可散乱。

### 第二十三式　上步七星

【口诀】弓步起身掌迎接,实足外摆手开旋。两手划弧松沉伴,进步点地七星拳。

【动作1】承前式,右脚跟蹬地,左腿向前弓步,重心移于左腿,腰身微左转。同时,左手划弧形向上掤架,掌心向前;右手内合划弧向下至右胯外侧,掌心向下。目视左手前方。(图105)

【动作2】精神贯注于左腿,右腿向前迈步至左脚前方,以脚尖点地。同时,右手内合划弧握拳向上至胸前,左手握拳内合至右拳内侧于胸前。目视两拳前方。(图106)

图105

图106

【要领】两手与两腿要协调配合,身体不可前俯后仰,两臂于胸前要撑圆,注意做到有前即有后,身法不可散乱。

### 第二十四式　退步跨虎

【口诀】退步坐稳虚足点,两手上下须撑圆。胯推手进随腰转,松沉对拉功力现。

【动作1】承前式,右腿向后撤步至左腿右后方坐实,精神贯注于右实腿,左腿向后微带,以脚尖点地。同时,右手向上外旋至右额前,左手外旋向下至左胯前。目视身体前方。(图107)

【动作2】腰微向右转,左胯前送,重心落实于右腿。同时,右手划弧向下向后捋带至腹前,左手内合弧形向上,经胸前竖掌外旋前推。目视左手前方。(图108)

【要领】右腿退步要稳,落实后要精神贯注,向下松沉。上下要协调相随,要做到尾闾正中、松腹、松肩、沉肘等身法。

图 107

图 108

### 第二十五式　伏虎式

【口诀】两手拉开划圆弧,进步弓腿随腰转。双手合力分上下,左手牵引右进拳。

【动作1】承前式,左腿向左前方迈步,脚跟着地,脚尖上翘。同时,右手向右斜下方划弧拉开,左手掌心向前,右手掌心向内。目视左手前方。(图109)

【动作2】右脚跟蹬地,左腿落实前弓,向前前移。同时,右手握拳,反拳划弧面前击出,左手握拳内合弧形向下右回带至左腹前。目视左前方。(图110)

图 109

图 110

【要领】要注意身体的折叠转换和两腿虚实变化。两手握拳要松空,运动要圆活,上下相随,要协调一致。

### 第二十六式 翻身懒扎衣

【口诀】虚实变换把身翻,两手划弧如轮旋。松沉开合相随变,懒人扎衣变化千。

【动作1】承前式,身体向下松沉,两拳变掌朝下,掌心向右,两手有向身体右上方划弧之意。目视身体前方。(图111)

【动作2】身体向右转90度,右脚尖随身指向前方,右腿前弓,左脚以左脚跟为轴,脚尖里扣。同时,两手向上划弧托举至面前,掌心向外。目视身体前方。(图112)

【动作3】左脚向前提步至右脚左后方,脚尖点地,重心坐于右腿。同时,两手向前下划弧捋带。目视身体前方。(图113)

【动作4】左腿向前迈步,以脚跟着地,脚尖上翘。同时,两手内合向上掤带至胸前,掌心向内。目视两手前方。(图114)

【动作5】右脚跟蹬地,左腿前弓,脚掌落平,重心移于左腿。同时,两手划弧竖掌外旋向前推出。目视两手前方。(图115)

【动作6】身体向下松沉,两手向后下方捋带。目视身体前方。(图116)

【动作7】左腿蹬地,右脚上提至左脚右后方。同时,两手划弧外旋至胸前平推。(图117)

【要领】翻身时注意虚实变换。身体运动要稳,两手运动要圆活有趣,开合配合得当,注意功法的松沉、折叠、含蓄等,身法不可散乱。

图111　　　　　图112　　　　　图113　　　　　图114

图 115　　　　　　　图 116　　　　　　　图 117

### 第二十七式　倒撵猴

【口诀】实足内扣腰随转,进步弓腿从人伴。走粘同时阴阳济,打人全凭虚实换。

【动作1】承前式,以左脚跟为轴,足尖里扣,腰向右转,身体转向后方,右腿向身体右前方迈步,以足跟着地,脚尖上翘。同时,右手内合于胸前,左手内合弧形至左额旁。目视右手前方。(图118)

【动作2】左脚跟蹬地,右腿前弓,右脚掌落平,身体前移。同时,右手外旋向右掤带与腰平齐,掌心朝下,左手竖掌外旋经胸前推出。目视两手前方。(图119)

【动作3】身体后移,重心坐于左腿。同时左手划弧向前、向后粘带至腹前,手心向上,右手内合内收,经胸前竖掌外旋前推。目视右手前方。(图120)

图 118　　　　　　图 118 正面　　　　　　图 119

图 119 正面　　　　　　　　　　图 120

【要领】注意两手的折叠转换和两腿的虚实互变,上下要协调相随,身法不可散乱。

### 第二十八式　捌手靠打

【口诀】虚实变换随腰转,开合相济捌劲现。回身旋腰松沉伴,靠打只在展拓间。

【动作1】承前式,身体前移,重心移于右腿,腰向左转。同时,两手向左捌劲,左手朝外旋,右手向内旋。目视左前方。（图121）

【动作2】腰身松沉,右手内合向左拦带至面前左侧,左手内合向前至右小臂下方。目视右手前方。（图122）

【动作3】身体后移,腰向右转,重心落于左腿,右腿向后撤步,以脚尖点地。同时,左手划弧,内合向上撩带至左额旁,掌心向内;右手划弧向下至腹前,掌心向下。目视左手方向。（图123）

图 121　　　　　　　图 121 正面　　　　　　　图 122

图 122 正面　　　　图 123　　　　图 123 正面

【要领】虚实变换以腰为主宰,两手的运动要圆活有趣,要注意周身的折叠转换,身法不可散乱。

**第二十九式　掤势**

【口诀】掤寓上意贵在松,向上撑起掤劲增。基础框架掤不丢,撑圆掤出八面攻。

【动作1】承前式,以左脚跟为轴,脚尖里扣,身体向左实腿松沉,右脚有上提之意,脚跟离地。同时,两手内合抱于胸前,左手在上,右手在下。目视身体前方(图124)

【动作2】左脚跟蹬地,右腿向身体右前方迈步前弓,身体前移。同时,右手内合弧形向上掤起至胸前,左手外旋弧形向下后捋带至腹前。目视右手前方。(图125)

图 124　　　　图 125

【要领】掤劲在太极拳术中极为重要,前进、后退、左旋、右转时,掤劲都不可丢。凡是向前上方之劲都为掤,掤劲要保持手臂与胸间的圆活度,要以腰腿的运动带动肢体,要注意松肩、沉肘、含胸、拔背、尾闾正中等身法。

### 第三十式 挤势

【口诀】挤在撑圆身要拥,上下相随记心中。机势全凭虚实换,脚跟起劲气贯穿。

【动作1】承前式,腰向右转,左腿向前跟步至右脚左后方,以脚尖点地。同时,右手外旋向右掤带与肩齐平,左手内合至腹前。目视两手前方。(图126)

【动作2】左腿向身体左前方迈步落平前弓,右脚向前跟步到左脚右后方,以脚尖点地,身体前移,腰微向左转。同时,左手内合上掤于胸前,右手外旋竖掌至于左手小臂内侧向前挤出。目视两手前方。(图127)

【要领】挤劲是进攻的一种劲法,是在掤劲的基础上,以前小臂为支点,向正前方拥迫发力之劲,要求做到上下相随、以身催手、脚到手到、圆活有趣,身法不可散乱。

### 第三十一式 捋势

【口诀】捋在两手退中变,退中有进用心功。上下协调虚实换,奥妙就在顺随间。

【动作】承前式,右脚落实,身体后移,重心落于右腿,左腿微向后带,以脚尖点地。同时,两手向后捋带至胸前,左手在前,右手在后。目视两手前方。(图128)

【要领】捋劲在拳术中顺随变化,为粘制对方创造条件,用法很广。捋劲是向回引带之劲,要求做到以身领手、上下相随,身法不可散乱。

图126

图127

图128

### 第三十二式　按势

【口诀】按寓下意贵腰功，两手下按随腿弓。脚到手到上下随，整体浑圆显神通。

【动作1】承前式，腰向左转正，两手上掤至胸前。（图129）

【动作2】身体向下松沉，左腿向前迈步前弓。同时，两手外旋向前下方搓按，掌心向外。目视两手前方。（图130）

图129　　　　图130

【要领】按劲是拳术中一种进攻之劲。向前下方之劲，称为按劲。按劲可控制对方的进攻。以上四种劲法为四正的劲法，可相互配合，变化无穷，又可以进行多种劲法的组合。

### 第三十三式　弯弓射虎

【口诀】重心后移手上旋，弓步紧跟下弧连。撤步捋带腰旋转，松沉拔腰劲浑圆。

【动作1】承前式，以左脚跟为轴，脚尖里扣，腰向右转90度。同时，两手向右上方挂带。目视两手前方。（图131）

【动作2】腰向左转，右腿微向上提带。同时，两手划弧向左上方挂带。目视两手前方。（图132）

【动作3】右腿向身体右后方撤步前弓，腰向右转。同时，两手经胸前向右下捋带。目视两手前方。（图133）

【动作4】左脚尖内扣，右脚尖外摆，腰向右转45度再向左转45度。同时，两手继续向右后划弧上掤握拳向身体前方击出，左拳在前高不过眼，右拳在右耳旁，成拉弓状。目视两手前方。（图134）

【要领】两手向上时，身体要有向下之意，向下时要有向上之意，要以身体带动四肢，动作要圆活，上下要协调连贯，保持好各条身法。

图 131　　　　　　　图 132　　　　　　　图 133　　　　　　　图 134

### 第三十四式　进步懒扎衣

【口诀】转腰跟步手划圆，松沉进步上下翻。弓腿坐腕相随动，脚到手到劲浑圆。

【动作1】承前式，腰身右转面向正前方，左脚向前跟步至右脚旁，以脚尖点地。同时，两拳变掌向右下捋带至腹前。目视两手前方。（图135）

【动作2】左腿向身体左前方迈步，以脚跟着地，脚尖上翘。同时，两手内合划弧向右后向上掤至胸前。目视左手前方。（图136）

【动作3】右脚跟蹬地，左腿前弓，脚掌落平，身体前移。同时，两手竖掌外旋前推。目视两手前方。（图137）

图 135　　　　　　　　　图 136　　　　　　　　　图 137

211

【要领】同第二式左右懒扎衣。

### 第三十五式　双峰贯耳

【口诀】跟步将带腰旋转,松沉两手划弧圆。进步双峰去贯耳,由下而上劲贯穿。

【动作1】承前式,身体后移,重心坐于右腿,左脚尖上翘。同时,两手划弧向下后将按,外开至两胯旁。目视左前方。(图138)

【动作2】右脚跟蹬地,左腿前弓,脚掌落平,重心移至左腿,右脚向前跟步至左脚右后方,以脚尖点地。同时,两手划弧握拳向前上方合击。目视两手前方。(图139)

图138　　　　　　图139

【要领】两手下按时,精神有上升之意。两拳向前合击时,胸腹要有收合之意,上下要协调配合。

### 第三十六式　退步双抱捶

【口诀】退步两捶下弧旋,松沉双捶向上翻。沉气旋肘捶胸前,固基松放是关键。

【动作1】承前式,右腿向后退步,身体后移,重心移至右腿,左腿向后撤步与右腿平齐,两脚间距略与肩齐。同时,两拳弧形向下至小腹前。目视身体前方。(图140)

【动作2】重心移至两腿中间。同时,两手握拳内合划弧向上至两肩前,拳心向内。目视正前方。(图141)

【动作3】身体向下松沉。同时,两手握拳,向内朝前弧形击出。目视两拳前方。(图142)

【要领】实腿要精神贯注,气向下沉,要做到松肩、沉肘、尾闾正中等身法。

图 140　　　　　　　图 141　　　　　　　图 142

**第三十七　收势**

【口诀】两手下按意上升，足扣步合周身松。双臂下垂目前视，静守气敛合太极。

【动作1】承前式，两腿慢慢直起。同时，两手由拳变掌外旋向下按至两胯旁，掌心向下。目视正前方。（图143）

【动作2】左腿向右腿并拢落实。同时，两手向下垂于两胯外侧，手心向内，指尖朝下，恢复起势姿势。目视正前方。（图144）

【要领】两手下按时，胸腹必须放松下沉，身体立起要神不外散，仍须保持各条身法。

图 143　　　　　　　图 144　　　　　　　武式太极拳精要37式

## 第二节　武式太极五步八法套路

1. 武式太极五步八法套路简介

五行八卦是我国古代哲学《易经》中阴阳太极理论解释天、地、人运行规律的理论,在太极拳中即为"五步八法"。"五步八法"是历代太极拳宗师经验和智慧的结晶,是一代代传承下来的。武式太极五步八法体现了走架打手的阴阳、生克、对立、统一的演变规律,贯穿于整个太极拳法、拳理、结构与运行框架之中,是太极拳基本技术元素,是学习太极拳的基础。

翟维传承蒙魏佩林和姚继祖两位恩师口授心传,从体到用,又经过60余年的习练体悟,对太极拳的"五步八法"有了较为深刻的心得体会。为了使太极拳爱好者能较好地掌握太极拳精髓,翟维传结合太极拳理和自身的习拳经验,精心编排了此"五步八法"套路。

本套路特点:①原创性。以前只有五步八法各自独立的单式动作,没有套路,此套路将十三个式法结合起来创编而成。②系统性。将五种步法配合八种劲法针对性同时习练,有利于比较各式的不同点,从而深刻体悟,全面掌握。③每一个动作都是在行弧划圆中完成,突出了太极拳的圆弧运动规律。④配合了开合、松紧、呼吸、虚实、松沉及太极身法要领。⑤守住了外三合,架势紧凑,锻炼了身体左右平衡。⑥步法清晰,劲法分明,松空圆活,连绵不断,浑然一体。⑦具有防病健身功能。⑧具有基本的技击防身功能;⑨观赏性。其动作中正安舒、轻灵圆活、韵律逶迤、赏心悦目。

真正的传承需要经过理论结合实践、一层一层修习而得。"五步八法"套路易学易练,是广大太极拳爱好者筑牢基础、培植内劲的有效方法,是探求太极拳真谛的方便法门。

2. 武式太极五步八法套路名称

第一式　起势（上下矛盾桩）　　　　第二式　前进（左进、右进）
第三式　后退（左后退、右后退）　　第四式　左顾[左顾（下）、左顾（上）]
第五式　右盼[右盼（下）、右盼（上）]　第六式　中定（中定左式、中定右式）
第七式　掤（左掤、右掤）　　　　　第八式　捋（左捋、右捋）
第九式　挤（左挤、右挤）　　　　　第十式　按（右按、左按）
第十一式　采（下采、上采）　　　　第十二式　挒（左挒、右挒）
第十三式　肘（右肘、左肘）　　　　第十四式　靠（右靠、左靠）
第十五式　掤、捋、挤、按（组合）　第十六式　采、挒、肘、靠（组合）
第十七式　收势

3. 武式太极五步八法套路详解

**第一式　起势**（上下矛盾桩）

【动作1】面向正南,两足并拢,自然直立,全身放松。两臂自然下垂至身体两侧,手心向

内,手指向下,目视前方,神情安舒。(图1)

【动作2】承前式,身体重心移至右腿,意气沉于右足,同时左足有上提之意,左腿抬起向左方横步落实,两足相距与肩同宽,全身放松,目视前方。(图2)

【动作3】承前式,身体向下松沉,两腿屈蹲坐式,同时两手内旋,手心向内向前上弧形掤起,略与肩平,目视前方。(图3)

【动作4】承前式,两手外旋徐徐下按至两胯前,手心向下,指尖朝前,同时两腿直起。(图4)

【动作5】承前式,身体向下松沉,两腿屈蹲坐式,同时两手内旋,手心向内向前上弧形掤起,略与肩平,目视前方。(图5)

图1　　　　　图2　　　　　图3

图4　　　　　图5

**第二式　前进(左进、右进)**

【动作1】承前式,腰微向右转,身体重心移至右腿,两手弧形向右向下向后捋带。同时,

左足右撤至右足旁,足尖点地。目视前方。(图6)

【动作2】承前式,左腿向东南方迈步以足跟着地,两腿为左虚右实。同时,两臂弧形向上掤起,左手高不过眼,右手至胸前与左肘平齐面向东南。目视前方。(图7)

【动作3】承前式,右足跟蹬地,左腿前弓,身体前移,左足掌落平。同时,两手坐腕竖掌外旋前掤。目视两手前方。(图8)

【动作4】承前式,腰微向左转。同时,右手从胸前移至右前方与右肩平齐,左手从左前方移至胸前,目视右手前方。(图9)

【动作5】承前式,两手向左向下向后捋带。同时,腰微向左转,右腿向前跟步至左足右后方,以足尖点地。目视两手前方。(图10)

【动作6】承前式,两手内合,弧形向上掤起至胸前。同时,身体向下松沉,意气贯注于左实腿,右腿向西南方迈步,以足跟着地。目视两手前方。(图11)

【动作7】承前式,左足跟蹬地,右腿前弓,右足掌落平,身体前移。同时,两手坐腕竖掌外旋前掤。目视两手前方。(图12)

图6　　　　　图7　　　　　图8　　　　　图9

图10　　　　　图11　　　　　图12

### 第三式 后退（左后退、右后退）

【动作1】承前式，身体后移重心坐于左腿，右腿后带以足尖点地。同时，两手弧形向下后捋带至腹前，目视两手前方。（图13）

【动作2】承前式，身体松沉于左腿。同时，两手掤起至胸前。目视右手前方。（图14）

【动作3】承前式，右腿向后撤步至左足右后方坐实，左腿向后带步，以足尖点地。同时，两手划弧，左掌掌心向下，右掌翻掌掌心向上，向下捋带至小腹前。目视两手前方。（图15）

【动作4】承前式，两手内合放松向上掤起至胸前。同时，意气沉于右腿，有蓄势待发之意。目视两手前方。（图16）

【动作5】承前式，左腿向前迈步，右足跟蹬地，左腿前弓。同时，两手外旋坐腕竖掌前掤。目视两手前方。（图17）

【动作6】承前式，身体后移，重心坐于右腿，左腿后带，以足尖点地。同时，两手弧形向下后捋带至腹前。目视两手前方。（图18）

【动作7】承前式，身体松沉于右腿。同时，两手内合掤起至胸前。目视左手前方。（图19）

【动作8】承前式，左腿向后撤步至右足左后方坐实，右腿向后带步，以足尖点地。同时，左手翻掌向下捋带至左胯旁，掌心向上；右手向下捋带至腹前，掌心向下。目视前方。（图20）

【动作9】承前式，两手内合向上掤起至胸前。同时，意气沉于左腿，有蓄势待发之意。目视两手前方。（图21）

【动作10】承前式，右腿向前迈步，左足跟蹬地，右腿前弓。同时，两手外旋坐腕竖掌前掤，手脚对齐。目视前方。（图22）

图13　　　　图14　　　　图15　　　　图16

217

图17　　　　　图18　　　　　图19　　　　　图20

图21　　　　　　　　　图22

**第四式　左顾[左顾(下)、左顾(上)]**

【动作1】承前式,腰微向右转,左足向前跟步至右足左方,足尖点地。同时,两手向右下后方捋带至腹前,两手心向下。目视前方。(图23)

【动作2】承前式,身体松沉至右腿,左腿向左前方迈步以足跟着地。同时,两手向上掤起至胸前,左手在胸前,右手在左手右后侧。目视左手前方。(图24)

【动作3】承前式,腰微向左转。同时,两手内合从胸前向左侧后方引带,左手翻掌向左后方捋带至胯左侧,右手向左前捋带至胸前。目视两手前方。(图25)

【动作4】承前式,身体向右腿松沉。同时,两手内合向上掤起至胸前,有蓄势待发之意。

目视两手前方。(图26)

【动作5】承前式,右实足蹬地,左腿向前弓步。同时,两手外旋推出至胸前,与左足尖平齐。目视两手前方。(图27)

【动作6】承前式,两手从胸前弧形向左后上方引带。同时,腰微向左转,右腿向前跟步至左足右方。目视两手前方。(图28)

【动作7】承前式,身体向下松沉至左腿,两手向下向前弧形旋转至胸前。同时,右腿向右前方迈步前弓。目视两手前方。(图29)

图23　　　　图24　　　　图25　　　　图26

图27　　　　图28　　　　图29

**第五式　右盼[右盼(下)、右盼(上)]**

【动作1】承前式,两手向下后划弧后捋至小腹前,右手在前。同时,右足后撤点地。目视右手前方。(图30)

【动作2】承前式，身体松沉于左腿，右腿向前迈步，足跟着地。同时，两手掤起至胸前。目视右手前方。（图31）

【动作3】承前式，左腿精神贯注，腰向右转。同时，两手随腰向右后引带至右胯旁。目视两手前方。（图32）

【动作4】承前式，两手内合放松向上掤起至胸前。同时，身体松沉于左腿，蓄势待发之意。目视两手前方。（图33）

【动作5】承前式，左实足蹬地，右腿向前弓步。同时，两手向前外旋推出至胸前，与右足尖平齐。目视前方。（图34）

【动作6】承前式，两手从胸前弧形向右后上方引带。同时，腰微向右转，左腿向前跟步至右足左旁，足尖点地。目视两手前方。（图35）

【动作7】承前式，身体松沉至右腿，两手向下前方弧形旋转至胸前。同时，左腿向右前方迈步前弓。目视两手前方。（图36）

图30　　　图31　　　图32　　　图33

图34　　　图35　　　图36

### 第六式 中定（中定左式、中定右式）

中定左式【动作1】承前式，身体后移，重心坐于右腿，左腿回带，以足尖点地。同时，两手向下捋带至小腹前，左手在前，右手在后，两手心向下。目视前方。（图37）

【动作2】承前式，左腿向前迈步落实，身体前移，腰微向右转，重心前移。同时，两手内合向上划弧，以左肘领带前掤。目视左肘前方。（图38）

【动作3】承前式，重心后移，腰微向左转。同时，以左肘领带左手旋腕向左下方粘带至左腰际，手心向内上方，右手随身转至腹前，手心向下。目视前方。（图39）

【动作4】承前式，身体前移，腰微向左转，以右胯催右肘领带前掤。目视右肘前方。（图40）

【动作5】承前式，重心后移坐于右腿，腰微向右转。同时，以右肘领带右手旋腕向右下方粘带至右腰际，手心向内上方，左手随身转至小腹前，手心向下。目视前方。（图41）

【动作6】承前式，腰微向右转，重心前移。同时，两手内合上掤，以左肘领带向上前掤。目视左肘前方。（图42）

图37　　　　　　图38　　　　　　图39

图40　　　　　　图41　　　　　　图42

中定右式【动作1】承前式,两手划弧向下向内捋带至小腹前。同时,腰微向左转,上右步,以脚尖点地。目视前方。(图43)

【动作2】承前式,右腿向右前迈步落实,腰微向左转。同时,两手内合向上划弧,以右肘领带前掤。目视右肘前方。(图44)

【动作3】承前式,重心移至左腿,腰微向右转。同时,以右肘领带右手旋腕向右下方粘带至右腰际,手心向内上方,左手随身转至小腹前,手心向下。目视前方。(图45)

图43　　　　　图44　　　　　图45

【动作4】承前式,身体前移,腰微向右转。同时,以左胯催左肘领带前掤。目视左肘前方。(图46)

【动作5】承前式,重心后移,腰微向左转。同时,以左肘领带左手旋腕向左下方粘带至左腰际,手心向内上方,右手随身转至腹前,手心向下。目视两手前方。(图47)

【动作6】承前式,重心前移,腰向左转。同时,两手内合划弧至胸前,以右肘领带前掤。目视右肘前方。(图48)

图46　　　　　图47　　　　　图48

### 第七式 掤（左掤、右掤）

左掤【动作1】承前式,身体后移,右腿后撤,重心坐于右腿,左腿回撤,足尖点地。同时,右手向下后上弧形掤至右身旁,左手向下右划弧与右手成抱球状,两手心相对,目视身体前方。(图49)

【动作2】承前式,身体向下松沉坐于右腿,左腿向前迈步前弓。同时,左手向前上掤起,手心朝内,略与肩平;右手向后下划弧至右胯前,手心向下,目视左手前方。(图50)

右掤【动作1】承前式,左足尖内扣,腰向右转,面向正西,身体松沉重心坐于左腿,右腿后撤,足尖点地。同时,两手抱球至胸前,左手在上,右手在下,目视前方。(图51)

【动作2】承前式,右腿向前迈步前弓,身体前移。同时,右手向前上掤起,略与肩平,手心向内;左手向下后划弧至左胯旁,手心向下,目视右手前方。(图52)

图49　　　　图50　　　　图51　　　　图52

### 第八式 捋（左捋、右捋）

左捋【动作】承前式,身体后移,重心坐于左腿。同时,左手向前划弧,右手随左手向后捋带至胸前,右手在前,左手在后,目视前方。(图53)

右捋【动作】承前式,右腿向后撤步坐实,左足尖点地。同时,两手向下划弧,左手在前,右手在后,向后捋带至胸前,目视前方。(图54)

### 第九式 挤（左挤、右挤）

左挤【动作1】承前式,身体向下松沉坐于右腿,左腿向前迈步,足尖着地。同时,左手向下向内划弧,掤至胸前,右手搭于左手腕内侧,目视前方。(图55)

【动作2】承前式,右足跟蹬地,左腿前弓。同时,两手向前平挤,目视前方。(图56)

右挤【动作1】承前式,腰微向左转,左手旋掌手心向下,与右手斜下方划弧呈抱球状。同

时,右足跟步至左足右侧,目视前方。(图57)

【动作2】承前式,右腿向前迈步,足跟着地。同时,两手内合左手搭右手腕掤起至胸前,目视右手前方。(图58)

【动作3】承前式,左足跟蹬地,右腿前弓。同时,两手平劲挤出,目视两手前方。(图59)

图53　　　　图54　　　　图55　　　　图56

图57　　　　　图58　　　　　图59

**第十式　按(右按、左按)**

右按【动作1】承前式,身体后移,重心坐于左腿。同时,两手向后上掤起,手心向下,目视两手前方。(图60)

【动作2】承前式,左足跟蹬地,右腿前弓。同时,两手向前下方按出,目视两手前方。

（图61）

左按【动作1】承前式，左腿向前跟步，腰微向左转，足尖点地。同时，两手向下划弧至小腹前，目视前方。（图62）

【动作2】承前式，身体松沉坐于右腿，左腿向前迈步，足跟着地。同时，两手向上后掤起，目视两手前方。（图63）

【动作3】承前式，右足跟蹬地，左腿前弓。同时，两手向前下方按出，目视两手前方。（图64）

图60　　　　　　　　图61　　　　　　　　图62

图63　　　　　　　　图64

### 第十一式 采(下采、上采)

下采【动作1】承前式,右腿向左后移步,以左足跟为轴,足尖内扣,腰向右转,面向正东。同时,左手内旋至左面前,右手划弧至右胯前,目视右手前方。(图65)

【动作2】承前式,右腿向前迈步,足跟着地,腰向右转。同时,右手向前上掤再向右后采带,左手划弧至胸前,不要低头,目视两手前方。(图66)

【动作3】承前式,身体向下松沉,右腿前弓。同时,两手向上划弧至胸前推出,目视两手前方。(图67)

上采【动作1】承前式,两手弧形捋带至小腹前。同时,右足回撤,足尖点地,目视前方。(图68)

【动作2】承前式,右腿向后撤步坐实,腰向右转,左足尖点地。同时,两手划弧向右后上侧采带,目视两手前方。(图69)

### 第十二式 挒(左挒、右挒)

左挒【动作1】承前式,右足跟蹬地,左腿前弓,腰向左转。同时,左手向下划弧至左胯外侧,右手向前左侧旋掌外推,目视右手前方。(图70)

【动作2】承前式,右足向前跟步,足尖点地,身体松沉至左腿。同时,两手划弧成抱球状,左手在上,右手在下,目视两手前方。(图71)

右挒【动作】承前式,右腿迈步前弓。同时,右手向右上掤挒,左手划弧向左后捋带至左胯前,目视右手前方。(图72)

图65　　　　图66　　　　图67　　　　图68

| 图 69 | 图 70 | 图 71 | 图 72 |

### 第十三式 肘（右肘、左肘）

右肘【动作1】承前式，身体后移，重心坐于左腿。同时，右手向左上后方划弧至胸前，左手向上至右掌上，目视右肘前方。（图73）

【动作2】承前式，左足跟蹬地，右腿前弓。同时，以右肘领劲前击，左手配合右拳向前助力，目视右肘前方。（图74）

左肘【动作1】承前式，左足向前跟步，至右足旁，腰向右转，足尖点地。同时，左手向右上后方划弧至面前，目视左手前方。（图75）

【动作2】承前式，右足跟蹬地，左腿迈步前弓。同时，左手变拳划弧至胸前，以左肘领劲前击，右手配合左拳向前助力，目视左肘前方。（图76）

| 图 73 | 图 74 | 图 75 | 图 76 |

### 第十四式 靠(右靠、左靠)

右靠【动作1】承前式,右腿向前跟步至左足旁,腰微向左转。同时,右手内合向上划弧至面前,目视右手前方。(图77)

【动作2】承前式,左足跟蹬地,右腿向前迈步前弓。同时,右手向下至腹前,以右肩向前靠击,目视右前方。(图78)

左靠【动作1】承前式,身体后移,右腿向后撤步坐实,以左足尖点地。同时,两手向上划弧至胸前,目视左手前方。(图79)

【动作2】承前式,右足跟蹬地,左腿迈步前弓。同时,两手合力以左肩靠击,目视左前方。(图80)

图77　　　　　图78　　　　　图79　　　　　图80

### 第十五式 掤、捋、挤、按(组合)

掤【动作】承前式,左腿向后撤步坐实,身体向左腿松沉,右腿回带,足尖点地。同时,两手划弧向腹前捋带,再内合向上掤至胸前,目视右手前方。(图81)

捋【动作】承前式,右腿向后撤步坐实,左腿足尖点地。同时,两手划弧向腹前捋带,目视两手前方。(图82)

挤【动作1】承前式,左手向后向上内合至胸前,右手向前搭左手腕,蓄势待发,目视前方。(图83)

【动作2】承前式,以右足跟蹬地,左腿迈步前弓。同时,两手合力向前挤出,目视两手前方。(图84)

按【动作1】承前式,身体重心后移,坐于右腿。同时,两手向上向后掤起,略与肩平,目视前方。(图85)

【动作2】承前式,右足跟蹬地,左腿前弓。同时,两手向前下按出,目视两手前方。(图86)

图81　　　　　　图82　　　　　　图83

图84　　　　　　图85　　　　　　图86

**第十六式　采、挒、肘、靠(组合)**

采【动作1】承前式,以左足跟为轴,足尖内扣,腰向右转,面向正南,右手外旋与左手内合同时向上向右划弧至胸前,目视两手前方。(图87)

【动作2】承前式,两手弧形向左下捋带再向上合手掤起至胸前。同时,右足以脚跟着地,目视前方。(图88)

【动作3】承前式,以左腿重心为轴,腰向右转。同时,两手划弧向右后方采带至右胯旁,目视右手前方。(图89)

捌【动作】承前式,左足跟蹬地,右腿前弓,腰向左微转。同时,左手划弧向左引带,右手立掌向上,向左前击,目视右手前方。(图90)

肘【动作1】承前式,左腿向前跟步,足尖点地。同时,两手向上划弧至胸前,目视左手前方。(图91)

【动作2】承前式,右足跟蹬地,左腿迈步前弓。同时,两手从胸前合力以肘尖击出,目视左肘前方。(图92)

靠【动作1】承前式,身体后移,左腿向后撤步坐实,右足尖点地。同时,两手划弧向上,向左后弧形引带至右胸前,目视右手前方。(图93)

【动作2】承前式,以左足跟蹬地,右腿迈步前弓。同时,两手向下划弧合力以右肩靠击,目视右前方。(图94)

图87　　　图88　　　图89　　　图90

图91　　　图92　　　图93　　　图94

### 第十七式　收势

【动作1】承前式，身体后移，右腿后撤与左腿平齐。同时，两手向后捋至小腹左右两侧，目视前方。（图95）

【动作2】承前式，身体向下松沉，两腿微屈。同时，两手从中线划弧掤起撑圆，略与肩宽，目视前方。（图96）

【动作3】承前式，身体慢慢直起。同时，两手向下画弧按至两胯前，目视前方。（图97）

【动作4】承前式，身体向下松沉，两腿微屈。同时，两手从中线划弧掤起撑圆，略与肩宽，目视前方。（图98）

【动作5】承前式，身体直起，两手向下划弧至两胯前，目视前方。（图99）

【动作6】承前式，右足尖内扣，左腿向右并拢。同时，两手垂于身体两侧，目视前方。（图100）

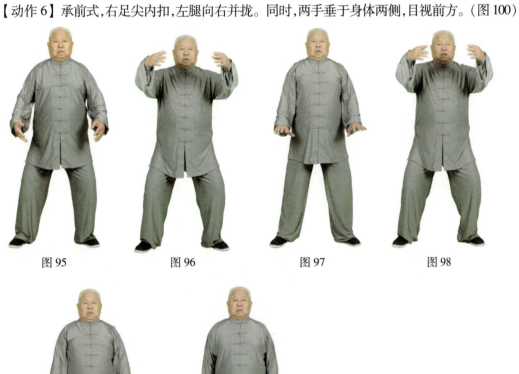

图95　　　　　图96　　　　　图97　　　　　图98

图99　　　　　图100　　　　　武式太极五步八法套路

## 第三节　武式太极拳竞赛套路

1. 武式太极拳竞赛套路简介

武式太极拳竞赛套路46式是在传统套路的基础之上，由中国武术研究学院组织专家、名师精心提炼、创编的竞赛规格套路。在继承传统、保持武式太极拳传统韵味的同时，本套路大胆创新，增加了一些新动作和节奏变化，以突出其竞技性。整个套路由简到繁，循序渐进，难易结合，技法全面，运动量适中，亦适合日常健身习练，无论是太极拳的初学者，还是有一定基础的太极拳爱好者，都能从中获益匪浅。

武式太极拳竞赛套路以基本动作为主，突出武式太极拳的风格，气势中正安舒、雅致、连贯、紧凑，结构清晰；同时也有难度较大、方位多变的动作以及独立平衡腿法动作，如独立步、上步、退步、横开步和分脚、蹬脚、摆莲脚等动作，对基本功和柔韧性的要求也比较高。

武式太极拳竞赛套路动作的创编由简到繁，由易到难，动作对称，锻炼全面，运动量适中，符合人体运动规律以及人体生理、生物力学、解剖学原理的要求，有利于增强体质，提高身体机能及运动技术水平。同时武式太极拳竞赛套路技法清晰可辨，突出了武术攻防技击的特点。

武式太极拳竞赛套路突出了武式太极拳传统套路技术的风格特点。拳势紧凑，古朴简洁，且起承开合，节奏明晰；动作速度舒缓适中，气势中正，重心稳定，连贯协调，空松圆活，呼吸自然，并且注重意念集中，强调以意导气，意气贯穿，劲力内含。

武式太极拳竞赛套路保持了身法严谨之要求，突出了进退旋转之法，动作转换多用扣碾步法，不移重心，展示了脚下碾转"朵朵梅花"，身体灵活"八方转换"这一传统古朴的风格；强调由内及外，以意念导引支配外形动作，体现了武式功法的精微细腻；动作转合衔接严密紧凑，遵循上下相随、周身一家的理法，严格求得身法、步法、手法三者的协调统一。

太极拳是一种顺应生理规律、轻松柔和的健身运动，它对中枢神经系统起着良好的影响作用，加强了心血管与呼吸系统的功能，能有效地改善消化系统的功能和增强新陈代谢。武式太极拳竞赛套路在选择确定动作时，将社会上普遍公认的便于推广的传统技术动作，如单鞭、玉女穿梭、高探马、左右分脚、白鹅亮翅、野马分鬃、手挥琵琶等编入其中，使整个套路充满了浓郁的传统韵味。

武式太极拳竞赛套路在继承传统武式太极拳技术风格的基础上，与现代竞技体育相结合，对肢体动作和劲力进行了改进和创新，使得拳势更加统一规范。又增加了窜蹦跳跃和松弹发劲动作，加入了一些竞赛要求的难度动作，提高了该套路的竞技性、欣赏性，既体现了清晰多变的步法和手法，又配以快慢相间的刚柔转换节奏，使传统技术动作在新编动作的衬托下，更加富有时代的生命活力，从而更有利于竞技比赛。

武式太极拳在比赛中应注意,从选手上场时的精神面貌到行礼时的动作利落规范,从开始计时到整套竞赛套路结束,用时在 5 分 30 秒至 6 分之间,裁判会在 5 分 30 秒吹提示哨,6 分吹结束哨,选手在比赛中用时不够或超时,都会被裁判扣分。再就是单腿支撑的动作要求必须要稳,如果有站立不住也会被裁判扣分,当然最关键的是选手在整个套路中动作是否到位,每一式中间不要有明显的停顿。武式太极拳竞赛套路要表现出连绵不断、轻柔圆活、内外相合、快慢相间,精、气、神贯穿其中,给人以舒适、美观、飘逸、洒脱的自然美感。

**2. 武式太极拳竞赛套路名称**

| | |
|---|---|
| 第一式 起势 | 第二式 左右懒扎衣 |
| 第三式 左单鞭 | 第四式 提手上势 |
| 第五式 白鹅亮翅 | 第六式 左右搂膝拗步 |
| 第七式 进步左搬拦捶 | 第八式 如封似闭 |
| 第九式 白鹅亮翅 | 第十式 抱虎推山 |
| 第十一式 左右野马分鬃 | 第十二式 手挥琵琶 |
| 第十三式 对心掌 | 第十四式 右单鞭 |
| 第十五式 右云手 | 第十六式 玉女穿梭 |
| 第十七式 高探马 | 第十八式 左右分脚 |
| 第十九式 转身右蹬脚 | 第二十式 按势 |
| 第二十一式 青龙出水 | 第二十二式 闪通背 |
| 第二十三式 左单鞭 | 第二十四式 左云手 |
| 第二十五式 左下势 | 第二十六式 左更鸡独立 |
| 第二十七式 右下势 | 第二十八式 右更鸡独立 |
| 第二十九式 践步打捶 | 第三十式 翻身二起脚 |
| 第三十一式 左右披身伏虎 | 第三十二式 肘底捶 |
| 第三十三式 左右倒卷肱 | 第三十四式 青龙出水 |
| 第三十五式 左拍脚 | 第三十六式 转身十字摆莲 |
| 第三十七式 跳步指裆捶 | 第三十八式 左下势 |
| 第三十九式 上步七星 | 第四十式 退步跨虎 |
| 第四十一式 转身摆莲 | 第四十二式 弯弓射虎 |
| 第四十三式 上步右搬拦捶 | 第四十四式 如封似闭 |
| 第四十五式 双撞捶 | 第四十六式 收势 |

武式太极拳竞赛套路

## 第四节　老年 26 式武式太极拳

1. 老年 26 式武式太极拳简介

老年 26 式武式太极拳是在中国老年人体协太极拳专项委员会的直接领导关怀下诞生的，是由翟维传与其子翟世宗共同创编的。此套路是在传统武式太极拳 108 式中精选了 26 式动作并结合功法训练创编而成，以"立定脚根竖起脊，拓开眼界放平心"为宗旨，融入武式太极拳之精义。其简单易学，简而不陋，内涵丰富，紧凑圆活，以修炼神、意、气为主，配合肢体协调动作，达到内外相合、动静相生之目的。通过锻炼可使丹田充盈，精神壮旺，长期坚持定能达到养生、健身、延年益寿之效果。

2. 老年 26 式武式太极拳名称

第一式　起势　　　　　　　　　第二式　左懒扎衣
第三式　右懒扎衣　　　　　　　第四式　单鞭
第五式　提手上势　　　　　　　第六式　白鹅亮翅
第七式　左搂膝拗步　　　　　　第八式　右搂膝拗步
第九式　手挥琵琶式　　　　　　第十式　上步搬拦捶
第十一式　如封似闭　　　　　　第十二式　抱虎推山
第十三式　左野马分鬃　　　　　第十四式　右野马分鬃
第十五式　左玉女穿梭　　　　　第十六式　右玉女穿梭
第十七式　云手　　　　　　　　第十八式　下势
第十九式　上步七星　　　　　　第二十式　退步跨虎
第二十一式　伏虎式　　　　　　第二十二式　弯弓射虎
第二十三式　对心掌　　　　　　第二十四式　双峰贯耳
第二十五式　退步双抱捶　　　　第二十六式　收势

3. 老年 26 式武式太极拳动作分解

运动轨迹：左手、左脚用 ⇢ 示意，右手、右脚用 → 示意。

**第一式　起势**

【口诀】起势心静意要专，开步两脚与肩宽；两手掤合松沉伴，阴阳矛盾上下翻。

【动作1】承前式，面向正南，两脚并拢，自然直立，全身放松。两臂自然下垂至身体两侧，手心向内，手指向下，两眼向前平视，神情安舒。（图1）

【动作2】身体重心移至右腿，意气沉于右足。同时，左足有上提之意，左腿抬起向左方横步落实，两足相距与肩同宽，全身放松，两眼向前平视。（图2）

【动作3】身体向下松沉,两腿屈蹲坐式。同时,两手内旋,手心向内向前向上弧形掤起,略与肩平,目视前方。(图3)

【动作4】两手外旋手心向下徐徐下按至两胯前,手心向下,指尖朝前,同时两腿慢慢直起。(图4)

【动作5】与动作三相同,要求做三组后接下一式。(图5)

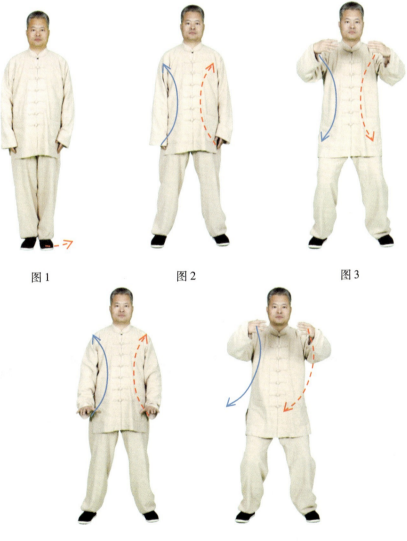

图1　　　　图2　　　　图3

图4　　　　图5

【要领】两手内合上掤时要完全放松,气向下沉于丹田;两手外旋下按时要加重意念,同时两腿直起精神上领。此式动作三、四可连续反复做多次(单做就是一个桩功功法),起到调整体态,排除杂念,调动气血,产生内气,阴阳相济的作用。

### 第二式　左懒扎衣

【口诀】转腰坐腿分阴阳,掤手沉气入丹田;弓腿开旋同时现,放松合手虚实换。

【动作1】承前式,腰微向右转,身体重心移至右腿,两手弧形向右后捋带。同时,左足跟微回提,左腿有提起之意。(图6)

【动作2】左腿向东南方迈步以足跟着地,足趾上翘,两腿为右实左虚。同时,两臂弧形向上掤起,左手高不过眼,远不过前足尖;右手至胸前与左肘平齐,面向东南,目视左前方。(图7)

【动作3】右足跟蹬地,左腿前弓,左足掌落平,身体前移。同时,两手坐腕竖掌外旋,向前推出,目视两手前方。(图8)

【动作4】身体向下松沉,意念贯注于前足。同时,两手弧形向下向外开旋至两胯旁,目视前方,身体中正安舒、不偏不倚。(图9)

【动作5】两手弧形向上向内合至胸前与肩平。同时,右足向前跟步至左足右后方,以足尖点地,两腿为左实右虚,目视两手前方。(图10)

图6　　　　　图7　　　　　图8

图9　　　　　图10

### 第三式 右懒扎衣

【口诀】实足内扣方向变,上松下沉根基稳;意领气跟整体现,起承开合须顾全。

【动作1】承前式,以左足跟为轴,足尖里扣,身体转向西南,两腿仍为左实右虚。同时,两手随身体转动,内合至胸前,右手在前,左手至胸前与右肘平齐,目视右手前方。(图11)

【动作2】两手划弧向下后捋带,继续弧形向上掤至胸前。同时,身体向下松沉,意念贯注于左实腿,右腿向西南方迈出,以足跟着地,足趾上翘,面向西南方。(图12)

【动作3】左足跟蹬地,右腿前弓,右足掌落平,身体前移。同时,两手坐腕竖掌外旋徐徐向前推出,目视两手前方。(图13)

【动作4】身体向下松沉,意念贯注于前足,两手弧形向下向外开旋至两胯旁,目视前方,身体中正、安舒、不偏不倚。(图14)

【动作5】两手弧形向上向内合至胸前与肩平。同时,左足向前跟步,至右足左后方,以足尖点地,两腿为右实左虚,目视身体前方。(图15)

图11　　　　　　　图12　　　　　　　图13

图14　　　　　　　图15

【要领】懒扎衣是武式太极拳之母式,各种姿势都来自于懒扎衣的变化。要求在运动时,两腿要分清虚实,身体不可偏倚。两手上掤时要有吸引对方来势之意,还要有提领腿足的迈步之意。两手内合时,两肩要有抽吸之意,要以胸部指挥两手的运动,胸臂之间要有圆活之趣。跟步时上下要协调相随,做到松柔、圆活、劲整,保持各项身法要求。

### 第四式　单鞭

【口诀】实足内扣随腰转,左右粘带意气连;左腿开步虚实换,两手分开拉单鞭。

【动作1】承前式,以右足跟为轴,足尖里扣,腰向左转至面向正南。同时,两手内合抱于胸前,两腿仍为右实左虚,目视两手前方。(图16)

【动作2】腰微向右转,身体向下松沉,意念贯注于右实腿,左腿向左横出一步,以足跟着地,足趾上翘。同时,两手随身转向右粘带,目视两手前方。(图17)

【动作3】右足跟蹬地,左腿前弓,左足掌落平,腰微向左转,至面向东南。同时,两手徐徐左右分开,左手竖掌外旋,高不过眼;右手斜平掌外旋,略与肩平,目视左手前方。(图18)

【要领】转动身体时须保持稳定。迈左步时右腿要精神贯注,右足蹬地前要有蓄劲之势,身体须保持中正。同时,要注重松肩、沉肘、含胸、拔背、气沉丹田等身法。

### 第五式　提手上势

【口诀】扣足合手腰微转,两手左右划弧圆;虚腿回撤足点地,精神提领目视前。

【动作】以左足跟为轴,左足尖里扣,腰向右转,转至面向西南;右足左移,提悬于左足旁,以足尖点地。同时,左手从身体左侧划弧至额头左前方,右手弧形下落至右胯前,手心向内,目视西南方(图19)。

【要领】左手上举时,左肩不可随之上耸而要往下松沉。右手向下不可有丢塌之势,注意上下协调一致,身法不可散乱。

图16　　　　图17　　　　图18　　　　图19

### 第六式　白鹅亮翅

【口诀】松沉两手合胸前，右腿迈步弓向前；双手开旋分上下，周身协调贵连贯。

【动作1】承前式，右腿向西南方迈步，以足跟着地，足趾上翘，两腿仍为左实右虚。同时，右手从右胯前上合至面前，左手小臂内旋弧形下落至胸前，左手在里，右手在外，目视两手前方。（图20）

【动作2】左足跟蹬地，右腿前弓，右足掌落平，身体前移。同时，右手外旋弧形上掤，至右额前上方；左手由胸前外旋，向前下方推按，目视左手前方。（图21）

【动作3】身体向下松沉，意气贯注于右实腿。同时，两手随松沉向下弧形沉带至两胯旁，目视两手前方。（图22）

【动作4】左足向前跟步，至右足左后方，以足尖点地，两腿为右实左虚。同时，两手弧形向上内合至胸前，与肩相平，目视两手前方。（图23）

【要领】右手上掤时，胸肩要有下沉之意，要注意松肩、沉肘。左手推出时，右手不可松懈丢塌，两手要配合密切，有互相对拉之意，一气贯穿，身体要保持中正。

图20　　　　　　图21　　　　　　图22　　　　　　图23

### 第七式　左搂膝拗步

【口诀】扣足合手松沉现，转腰搂手拗步变；阴手划弧于膝外，阳手直攻彼胸前。

【动作1】承前式，撤左步至右足后方，以右足跟为轴，右足尖里扣，腰向左转至面向东南方。同时，左手外旋弧形向左下至腹前，掌心向内；右手内合至脸右侧，目视东南方。（图24）

【动作2】身体向下松沉，意念贯注于右实腿，左腿向东北方迈步，以足跟着地，足趾上翘。同时，左手向下向外搂按之意，目视东南方。（图25）

图24　　　　　　　　　图25

【动作3】右足跟蹬地，左腿前弓，左足掌落平，身体前移。同时，左手外旋弧形向左下方搂至左膝外侧，手心向下；右手经胸前竖掌外旋向前推出，手高不过眼，远不过足尖，目视右手前方。（图26）

【动作4】腰微向左转，带动右足跟步，至左足右后方，以足尖点地，两腿为左实右虚。同时，两手要有内合之意，目视身体前方。（图27）

图26　　　　　　　　　图27

### 第八式　右搂膝拗步

【口诀】松沉划弧两手变,腰为主宰求浑圆;阴阳分合虚实换,整体运化意气连。

【动作1】承前式,意念贯注于左腿,右腿向东南方迈步,以足跟着地,足趾上翘。同时,右手划弧向右下方搂带至小腹前,左手在左耳旁,目视东南方。(图28)

【动作2】左足跟蹬地,右腿前弓,右足掌落平,身体前移。同时,右手弧形向右搂带,至右膝外侧,左手外旋竖掌经胸前向前推出,目视左手前方。(图29)

【动作3】左足向前跟步,至右足左后方,以足尖点地。同时,两手内旋有内合之意,目视身体前方。(图30)

【要领】转身时要以眼神领手。在用手将带时,手与肩左右要相吸相系,有引蓄之势。手向前推出时手掌要有沉着之意,跟步时周身要有收合之意。

### 第九式　手挥琵琶势

【口诀】退步撑圆随势变,两手合力松沉伴;八面支撑气势满,退步必撤记心间。

【动作】承前式,左腿向后退半步,身体后移,重心坐于左腿,右腿微后撤足尖点地。同时,两手内合于胸前,右手高不过眼,远不出足尖,左手在右肘内中线处,目视两手前方。(图31)

图28　　　　　图29　　　　　图30　　　　　图31

【要领】左实腿要精神贯注,要注意步法的虚实变换,两手与身体的折叠转换。两手的合力要配合得当。

### 第十式　上步搬拦捶

【口诀】进步去捶圈划圆,右搬左拦步迈前;进捶须用腰背力,上下合整威力现。

【动作1】承前式,重心坐于左腿,腰微向右转,右腿向前迈步。同时,两手继续向下后将带,弧形向上掤起,右手变拳旋腕向右粘带,左手至小臂内侧,此时左腿为实,右腿为虚,目视前

方。(图32)

【动作2】左腿向前迈步,以足跟着地,足趾上翘。同时,左手竖掌外旋向前拦挡,右手握拳内合至腰际,目视左手前方,此时左腿为虚,右腿为实,目视前方。(图33)

【动作3】右足跟蹬地,左腿前弓,左足掌落平,身体前移,腰微向左转。同时,右手握拳外旋向前击出,至左手腕上方,拳眼向上,目视右拳前方。(图34)

【动作4】右足向前跟步,至左足右后方,以足尖点地。同时,周身有内合之意,目视正东方。(图35)

图32　　　　　图33　　　　　图34　　　　　图35

【要领】两手回捋要做到圆活之趣。左手前伸要有提领左足迈步之意,右手击拳时,右肘要有沉着之意,同时要注意虚实和折叠转换。

### 第十一式　如封似闭

【口诀】步退手旋合胸前,两手下按意上翻;进步搓推虚实变,内外相合劲浑圆。

【动作1】承前式,右腿向后退半步后坐实,左足足尖点地。同时,右拳变掌从左手臂上回带至左臂内侧,手心向上,目视左手前方。(图36)

【动作2】左足向前迈步足跟着地,两腿为右实左虚。同时,两手掌下按至小腹前,手心向下,目视前方。(图37)

【动作3】右足跟蹬地,左腿向前弓步。同时,两手外旋竖掌向前斜上方搓推,目视两手前方。(图38)

【动作4】右足向前跟步,至左足右后方,以足尖点地,两腿为左实右虚。同时,两手有内合之意,目视正东方。(图39)

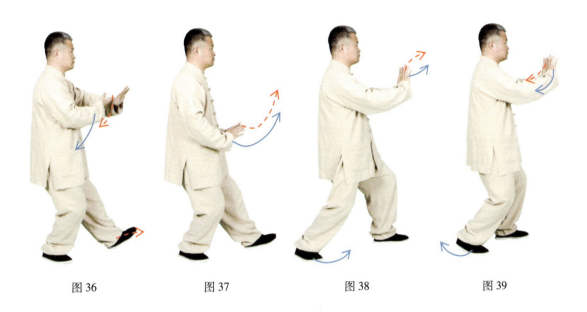

图36　　　　　图37　　　　　图38　　　　　图39

【要领】退步时,身体要保持稳定,两臂要注意沉肘。迈步前,实腿要做到松沉,精神贯注。迈步时有如履薄冰之意,两手向前搓推时要有沉着之意,要做到松肩、沉肘、气沉丹田等身法。

**第十二式　抱虎推山**

【口诀】扣足转腰去抱虎,右手划弧开合旋;进步身手相随动,意领气到来推山。

【动作1】承前式,右足向左后方退步,左足以足跟为轴,足尖里扣,腰向右转至面向正西。同时,右手向右后划弧,手随身转至右前方,左手内合弧形至左耳旁,面向正西方。(图40)

【动作2】右腿向西北方迈步,以足跟着地。同时,右手继续随身转,由掌变拳合抱于右胯前,目视西北前方。(图41)

【动作3】以左足跟蹬地,右腿前弓。同时,右手握拳继续向内划弧至腹前外撑,左手随身转竖掌外旋,向前推出,目视两手前方。(图42)

【要领】身体向后转动时,要保持稳定。两手运动要有引化之意,全身上下要协调相随。右手抱虎之势要饱满,左手前推要沉着,精神贯注于左腿。

**第十三式　左野马分鬃**

【口诀】腰转步跟手抱球,松沉上步含蓄成;进步弓腿捯劲打,腰做枢纽意先行。

【动作1】承前式,身体向右腿松沉,腰微向右转至面向西北,左足向前跟步至右足左后方,以足尖点地。同时,两手对拉划弧成抱球状,右手变掌在上,左手在下,目视前方。(图43)

【动作2】右实腿精神贯注,左腿向西南方迈步,以足跟着地,足尖上翘,目视身体前方。(图44)

【动作3】右足跟蹬地,左腿前弓,左足掌落平,腰向左转,身体前移。同时,右手下将至右胯前,左手向前上方撩起,高不过眼,目视左手前方。(图45)

图 40　　　　　　　图 41　　　　　　　图 42

图 43　　　　　　　图 44　　　　　　　图 45

**第十四式　右野马分鬃**

【口诀】转腰跟步球抱圆，放松沉气稳下盘；上步弓腿捌劲用，体松劲整求浑圆。

【动作1】承前式，腰微向左转，右足向前跟步至左足右后方，以足尖点地。同时，两手划弧抱球至胸前，左手在上，右手在下，目视左手前方。（图46）

【动作2】左实腿精神贯注，右腿向西北方迈步，以足跟着地，足尖上翘，目视西北前方。（图47）

【动作3】左足跟蹬地，右腿前弓，右足掌落平，腰向右转，身体前移。同时，左手向左下方弧形捋带，右手向右前上方撩起，高不过眼，目视右手前方。（图48）

【要领】上步时身体要沉稳，两手动作要有圆活之趣，身体上下要协调一致，要注意两手的阴阳变化和折叠转换，保持好各条身法。

图46　　　　　　　　图47　　　　　　　　图48

**第十五式　左玉女穿梭**

【口诀】跟步转腰左右旋，松沉合手于胸前；迈步前弓整体动，掤架推进意气连。

【动作1】承前式，腰微向右转，左足向前跟步，至右足左后方，以足尖点地。同时，两手划弧抱球至胸前，右手在上，左手在下，目视正西前方。（图49）

【动作2】身体向下松沉，腰向左转，右实腿精神贯注，左腿向西南方迈步，以足跟着地，足趾上翘。同时，左手内合在外，右手内合在内至胸前，两手成十字，目视两手前方。（图50）

【动作3】右足跟蹬地，左腿前弓，左足掌落平，身体前移。同时，左手向上掤起外旋至额前，右手竖掌外旋，与左手上下相齐合力向斜上方掤出，目视两手前方。（图51）

图49　　　　　　　　图50　　　　　　　　图51

### 第十六式　右玉女穿梭

【口诀】实腿扣足方向变,松沉合手于胸前;弓步开旋整体现,上下相随气贯穿。

【动作1】承前式,腰微向左转,右足向前跟步至左足右后方,以足尖点地。同时,两手内合划弧抱球至胸前,左手在上,右手在下,目视两手前方。(图52)

【动作2】身体向下松沉,腰向右转,左实腿精神贯注,右腿向西北迈步,以足跟着地,足趾上翘。同时,右手内合,左手内合至胸前,两手成十字,目视两手前方。(图53)

【动作3】左足跟蹬地,右腿前弓,右足掌落平,身体前移。同时,右手上掤外旋至额上前方,左手竖掌外旋与右手上下相齐合力向斜上方掤出,目视两手前方。(图54)

图52　　　　　　　图53　　　　　　　图54

【动作4】两手同时向下向外弧形开手至两胯旁。同时,身体向下松沉,上身意念上领,立身中正。(图55)

【动作5】左足向前跟步至右足左后方,以足尖点地。同时,两手弧形向下向外向上,内合至胸前与肩平齐,目视两手前方。(图56)

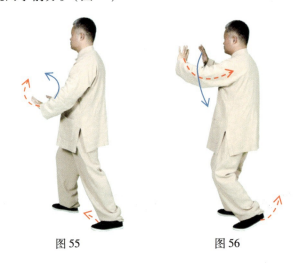

图55　　　　　　　图56

【要领】注意有上即有下,有前即有后的动作配合。两手向下时,身体、精神要有上升之意;两手前合时,命门意念要后撑,动作要圆活有趣。

### 第十七式　云手

【口诀】足扣身转圈划圆,双手对称云盘旋;松沉随着开合变,左右粘走如人愿。

【动作1】承前式,左足向后撤步,右足以足跟为轴,足本尖内扣,身体向下松沉;左手内合,掤起于胸前,右手向下捋按至右胯旁,目视正南方。(图57)

【动作2】腰向右转,右实腿精神贯注,左足足尖点地。同时,左手外开向外向下弧形掤带至左胯旁,右手弧形上掤至面前,手心向内,目视右手前方。(图58)

【动作3】精神贯注于右实腿,左足向左迈一步,以足跟着地,足趾上翘。同时,左手内合弧形上掤至面前,手心向内,右手外开向外向下弧形捋带至右胯旁,面向左手前方。(图59)

【动作4】右足跟蹬地,左腿前弓,左足掌落平。同时,左手外旋竖掌前推,右手掌前推至中线,目视左手前方。(图60)

【动作5】左足内扣,重心坐于左腿,腰向右转,带右步回撤半步,脚跟着地,脚趾上翘。同时,左手向外向下弧形捋带至左胯旁,右手弧形上掤至面前,手心向内,目视右手前方。(图61)

【动作6】左足跟蹬地,右腿前弓,右足掌落平。同时,右手外旋竖掌坐腕前推,左手助力托推至中线,目视右手前方。(图62)

【动作7】右足内扣,重心坐于右腿,腰向左转;左腿向左迈一步,左足跟着地,足趾上翘。同时,左手内合上掤至面前,手心向内,右手外旋向外向下弧形捋带至右胯旁,目视左手前方。(图63)

【动作8】右足跟蹬地,左腿前弓,左足掌落平。同时,左手外旋竖掌坐腕前推,左手助力前推至中线小腹。(图64)

图57　　　　　图58　　　　　图59　　　　　图60

图 61　　　　　图 62　　　　　图 63　　　　　图 64

【要领】两手在做划圈运动,要求圈要运圆,腿上的阴阳虚实互变,手上的开合松紧相配,还有周身的折叠转换,都要标准到位,保持好各条身法。

### 第十八式　下势

【口诀】重心右移虚实变,实腿屈蹲目视前;腰为主宰整体动,顺势防守意集中。

【动作】承前式,右足外摆,身体后移,重心坐于右腿,右腿随之下蹲,左腿前搓。同时,右手向下外开划弧至右后上方,竖掌外旋;左手向下划弧至左腿内侧,手心向外,目视左前方。(图65)

图 65

【要领】下蹲要稳,上身中正安舒,两手运动圆活协调,上下相随,保持好身法要求。

### 第十九式　上步七星

【口诀】弓步身起掌迎托,前足外摆手开旋;两手划弧松沉伴,八面支撑七星拳。

【动作1】承前式,右足跟蹬地,左腿起身向前弓步重心前移。同时,左手随身体前移,向前上方托起,与肩略平;右手划弧向下至右胯外侧,目视左手前方。(图66)

【动作2】腰微向左转,精神贯注于左腿,右腿向前迈步至左足前方,以足尖点地。同时,右手内合划弧向上握拳与左手握拳内合交叉于胸前,目视两拳前方。(图67)

【要领】两手与两腿要协调配合,身体不可前俯后仰。两臂于胸前要撑圆,注意做到有前即有后的功法,身法不可散乱。

### 第二十式　退步跨虎

【口诀】退步坐稳虚足点,两手上下须撑圆;腰带手分跨虎势,松沉对拉功力现。

【动作】承前式,右腿向后撤步至左足右后方坐实,精神贯注于右实腿,左腿向后微带,以足尖点地。同时,左手外旋向下至左胯前,右手向右上方撩带至额前上方,目视正东方。(图68)

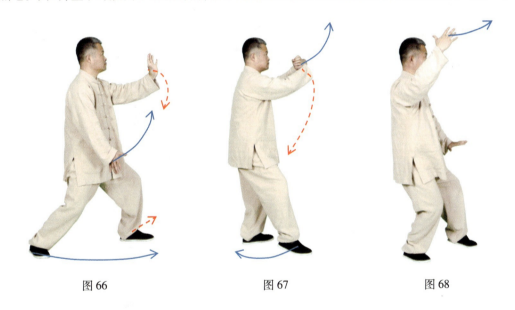

图66　　　　　　　图67　　　　　　　图68

【要领】右腿退步要稳,落实后要精神贯注,向下松沉,上下要协调相随,要做到尾闾正中、松腹、松肩、沉肘等身法。

### 第二十一式　伏虎势

【口诀】两手拉开划弧圆,进步弓腿随腰转;双捶合力分上下,左手牵引右进拳。

【动作1】承前式,右胯前送,身体向下松沉。同时,右手随之前送,左手回带至左胯旁。(图69)

【动作2】左腿向东北方向迈步,以足尖点地。同时,左手向左前方,右手向右斜下方拉开,目视左手前方。(图70)

【动作3】左腿向左前方迈步,足跟点地,足趾上翘。同时,身体向下松沉,两手继续对拉,左手向左前上方,右手向右后下方呈前后对称之势,目视左手前方。(图71)

【动作4】右足跟蹬地,左腿落实前弓。同时,右手划弧握拳向后向上再向前击出,左手内合握拳弧形向右下回带至腹前,目视东北方。(图72)

图 69　　　　　图 70　　　　　图 71

图 72　　　　　图 72 正面

【要领】要注意身体的折叠转换和两腿的虚实变化。两手握拳要松空,运动要圆活,上下要协调一致。

### 第二十二式　弯弓射虎

【口诀】重心后移折叠劲,扣足摆脚下弧连;挒带腰旋掌变拳,松沉拔腰劲浑圆。

【动作1】承前式,重心移于右腿坐实。同时,右拳变掌内旋弧形下带至小腹前,左拳变掌先由内旋再外旋竖掌前推,高不过眼,远不过足尖,目视左手前方。(图73)

【动作2】先左足内扣,再右足外摆;腰向右转,转至面向东南。同时,两手从掌变拳向右上方挂带,蓄势待发,目视身体前方。(图74)

【动作3】腰向左转,再向右转至面向东南。同时,两拳向左划弧上掤向东南方击出,左拳在前高不过眼,右拳在右耳旁成拉弓势,目视左手前方。(图75)

图73　　　　　　　图74　　　　　　　图75

【要领】两手向上时,身体要有向下之意,两手向下时,身体要有向上之意,要以身体带动四肢,两拳要有对拉劲,动作要圆活,上下要协调连贯,保持好各条身法。

### 第二十三式　对心掌

【口诀】两手捋带神意领,松沉掤架蓄中求;弓步旋掌中线出,发力浑整意当先。

【动作1】承前式,重心坐于右腿,左足跟步至右足左后方。同时,左手弧形捋带至中线小腹处,右手弧形捋带至右胯旁,目视身体前方。(图76)

【动作2】身体松沉贯注于右实腿,左腿向前迈步,脚跟着地,脚趾上翘。同时,两手内合向上掤起,左手至胸前身体左侧,右手至中线与左肘平齐,目视左手前方。(图77)

【动作3】身体松沉,右足跟蹬地,左腿前弓。同时,左手外旋向上掤架至额上方,右手外旋竖掌前推与左手上下相齐,目视两手前方(图78)。

图76　　　　　　　图77　　　　　　　图78

【要领】两手的运动与身体要配合妥当,要注意引、蓄、发的配合,以及松肩、沉肘、气沉丹田、尾闾正中等身法,上下要贯穿一气。

### 第二十四式　双峰贯耳

【口诀】后坐将带精神领,掌变拳来圈划圆;弓步双捶去贯耳,由下而上劲贯穿。

【动作1】承前式,重心后移坐于右腿。同时,两手划弧将带至左右两胯旁,目视身体前方。(图79)

【动作2】右足跟蹬地,左腿前弓。同时,两手变拳划圆向斜上方合击至额前方,目光从双拳中平视前方。(图80)

【动作3】重心移至左腿,右足跟步至左足右后方。同时,两拳继续有合击之意。(图81)

图79　　　　　　　图80　　　　　　　图81

【要领】两手下按时,精神有上升之意;两拳向前合击时,胸腹要有含合之意。注意两肩不可上耸,上下要协调配合。

### 第二十五式　退步双抱捶

【口诀】退步两捶下弧旋,松沉两捶向上翻;沉气旋捶胸前连,固基松放是关键。

【动作1】承前式,右腿向后退步,身体后移,重心移至右腿,左腿向后移步与右腿平齐。同时,两拳弧形向下至两胯旁,目视身体前方。(图82)

【动作2】身体向下松沉,两手握拳内合弧形向上至两肩前,拳心向内,目视正前方。(图83)

【动作3】身体继续向下松沉。同时,两手握拳弧形向内,再向前击出,目视两拳前方。(图84)

【要领】两腿要精神贯注,气要沉到丹田,要做到松肩、沉肘、尾闾正中等身法,打出的拳要稳重,身体保持中正。

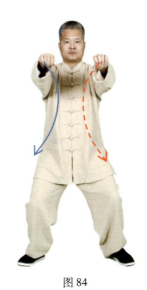

图 82　　　　　　　　　图 83　　　　　　　　　图 84

### 第二十六式　收势

【口诀】两手下按意上升,两臂上掤体意松；双臂走弧矛盾势,静守气敛合太极。

【动作1】承前式,两捶变掌下按至两胯旁。同时,两腿慢慢直起,注意手臂与腿都是屈中求直。（图85）

【动作2】两手内合从中线至与两肩平齐,慢慢掤圆。同时,两腿慢慢屈蹲,注意膝不要超过足尖,重心坐在两足涌泉穴后。（图86）

【动作3】两手弧形按于两胯旁,同时两腿直起。（图87）

图 85　　　　　　　　　图 86　　　　　　　　　图 87

【动作4】与动作2完全相同。（图88）

【动作5】与动作3完全相同。（图89）

【动作6】右足尖内扣，左足向右并拢落实。同时，两手向下垂于身体两侧，手心向内，指尖朝下，平心静气，立身中正，目视正前方。（图90）

图88　　　　　　　　图89　　　　　　　　图90

【要领】两手下按时要重意念，手上要按出感觉；两手上掤时要完全放松、掤圆，力求八面支撑，手的起落和身体的升降频率要合度。上下为一组，起势和收势统一都做三组，以此来调节气血的流动。这样做气感会很快产生，达到以意领气，以气运身的境界。

老年26式武式太极拳

# 第五节　武式太极桩功九式

武式太极桩功,是提高太极功夫必修之功法,分为定步站桩与活步桩功。定步站桩是利用静态方式来修炼,站桩是静中求动、以静求整、以静培势、以静易身。定步站桩是静态的知己功夫,而活步桩功是利用静态桩功所练出的自身坚韧、支撑力及静态浑圆力,融入动态桩功的练习。活步桩功是以太极拳十三条身法(含胸、拔背、松肩、沉肘、提顶、吊裆、裹裆、护肫、腾挪、闪战、气沉丹田、尾闾正中、虚实分清)为基准,五行步法(前进、后退、左顾、右盼、中定)及多种劲道变化随势而生,在运动中自我审视、自我调节、自我优化,从中体会整体如一、节节贯穿、内外相合、"牵一发而动全身,一枝动而百枝摇"的整体状态。活步桩功要以内动来支配外形的运动,运动中既能体现出方圆相生之意,又注重身体对拉拔长的内劲运化,以内动不令人知的内气潜转来配合身体的起落旋转;运动中要做到"一身备五弓",处于整体似张似缩、忽拉忽松的状态,要含而不拘,蓄而不束,有随时即可蓄发之势。如此长久练习,则能感觉身轻步活、周身空灵、劲整浑圆,又有如泰山一般沉稳、凝重,达到"一羽不能加,蝇虫不能落"的境界,在运动中达到身体能瞬间感应,处处得机得势,人为我制,而我不为人制的目的。

**第一式　上下矛盾桩**

【口诀】心静意专放松站,两手合掤松沉拌;呼吸调配养丹田,起落松紧意领先;意气引导内潜转,上掤下按矛盾现。

【动作1】两腿自然直立,两脚直向前方,全身放松,两臂自然下垂,手心向内,手指向下,精神集中,排除杂念。(图1)

【动作2】身体坐于右腿,左腿向左开步,与肩同宽,重心移于两腿中间。(图2)

图1

图2

【动作3】承前式,两手向前,徐徐弧形抬起,两手内合至胸前,同时两腿微屈下坐。(图3)

【动作4】承前式,两手于胸前外旋,徐徐下按,至两胯前方,同时两腿微微直起,目视前方。(图4)

图3

图4

【动作5】承前式,身体重心移到右腿,左腿向右收步,恢复自然站立,两臂自然下垂至身体两侧,目视前方。(图5)

图5

上下矛盾桩

【要领】此功法是武式太极拳重要功法之一,是拳论中"有上即有下"的具体表现,它关系到身体的上下协调以及体内意气圈的形成,是做到松沉的关键所在,是练好根基功夫不可缺少的功法,又是锻炼腰脊韧带强壮、预防腰椎疾病及高血压的功法,长期练习可以使下盘稳固有力,腰劲大增,精神壮旺。

**第二式 左右车轮桩**

【口诀】起手掤按松沉伴,动分虚实步前迈;接紧随动顾盼变,引劲入轨圆中找;开合松紧配合好,左右车轮求玄妙。

【动作1】腰微向右转,身体重心移至右腿。同时,两手弧形向右后捋带,右手至右胯旁,

左手至腹前,目视两手前方。(图1)

【动作2】承前式,两手内合向上弧形掤起,左手至胸前,手心向内,右手至左手右后方,手心向内。同时,右实腿精神贯注,意气向右腿松沉,左虚腿抬起向前45度迈步,以足跟着地,足趾微翘,目视两手前方。(图2)

图1

图2

【动作3】承前式,腰微向左转,右足跟蹬地,身体前移,左腿前弓,左足掌落平,重心移至左腿。同时,两手旋掌坐腕至胸前与左肘平齐,目视两手前方。(图3)

【动作4】承前式,腰微向左转,左手向下划弧至身体中线,右手向上划弧至身体右侧,目视右手前方。(图4)

图3

图4

【动作5】承前式,右足向前跟步,至左足右后方,以足尖点地。同时,两手随腰转,向左后弧形捋带,左手至左胯前,右手至小腹前,目视两手前方。(图5)

【动作6】承前式,左实腿精神贯注,身体向下松沉,腰微向右转,右虚腿抬起向前45度迈步,以足跟着地,足趾微翘。同时,两手内合,弧形向上掤起,右手至胸前,左手至右手左后方。(图6)

257

图5　　　　　　　　　　　　　　图6

【动作7】承前式,以左足跟蹬地身体前移,右腿前弓右足掌落平,重心移向右腿。同时,两手坐腕外旋,右手在前、左手在后,至胸前与右肘平齐,目视两手前方。(图7)

图7　　　　　　　　　　　　　　左右车轮桩

【要领】此式以太极拳懒扎衣式为主,左右各一式,如车轮旋转。每式在吸气时,身体要向下松沉,同时体内意气下行于实足;前弓发力时呼气,同时右实腿足跟蹬地,体内意气通过地面的反弹力,由脚而腿而腰直达两手十指。每式的一吸一呼,完成体内一个意气圈。两手的动作,注重松柔圆活、框架规范、开呼合吸,全身做到上下协调。此势可反复循环进行演练,也可与其他各势配合演练。

**第三式　阴阳互动桩**

【口诀】接手阴阳粘走变,行圆划弧动中现;进退虚实两极换,下盘稳固沉丹田;顾盼随着进退变,机势要在定中现。

【动作1】腰微向右转,身体重心移至右腿。同时,两手弧形向右后捋带,右手至右胯旁,左手至腹前,目视两手前方。(图1)

【动作2】承前式,右足跟蹬地,左腿45度迈步前弓,腰向左转,重心前移,右脚跟步至

左足右后方。同时，两手向上向左后弧形引带，右手至中线，左手至左侧，目视两手前方。（图2）

图1

图2

【动作3】承前式，身体向下松沉，右脚45度迈步前弓，腰向右转。同时，两手向下向右上弧形引带反掌推出，两手心向外，左手至中线，右手至右侧，目视两手前方。（图3）

【动作4】承前式，身体重心后移坐于左腿。同时，两手向左后捋带，左手至左胯前，右手至小腹前，目视前方。（图4）

图3

图4

【动作5】承前式，左足跟蹬地，重心前移，腰向右转，左脚跟步至右脚左后方。同时，两手向上向右上弧形引带，右手至右侧，左手至中线，目视两手前方。（图5）

【动作6】承前式，身体向下松沉，左脚45度迈步前弓，腰向左转，同时两手向下向左上弧形引带反掌推出，两手心向外，左手至左侧，右手至中线，目视两手前方。（图6）

259

图 5　　　　　　　　　　　　图 6

阴阳互动桩

【要领】此式是在懒扎衣的基础上,进行复合劲的演变,分为左式与右式,可反复循环进行演练,也可与其他各势配合演练,主要注意内气的循环及松沉转进的功法要求。在身体向下松沉时,两手要放松向上掤,做到有上即有下的要求,使意气沉于足底。注意两手阴阳的配合,在两手随腰转换时,向左转左手为阴,作用于走化,右手为阳,作用于粘制。要做到上下协调,内外相合,要保持身法。

### 第四式　翻江倒海桩

【口诀】两手开合左右翻,松沉起落进退间;顾盼变化随腰转,上下合频整体现;意念引导气潜转,省力借力效果见。

【动作1】腰微向右转,左腿向前跟步至右足左侧,以足尖点地。同时,两手弧形向右下后捋带至腹前,目视两手前方。(图1)

【动作2】承前式,身体向右实腿松沉。同时,两手向上划弧内合掤至胸前,左手在前,右手至左手后方,目视两手前方。(图2)

【动作3】承前式,左腿向后撤步至右脚左后方落实,重心移于左腿。同时,两手向左后方反掌捋带,左手至左胯,右手至小腹前,目视两手前方。(图3)

【动作4】承前式,左足跟蹬地,右腿前弓,重心前移。同时,两手弧形向上坐腕竖掌外旋向前推出至胸前,目视两手前方。(图4)

图 1

图 2

图 3

图 4

【动作5】承前式，身体重心后移左腿，右腿向后微撤脚尖点地。同时，两手弧形向左后方捋带，左手至左胯，右手至小腹前，目视两手前方。（图5）

【动作6】承前式，腰微向右转，身体向下松沉。同时，两手内合弧形向上掤起，右手至胸前，手心向内，左手至右手左后方，目视两手前方。（图6）

图 5

图 6

261

【动作7】承前式,右虚腿向后撤步至左腿后方落实,左腿微撤足尖点地,身体重心后移至右腿。同时,两手反掌向右后方捋带至腹前,右手至右胯,左手至小腹前,目视两手前方。(图7)

【动作8】承前式,右足跟蹬地,左腿前弓。同时,两手弧形向上旋掌竖掌推出至胸前,目视两手前方。(图8)

图7

图8

翻江倒海桩

【要领】此式是以懒扎衣为基础,分为左右两式,两手掤时身体要向下松沉,两手向后捋带时精神有上领之意。要注重尾闾正中、气沉丹田、松肩沉肘、含胸拔背等身法。

### 第五式　左右滚旋桩

【口诀】两手滚旋划弧圆,开合引带粘走变;上下相随求整体,意领气跟随腰旋;阴阳矛盾生克换,方圆相生妙中玄。

【动作1】右腿精神贯注,左腿向前45度迈步前弓,左手向右旋掌至身体中线,右手外旋至右侧,目视两手前方。(图1)

【动作2】承前式,身体重心后移,坐于右腿。同时,左手向左旋掌至左侧,右手向左旋掌至身体中线,目视两手前方。(图2)

图1　　　　　　　　　　　　　　　图2

【动作3】承前式，身体重心前移，弓腿，左手向右旋掌至身体中线，右手外旋至右侧，目视两手前方。（图3）

【动作4】承前式，左腿精神贯注，右腿向前45度迈步前弓，右手向左外旋至中线，左手向左外旋至身体左侧，目视两手前方。（图4）

图3　　　　　　　　　　　　　　　图4

【动作5】承前式，腰微向右转，右手向右下外旋掌至右侧，左手向上向右旋掌至身体中线，目视两手前方。（图5）

【动作6】承前式，腰微向左转，左手向左下旋掌至身体左侧，右手向右上弧形旋掌至身体中线，目视两手前方。（图6）

【要领】此式同样是在懒扎衣的基础上，进行复合劲的演练。主要注意腰的左右旋转，与两手的阴阳相配。在腰向左转时，身体要松沉，左手为粘走，右手为粘制，这样才可做到阴阳相济、走粘相生，要做到上下协调，圆活有趣。

图 5　　　　　　　　　　　　　图 6

左右滚旋桩

**第六式　对拉拔长桩**

【口诀】接手松随阴阳变,阴走阳粘同时现;对拉拔长身法伴,虚实调配随腰转;以内带外整体圆,矛盾统一效果见。

【动作1】腰微向右转,左腿向前跟步至右足左侧,以足尖点地。同时,两手弧形向右下后捋带至腹前,目视两手前方。(图1)

【动作2】承前式,右足跟蹬地,左腿向前45度迈步前弓,腰向左转。同时,左手向前、右手内合外旋前推,目视两手前方。(图2)

图 1　　　　　　　　　　　　　图 2

【动作3】承前式,重心后移至右腿,身体向下松沉。同时,右手向前、向下内合向后弧形拉带至小腹前,左手外旋向上从胸前推出,目视左手前方。(图3)

【动作4】承前式,腰微向左转,右腿向前跟步,以足尖点地。同时,两手弧形向左下弧形捋带,左手至左侧,右手至小腹前,目视两手前方。(图4)

图3　　　　　　　　　　　　　　图4

【动作5】承前式,左足跟蹬地,右腿向前45度迈步前弓,腰向右转。同时,右手向前、左手内合外旋前推,目视两手前方。(图5)

【动作6】承前式,身体重心后移至左腿,身体向下松沉。同时,左手向前向下内合弧形拉带至小腹前,右手外旋向上从胸前推出,目视右手前方。(图6)

图5　　　　　　　　　　　　　　图6

对拉拔长桩

【要领】此式同样是懒扎衣式的演变,主要注意两手的对拉劲与两腿的虚实变换。当右手向前推时,左手要同时向后拉带,前后用力之劲要相等。同时,要做到身体向下松沉,命门后撑,前后形成对拉拔长之劲,做到松紧合度,两腿生根。

### 第七式　上下互动桩

【口诀】进退随着腰腿变,以下带上动中现;松随从人框架守,两手开合行弧圆;内外相合整体运,上下互动妙中玄。

【动作1】精神贯注于右腿,左腿向后45度撤步落实,腰微向左转。同时,两手弧形向上向后引带,左手至左侧,右手至身体中线,目视两手方向。(图1)

【动作2】承前式,腰微向右转,右腿脚跟着地,足趾微翘。同时,两手从身前向下向右侧划弧,右手至右胯前,左手至小腹前,目视两手前方。(图2)

图1

图2

【动作3】承前式,左足跟蹬地,右足踏平前弓。同时,两手内合弧形向上从右胸前推出,目视两手前方。(图3)

【动作4】承前式,身体重心后移坐于左腿,右腿微撤,足尖点地。同时,两手向下捋带至小腹前,目视前方。(图4)

图3

图4

【动作5】承前式,精神贯注于左腿,右腿向后45度撤步落实,腰微向右转。同时,两手弧形向上向后引带,右手至右侧,左手至身体中线,目视两手方向。(图5)

【动作6】承前式,腰微向左转,左腿脚跟着地,足趾微翘。同时,两手从身前向下向左侧划弧,左手至左胯前,右手至小腹前,目视两手前方。(图6)

图5

图6

【动作7】承前式,右足跟蹬地,左足踏平前弓。同时,两手内合弧形向上从左胸前推出,目视两手前方。(图7)

图7

上下互动桩

【要领】此式同样在懒扎衣的基础上,进行劲法的演变,动作要做到以下带上,同时配合腿的变化,要守好框架,动中要做到行弧划圆,并配合开合的旋转、松紧的配合,使彼方在随我之动中,造成失控落空。

第八式 五行组合桩

【口诀】脚踏五行调下盘,进退顾盼动中换;前进随着右盼走,后退紧跟左顾圆;定在两极空间找,轨迹守好粘黏变。

【动作1】腰微向右转,身体重心移至右腿,左足尖点地。同时,两手弧形向右后捋带,右手至右胯旁,左手至腹前,目视两手前方。(图1)

【动作2】承前式,身体向下松沉,右实腿精神贯注,左腿抬起向前45度迈步落实,微向前弓。同时,两手弧形向上掤起,左手内旋用肘从胸前向前微伸,右手内旋至左手右后方,目视左肘前方。(图2)

图1　　　　　　　　　　　　图2

【动作3】承前式,腰微向左转,身体后移,右腿坐实。同时,两手弧形内旋,向左下后方沉带,左手至左胸下侧,右手至胸前。(图3)

【动作4】承前式,腰微向左转,同时以右肘领意弧形至中线,目视两手。(图4)

图3　　　　　　　　　　　　图4

【动作5】承前式,身体重心后移,坐于右腿。同时,两手弧形向右下方捋带,右手至右胯前,左手至小腹前,目视两手方向。(图5)

【动作6】承前式,左腿微向前弓。同时,两手弧形向上掤起,左手内旋用肘从胸前向前微伸,右手内旋至左手右后方,目视左肘前方。(图6)

图5

图6

【动作7】承前式,腰微向左转,右腿向前45度迈步前弓。同时,两手向左下划弧,以右肘领意弧形向前微伸至中线,目视右肘前方。(图7)

【动作8】承前式,身体重心后移坐于左腿,右趾微翘。同时,两手弧形向右捋带,右手至右胯前,左手至小腹前,目视两手。(图8)

图7

图8

【动作9】承前式,腰微向右转,以左肘领意弧形微向前伸至中线,右手至左手右后方,目视左肘前方。(图9)

【动作10】承前式,身体重心后移坐于左腿,足趾微翘。同时,两手弧形向左下捋带,左手至左胯前,右手至小腹前,目视两手。(图10)

【要领】此式同样在懒扎衣的基础上,进行复合劲的演变,主要注意腰腿的左右旋转与两手的密切配合。当右手掤起向上向前进肘时,肘起到向对方问劲的作用,腰腿要同时前移;在与对方之劲相合时,肘腰腿同时向后下沉带,在沉带的同时做到松沉协调。同时,注意两手的开合滚旋,发力时要先松后紧,周身一家。

图9　　　　　　　　　　　　　　图10

五行组合桩

**第九式　整体松放桩**

【口诀】太极主旨求整体,动分阴阳矛盾生;周身矛盾多处现,对立统一精中练;意气引导气潜转,松放只在一瞬间。

【动作1】腰微向右转,左腿向前跟步至右足左侧,以足尖点地。同时,两手弧形向右下后捋带至腹前,目视两手前方。(图1)

【动作2】承前式,身体向右实腿松沉。同时,两手向上划弧内合掤至胸前,左手在前,右手至左手后方,目视两手前方。(图2)

图1　　　　　　　　　　　　　　图2

【动作3】承前式,右实腿精神贯注,腰微向左转。同时,两手弧形向左下后方引带,左手至左胯前,右手至胸前,目视两手前方。(图3)

【动作4】承前式,右足跟蹬地,左腿前弓,重心前移。同时,两手弧形向上,坐腕竖掌外旋向前推出至胸前,目视两手前方。(图4)

图3

图4

【动作5】承前式,腰微向左转,右足向前跟步至左足右后方,以足尖点地,左实腿精神贯注。同时,两手弧形向下后方捋带,左手至胯前,右手至小腹前,目视两手前方。(图5)

【动作6】承前式,腰微向右转,身体向下松沉,右虚腿抬起45度迈步,以足跟着地,足趾微翘。同时,两手内合弧形向上掤起,右手至胸前,手心向内,左手至右手左后方,目视两手前方。(图6)

图5

图6

【动作7】承前式,左实腿精神贯注,腰微向右转。同时,两手弧形向右下方引带,右手内合至右胯前,左手内合至胸前,目视两手前方。(图7)

【动作8】承前式,左足跟蹬地,右腿前弓,重心前移。同时,两手弧形向上坐腕竖掌外旋向前推出至胸前,目视两手前方。(图8)

图7　　　　　　　　　　　　　图8

整体松放桩

【要领】在练习时要做到放松肢体,使气沉于脚底,在发力时利用脚底的蹬力通过命门、脊背,最后到手掌,一气呵成,练出弹簧劲,体验出太极拳放松打人的境界。

## 第六节　武式太极桩上推手

1. 武式太极桩上推手简介

太极拳不同于其他拳种。它是一种文雅拳、省力拳、哲理拳,是由听劲摸劲到懂劲的一种技艺,是在探求阴阳生克演变中完成身心修炼的智慧拳术。在技击中的特点是以不丢不顶、粘连黏随、舍己从人为原则,追求省力、借力之奥妙,达到使对方落空拔根失控之效果。

太极桩上推手与定步推手的训练方法基本相同,不同之处是,桩上推手是以一方失去平衡,下桩即分输赢,在桩上可练习单推手、双推手和散手。由于在桩上步伐的限制,克服了双方顶牛较力以力量取胜的心理,迫使双方以腰腿的变换求取借力,遵循太极拳法则之要求,练习用意不用力、不丢不顶、舍己从人、随人所动、后发制人等太极拳技术,是集竞技、观赏、娱乐、益智、健身于一体的太极推手新方法。

祖师武禹襄在《十三势说略》中讲道:"由脚而腿而腰,总须完整一气,向前退后乃得机得势。有不得机势处,身便散乱,必致偏倚,其病必于腰腿求之。"这说明腰腿在太极拳进入高层次功夫的重要性，只有管住两脚，才能用上腰腿变换，腰腿的灵活多变是掌控身体平衡的关键。笔者经过多年的研究实践证明桩上推手是通往高层次太极功夫的必由之路。

在习练太极拳有了一定的基础后，进入推手听劲摸劲阶段，即可上桩训练。桩上训练以两人对练为主要形式，在运动中调节自身平衡，破坏对方平衡。只有懂得了在桩上调换自身的阴阳平衡，才可使对方不平衡，从而立于不败之地。这也是太极功夫的一种体现，是通过后天训练出来的，而不是先天固有的。

习练者在桩上站立，管住两脚，不能乱动，只凭借腰腿的虚实变化来调整自身的平衡。在这种情况下，习练者只能注重内气的下沉与周身动作的协调配合，不敢使用拙力、起强劲，从而克服在地上利用两脚的互动与对方顶抗的习惯。不改变见劲就顶、以力取胜的后天意识，太极拳中的用意不用力、不丢不顶、舍己从人、随人所动等要求是很难练上身的。通过严格的桩上推手训练，可使习练者下盘稳固，腰腿虚实变化灵活，实现在定步的状态下制人而不被人制的效果。

桩上推手在医疗健身上也具有很高的价值。此桩功训练是有氧运动，训练中能出汗而不气喘，在运动中结合大脑思维活动，调控左右脑的平衡，促使大脑中枢神经得到充分的休息，改变后天的意识状态，增长智慧。通过太极本体的修炼，可使丹田内气充盈，气血壮旺，疏通经络，达到意气圈的形成；同时使五脏六腑在横膈膜的升降过程中得到按摩，起到疗病强身的效果。长期的平衡桩训练，可修复劳损的腰肌，使带脉壮旺，提高肾功能，增强内劲，达到易筋易骨的效果。

2. 武式太极桩上推手图示

图 1(1)

图 1(2)

图 1(3)

图 1(4)

图 2(1)

图 2(2)

图 2(3)

图 3(1)

图 3(2)

图 3(3)

图 4

图 5

图 6

图 7

图 8

图 9

武式太极桩上推手

翟维传先生常说,功夫就是时间。大道理是如此,但一生习拳而无所成就的人比比皆是,这却是为何?问题的关键是在时间的利用率上!这里需要问练拳者几个问题:你练得对不对?你有没有用心练?你花费的有效时间是多少?恐怕很多人的答案不容乐观!太极拳是智慧拳,而智慧,不是知识的简单叠加;功夫,也不是时间的简单积累!转识成智,久久为功,最关键的是需要不断地反思和总结。教了一辈子拳,可能充其量是个拳师,但若能在教拳过程中不断进行反思和总结,进而形成独特的思想体系、理论体系和功法体系的一定是一代大师!

　　翟老的案头床前常置纸笔,习拳授艺稍有心得,随即记录,或一句话,或一句口诀,或一段文字,随想随记,随感而发,渐渐积累了许多宝贵的经验。积累多了,这些只言片语就成了珍贵的素材,然后结合拳论进行分析论证,再在实践中进行验证,确定无误之后,整理加工成文。本部分所选拳论、功法以及歌诀等内容基本上都是以这样的方式积累而成,有的虽做过讲座报告,其成文过程也大抵如此,绝不东拼西凑,更不拾人牙慧。所以这些文章、歌诀没有故作高深的玄虚,也没有假大空费的套话,完全是老先生身体力行,在实践中一点一滴积淀而成的精辟之论。文中的许多观点可能和读者所想的不同,甚至和别家拳论的阐释不同,但恰恰这种不同正是本部分文章的宝贵之处!翟老一生唯练武式太极拳,广交各门拳友,其宅心仁厚,功夫纯正,对武禹襄、李亦畬等宗师的拳理认识,以及对武式太极拳的体验和理解,随着功夫的积累不断提升。若读者能在阅读中获得一二启发,老先生也算是得遇知音,倍感欣慰了!

# 第一章　维传说拳理

## 第一节　武式太极养生原理

### 要　　诀

逆呼吸　养丹田　充气血　通经络
益脏腑　壮带脉　懂阴阳　守平衡

### 逆呼吸　养丹田

太极拳遵循太极阴阳变化之理，要求周身"动之则分，静之则合"，是个整体的运动，所以有内外相合之说。处处要以内动带动外形，即以内在的太极阴阳虚实变化来指挥外在的拳的运动。内动的核心是呼吸。武式太极拳之"呼吸"不同于平时维护生命之肺呼吸，是借"呼吸"之名来阐释身体内外的开合运动。具体来讲是用逆腹式呼吸法，吸为合为蓄，呼为开为放。吸时气向下沉于丹田，同时身体放松，两手内合；呼时内气一半沉于丹田，一半外出，同时两手外旋，意气直达指尖。切记不是用口鼻之呼吸来配合肢体运动，可是又离不开口鼻，这即是太极拳的辩证法。

丹田是太极之体、生命之源，养丹田之气是修炼太极拳的核心之一。丹田内气充盈，以至能受神意支配而运行转动，做到意到气到，以气运身，周身经络血脉运行畅通无阻，自然精神充沛，病消功长。养丹田之气除了严格遵守身法规矩勤加练习之外，更要注重神意的修炼。因神意为气之领帅，气是生力之母，无神意引导则气无所从，丹田之气不足则神疲体倦，更遑论太极真功了。正确地认识呼吸，养足丹田之气，是修炼太极拳的重中之重，是健身养生的灵丹妙药，要善思多悟，潜心修炼，方有所得。

### 充气血　通经络

中医认为，血为人身之至宝，而气以催血，气为主，血为副，气为卫，血为营。人的生命全赖营卫调养，故有营无卫则不运，有卫无营则不和。血不足尚可暂生，气不足实难生存，故养气甚为重要。"外练筋骨皮，内练一口气。"太极拳之养生，尤以养气为主。健壮者气必深长，虚弱者气必短促。气血在人体内又为生力之母。拳论云：意到、气到、劲到。练习武式太极拳既可增加气血的流动量，增长内劲，又可打通周身之经络，达到疗沉疴、强筋骨、益寿延年之效果。武式太极拳特别注重对气的调配，如："以心行气""气以直养而无害""尚气者无力，养气者纯刚""行气如九曲珠，无微不到""以气运身务顺遂，乃能便利从心""心为令，气为旗，神为主帅，身为驱使"等都是祖师武禹襄的经典论述，需要后代去继承发扬。

### 益脏腑　壮带脉

五脏六腑是身体的内部器官。武式太极拳是使脏腑得到锻炼的宝贵功法。因为武式太极拳功法中的"开、合、隐、现"使周身骨节和肌肉群进行收缩运动，又结合"开呼合吸"使横膈膜进行有规律地升降运动，上承下压，促使胸腹脏腑亦随之蠕动，这样就形成了周身骨节肌肉群，五脏六腑的"一动无有不动，一静无有不静"，使全身各部位都得到了锻炼。这是太极拳能够祛病延年、强身健体的根本原因。

《奇经八脉考·带脉篇》："带脉者，起于季胁足厥阴之章门穴，同足少阳循带脉穴，围身一周，如束带然。"中医认为带脉"总束诸脉"，能约束纵行之脉，足三阴、足三阳以及阴阳二蹻脉皆受带脉之约束，以加强经脉之间的联系，带脉强健可以改善胃肠功能，固精强肾壮阳。武式太极拳在行功中进行有规律地开合、松沉，气沉丹田时用意念促使命门后撑，尾闾向前内收，再结合闭息、调息等功法，刺激带脉，长期坚持修炼，能使带脉壮旺，内劲大增。

### 懂阴阳　守平衡

太极拳是根据太极阴阳变化之理而形成的。阴阳是世间所有对立面的概括，阴阳的辩证法即为矛盾的对立统一规律。太极拳要求阴阳相济方为懂劲，相济即是阴阳同时出现，如阴阳互补，粘即是走，走即是粘，阴不离阳，阳不离阴，等等。

这些都是为了一个共同的目标：不被人制，得机得势，也即是守住自身之平衡，去破坏对方之平衡。拳论中讲："有不得力之处，必于腰腿求之。"说明了腰腿的阴阳调配至关重要。腰腿为五行变化之根基，为人身下盘稳固之要地，是守好自身平衡之关键。要做到懂阴阳、守平衡，这是进入太极拳之门的要旨。

## 第二节　武式太极拳特点

武式太极拳除了做到阴阳相济、舍己从人、刚柔并济等太极拳的共性特点之外，另有其自身独特之处。

（1）架势紧凑。"紧凑"就是周身肢体活动范围收小。步法上要求不丁不八，进步必跟，退步必撤，缩短虚实变换的时间；左右手各管身体半边，互不逾越，出手高不过眼，远不过前足尖,收小了运圈的轨迹;腰的转换开合有致,使整体上阴阳互换、走粘变化更显短快。

（2）尾闾正中。正中,是身体内在的功法,是身体上下相合,意气上下贯穿,打通任督二脉,促进体内中和之气及意气圈形成的关键所在。具体做法是:在完成含胸、拔背、松肩、沉肘、提顶等身法的同时,气沉于丹田,命门后撑,尾闾尖向前上方内收,使裆吊起,小腹有上翻之意,内意托住丹田,脊椎竖直,意念上想象百会穴与会阴穴上下形成垂直线,向下延伸直达脚底涌泉穴。

恩师姚继祖讲:"身体比如一扇门,垂直线如门的转轴,上为头顶百会穴,下为脚底涌泉穴,上下在一条线上,门轴转动带动整体运动,练功时按此要求,才能做到周身一家,享身体中正安舒之乐。"这条垂直线的关键就在"尾闾正中",意念上用尾闾尖去找鼻尖,两者遥相呼应,使身体形成一个整体。

（3）松紧合度。松与紧在拳术中是矛盾的对立统一体。武式太极拳在行功与走架训练中,特别注重松紧,每一式的练习都要有松与紧的配合,或者说每一式都是松紧的交替变化过程。在内,用意气带领体现松与紧;在外,用开合来体现松与紧。

（4）开、合、隐、现。武式太极拳在松紧之中暗含着开、合、隐、现。在走架时,开则俱开,即周身骨节和肌肉群都微有开展之意。开为发,发力的神意微现于体外。合则俱合,即周身的骨节与肌肉群都微有收缩之意。合为收,把运劲的神意收隐于体内,并利用内气的潜转和内劲的转换来支配外形。每个动作要求做到"外示安逸、内固精神",由开到合,由合到开,渐隐渐现。

（5）虚实变换。"虚非全然无力,虚中有实;实非全然站煞,实中有虚。"虚实转换的内在要求是以意使气,以气运身,以意识一气贯穿,手与腿交叉相合。

（6）提顶。姚老师传授的是以后脑领意,精神上提。

（7）双重。腰腿受制转换不了,腰不能分阴阳,成了死腰,即为双重。

（8）四正四隅。掤捋挤按为四正,采挒肘靠为四隅。四正不动腰,四隅必须动腰。八种劲法在正隅转换中互补互变,互相补救,变化出八八六十四种劲法。

（9）落空拔根。在劲法上,不以本力去制人,不去主动制人,不先下手为强,而是松随从人,借力省力,使对方落空拔根。落空拔根是发放的前提。

（10）实腿转体。以实足足跟为轴,通过脚的外摆、内扣完成转体动作,这是武式太极的一大特点。实腿转换缩短了虚实转换的路线,使中定的轴心更好调整,虚实变化速度更快捷,化发时间提前,虚腿进步更为主动。

（11）开合变换。在外表上为两手的外旋与内旋,更重要的是内意上要与呼吸、松紧配合,这关乎到身体的松沉、粘走、蓄发等。

（12）意气调配。武式太极最讲神意气与肢体的结合。"以心行气,以气运身,意气转换得灵乃有圆活之趣,行气如九曲珠无往不到,气以直养而无害,劲以曲蓄而有余,心为令,气为旗,腹松气敛入骨,腹内松静气腾然,意气君来骨肉臣。"

（13）以心行气。心，指心性，心性的修炼是一个改变后天意识的过程，练习太极拳是修养心性的最佳方法，心性能控制周身框架的运作。通过心性调控框架去描述内心的情感，达到松柔圆活、姿势优美、耐人寻味。心性对身体或者外物的作用力，称为心力，心力不强，肢体便不听使唤，内心控制不平衡，身体就会出现病态。

## 第三节　阴　阳

### 一、太极阴阳即矛盾的对立统一

"阴阳"从字意上讲，是所有对立面的概括，如：阴是暗，阳是明；阴是黑，阳是白；阴是反面，阳是正面等。在太极拳中阴阳是指开与合、虚与实、呼与吸、刚与柔、内与外、松与紧、前与后、上与下、左与右等，这些都是矛盾的对立面。阴阳演变实质就是矛盾双方由对立到统一的转化过程，这是习练者需要理解的关键。

武禹襄拳论中讲："有上即有下，有前即有后，有左即有右。如意要向上，即寓下意；若物将掀起，而加以挫之之力。"这体现了阴阳矛盾的对立统一。如在练功时，两掌向前推时，命门要有后撑之意，左右亦然。太极拳要求浑圆一体，在身体上所产生的阴阳矛盾即是争力，有争力才可使身体完整一气，完整一气才能达到身体的浑圆。太极拳运动时，身体会产生很多矛盾，如身体各部位的对拉拔长，脚与地面的踩提，运动时前后、左右、上下等相反方向的争力，这些矛盾争力使周身各部位紧密联系成一个整体，给发力奠定基础。

发力时，脚与地面的蹬力会产生反作用力，同时通过身体传送到作用点上。正如拳论中讲："劲起于脚跟，主于腰间，形于手指，发于脊背。"劲起于脚跟，只不过是指劲的源泉，要在人体上形成力量，还需要一系列的运动，如丹田之高压、腰的旋转、腿与臂的伸缩、手的开合等，这在本质上都是矛盾力在运动时由对立到统一的变化过程。

太极拳的核心就是使身体练成浑圆一体。在练功上要去认识矛盾和解决矛盾，使矛盾得到统一。要提起精神，排除杂念，做到体松而意紧。身体向前时，同时要有向后的争力；向左、向右、向上、向下的道理也是同样。应先从单方面争力练起，找到感觉后再加练另一方向争力，如此逐步加功，使局部的运动变为整体的运动，身体匀整协调，浑圆一体。

太极拳以内动带动外形，最终达到内外合一，使肌体呈现最佳的组合状态，这也是阴阳矛盾的对立统一规律的体现。在练习时既能创造矛盾，又能使阴阳矛盾在体内外十分协调地得到统一，这便是太极拳的奥妙所在。

"阴阳相济"，是太极拳一大特点，"相济"也就是阴阳矛盾的对立统一。太极拳的动作中每一动均可分出阴阳，每一式都要形成对立面，这是太极拳的基础功夫。两人推手中，在把自身的阴阳处理好的同时，还要与彼方的阴阳配合好，如彼方阳来我用阴走，彼方阴走我用阳粘，两者形成对立统一关系,才能实现不丢不顶、粘连黏随、粘走相生,在不丢不顶中寻求舍己从人,得机得势。

太极拳有极为深奥的内涵,习练者不仅要体味拳理的阴阳矛盾的统一之理,更要悟透人世间的矛盾转化规律,使心情开朗,举止文雅,意形张弛有度,开合有方。练拳不能只想到技击,更重要的是修身养性,使心理及身体内外与世间诸多矛盾由对立走向统一。习练者要遵循这一规律,多思觉悟,才能进入境界,向太极拳更高层次进阶。

## 二、太极阴阳变化

练功时由静而动便是由无极转化为太极,同时分出阴阳,从而带动全身各部分发生变化的过程。大体上讲,上盘分阴阳,手运八卦;下盘变虚实,脚走五行。有了阴阳的变化,才能体现出太极拳有刚有柔、刚柔相济的特点。

太极拳的阴阳变化表现在身体各部分的弧形承接与开合旋转动作上。弧形承接和开合旋转动作都是由内劲旋转而使外形产生运动,每一动在一系列大小开合旋转的弧形运动中体现阴阳变化,实现进退屈伸,起到边化边打的作用。

全身开合和顺逆旋转相互变换,使动作柔而能刚、刚而能柔,节节贯穿,相连不断,一气呵成,再假以时日,不断练习,直至练到"周身一家"。进一步做到有快有慢,快慢相间,立身中正无偏,动作虚中有实,实中有虚,开中寓合,合中寓开等。具备了这些条件才能发挥阴阳变化的特殊作用,在技击上才能达到以轻制重、以慢制快、顺应自如,达到知己知彼的懂劲功夫。

太极拳理论上讲:阴为合、为蓄,阳为开、为放,这是从阴阳两字上单方面而言的。如:走化对方劲时为阴,阴中要产生走化、蓄劲、粘制;发劲时为阳,阳中要产生粘制、发力、走化。这说明阴阳既是对立的,又是统一的,两者缺一不可,不可分割,也表明太极就是阴阳从对立过渡到统一,形成阴中有阳、阳中有阴、阴阳相济的状态。从一个动作上讲,走化部分为阴,以阴为主,内里还得产生阳粘。阴起到从人走化的作用,阳起到粘制对方的作用,也就是对方来劲时用弧形承接和开合旋转运动的变化,把对方劲根拔起,或破坏对方重心使对方站立不稳,用不上力,从而达到引进落空的目的。发劲的部位为阳,阳里也要产生阴,利用开合旋转的技法,破坏对方劲头。发劲时不硬顶,起到省力和借力打人的作用。

太极拳的每一动,全身各部分都有阴阳、开合和虚实变化,不过大小不一样,主次和方向不一样。如两手的阴阳相配合,两个腰眼的阴阳相配合,两腿的阴阳虚实相配合乃至于每个接劲点的阴阳配合等。把全身多处的阴阳组合在一起,形成整体的阴阳变化,也就是拳论上说的:"阴阳虚实处处现,多处合一真少见。"

对于阴阳,习练者在不同的基础和认识上产生了不同的理解和用法:如有的练成了纯柔无刚的软拳,有的练成了纯钢无柔的硬拳。在走架和推手中,有的只注意轻松柔软,圆活大方,而不注意开合呼吸的意念配合,发劲时只知松柔从人,大引大化,这样就会造成多阴少阳,只起到引化作用,而达不到粘制和进击的目的。意念加得太重和劲用得过大则违背了"粘连黏随、不丢不顶和舍己从人"的太极宗旨。如果以力制力,以力引力,没有开合呼吸及旋转运动相配合,就感受不到以轻制重、借力打人的奥妙。有的人在推手中,大化大进把阴阳分得太清,形成了大阴大阳的"阴阳拳";有的人上阴下阳,只注重走化,而不粘连对方,更谈不上进击;有的人上阳下阴,使自己下盘不稳,站立不牢,上劲太大,不易转换,易为人制。总之,阴里没有阳,只走不能粘,阳里没有阴,只粘不能走,必须粘走相互配合方为太极正法。

总而言之,太极拳的奥妙,就是阴阳变化,只有懂了阴阳变化,才能练好太极拳,这也是太极入门的关键。

## 三、阴阳平衡与刚柔相济

怎样算阴阳统一?即在每一动作中要做到有阴有阳,如两手内合向上掤起,身体要同时向下松沉下蹲。从外表讲,两手内合向上掤起为阳,身体向下松沉下蹲为阴;从内外讲,两手内合为阴,两手向上掤为阳,这就是阴阳统一。

什么为阴阳平衡?即为阴阳相等,阴动几分,阳动几分,如五阴五阳、三阴三阳、一阴一阳,这又与功夫的层次有关联。功夫越高,阴阳配合得越平衡。正如拳论中所讲:"一阴九阳根头棍,二阴八阳是蛮手,三阴七阳尤觉硬,四阴六阳称好手,惟有五阴配五阳,走遍天下称妙手。"所以练习太极拳必须懂得所有对立面的阴阳平衡,多悟,多体会,方有所得。

刚与柔,是阴阳的对立面。在运动中有刚也有柔,这就是矛盾的对立。怎样去统一,达到刚柔相济?首先要认识太极拳之特点。太极拳讲究以弱胜强,以小力胜大力,以柔克刚,借力打人,以用意不用力来求柔的一面,以松柔圆活、不丢不顶、舍己从人为原则,去追求松随、落空、拔根、松放之效果。可是只有柔是做不到的,柔中还应该有刚的一面。这里讲的刚不是后天之拙力,而是修炼出来的一种内劲,一种整体的气势。运动时外操柔软,内含坚刚,在交手时才能做到不丢不顶、舍己从人、粘连黏随,才可变换灵活。能粘依,周身自然能顺随,能从人才能活变;能活变才可省力借力,才能得到太极技巧之奥妙。

## 四、动之则分,静之则合

王宗岳太极拳论讲的"动之则分,静之则合",是对太极阴阳变换而言,要求在太极拳运动时每一动即要分出阴阳,每一静要阴阳合一。

太极拳的阴阳在人身上无处不在,如两手的开与合,两腿的虚与实,呼气与吸气的调配,松与紧的意识变换,走与粘的结合,腰眼的阴阳调变以及接劲点的阴阳处理等很多。人身就是一太极,即是把周身多处的阴阳调换形成一个整体统一的阴阳,正如《太极行功歌》中讲"阴阳虚实处处现,多处合一世少见"。武禹襄祖师在《十三势说略》中讲的"虚实宜分清楚,一处自有一处虚实,处处总此一虚实,周身节节贯穿,勿令丝毫间断"等讲清了对身体整体组合的要求。

为什么要做到"动之则分,静之则合",这在太极拳中至关重要,要去精研体悟。动与静,同样是一对阴阳矛盾:动是静目的,静是动的前提,没有静的前提,就没有动的效果;静为等待,为守护,为阴阳不分,即是阴阳合一,内有混元二气的合成,称为气势。动是由静产生变化,分出阴阳,它的作用是与彼方合频,如彼方阳来,要用阴走,彼方阴去,要用阳去粘,双方形成阴阳相济,这样就能产生效果。

要在自身身体的运作上处理好阴阳的动分与静合。动之则分,即是分出阴阳,还有诸多对立面的产生:如开与合的同时显现,要在两手内合的同时,有开的意念,也就是在阴走的同时要有阳的一面产生;在两手向下的同时,精神有向上提领之意,这是对立的统一,也就是阴阳相济。

## 第四节 五行虚实

### 一、五行虚实之变化

"五行"是中国传统哲学的一个范畴,包括金、木、水、火、土,是构成万物的元素。五行相生与相克的关系,揭示了事物间相互依存和相互制约的规律。五行还可以理解为五个方向:南方火、北方水、东方木、西方金、中央土。老前辈就是利用五行变化之规律来对应太极拳中的前进、后退、左顾、右盼、中定五种步法。

这五种步法就是利用腿脚的虚实变化来完成的,所以太极拳的五行变化也可以说是虚实变换,只有懂得了五行虚实的变化,才能练好太极拳。

"前进":胸的前方为前,向前迈步或者利用两腿的虚实变化使身体向前移为前进。前进在用意上起到进击、发力与粘制对方的作用,掤劲、挤劲、按劲、肘劲、靠劲等都与前进步法分不开。

"后退":背的后方为后,利用两腿的虚实变化使身体从前向后移或者向后撤步为后退。后退主要起到走化对方来劲,把对方的来劲往自己身体的近处引化和粘制,达到引进落空和蓄而后发的目的,同时又起到向后发人和向后牵制对方的作用,如将劲和采劲就常与后退步法相配合。

在前进和后退时,利用两腿和腰的旋转运动,身体形成了向左或向右的转动,向左转为左顾,向右转为右盼。左顾和右盼主要是改变对方劲路,走化对方劲力,达到粘制和发力的目的。拳论上所说的"左重则左虚而右已去,右重则右虚而左已去",就是左顾右盼的形象表达。

太极拳是圆的运动中和体,中定则是其中心落点,人体之圆随着两腿虚实的变化而不断地运动,身体的中定落点也在变化。中定落点也是下盘的定点,是虚实变化过程中的临界点,又是前进、后退、左顾、右盼的总关隘。在中定步时向前弓步为前进,向后坐腿为后退,向左转为左顾,向右转为右盼,同时在粘走劲不断变化的情况下,这五种步法又在互相变化、互相配合、互相依赖。

《五行组合桩》中所述"前进随着右盼走,后退紧跟左顾连",即在左腿前、右腿后的中定状态下,身体前进时要和右盼配合,身体后坐时和左顾配合,这样就可以走出太极拳行圆划弧的特点,有效地改变对方劲路,使对方落空,达到我顺人背的效果。

中定的中心落点是经常改变的。在走架时,随着两腿虚实的变化,中心落点也在两腿之间不断调整。在技击时,要随着彼方运动的变化来调整自己的中定落点。落点合理,身体就得机得势,反之则置身于被动之中,所以要时时处处掌握好自己的中定落点。

具体来讲,中定落点有随人之定与由己之定。随人之定是在随动对方的过程中,看准机势进行落点发放;由己之定是以自己所安排之重心落点,来引诱对方失控落空。姚师曾经讲道:"要站在十字路口等人,即是把自己安排在中土之地,既能进能退,又能左右转换,这样才能给自己留有充分的变换之地。"

拳论讲"进圈容易退圈难,所难中土不离位"。"中土"就是指中定,含护中守中之意。欲要护持中土,须处理好中心与重心的关系。人体有中心与重心,两者应当中和协调。若只重视重心,忽视中心,必然失中。所以说要端正中心线,时时守护中心部位,无论遇到什么情况,中土不能离位,这样中心才有依托,不然守则不固,攻则无效。能守护好自己的中,去占领对方之中,才可达到我顺人背的效果。

身体的重心和负荷是利用两腿的虚实变化来调整的,在实和虚的分配上有一比九、二比八、三比七、四比六、五比五之分,这与不同阶段的功夫层次有关系。在练拳之初,为了练好下盘功夫,要求架势拉大,虚实分得清楚,这就成了一比九或二比八的比例;功夫练到一定层次或练中架和小架,就成了三比七之分;只有练到上层功夫,才可四比六或五比五之分。

进退顾盼定

太极拳步法虚实变化的要求是:进退转换,虚实清楚,左虚则右实,右虚则左实,虚中有实,实中有虚。拳论中讲"虚非全然无力,实非全然站煞"就是这个道理。恩师魏佩林说:"虚实变化就是打人。"只有虚实互相融合,才能变化灵活。按照要求勤加练习,积久功成,身体就能在变化过程中保持平衡,稳如山岳,处处得机得势。

太极拳的步法、身法和手法处处走弧形、化圆圈,全身的动作要协调进行,做到周身一家,脚到手到,上下相随。落脚的角度与方位都是有一定标准的,如两脚站地要不丁不八;弓步时前膝盖不可过前脚尖,后腿要曲中求直;左顾或右盼要和脚的外摆、内扣相配合。李亦畬在《走架打手行功要言》中讲"两肩松开,气向下沉,劲起于脚跟,变换在腿,含蓄在胸,运动在两肩,主宰在腰,上与两膊相系,下与两腿相随",说明了五行虚实变化与全身各部位相互配合的道理。

## 二、五行虚实变化的训练层次

不管什么拳法,都得有很好的下盘支撑才可能立于不败之地。太极拳五行虚实变化,关乎

到下盘稳固、顺当、得机得势,要根据自身的功夫层次,一步一步地提高。训练过程大体上可分为五个层次:

(1) 虚实分清。初级阶段,架势要大一些、低一些,锻炼两腿的承受力,这是生成内劲、增加功力的基础。在步伐上,要求不丁不八,外摆内扣,实足转体,体会前进、后退大方向上的顾盼转换。

(2) 进退自如。步伐收小,虚要虚透,实要实足,进步必跟,退步必撤,上下相随,并注重与气的配合,使呼吸与松沉、开合、松紧有机地结合。

(3) 形成整劲。内外相合,能松沉的下,体会到实腿变化、虚腿打人的奥妙,懂得虚实阴阳的调配,变一条腿为两条腿,知道了不动足的顾盼变化。

(4) 形成中轴线。步伐进一步收小,在两腿之间的空间进行变化,由外转内,调配虚实,以下带上,以内带外,周身一家,做到进退顾盼的有机组合。中定之定位调对了即可体会到中轴线的存在。

(5) 劲以内换。两条腿如一条腿,完全以内动带动外形,以下带上,以意识指挥肢体,劲以内换来调配阴阳,"不知手之舞之,足之蹈之",要细心体悟,方有所得。

所谓"差之毫厘,谬以千里",习练太极拳必须细心体会五行虚实之变化,按部就班,由外而内,层层加功,万不可贪多求快,被表象所迷惑。

## 第五节 神意修炼

任何修炼体系都有其内涵和形体要求。太极拳内涵修炼的核心在神意。太极形体修炼包括外形和内形,外形是形体的框架,包括拳架动作姿势、走架方向路线等;内形就是身法要求,包括含胸、拔背、松肩、沉肘、提顶、吊裆、裹裆、护肫等。形体是太极拳内涵得以实现的载体:拳架做得对,人体气机运行才有顺畅的通道;身法做得对,人体气机才得以产生、发动和运行。因此,太极拳形体修炼是内涵修炼的重要基础。

太极拳的神意修炼是提高太极拳功夫内涵的核心,单纯形体修炼是不行的,必须在形体修炼中加以正确的神意修炼,才能给形体修炼赋予活的灵魂。

神意修炼主要有以下四个方面:松静自然、用意不用力、自然呼吸、以心行气。

(1) 松静自然是步入太极之门的必由之路。武禹襄拳论讲:"身虽动、心贵静、气须敛、神宜舒。"李亦畬《五字诀》也讲道:"心不静则不专,一举手前后左右全无定向,故要心静。"这些论述都强调了松静的重要性。松即体松,松则活,关节、筋骨、肌肉要全部放松,不要有丝毫拙力滞留于筋骨、血脉之间;静即心静,心不静则不专,平心静气、专心致志才能克服后天心神的欲望,恢复先天元神的本来面目。体松心静,练功时才能显露出自然的活泼生机。在运动中,以神意引导,使中枢神经静下来。身体各部分保持中正安舒,举手投足放松柔活,做到

"以静御动、动中求静",坚持锻炼,即可收到外示安逸、内藏坚刚、意动身随、手到劲发的效果。

（2）用意不用力是在松静自然的状态下完成各个动作,不用拙力,不使僵劲,神舒体静,纯任自然。武禹襄拳论讲:"须要从人,不要由己,从人则活,由己则滞,尚气者无力,养气者纯刚。"不论在走架或打手中,都不可使用拙力,要用意识支配动作,久而久之,能使气血畅通,身体机能高度协调,更好地体验太极拳以小力胜大力、以柔克刚、引进落空、借力打人之奥妙,为高层次修炼打下基础。

（3）自然呼吸指太极拳要求呼吸匀细深长,顺通自然,与动作相配合。初学太极拳者是很难做到这一点的,但这又是一个非常重要的必须搞清楚的问题。如果掌握不当形成流弊,轻则久练无功,重则损害身体。呼吸方面常见的毛病是强加呼吸,使呼吸与动作强制配合,这是主观强加意念造成的病态。初学者应按生理习惯和动作运行的需要,保持自然呼吸,该呼时就呼,该吸时就吸,动作与呼吸互不约束。在松静自然的原则下,随着练功时间的积累、动作熟练度的提高,可根据个人的体会,有意识地引导呼吸,使其更好地适应动作,并逐渐体会动作与劲力的自然配合。练拳时配合呼吸,日久则能增长内气,并使内气渗透遍布周身。"以意行气,非以力使气",动作呼吸要力求自然协调配合,不要抑制勉强,要坚持"气以直养而无害"的原则。懂得呼吸之日,就是太极内劲增长之时。

（4）以心行气,以气运身,这是意念形成以后才能达到的一种运动方法。意念形成是神意修炼中的一个功夫层次。初步的意念形成可达到意与气合,实现身随意动,变化自如。高层次的意念形成可实现神与意合,做到一片神行,无形无迹,神意气三者合一,内外合一而无内无外,一举一动自然意到臻圆融妙的境地,而达到"不知手之舞之,足之蹈之"的境界。

太极拳功夫是由形体修炼和神意修炼而产生的一种势能,在功夫没有上身时,练的是空架子,其中没有势能。有了功夫后,每一动作的开合、收放、蓄发都是动静势能的相互依存、相互转化,也就是进入了"阴不离阳、阳不离阴,阴阳相济"的懂劲阶段。

太极拳的应用无非是养生和技击两个方面,而养生则是太极拳的功用之本,应在培养自身功夫上下功夫。要做到内固精神,外示安逸,培养内气,运化于周身,这样才能实现凝神练气,练气生精,练精化气,练气化神,练神还虚,返本还原,循环无端,身体健康,精神饱满,自身功夫才能一浪高过一浪地增长,这就是老一辈所说的"详推用意终何在,益寿延年不老春"的含义。

# 第六节　松

## 一、松的四步功法

"松"在太极拳中占有重要地位,各武术同道对"松"的论述已有很多。但由于功法体系、前辈传授以及个人领悟等各方面原因,大家对"松"的认识有很大差异。现就姚继祖先师的传授以及本人多年来练功的体会,谈一谈对武式太极拳"松"的认识。

"松"在武式太极拳中是指身体放松,也是指精神情绪上的放松。放松的前提应做到心静。李亦畬《五字诀》中讲"心不静,意不专,一举手前后左右全无定向"。恩师姚继祖认为,静的含义包括三个方面:一是物我两忘、臻入化境的"意识虚静";二是安定沉着、从容不迫的"头脑冷静";三是气敛入骨、周身罔间的"体势松静"。能静下来身体才能放松,在松静自然的状态下走架,才能使架式表现出松柔、圆活、大方,如行云流水,给人以艺术韵律之美。

在技击上,太极拳讲究"以静制动",即"静以含机,动以变化"。武禹襄《打手要言》中指出,要"视动犹静,视静犹动"。显然,这里的"静"并不是静止,不是没有变化的静,而是从动静相生、阴阳相辅的辩证观点出发,强调动与静的相互转化,是"动中寓静,静中寓动","静"只是方法,动才是目的,这就是"以静制动"。

在健身上做到松静,能使人心平气和,大脑及中枢神经得到充分的休息与调整,气血畅通,周流无滞,可以很好地预防或者治疗多种慢性病、职业病。

要真正达到太极"松"的最高境界,应做到"松柔、松沉、松随、松放"四步功法。现分别论述如下:

1. 松柔

"松柔"是太极拳功法要求之一,太极拳的"松"与"柔"紧密相连,套路及交手都要求身体放松,只有做到"松"才能感受到柔。柔,可以有多重意义:心灵修炼的仁、义、善是柔,行功时的松、稳、慢、匀、连绵不断是柔,技击中的"舍己从人、粘连黏随、不丢不顶、随曲就伸"也是柔。总的来说,"松柔"可分为两个方面,一是指自身在练功中的松柔功夫;二是指在交手中自身的松柔功夫。

从太极拳走架来看,要求在运动时做到松柔与圆活,使周身如球体一般和谐圆满,动作似行云流水,舒缓飘逸,轻柔圆活,连绵不断,这样不但可以使演练者身心合一,融于自然,达到物我两忘的境界,同时也使观看者受到自然之美的感染,得到美的享受,真所谓"形美感目,神美感心",这是外门拳术不可媲美的内修特征。

柔得用心去求,老前辈常讲"有心求柔,无意成刚"。柔的前提是松,松是指肌肉放松,而肌肉放松又必须先使精神情绪放松,再配合肢体进入松柔状态,而不是松懈、一点力也不用。

求刚比求柔容易得多,现在的推手比赛中,多数是一方之力过大、过刚,而另一方不能放松柔化,内滞外僵,相互抗力,比力量大小,力大者胜,力小者败。如果能做到不卑不亢,彻底松静,使对方之力无处着落,柔之妙法得心应手,就能由背转顺,反败为胜,即可体现出"以柔克刚、借力打人"之奥妙。

松柔在技击中有走化、蓄劲和粘依的功用。王宗岳拳论讲:"人刚我柔谓之走,我顺人背谓之粘。"这里"走"的意思就是走化,是避其锐气。如对方用刚劲进攻时,我可用弧形动作予以接引,用腰腿的旋转随接随转,将对方的着力点引离自己的重心,消解对方来势,这就是以柔克刚。但光有走化只能是被动应付,只有在走化的同时配合粘依,才能变被动为主动,做到"我顺人背谓之粘"。"粘即是走、走即是粘",从根本上指出了走化与粘依之间互依互存、相辅相成的关系。

走化和粘依都是利用柔来实现的,虽然可以达到我顺人背,将主动权掌握在自己手里,但是还不能给对方以打击;只有将柔转化为刚,达到以柔济刚,发放出来,才能表现出柔在技击中的威力。从这一方面看,柔又是蓄劲,必须与"松沉、松随、松放"等功法相配合,将柔含蓄到一定程度,随着蓄劲的增加,最终由量变到质变,才可积柔成刚。正如武禹襄《打手要言》中所讲,"蓄劲如张弓,发劲似放箭""极柔软,然后能极坚刚"。

2. 松沉

"松沉"是武式太极拳过去不外传之绝秘,它关系到身体的根基稳固,意气的转换,是在完成松柔的基础上,使体内意气与肢体动作配合,形成体内意气圈,达到内外相合之境界的关键。

要做到松沉,首先要严格按照武式太极拳的身法要求做到含胸、拔背、松肩、沉肘,特别是气沉丹田和尾闾正中,这是做到松沉的关键。

气沉丹田是松沉的基础,丹田是稳定重心之源,是存养内气之所在。通过不断的训练,使丹田之气壮旺,腰隙内劲大增。

尾闾正中是松沉的根本,是完成身体上下组合,使意气上下通达,打通任督二脉,促进体内中和之气及意气圈形成的关键。具体的做法是:在完成含胸、拔背、松肩、沉肘等身法的同时,使气沉于丹田,腰胯放松,尾闾前送,小腹上翻,意托丹田,命门后撑,使裆吊起。这时即可感到意气随着身法的完成,向下直达脚底涌泉穴。意气能松沉得下,下盘才能稳定,上身才能灵活,两脚才能生根,发放时利用地面的反弹力,使意气由下向上直达作用点,这就是体内意气圈的形成。

松沉的同时还需做到圆活。太极拳要求无论内与外,运动时都要求圆活,老前辈叫做"划圈"。太极拳遵循古太极之理,顺乎天地自然阴阳之道,效法地球、月亮、太阳公转与自转的自然规律,由无圈(无极)到有圈(太极)而生阴阳。太极拳中的圈,是身体行功中九曲珠(两肘、两肩、一腰、两胯、两膝)同时运动形成的大圈、小圈、平圈、立圈、斜圈、顺转圈与逆转圈等,这些圈构成了太极拳的基础功法。武式太极拳就是周身内外、各部肢节的圈运动所构成的运动体系。所以武式太极拳强调做到内外相合,即先求四肢九曲珠圈的形成,再配合体内的意气,完成身体内外圈的协调运作。在呼吸的配合上,"吸"为合、为化、为沉、为蓄;"呼"为开、为放。李亦畬拳论中讲:"盖吸则自然提得起,亦擎得人起,呼则自然沉得下,亦放得人出,此是以意运气,非以力使气也。"由此可见,松沉与身体内外圈的协调密切相关。

3. 松随

松随是在能做到松柔、松沉的基础上,与对方摸劲的一种功法。在接劲上与对方随合,做到舍己从人,随对方之动而动,在走化、粘制上起主导作用,可得到省力、借力之效果。柔、沉、随都是在松的前提下来完成的,拳论中讲的"不丢不顶,舍己从人,粘连黏随,随曲就伸,引进落空,人刚我柔谓之走"等都离不开松随。

松随是交手时对自身的要求,也是技击中一种克刚的手段。以弱胜强、以柔克刚、借力打人,这是太极拳的技击核心。松随是有一定限度的,应在随的过程中产生粘依,才可使对方的进攻由得力变为被动,使其身体平衡变为不平衡,这样才能有进击对方的机会。两人交手中,对方阳来,我用阴走,对方阴走,我以阳随,这就是松随中的不丢不顶、舍己从人、粘连黏随的应用。若只一味地松随,无法使对方落空拔根。必须在松随的过程中配合粘依,使粘走相生,阴阳相济,这是懂劲的关键。正如拳论中讲"走即是粘,粘即是走,阴不离阳,阳不离阴,阴阳相济,方为懂劲"。在走与粘的变化中,走化为粘依创造条件,粘依为走化达到的效果,两者缺一不可。只有松随没有粘依,便做不到我顺人背,得机得势,也不能以小走化,以柔克刚。

习练太极拳应力求松柔圆活,周身往复以神意气为本,先去拙力,化僵为柔,然后积柔成刚,通过千锤百炼,自然能达到"极柔软,然后能极坚刚"。交手时能做到松柔、松沉、松随并配合粘依,才能使身体自然顺随,下盘稳固,灵活无滞,才可省力、借力,达到引进落空、借力打人之目的。

4. 松放

松放是完成松柔、松沉、松随而达到的最佳效果。太极拳技击的要领不外乎"以静制动,以柔克刚,以慢打快,以小力胜大力"等,而这一切都是在松柔、松沉、松随等功夫的基础上实现的。事物的运动和发展,都有着向其反方向转化的规律,太极拳把这一辩证真理应用于技击实践的战略战术之中,是对武术理论的一大贡献。

松放也是矛盾对立的统一,体现在开合的转换中,在合中走化,开中发放;在开中生成,合时发放。太极拳要求做到体松而意紧,意紧是内劲的修炼,放是内劲的形成。

松在技击中不是目的,而是完成发力的前提,是为了更好地完成紧。紧不是僵,是在发力的一刹那,神气调动周身,配合松柔、松沉、松随功法,利用地面的反弹力及丹田之高压,产生强大的爆发力,将劲力发放出来,可达到意想不到的技击效果。

## 二、再论松放

松放,即是在发放之时,不用力,要用松去放人。大多数人在发放时都是两手用力把人推出,而太极拳讲究用意不用力,不用力是指不用拙力、僵力、蛮力,而是用周身肢体的组合、虚实进退的变换、腰的左右转换、两手的开合调配、意气的松紧变化来完成技击中的发放。

发放不是去推人,是利用身体把人拥出,所以被放出之人感觉不到对方用手推的力量,而是感到一种不可抗拒像海浪一样的冲击波拥来,跌出后又感到很舒服更没有疼痛感。旁观者看到身体没有怎么动,人就出去了,正如拳谚讲:出手不见手,见手不能走。

松放功夫达到一定程度才能展现出威力。交手时在双方劲力相顶抗的一瞬间把自己的身体及接劲点放松,使对方推我之劲变为随我之劲,保持与对方劲断而意不断,利用圆弧松沉的调整,将对方推我之劲随松沉化于脚下,同时利用虚实的调整与对方的余力相合,使对方跌出。

太极拳论中"用意不用力","打手是知人功夫","动静固是知人,仍是问己","自己安排得好,人一挨我,我不动彼丝毫,趁势而入,接定彼劲,彼自跌出"等观点,我当时很不理解,自认为不用劲是打不了人的,所以陷入误区很多年,上不了正道,练不上功夫。在与恩师姚继祖的多年接触中,经常听到老师讲解,说练习太极拳和其他拳种不一样,是不可用力的,就是在发放中也不可用力,要学会松放之功法,要慢慢地去体悟、验证,功夫才能不断提高。后来狠下功夫,在老师的指点下不断地训练体悟,不断地改变认识,才有所收获。

　　在与对方接劲中,能放松才有自由,能放松才能调整自身的身法,能放松才可使对方失控、拔根、落空,能放松才可达到知己知彼。对方用双手向我推来,我即用右膊前去相接,在与对方之劲一合时,要接定彼劲,随即利用松随之法,使对方推我之劲,随我之松,感到一空,可我的腰腿已做好调整,与对方身体接近,我的右膊随身体的调整,向前一拥,彼自跌出,这时对方感觉不到我用劲,这即是太极拳引进落空、借力打人之奥妙。

　　通过多年的验证,我认为松放理论是经得起考验的。这一功法必须在老师的亲传口授指导下,先求得心知,通过长期的体悟做到身上,才算达到身知,又要经过多方验证,才能得其精髓。

## 三、松 与 紧

　　松与紧在拳术中是矛盾对立统一的两个概念。

　　松在太极拳的要求上十分重要,如松静、松柔、松沉等,无一不与松字有关。要想使身体放松,首先应做到心静,《五字诀》中讲,"心不静,意不专,一举手前后左右全无定向"。心静才可使身体放松,在松静自然的状态下练习,使架势表现为松柔、圆活、大方,如行云流水,展示出优美的运动造型。能松静则心平气和,可使大脑及中枢神经得到充分的休息与调整,使阴阳由不平衡进入平衡,从而使气血畅通,周流无滞,能很好地预防或治疗多种职业病和慢性病。

　　松是意识指导下的松,而不是无意识的松,无意识的松为懈。太极拳要求做到体松而意紧,运动时用意念引导身体放松,有利于含胸、拔背、松肩、沉肘、气沉丹田、尾闾正中等身法的完成,可使下盘稳固,上身灵活。

　　太极拳内劲是从松柔中练出来的。所谓内劲,即是以意念引导肌体由松紧的矛盾对立到统一所产生的功力,必须周身放松才能在发力时实现整体的紧。只有当身体的肌肉能同时协调起来时,才能真正发挥人体的巨大能量。如肌肉僵紧不放松,动作就会反应迟缓,这样不仅有碍技术动作的发挥,而且给心脏造成压力,不利于生理健康。所以正确地进行太极拳训练,能调节机能,平衡阴阳,养先天之元气,补后天之不足,使人精力充沛,身强体壮,更主要的是使身体从僵紧中解脱出来,使各部肢节放松,达到周身一家。

　　松在技击中不是目的,而是为了更好地完成紧。紧不是僵,而是在发力的一刹那,神意调动周身,利用地面反弹力及丹田高压所产生的爆发力,达到意想不到的技击效果。

　　拳论中讲"极柔软,然后能极坚刚",这里柔软与坚刚即是松与紧。精神意念活动对人的肌体有积极的调和作用,既能养身、健身、祛病,又能使周身匀称协调,发挥良能,防身自卫。所以说松与紧是拳学之中枢,就看自己怎样去认识和训练了,认识对了即可登堂入室,认识错了就是贻误终生。

练习功法的松紧同样是阴阳矛盾对立统一的关系,如何掌握?应在身体放松、内外相合的基础上,以神、意、气配合肢体来调控松紧。比如开与合的松紧配合:合是身体合收,蓄劲时吸气、放松,并配合松肩、沉肘、含胸、护肫、尾间正中、吊裆、合手等身法,使气向下松沉;开是身体开展,由松变紧之时,利用脚跟蹬地,意气引导,并结合身体的伸展,两手的开旋,使意气上手。切记不是用拙力僵力,而是意气在体内潜转,运转大周天,长期练习可使精神壮旺,内劲大增,身体强健,延年益寿。

谨记功力大是对的,是用来保护自己的,不是要用功力大取胜。太极拳是修炼技巧的,是追求力从人借,牵动四两拨千斤,是小力胜大力、省力的艺术,技术与技巧越好越省力,这才是拳艺的最高追求。

## 四、松柔与劲整

松柔与劲整,是太极拳里的矛盾统一体。两者所达到的层次,是衡量太极功夫深浅的一个重要标准。

松不是松懈,不是一点力也不用,而是指肌肉、关节和情绪的放松;柔是在松的基础上所产生的一种富有韧性的圆活的感觉,而不是没有内劲的绵软。在练拳时要求做到外柔内刚,在打手上由于肌体处于松柔状态,增加了皮肤感觉的灵敏度,动作就能发挥出高度的顺遂、圆活及其支撑力。太极拳不同于其他拳术,从内涵到外形都要体现出其特有的武学文化精神,所以在练功上,首先要做到心平气和,不急不躁,肌体应在意识的引导下,做到松、柔、圆、缓、匀等,千万不可用拙力。

太极拳的松柔需要在身法的基础上才能练出来,身法是做到松柔的关键,如松肩、沉肘、吊裆、尾间正中等。松肩,可使气向下沉,两肩灵活;沉肘,可更好地松肩,还可做到护肫;提顶,可使精神提起,意念集中,神不外散,对松腰起关键作用;能松腰方能吊裆,气就能向下沉,内气沉得下,上身才能灵活,内气才能无微不至。在与人交手时,"须要从人,不要由己,从人则活,由己则滞,尚气者无力,养气者纯刚。极柔软,然后极坚刚,能粘依,然后能灵活"。

劲整是在松柔的基础上,利用松沉使身体劲力沉于脚下,再全身节节放松,重心下降,利用地面的反作用力,使劲力由脚而腿而腰,作用到打人的部位。不管走架还是打手,通过这种作用与反作用的方法所获得的整劲,都不是局部运动所能得到的,而是通过人的身体各部节节贯穿,令气血贯通,由神、意、气在全身循环后所产生的,功夫越高,功力越大。李亦畬先生在《五字诀》中讲:"一身之劲练成一家,发劲要有根源,劲起于脚跟,主于腰间,形于手指,发于脊背。"姚继祖老师说:"练太极拳应做到周身一家脚手随,才算上了正道。否则,是永远练不好太极拳的。"这里所说的劲是指内劲、整劲和劲的根源路线。

周身一家就是劲整，做到"一动无有不动，一静无有不静"，每一动作的变换，全身上下各部位都在动，形成一个整体的运动。

松柔与劲整在打手中所产生的作用，可用阴阳互变道理来说明。王宗岳《太极拳论》讲"动之则分，静之则合"，即在习拳中，每一动都产生了阴阳，全身各部都有阴阳在变化，两手、两腿、两肩、两腰眼等都有阴阳的变化，每个接劲点也有阴阳的变化，把多处的阴阳合为一个整体，全身形成了周身一家，就成为一个整体的太极。

松柔与劲整是相互对立的统一体，是内与外的配合，阴与阳的演变。只有掌握了松柔与劲整两者的辩证关系，才能在交手中做到外柔内刚、身灵劲整，达到处处得机得势、人为我制、而我不被人制的境界。

## 第七节　身　　法

### 一、脚是周身一家之根

太极拳修炼一定要遵守拳理拳法的规则。太极拳不是一招一势的技法，而是"一动无有不动，一静无有不静"的整体功夫，是动静相生、内外兼修之内功。太极拳总体要求是松与整。松为体松，在运动时应做到松静、松柔、松沉等；整为劲整，利用周身肌体的协调运动发挥出整劲，劲整后才可做到周身一家。

周身一家的根就在于脚，在运动时由脚的阴阳变换带动腿、腰及上体的运作。拳论有"胸运八卦，脚踩五行"之说，而脚的阴阳变化是五行变化的关键。拳论讲"有不得力处，必于腰腿求之"，而没有提到脚，大概这是因为不传之秘，没有用文字表明。腰是身体的中间枢纽，是身体承上启下的关键，所以"腰为一身之主宰"，但脚的变化更是一身主宰的总机关。两脚犹如站在太极图阴阳鱼的两个极点上，运动时全凭脚下两个极点的阴阳变化带动两腿的虚实变换、腰的旋转及上身八卦的完成。如此行功，是由下动带动上动，似树枝随风摆动，绝无妄动之意，歌曰：

人身犹如树一棵，常年四季任风波。
根须枝梢贵连贯，周身一家灵活现。

能做到这些，即是做到了周身一家。在行功时，更要注意阴阳、虚实、开合，在转换时都不是突变，而是渐变。在两脚的虚实变化上，不管是由虚变实或是由实变虚，都用的是加减法。如实腿变虚腿是由十逐渐减到一，而虚变实则是由一加到十。正如太极阴阳鱼之变化，运动时一面由阳极变为阴极，而另一面则是由阴极转变为阳极，这才符合阴阳互变之理。太极拳的阴阳体现于身体各处，如两腿的虚实，腰的旋转，命门的运作，肩与胸的调配，两手的开合，手与肘、肘与肩的演变乃至于在与对方的接劲点上的阴阳变化等，在运动时都要随着两脚的阴阳变化而变。全身多处的阴阳与两脚的阴阳形成一个整体的阴阳,身体即可达到周身圆融一体,实现周身一家。

## 二、腰为一身之主宰

太极拳论中对腰的论述很多,如"腰为一身之主宰""腰如车轴""有不得力处必于腰腿求之"等。

腰胯不可分割。腰胯上与两膊相系、下与两腿相连,是贯穿上身与下肢的中间枢纽,也是身体动作的中轴,在接劲、引化、转换、蓄发中起着主导作用。松腰松胯,胯随腰转,以腰胯带动全身,尤其要以尾闾正中为标准,求得立身中正,避免弯腰驼背和翘臀挺腰。要时常保持腰的灵活性,将腰胯与全身的活动有机地、协调地联系与配合,这样有利于两个腰眼的互变及两胯劲窝的生成,不致于产生双重。

双重是腰的一大弊病,腰部填实、僵硬最亦被人所制,太极拳论中讲"偏沉则随,双重则滞,每见数年纯功不能运化者,率皆自为人制,双重之病未悟耳"。

避免双重就需要在腰上下功夫,这里向大家阐释武式太极拳的松腰、沉腰及拔腰的理论。

松腰首先应认识"松"字。"松"是习拳之纲,松静、松沉、松柔都是以"松"字为前提。松腰也同样,要想松腰必须上身先放松,在松静自然的状态下,做好含胸、拔背、松肩、沉肘、气沉丹田等身法,这样才可做到松腰。能松腰才可做到沉腰,沉腰才可使尾闾前送、命门后撑、小腹上翻、意托丹田,做到尾闾正中。

发力时必须做到拔腰,而拔腰是口授心传之要诀,在拳论中是不多见的。拔腰首先应做到提顶,能提顶,精神才提得起。先辈李亦畬《五字诀》中讲,"以上四者俱备,总归神聚。神聚则一气鼓铸,炼气归神,气势腾挪,精神贯注",所以要提起精神,集中精力,在做到腰的松沉时,使含蓄之内劲运行脚下;发力时,通过地面的反弹力,使下肢内劲用腰劲提拔上来,这更增加了腰际之功力,达到劲起于脚跟之目的。"发劲要有根源,劲起于脚跟,主于腰间,形于手指,发于脊背。"故腰主宰全身,起着上下贯穿之作用。腰能使全身形成一个整体,稳如泰山,无坚不摧,能拔腰才能提得起,放得人出。拔腰是在一刹间来完成的,切记不可练成僵劲。

松腰、沉腰及拔腰是太极拳理论的结晶,是身体内在的变化,必须有一定的基础功夫,再结合口授指导,默识揣摩,下苦功,才能功夫上身。

## 三、内 外 相 合

武式太极拳特别注重"内外相合",这是蕴含在拳架之中的内功功法。笔者认为应从以下几个方面去认识。

第一,首先要理解太极拳的整体性,认识身体的整体运动。"一动无有不动,一静无有不静。""虚实宜分清楚,一处自有一处虚实,处处总此一虚实,周身节节贯穿,勿令丝毫间断。""一身之劲练成一家,分清虚实,发劲要有根源。"这些都是对身体整体运动的经典论述。在习练太极拳时，每一动，全身各部位都随之而动，而不是肢体的局部运动。必须认识到身体的松柔与整劲两者的相对关系，这是太极拳的矛盾统一体。松柔并不是松懈，而是指肌肉、关节和情绪上的放松，这样可使气血周流无滞，加强肢体的弹性，促进血液循环，起到防病治病、增进健康的作用。在技击上，由于肌体处于松柔状态，增加了皮肤感觉的灵敏度，在动作上就能发挥出高度的顺遂圆活性及其支撑力。

整劲，是太极拳在技击上所发出的能量，是在松柔的基础上，意气沉于脚下，活于腰间，全身节节放松，利用地面的反作用力，劲力由脚而腿而腰，发于脊背，形于手指。太极拳的这种作用与反作用的用力方法，是通过身体各部节节贯穿，气血贯通，发出的一种不可估量之动力，是通过全身整体运动，由神意气在体内循环，进而与肢体配合所产生的力量。功夫越高，功率越大，最终全身要形成一个整体，也就是"周身一家"。

第二，要认识内与外的关系。太极拳要求做到"外三合"与"内三合"。"外三合"是指手与足合，肘与膝合，肩与胯合。以腰为主宰，上与两膊相系，下与两胯两腿相随，上中下三节相适应，是保持身体中正不偏、不前俯后仰的关键。四肢的根、中、梢三大关节的相合，实质上又是在完成左顾、右盼及复合劲的变化中，三大关节在身体上的交叉相合。具体来讲：肩与胯合，在转换时上肢根节的肩井穴与下肢根节的环跳穴，左右交叉相合；肘与膝合，是上肢中节的曲池穴与下肢中节的阳陵泉穴，左右交叉相合；手与足合，是上肢梢节的劳宫穴与下肢梢节的涌泉穴，左右交叉相合。只有这样，才可形成身体的整体性，构成手足圈、肘膝圈、肩胯圈的三道防线，使对方难于进攻，正如拳论中讲的"上下相随人难进"。

"内三合"是神与意合、意与气合、气与力合。"内三合"是以体内而言的，武式太极拳的"开、合、隐、现"，使周身骨节和肌肉群进行有规律地开展收缩，还结合开呼、合吸，使横膈膜一升一降，上承下压，促使胸腹脏腑亦随着蠕动，这样就形成了周身骨节、肌肉群、五脏六腑的"一动无有不动，一静无有不静"，使全身各部都得到锻炼，这是太极拳能够强身健体、祛病延年的根本原因。

神为行功之本。神，即精神。拳论讲"精神能提得起，则无迟重之虞"，精神在行功时起第一作用，"神为主帅，身为驱使"，有精神，运行周转方能得当，才没有呆顿、沉滞、冥顽不灵等碍于行功之弊。意是心神发出的指令，是大脑产生的本能，运用时以神导意，可调动周身运动。意是在内，不在外，拳论讲"意动身随"。神与意是密切相连的，有心神之令，才有意动。只有精神没有意念，即是无有方向，必致散漫；只有意念没有精神，神不能内固，不能全神贯注，气必散乱，所以神与意要合。

太极拳要求处处意念在先，每一动都要由意念来支配。意是无形的，需要以气来实现。气是养生之物，无气人就无法生存。太极拳以神意引导丹田之气，使之运行转动，每一动要意到气到，以气运身，周身舒通灵活，无往不到。神意为气之领帅，气是生力之母，无神意引导，则气无所从，必致散漫，所以要意与气合。

"意到、气到、劲到"，劲就是力，力可分为先天之力与后天之力。太极拳要求用意不用力，是不用先天之拙力和僵劲,而是用以神意引导丹田之元气所练成的内力。此力是太极修炼的内劲,如百炼钢,无坚不摧,在体内由神意引导,收敛入骨,气随意运,毫无阻滞。

"内三合"是太极内功修炼的重点,在健身与技击上,都能收到很好的效果。神、意、气贯穿于身体松沉、转换、开合、升降的变换中,形成了体内意气运行,形成了肢体的圆运动。但意气是看不见的东西,只有久练,才能体会到。内外三合,实为里表,不能偏废,要内练神意气,外练肢体,内外兼修,方为合法。

第三,要认识太极拳的内涵与功法。太极拳作为内家拳的代表,历史悠久,博大精深,只有认清它的真正内涵,掌握它的功法应用,才可不断提高技艺。太极拳是在神意主导下,由无数大小螺旋式的进退屈伸动作形成的圆运动。动作中又分顺旋与逆旋,武式太极拳中称外旋为开,内旋为合。功法运用上,凡攻击发力的动作,为动开,为离心力,丹田劲运至四梢,以肩催肘,肘催手,胯催膝,膝催足,在气的配合上,呼为发劲;凡防御化解的动作为动合,为向心力,四梢劲复归丹田,为吸气、引化、蓄涵。螺旋式的弧形运动中,处处是曲线,是划圆,又可随时转变为直线,这是曲直两者矛盾的对立统一,所以拳论中讲"曲中求直,蓄而后发"。

太极拳里的虚实、转换、开合、蓄发都与圆运动分不开,老前辈称其为"划圈",要求在习练时必须先把圈划圆。在划圈时,体内的意气运转要与外部的肢体划圈相结合,又要与身体各部位的运动相配合,每一动即分阴阳,而又要阴阳互为其根,这样在技击中,才不易犯丢顶之病,才能做到边化边打、边打边化。螺旋劲即圈的形成,能使对方直来的劲力,化为我动作弧线上的切线方向,可使对方之劲随我的接力点而失去自身的平衡和稳定,从而达到引进落空、借力打人之目的。

在练功时,做到以内动之圆带动外形之圆是很不容易的。笔者认为,首先要从外圆开始,划圈的幅度要大,练习日久后使圈逐渐收小,正如拳论中讲"先求开展,后求紧凑"。做到外三合,去求动作的圆活,以肢体的圆运动来促进内三合的形成,使神意气随着外部肢体运动也形成圆的运动。圆动作练到纯熟后,逐渐达到得心应手、内外相应的程度,精神意念与肢体配合协调后,方能做到以心行气、以气运身,实现身随意动、意动身随。

在松与紧及松沉转进和顺劲与摸劲等功法中,身体由内到外形成意气圈,变化自如,完全实现了以内动带动外形,做到运化无形无迹。到此地步,神、意、气三者合一,内外合一,而无内无外,一举一动纯任自然,达到全身浑圆一体。

# 第八节 懂 劲

## 一、太极阴阳图与懂劲

要想练好太极拳,首先须知阴阳的来源及其形成、变化、配合的规律。王宗岳《太极拳论》

讲"太极者,无极而生,阴阳之母也,动之则分,静之则合",阐明了太极来源及动静之要求。太极本是阴阳不分的混合体,内里不是空洞的,是包含着精神、气势、阴阳二气等在内的混合一体的状态。

太极理论经过了由无极到太极,再由来知德太极图到后天太极阴阳图的演变过程,运用到拳术中,便形成了太极拳。与无极相对的是有极,很多物理场都是有极的,如磁场有南北极,电场有正负极。极是有终点的,所有有极的场都是有限的。"场"是能量存在的一种基本形态,它是连续的、相互作用的。宇宙的场是无极的,但它不是虚空的,而是有能量的,它没有边界,其大无外、其小无内。无极绘成虚线图,表示浑然一气,无边无际。

无极生太极。太极是阴阳不分的混合体,包含了精神、气势、阴阳二气,所以"太极"可以用实线圆来表示,说明它是阴阳未分的太极一气,或是尚未生出阴阳的母体,但是它已初具边界。

在太极的演变中,可分先天太极与后天太极。先天者,太极一气;后天者,分而为阴阳。由此可知,无极即太空中浑然一气,这"一气"生太极。先天为阴阳未分,称太极一气或先天一气,太极一气运转才产生阴阳,分阴阳后,则转为后天。

在"太极一气"分阴阳之初,应以来知德太极图表示,因为它包含了"太极"阴阳和太极本体三要素。

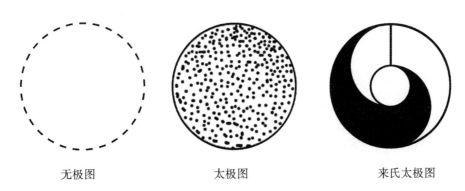

无极图　　　　　　　太极图　　　　　　来氏太极图

从来知德太极图到阴阳鱼太极图的形成可以更清楚地认识太极图与人体的关系。来氏太极图中心之圆代表了太极本体,即内存先天一气,也就是代表了人体中的丹田。丹田内气一动即分出阴阳,这样才可以认识到太极拳阴阳的演变过程。无极－太极－来知德太极图－太极阴阳图,反映了从无极到阴阳演变的全过程。如果我们忽视了太极本体,不考虑阴阳是怎么产生的,那我们得到的太极阴阳图就已属于后天太极图了。

太极阴阳图是反映不出先天一气(太极一体)和无极的,所以使用来知德太极图,有助于更好地认识太极拳的本质。

太极阴阳图本是一个圆体,内有阴阳二鱼,图中阳鱼象征天,阴鱼象征地,所以阳鱼在上方,阴鱼在下方。太极图是根据天道左旋之道理来定它的方位,所以图中阳鱼头在左上方、阴鱼头在右下方,使整个图呈现左旋的状态。

在阴阳学说中,凡明亮的、向上的、主动的、正面的、强烈的等都属阳,而向下的、阴暗的、被动的、和缓的等都属阴,世间万物均不离阴阳。所谓阴阳者,天地之纲纪,万物之父母,太极拳正是根据阴阳变化之理而形成的。太极拳是从无极而始,一动便产生了阴阳,继而由于阴阳的运转而变化无穷,由静止到运动,再由运动到静止,不断地往复循环,一动则由无极产生太极而分出阴阳,一静则由阴阳回到无极而阴阳合一,即所谓"动之则分,静之则合"。

太极阴阳图

太极阴阳在人体上是一个总体的太极图。运动时是一个整体的阴阳,可是整体之中又包含着很多具体的阴与阳,如精神为阴,气势为阳;虚为阴,实为阳;合为阴,开为阳;内为阴,外为阳;下为阴,上为阳等,这些相对的阴阳又必须形成整体的阴阳,从而达到"一动无有不动,一静无有不静"。正如笔者在《太极拳身法行功歌》中讲的"阴阳虚实处处现,多处合一真少见"。所以,深刻理解太极阴阳,对太极拳功夫的提高有着至关重要的作用。

太极图的阴阳鱼有阴极和阳极之分,阴极用白眼来表示,阳极用黑眼来表示,这象征了阴极生阳和阳极生阴之理。在太极拳中称阳中生阴为暗劲,阴中生阳为明劲。如在交手中,只阴无阳则无进攻抵挡之劲,纯阳无阴则无变化,收不到借力省力之效果,所以要阴阳互为其根,能阴阳互变,粘走相生,才可得机得势,不易为人所制,懂劲后才可达到人不知我、我独知人的境界。

太极图阴阳变化与人体相对应,首先须知太极图与人体总体的阴阳变化。在推手或交手时,对方之劲先向我使来,对方为阳来,我接之须用阴随化解,使对方制我之劲变为随我之劲,同时利用腰腿的阴阳虚实变化,使对方越随越空。太极图上显示,从阳进入阴,向阴极走化,就是从阳接进入阴的小面向大面转化,正如"人刚我柔谓之走",这样可使对方进入落空失重的状态;而另一面已由阴向阳极进展,这就形成了"我顺人背谓之粘",达到了阴阳相济。李亦畬在拳论中所讲的"左重则左虚而右已去,右重则右虚而左已去",说明了阴阳的运转和配合及从对立到统一的演变过程。

太极图中的阳鱼变化,阳中生阴。太极拳交手两方的劲道变化很多,如问探劲的接劲与变化:在推手及交手时,须先和对方来劲结合,在接手时两方都为阳接,可是两方之劲的大小不同,可根据对方来劲的大小进行妥当的处理;如对方之劲小且和对方之劲粘黏不住时,要用问探劲给对方著力,在彼劲与己劲相合时,接定彼劲并根据太极图阳鱼从大面向小面运转之理,转腰旋腕,变换虚实,使彼劲沿己劲之外弧线越走越背。在太极图上看,使对方在得力的阳面越走越小,被我所制用不上力,此时就形成了拳论中所讲的"我顺人背谓之粘"的状况,对方完全落入我的控制之中,随时都可发放。

太极图中阴鱼之变化,阴中生阳。顺随劲的接劲变化:在推手及交手中,如对方先用劲来制我,我需用阴走化对方来劲,使彼方制我之劲变为随我之劲。根据阴极大面向小面动转之道理,产生阴中生阳之法,在阴面的动转中逐渐产生阳粘之劲,沿我之内弧线,使对方越随越背,落入我的控制之中。

太极拳阴阳变化是无穷的。总的来说,根据阴阳相互演变之理,如阳鱼为阳中生阴,阴鱼就是阴中生阳。至于明劲和暗劲之变化,阳极之暗劲配阴极之明劲,反之阴极之明劲配阳极之暗劲。在人体每一动必产生阴阳,而本身之阴阳又要和彼方的阴阳相配合方为懂劲,这样才可以阳来阴走、阴走阳粘,才可以做到不丢不顶、粘连黏随。

阴阳相济图

太极图阴阳鱼之间用一种连续渐变的弧线来表示阴阳互为其根之理,阴阳之间既互相矛盾,又相互依存。太极图内弧线之变化,是太极进入高境界时所产生的阴中生阳和阳中生阴的互补状态,也就是太极拳从大圈收至小圈,直至无圈,达到"阴阳相济方为懂劲"之境界。如只阴没阳起不到粘制的效果,只阳没阴得不到省力、借力之效。在没有懂得以上所谈之理前,是很难理解太极拳之奥妙的。

阴阳互变图

从阴阳太极图,到阴阳相济、阴阳互变即左旋右旋之图说,都是后天阴阳变化之理,是人体与阴阳之理的结合。只有根据这个道理,才可提高太极拳功夫之层次。

能做到以肢体的开合与阴阳相配,便进入到太极拳的初级功夫层次。能进一步认识到太极本体,在太极本体的修炼上有所成就,就为太极拳的内功修炼奠定了基础。

左旋与右旋的演变

从古到今,无论是佛教、道教,还是养生、武术等领域,都离不开内功的修炼。内功修炼多以修炼丹田之气为主。气在人体中有两个含义:一是指呼吸往来之气,一是指后天修炼丹田所练出的"元气",亦称"先天之气"。先天之气属人体三宝"精、气、神"之源,所以修炼丹田之气,可生阳气、滋阴气、补正气、退邪气,可生精养气、练精化气、练气化神,使全身气血畅通、精神壮旺,这便是太极拳的本体修炼,是内功修炼最为重要的一环。能通过修炼得到"先天之气"即为中级功夫,继而坚持修炼,不断地增长丹田之内气,加强带脉内劲,使以太极本体修炼的先天之气与肢体的阴阳开合协调相配,内外相合,达到太极一气妙境,才算太极拳的高级功夫。

将来氏太极图的阴阳演变运用到太极拳中,更能清楚地认识到太极阴阳的演变过程。阴阳在人体上到处都可出现,在运动时两只手的阴阳,手与肘、肘与肩的阴阳互变,两个腰眼及两腿的阴阳乃至每个接劲点的阴阳等,都在互相依赖、互相演变。首先应把身法练好,功夫是从身法中练出来的,阴阳之变化又是从身法及功夫中求得,只靠心知没有功夫是达不到身知的,只有身知才能不断提高太极功夫。

太极图是一个圆体,圆是活的基础,活又是太极拳要达到的一个目标。练功时要做到架势圆活、气势圆满,气势圆满才可八面支撑。气势又是功夫深浅的标志,气势愈大,功夫愈深。在运动时又要以内动带动外形,以腰为主宰支撑八面,又须做到气沉丹田,周身一家,这样才能使"腰如车轴,气如车轮",做到八面转换,旋转自如。

以上所述乃太极拳术之重点,有体有用,阴阳演变也尽在其中,能懂得此理,方能在太极拳修炼上方向明确,造诣更深。

## 二、懂劲是入门功夫

太极拳是将太极阴阳从对立到统一的演变之理和人体结合而形成的。王宗岳《太极拳论》中讲"阴阳相济,方为懂劲",懂劲这一层次的功夫是太极拳入门的关键。姚继祖老师说,练习太极拳进入不了懂劲层次,即没有进入太极之门。

在师父的传承中,武式太极拳把功夫分为五个层次:一为打招,二为懂劲,三为打意,四为用气,五为打神。这五层功夫中,懂劲是入门功夫。"由招熟而渐悟懂劲,由懂劲而阶及神明",说明了只有先懂劲,才能提高太极拳的功夫层次。

在懂劲与不懂劲的区别上,王宗岳《太极拳论》中已明确地指出:"立如枰准,活似车轮,偏沉则随,双重则滞。每见数年纯功,不能运化者,率皆自为人制,双重之病未悟耳。欲避此病,须知阴阳,粘即是走,走即是粘,阴不离阳,阳不离阴,阴阳相济,方为懂劲。"

懂劲的前提是要懂得阴阳,阴阳就是矛盾的对立面。太极拳处处是矛盾,处处有阴阳。如开与合、动与静、虚与实、呼与吸、刚与柔、内与外、进与退、粘与走、上与下、收与放等,都是太极拳中阴阳的具体表现。"动之则分,静之则合",阴阳是在运动中产生的,一动即产生了阴阳,产生了矛盾的对立面。对立变为统一的过程就是阴阳演变,在演变中相克相生:相生即是统一,即可产生效果,如使对方落空拔根、失控等;相克即是矛盾对立,如丢、顶等。所以说阴阳处理是否得当,是衡量懂劲与否的关键。

阴阳相济方为懂劲,什么为相济?即在一动中阴阳要同时产生,李亦畬拳论中讲"左重则左虚而右已去,右重则右虚而左已去",正说明了阴阳在运动中是同时产生的,这才算是阴阳相济。

自身的阴阳配合为体,能与对方的阴阳相配为用,才算懂劲。比如对方阳来我用阴走,对方阴走我用阳跟,与对方一直保持在阴阳相济的动态中,才可实现不丢不顶、粘连黏随。达到这个层次,才能进一步探求粘走相生、落空拔根、借力打人之功夫。

## 三、阴阳相济,方为懂劲

王宗岳《太极拳论》讲"阳不离阴,阴不离阳,阴阳相济,方为懂劲",要想掌握真正的太极拳功夫，首先须知阴阳的配合及其变化。

阴阳是所有对立面的概括，如阴是暗，阳是明；阴是反面，阳是正面；阴是黑，阳是白等。从太极拳术理论上讲，阴阳是指开与合、虚与实、刚与柔、内与外、进与退、上与下、呼与吸等。从阴阳在太极拳术的作用上讲，阴为合，为化，为蓄，为黏；阳为开，为粘，为发，为放。

首先应注意自身的阴阳配合，在行功时，身体每一动就产生了阴阳，身体各个部位就发生了变化。如两腿的虚与实，两手的开与合，腰的左右旋转和呼吸在动作上的配合等，把全身多处的阴阳组合在一起形成一个整体的阴阳。李亦畬在《五字诀》中讲"左重则左虚而右已去，右重则右杳而左已去，气如车轮，周身俱要相随"，说明了阴阳配合之理。每一动都要分阴阳，而且还要掌握好阴阳的平衡，阴阳同时变化为相济，这是太极拳练功和技击的重要法则。

拳论讲："立如枰准，活似车轮，偏沉则随，双重则滞。"始终保持身法端正，阴阳平衡，身手圆活如车轮旋转，又能八面支撑，时时处处做到阴阳平衡和相济，才可得机得势，做到人被我制而我不被人制。做到了自身的阴阳相济只是一个知己的功夫，还要达到知彼功夫，就是两人在接劲或推手中的阴阳相济，这样才能真正懂得太极拳中的阴阳演变，才可在太极拳的技击中，感受到引进落空和借力打人的奥妙，也就是"阴阳相济方为懂劲"的功夫。

"不丢不顶，舍己从人"，"粘连黏随"就是两人在接劲和推手中的阴阳相济状态。如两人在接劲中，对方用力施于我身，我需用阴走化解对方来劲，这样就形成了两个人的阴阳相济，否则不是丢就是顶。如两人的劲形成对抗都属于阳，为顶劲，两人的力粘合不住和随不上对方为丢。产生顶劲是两阳相对，得不到借力和省力的效果。丢劲是只阴没阳，起不到粘制发力的效果。阴阳不平衡，就不算阴阳相济，也不能算懂劲。

能在两人接劲做到阴阳相济，就能在和对方推手中，做到舍己从人、不丢不顶、粘连黏随。在两人接劲中阳来阴走，阴走阳粘，走化对方为阴，阴中需产生蓄劲、粘制，发劲为阳，阳中也包括粘制发力和走化，这样就产生了阳中生阴、阴中生阳的无穷变化。总之，阴里没有阳，只走不能粘；阳里没有阴，只粘不能走。所以要做到拳论中所讲的"粘即是走，走即是粘，阳不离阴，阴不离阳，阴阳相济，方为懂劲"，懂劲以后，就能粘走相生，愈练愈精，逐渐达到从心所欲。

## 四、不丢不顶，粘连黏随

"不丢不顶，粘连黏随"是懂劲的前提，可是做到身上却非常不容易。"丢"与"顶"本是两者对立的矛盾，怎样才能使之由对立达到统一？

首先，要改变对太极拳的认识。太极拳修的是智慧拳、借力术、省力技，不可有以力量取胜的念头。处处要以松随从人来要求自己，要在行圆划弧的运动中去调阴阳，在松柔圆活中找窍要，在理论联系实践中体悟我顺人背的奥妙。只有在放松中才能体会到彼方劲力的大小、快慢、长短，才能与彼方之劲随合好，引带彼方之劲进入我之轨迹，才能做到随人之动、不丢不顶；要在听劲摸劲上狠下功夫，增强身体肌肤的感应能力，练至能松随从人、接劲活变的程度才能适应变化,处理好丢顶之间的矛盾。

"不丢不顶"是"粘连黏随"的前提,"粘连黏随"是"不丢不顶"的目的。"不丢"是讲两人在接手中两劲不可丢开,或两手不可丢离;"不顶"是与对方之劲不可顶抗。粘,是与对方相接合;连,是在运动中与对方之劲连在一起,即是不丢之意;黏,是与对方之劲粘接,即要有不顶之意;随,是在运动中与对方之劲随合。

要用"粘连黏随"去解决"丢"与"顶"的问题。"粘连"是在和对方接手时要有与对方之劲粘连之意,不可丢也不要顶,要与对方之劲做到频率相合,对方阳来,我用阴走,对方阴走,我要阳跟,这样也锻炼了两人的随动功夫。在随动中要与对方之劲粘合在一起,如胶似漆,在互动中处处与对方接劲点粘黏住,不管前进、后退都有"粘连"之意、"黏随"之劲,这样才能在阴阳的演变中产生效果。有些拳友只追求"不丢不顶",在与人推手中不粘不黏,只求随动而已,这样无法去接粘对方之劲,只求阴走没有阳粘,起不到技击作用,往往是制不住人反被人所制。把"粘连黏随"做成顶抗之随动,只能以劲力取胜,既求不到省力、借力之技巧,又发挥不出太极拳用意不用力和引进落空、借力打人之功夫。

习练太极推手,首先应从"不丢不顶,粘连黏随"上下功夫,有一定的体悟后方可去求懂劲。太极拳处处都是由阴阳矛盾的分化到统一的过程,要创造矛盾,还要去解决矛盾,才可达到阴阳平衡,才符合太极拳的总体要求。具体训练推手过程中,双方都想使对方由平衡的状态演变为不平衡,使其落空拔根的方法与技巧;反过来,在己方不平衡时想办法调整身体,利用阴阳演变又恢复自身平衡状态,而使对方失去平衡。这样反复训练,渐渐就会对"懂劲"有所体悟。

一层功夫一层认识,"不丢不顶,粘连黏随",是太极拳入门之关键,也是习练太极拳终生探求的境界。

## 五、从人与由己

懂劲是不但知道自己的劲路运行,更重要的是要知道对方之劲的大小、动向、快慢及对方受制时劲路的变化等。懂劲的类别,大体分为由己之动与从人之动。

由己之动是在与对方推手时,根据自己的想法主动应对对方,使对方受制。由己之动又分为由己之招和由己之劲:主动去压制对方之式为由己之招;而采用由己之招承接对方先发之劲,再顺随对方之劲,使对方失控受制为由己之劲。

从人之动就是对方先动,我用手臂粘接随化,在随化中,又要产生粘黏之意,使对方失去平衡而拔根落空。在这一动态中,必须使对方攻我之劲变为随我之劲,才能产生效果,不然对方之劲并未落空,自己反而受制。

由己之动"顶"的可能性大,所以要以问劲为前提,而后随对方之劲而动,这样才可达到省力、借力之效果。从人之动"丢"的可能性大,因顺对方之劲的火候不易掌握,所以要在粘黏及劲断意不断上下功夫,在与对方的接劲中达到不丢不顶、粘连黏随,在与对方的变化中力求懂劲。

"从人则活,由己则滞",怎样来处理"从人与由己"两者之间的关系?

能从人是推手要做到的第一步。从人可省力、可活变,但是从人得有限度、有尺寸,没有原则的从人,会越从越背。怎样做?首先要守好自身框架,要按自身之运动轨迹来顺从彼方,等彼方落空拔根后,再变由己之动,使彼方受制跌出,这是指对方主动给劲。如果彼方不给劲,我须先问劲,在彼方感到受制时要与我相抗,我需接定彼劲,顺随彼劲,引进落空达到我之目的,这是先由己后从人。

由己与从人是相辅相成的,都要在行圆划弧中完成。切记只由己不从人,达不到省力、借力之效;反之只从人不由己,只能省力,达不到借力制人之效果。正如拳论中讲"阴不离阳,阳不离阴,阴阳相济,方为懂劲",要深入理解"从人也是由己,由己也是从人"的道理,当然这是要看功夫层次的,功夫越高效果越好。

## 六、引进落空和借力打人

李亦畬在《走架打手行功要言》中说:"能引进落空,能四两拨千斤,不能引进落空,不能四两拨千斤。""欲要引进落空,四两拨千斤,先要知己知彼;欲要知己知彼,先要舍己从人;欲要舍己从人,先要周身一家;欲要周身一家,先要周身无有缺陷;欲要周身无缺陷,先要神气鼓荡;欲要神气鼓荡,先要提起精神,神不外散。"这些精深的论述,是老前辈朝夕揣摩、苦心钻研、潜心修炼的成果,在练习时要时常对照,严格要求,稍有不合,即速改正。

所谓"引进",就是诱引对方之劲,牵引对方来劲,近于我身,进入我的控制范围之内,使之不便离去。"落空"是使对方的来劲落在空虚之地,用不上力,或站立不稳,失去平衡,造成我顺人背之势。

引进落空主要表现在使对方的着力点落空和着地点拔根。着力点落空就是在和对方接劲时,利用螺旋劲的变化来改变与对方的接劲点,利用走劲头、粘劲尾,使对方摸不着我的劲点或接不住我之劲,让其感到越进越空,使对方着力点沿着我身体之圆弧运动的切线滑出,从而使对方身体站立不住,不由自主地向前或向后栽跌。

着地点拔根是在对方向我加劲时,接定彼劲,利用腰腿的蓄势转换及以相应的肩肘腕关节为轴,顺随来劲微作旋转,使对方着力点位置改变,重心移动,劲根拔起,脚跟离地或脚尖离地,身体站立不稳,用不上力,如落深渊。这时候我便成了对方的支点,和对方之劲合在了一起,对方就落入了我的掌握之中。但落空的效果如何,取决于功夫的层次,没有一定的功夫,使对方落空拔根的效果就不明显。

借力打人,必须先要做到引进落空。借力是借对方之力,实现打人的目的。在借力时要根据对方劲力的大小、方向、快慢,用不同方法达到打人的目的。现在谈几种方法,如"顺随劲借力法""问探劲借力法""对抗劲借力法""对拉劲借力法"等,这几种方法在不同的情况下,可单用也可配合使用。

武禹襄在《打手要言》中讲的"每一动,惟手先著力,随即松开,犹须贯穿,不外起承转合,始而意动,既而劲动,转接要一线串成",就是一种问探劲的借力法。在和对方接手时,先要给对方加力,力的大小由自己决定。在彼劲和己劲相同时,接定彼劲,松开我劲,利用起承转合螺旋劲的变化,松走劲头,跟粘劲尾,顺其来劲方向,引空借力。如对方的劲特别松柔,自己和对方接不住劲时,也要用问探法给对方加力,迫使对方加力抵抗,这时再接定彼劲,借用彼力,使对方落空,达到借力打人的目的。

两人打手中,互相粘走变化不开时,就会变成劲的较量,形成了对抗劲和顶劲,在这种情况下很难借力而使对方落空,这要看各自的功夫如何及太极拳的各种身法掌握得怎么样,是否做到了"周身一家脚手随",是否做到了身法的"腾挪闪战"和"一动无有不动,一静无有不静"。

姚继祖老师时常教导我们说:"练太极拳能做到周身一家脚手随,才算上了正路,否则你是永远练不好太极拳的。"李亦畬在《五字诀》中说:"一身之劲练成一家,分清虚实,发劲要有根源,劲起于脚跟,主于腰间,形于手指,发于脊背。又要提起全副精神,与彼劲将未发出之际,我劲已接入彼劲,恰好不后不先,如皮燃火,如泉涌出。此为借力打人,四两拨千斤也。"很多太极拳爱好者上身和下身串不起来,上是上,下是下,练不成一个整体,更谈不上周身一家。所以用不上腰的功夫,和对方一接劲就立身不稳,站不住脚,而被人所制。要想不被人制,就要看自己在和对方顶劲的一瞬间内气是否能沉得下,上身是否能放松。能松沉得下,上身才能灵活,才能变化,两脚才能生根,下盘才能稳固,才能做到劲起于脚跟,得机得势,从中找到借力的机会。

对方被引空站立不稳,向前或向后栽跌时,正是我省力、放松、蓄劲待发的时候,又是借力的时候,这时对方挣扎的力越大,能被借的力就越大。如我用顺随法粘制对方,使对方向前栽跌时,对方的身体要急于向后调整自己的平衡,这时就形成了对拉劲。这时我利用腰腿的虚实变化和螺旋劲的滚旋,松开和对方的接劲点,改变劲头,跟粘对方劲尾,借用对方的力,使对方向后栽跌;对方如果再向前挣扎,就和我产生了对抗力,我如再改变劲头,来顺随对方时,这又可使对方向前栽跌。

如不想把对方发放出去,需接定彼劲,根据对方劲力的变化,使对方总处在被引进落空的境地,东倒西歪,无法站稳,落入我方的掌握之中,这就形成了老前辈说的"粘劲"和"拍皮球劲"。

在内气的配合上,李亦畬在《五字诀》中讲:"力从人借,气由脊发,胡能气由脊发?气向下沉,由两肩收于脊骨,注于腰间,此气由上而下也,谓之合;由腰形于脊骨,布于两膊,施于手指,此气由下而上也,谓之开。合便是收,开即是放,能懂得开合,便知阴阳,到此地位,工用一日,技精一日,渐至从心所欲,罔不如意矣。"

## 七、粘 与 走

太极拳在过去被称为"粘拳",笔者小时候也听到不少对粘拳的谈论,说此拳练到一定程度,在和对方交手时,能把对方粘住,使对方前进不能,后退不敢,落入被人掌控之中,身不由己,完全处于失控状态。功夫越高,粘人的技艺越精巧。

"粘即是走,走即是粘"是太极拳功夫达到高峰的境界。那种认为粘就是走,走也就是粘,"粘和走"是同样的技术含意的认识,是错误的。

这两个词不能单以字意来理解,走和粘本来是两种含义,两个劲别。"走"是走化对方之劲,使其不易着于我身;"粘"是粘制对方之劲,使对方身不由己,用不上力。走化是从人,粘黏是制人,两者要同时完成,才可达到阴阳相济之境界,正如拳论中讲的"人刚我柔谓之走,我顺人背谓之粘"。所以先要把走与粘的关系认识清。懂得了走与粘,也就懂得了阴阳变化;懂得了阴阳变化,才能做到粘走合一和阴阳相济。

走与粘的功夫只有通过两人对练才可获得,单凭盘架子是练不出来的。对练首先要"舍己从人、不丢不顶",即锻炼听劲和摸劲的功夫,然后达到粘连黏随的水平。

"粘连黏随"分开来谈。"随"是跟依的意思,推手时要和对方缓急相随,进退相依,不丢不顶,舍己从人,跟随得灵才能得机得势。"黏"即在随好对方的同时,通过黏着点探寻对方的重心,动摇对方的身体,使对方用不上劲。在练好黏随的基础上,进一步掌握粘连两字的含义。"连"是与对方劲的连接和相合,从高层次上讲,是与对方在频率上的合度,就是所说的摸劲和听劲功夫,听劲越灵,越容易根据对方劲的变化达到粘制对方的目的。

太极拳要求通过走与粘的演变达到懂劲层次。在走与粘的变化中,走化为粘制创造条件,粘制是走化达到的效果,两者缺一不可,要逐渐达到走粘合一,也就是拳论中所讲的"阴不离阳,阳不离阴,阴阳相济,方为懂劲"。只阴没阳达不到粘制的效果,做不到我顺人背,也不能得机得势;只阳没阴达不到走化从人、以柔克刚和引进落空的目的。所以要求每一动都要做到有走即有粘,有粘即有走。如只走化而不粘制或只粘制而不走化,都不能达到克敌制胜的目的;如果粘走不能相生,阴阳不能相济,就不能算为懂劲。

必须懂得了走与粘的关系,掌握了粘连黏随之功夫,才能在交手中做到引进落空和借力打人,才可达到"粘即是走,走即是粘"的境界。

## 八、顺劲与摸劲

顺劲与摸劲是太极拳技击训练中不可缺少的功法。

顺劲是体验自身劲道循环,形成身体各部位劲圈,提高自身功夫及身体素质必需的功法。利用顺劲功法练出的功力不同于一般的习惯用力。一般的习惯用力是自身的后天之力,为"本力",而通过拳术功法训练出来的力称为"功力"或"内劲"。顺劲是太极拳中所特有的力,能训练出身体的松柔、圆活、顺整。

首先在站桩和走架中,用意念诱导,使精神、意念及气与力相互协调配合。例如:两手向上掤进,身体要有向下之意,同时应配合含胸、拔背、气沉丹田等身法;两手向下按时,身体要有向上之意,并配合松肩、沉肘、提顶、气沉丹田等身法;手向前推,命门要有向后撑之意。这样在运动中既能体现出方圆相生之意,又可体会出对拉拔长的内劲运行,产生支撑八面之势。长期训练,动作越来越协调灵敏,达到意到劲到、劲随圈转,处处做到圆活有趣。正如武禹襄拳论中讲:"有上即有下,有前即有后,有左即有右。"

顺劲练习可分为定步练习与活步练习。定步练习以懒扎衣为主,两腿一前一后,左腿在前,左手在前,右手在胸前与左肘平齐,两膊放松撑圆,目视左手前方,两腿的步伐为不丁不八,反之身法相同。定步为不动步,两腿进行虚实变换,前弓后坐,随着两腿虚实的变化和腰的左旋右转,进行掤、捋、挤、按、采、挒、肘、靠八种劲法的试力,探索劲圈的形成。活步练习的基本动作与定步相同,在前进与后退中配合腰的旋转,进行五行步法互换和八种劲道的试力,体验前、后、左、右、上、下对争劲的矛盾统一,从中寻求得机得势的感觉。

要严格按照十三条身法要求,以腰为主宰,上与两手的开合蓄发相配合,下与腿的虚实变换相随合,"一动无有不动,一静无有不静",脚到手到,上下相随,开合有致。开时两手外旋,随身体前弓,劲由脚跟起,由脚而腿而腰,发于脊背,形于手指,在虚实变换中以身催手,两手不可妄动,弓腿时前膝不可过足尖,后腿不可蹬直。长期练习,可产生气感,如手心胀热、手指胀麻及气圈的形成等。合时两手内旋,身体放松,有内收之意,意气随松肩、沉肘、含胸、拔背、气沉丹田、尾闾正中等身法的完成,随之向下沉于脚下,可体会意气下沉,下盘稳固,两手心有凉气内收之意感。合起到走化、蓄劲、粘制之作用。

在"顺劲"练习中要注意放松。"松"是在意念的指导下做到松、沉、转、进,在松沉时意气从上身下沉于脚下,转进时,劲由脚跟起,利用地面的反弹力,由脚而腿而腰,直达发力点,这就是大周天及意气圈的形成。松不是目的,松是为了更好地让劲发挥出最大的作用。

通过顺劲的不断训练,即可在练习中体会身体各部位的协调配合、内外关联以及松柔、圆活、刚柔、蓄发等感觉,在运动中逐渐进入"周身一家"的境界,达到处处得机得势,人为我制,而我不为人制的境界。

"摸劲"也被称为"听劲"。其意义并不是耳朵去听,而是用皮肤去感受,是练习与对方的触觉,训练皮肤的灵敏度。在太极拳的传承中,摸劲与听劲本是同样的含义,但我认为用"摸劲"比较通俗一点。实际上,在日常生活中,无论干什么事情都有"摸劲"。如锄地、学骑自行车、开车、烹饪等,都要进行摸劲的训练。锄地要掌握锄地的准确度及深浅度;学骑自行车要摸它的平衡劲;学开车要摸油门大小、档位的位置、刹车间隙;学烹饪要掌握火候等。摸熟了也就掌握了乃至精通了这门技艺。

摸劲是在顺劲的基础上,按照不丢不顶、粘连黏随、舍己从人、力从人借等要求,从中体验阴阳变化的规律,探求引进落空、借力打人之奥妙。

摸劲,包括体验自身劲道的变化及外来劲的走粘。走粘就是利用感觉与体会来处理自己与对方之间劲道的演变。在摸劲中可体会出对方太极功夫的高低。

摸劲的训练应从互相喂劲开始。相互给劲,互相接化转换,在相互喂劲中体会来劲的快慢、方向、路线,做出相应的接、化、粘、拿,从中找出最佳的处理方案。

王宗岳拳论中讲:"由招熟而渐悟懂劲,由懂劲而阶及神明。"所谓懂劲,首先须知己劲的路线、变化、作用及效果,又要摸清对方来劲的方向、大小、快慢等,根据阴阳变化之理,做到阳来阴走,阴走阳粘,不丢不顶,阴阳相济。

懂劲是从不断地顺劲与摸劲训练中得来的,摸劲更是懂劲的必经之路。太极拳的劲道有几十种,为什么只说八种劲道?因为这八种劲道是拳术的根本,其他劲道都是从这八种劲道演变而来。有些劲道实在难用文字说清楚,只能写出大概的情况。最为难的是复合劲的演变,如在推手中对方两手向我右臂按时,我以右臂承接来劲,松沉转化,这时即可产生走粘相生,腰微向左转,使对方落空、拔根;随机腰微右转,拔腰,右臂向上掤带,使对方完全失控。如对方还有顶抗之力,我又需腰向右转,右臂随对方之劲向右下沉带,又可使对方落空拔根。在这样连贯的变化中,可出现多个复劲,形成几个劲圈。文字只能写一些劲圈的变化和劲道的形成,关于两腿的虚实变换,腰的松、沉、转、拔功法的演变,两手的开合换劲等,用文字很难写清,只有在示范与口授中才能体会个中滋味。

太极推手是提高太极拳功夫的必由之路,是进入散手技击的中间环节。但若是把太极推手用在对抗性的比赛中,对太极拳的发展就很不利。由于受到传承、功夫、赛场规则和比赛中的功利心等因素的影响,这种推手比赛无法体现出太极内家功法的特色,可能会误导习练者向违背太极推手法则方面发展。按太极推手要求,本是"人刚我柔谓之走,我顺人背谓之粘""不丢不顶""舍己从人",可是现代推手比赛,多犯丢、顶、扁、抗之病,多是追求有力打无力,手慢让手快之法。

这些问题,都是缺乏顺劲与摸劲的训练造成的。只有坚持顺劲与摸劲的功法训练,在推手中利用阴阳虚实的变换,做到虚实分明,虚要虚透,实要实足,并养成阴阳、虚实、开合互相承接的习惯,才能接劲有法,开合有致,进退得力,走粘灵活,变化无穷。

## 九、武式太极拳的接劲

武式太极拳把在交手中接对方来劲称为接劲。"打人容易接手难",接手是胜败的关键,非常不容易。因为在技击交手中,双方都有战胜对方之心理和可能性。

怎样接劲才符合太极拳理之要求,发挥出太极拳技击之奥妙?我习练武式太极拳60余年,亲身体会到,要想练好太极拳,使太极拳技艺走上正路,必须具备三个条件:一要有明师的正确教导,二要改变人的后天思维方式,三要有勤学苦练、持之以恒的决心和毅力。这三方面是缺一不可的。

接劲的水平与自身功夫的层次有关。太极拳有"周身上下都是手"之说,那是高层次的功夫。现实中大多以两手接劲为主,因为两手是上肢之梢节,与两膊相连,是与人相接的首要部位。武式太极拳讲开合,手形为"荷叶掌",要求五指自然分开,不可用力。姚老师在传授时说:"具体的校准掌形,是以前额为准,手掌自然放在前额上,慢慢离开,此为手的掌形。"掌主要是以开合的运作方式来配合周身的运动,具体的要求是两手外旋为开(以拇指向内旋),内旋为合(以拇指向外旋)。

开合的运转,在阴阳的演变、接劲点的转换、意气的收放、身体的松紧、劲向的圆活、粘走的相生、呼吸的调配等方面发挥着重要作用。开合与呼吸相配的方式为开呼合吸,开的作用为粘制、发放,合的作用为走化、含蓄。

以周身而言,开是周身气势的放大,为周身之劲撒放、聚发、发劲过程;合为周身气势的收小,为周身之劲储存、聚蓄、蓄劲过程。在接劲的应用上,合时两手内旋,以接劲点为起点,松沉吸气,感到掌心有凉气内收之感,做到从人、松随、走粘,使意气布于两膊,注于腰间,沉于足下,此气由上而下谓之合,它所达到的效果,可使对方形成拔根、落空、失控,为实现引进落空、借力打人创造条件。开在两掌上是人体意气运行的终点,在开时,要呼气,劲起于脚跟,利用地面的反弹力通过两腿、腰脊,形于掌指,两掌要坐腕、旋掌,使意气贯于两掌,两掌心有热涨感,此气由下而上谓之开。在接劲上,开合无时不在,不停地由合转开、由开转合,而后达到开中有合、合中有开。正如《五字诀》中讲:"能懂得开合,便知阴阳,到此地位,功用一日,技精一日。"可见接劲的技巧奥妙,都包含在阴阳开合的演变之中。

武式太极拳在交手时,不用抓、拿、撅、抗之法,而以不抓不拿、松随从人、走粘演变来应付对方之来劲,使自身处在得机得势之状态下。

武式太极拳在接劲的功法上有对拉劲、问探劲、顺随劲和接招打劲、接劲打劲等。如接招打劲,对方用招法向我进攻,我起手去接对方的来劲,随即顺从对方来劲利用弧形旋转,使对方之劲随我之劲,沿我劲路的切线进入落空拔根之势,再随机接定彼劲,使其跌出。又如问劲打劲,在我计划主动进攻对方时,首先要向对方问劲,即自己先以意念去引出对方之劲,然后根据对方之来劲,接定彼劲,进行松随粘化使对方落空拔根。

总之,两手必须要与身体各部协调配合,才能在接劲上立于不败之地。接劲的层次同样是根据自身功夫而论,一层功夫一层效果。从打招到懂劲,由打意到用气,从掌上的点面变化到五行的生克演变,都是与接劲紧密相连,只有认真地研究、体悟,才能达到太极拳的高深境界。

接劲走化时应注意做到自身整体运化与接劲合频,提高身体的感应能力和控制自身行圆划弧的运动轨迹。不管彼方的劲有多大,关键是安排好自身,要在自己身体的限度上去处理粘走的时间,这就是听劲摸劲功夫。听劲越好越省力,摸劲越灵效果越好,要在松沉、鼓荡中去求松随从人,才可达到省力、借力之效果。

## 第九节　懒　扎　衣

懒扎衣是武式太极拳母式,它蕴含了整个套路招法的演变,是祖师武禹襄的高明创造。各代宗师对懒扎衣都有高深的体悟,李亦畬曾说"悟懂懒扎衣,走遍天下无人欺";郝为真曾说"我练一辈子拳就练会了一个懒扎衣";恩师魏佩林曾说"别说教你一手,我只练会半手"。我练拳60余年才对懒扎衣有了较为深刻的体会。懒扎衣包罗万象,无论在技击上,还是在养生上都有着丰富内涵和重要意义。

懒扎衣按字意来讲,像是古代懒人在扎叠衣服;从外表上讲,它与拳击的姿势很相似,都是一手在前,一手在后,前手迎,后手打;从技击上讲,它包括了多种含义。

懒扎衣是一个省力结构,身前是一个三角形,受力面小,结构稳定又易于转换,有利于面变点,点变面。

太极拳分为三道防线,前手引化,后手进击。在推手打轮过程中,如对方先下手向我背处推来,我要接定彼劲,边随边化,使对方来劲越进越背,最终落空拔根,无法制我;如对方只随不进,我只好先问劲,也就是由面变点,给对方更大的压力,对方不得已与我之点相对,我接定彼劲,由阳变阴,引空对方,使其落空拔根失去平衡,我方同时进攻,这都是懒扎衣的变化。

懒扎衣是一个万能钥匙,千变万化。在推手中,双方各有顺背:自己顺,对方即背;对方顺,自己即背,机势全在走粘变化之中,而懒扎衣就是这些变化的母势。练习懒扎衣,要细心探究其中蕴含的招式和劲力的重重变化,才能达到懂劲的层次,懂劲后才能愈练愈精。

## 第十节　气

### 一、呼　吸

"吸为合来呼为开,呼吸开合同时来;肢体随着呼吸变,内外相合乐无限。"太极拳呼吸专指太极拳的开合蓄发,与平常呼吸不同。

初练太极拳时,要知道开合的变换。武式太极拳之呼吸为逆式呼吸法,讲究开呼合吸。在合时,全身放松,两手内旋,胸腔之气向下沉于丹田;在开时,两手外旋,气自然外出,而不要有意识地用口鼻之呼吸来配动作,要慢慢去体会开呼合吸与动作的调配。

到中级阶段,外表肢体动作已经熟练,对呼吸也有了些体悟,呼吸与动作要进一步结合。如在合时,身体放松,两手内旋,气向下沉于丹田,又要通过命门后撑,打开内气向下的通道,使气向下直达足底,增加下盘稳固性,完成松沉蓄劲,这为吸气;在开时,劲起于脚跟,主于腰间,形于手指,发于脊背,又要配合两手坐腕外旋,这为呼气。通过长期锻炼,呼吸与动作进一步配合,肢体动作圆活,内气上下运行通畅,假以时日,就会感到意气圈的形成。

武式太极拳高级阶段特别注重养气,即存养丹田之气。丹田是人体生命之源,丹田之气充盈,则身强体壮,延年益寿;又须蓄劲于脊骨之内,"气以直养而无害,劲以曲蓄而有余",从养生角度来讲,呼吸变化即是存养丹田之气。从技击角度来讲,呼吸变化即是打人,"吸为合为蓄,呼为开为发""吸则自然提得起,亦拿得起,呼自然沉得下,亦放得出,此是以意运气,非以力使气也"。

太极拳呼吸至关重要,需要习练者用心去体悟,去研究,循序渐进,方能攀登太极拳技艺的高峰。

## 二、以心行气

太极拳论中对气论述最多的,首推武禹襄,如"以心行气""腰如车轴,气如车轮""气以直养而无害""行气如九曲珠,无微不到""内气潜转""敛气入骨"等,特别是四字不传之秘诀"敷、盖、对、吞",对气的运用更为突出。

健身上的内气调配、松紧合度、意气身知等都与气分不开。利用开呼合吸配合内气,使横膈膜上下蠕动,脏腑得到按摩,起到祛病强身的作用;推手上的松随、不丢不顶、舍己从人,劲法上的接劲、粘劲、走劲、拥、撞、漂等都是配合内气来完成的。

笔者在老师的心传口授指导下,通过对武式太极拳60余年的研习体悟,有了新的体验与见解。如在内气的运行上达到了内气潜转,敛气入骨,在这一基础上又练出了骨鸣,对"气势鼓荡,腰如车轴,气如车轮"有了进一步的认识。

"太极者,无极而生,阴阳之母也,动之则分,静之则合。"太极拳根据太极阴阳变化之理,在相互生克中去求对立统一。太极在人体上是指身体内部的辩证运动,即神意气的调配;拳是肢体外部运动,受体内意气的指挥,所以拳论中讲:"若言体用何为准,意气君来骨肉臣。"即是意气要指挥骨肉的运动,以内带外,内外相合。体内的神意气是统领肢体运动的核心。

"气为血之帅,血为气之母",气血是相辅相成的,不可分隔的。气血在体内循环产生内劲。内劲即是精神、意念、气血的混合一体,是太极本体丹田修炼的成果。丹田是太极之本体,又为性命之源,利用丹田修炼出的内气,又称先天之气,利用肺呼吸维护生命之气为后天之气,两者是不相同的。丹田之气充盈,人便精神壮旺,功力增长,在意念的引领下,内气催动血液流通,运达四肢百骸。

"心为令,气为旗,神为主帅,身为驱使",说明了心、气、神、身之间的关系。

"心",是指"心力",心性通过后天磨炼可发挥对外物的控制作用,这种作用力为"心力"。心力的大小是后天修炼出来的。心力调控的效果是由修炼层次决定的,如周身框架的运作,通过框架去描述内心的情感,达到以心行气,松柔圆活,姿势优美;在与人交手时,达到心静意专,心神不乱;在听劲摸劲上,皮肤感觉灵敏度与对方随合到位,能起到引进落空,后发先至之效果;内劲说有既有,想无即无。这些都是心力控制的作用。

总的来讲,气在太极拳中的作用非常大,很值得我们去体悟,去实践。

## 三、意 气 圈

恩师姚继祖曾讲过:"太极分阴阳,在气为呼吸,呼乃开与发,吸为合与收。"说明太极拳的修炼,有两项要求非常重要:一个是阴阳,一个是呼吸。姚师在传授时又讲道:"初学求自然,习久需讲究;能教一气先,莫教一气后。"尤其强调了气的重要性。

气分两种：一种是后天之气，另一种是先天之气。人在出生后利用口鼻之胸式呼吸为后天之气，后天之气的功效是维护生命。人不呼吸就不能生存，呼吸深长可以增加肺活量。姚师讲"初学求自然，习久需讲究"，在初学时，身法要领都还没有上身，在呼吸上也不能要求过多，自然呼吸即可。但要想把太极功夫真正练上身，只以后天呼吸法是不行的，运用逆式呼吸法，才是打开内功之门的钥匙。

丹田为太极本体、生命之源，丹田之气即为先天之气。逆式呼吸法在呼吸时改变腹腔的容积，而使腹腔得以改变的，不是吸入后呼出的空气，而是内气。内气在体内通过开合、松紧，用意念引导，配合开呼合吸，完成内循环。

气沉丹田首先切记一定不用口鼻之气，具体做法是：身体放松，两手内合弧形上掤，同时含胸、拔背、松肩、沉肘，用意念引导内气通过大包穴向下沉于丹田，这为吸气，我认为用沉气比较恰当。气沉丹田时，丹田处有内收发紧之感，此时命门穴后撑，开启内气下行的通道，再尾闾前送，溜臀，使内气直达脚底，这样就能"气沉丹田"，从而稳固下盘，完成蓄劲、走化的过程，这便是"吸为合与收"。在呼气时，又通过地面的反弹力，内劲起于脚跟，变换在腿，主于腰间，形于手指，发于脊背，此气由下而上，一气贯穿，这为"呼乃开与发"。

这样一吸一呼，完成一个内气的循环，我称为意气圈的形成。姚师说，"能教一气先，莫教一气后"，即是后天气不用教，先天气必须得教，才可施于身，这便是传承。

## 四、气沉丹田

"气沉丹田"是太极拳非常重要的身法之一，也是修炼内功的功法，要求在练功中时刻注意意气的松沉，促使丹田之气永存。

"丹"是通过修炼所获得的先天之气，"田"是聚集先天之气的部位。"人身三宝：精、气、神"，丹田即贮藏精气神之所在，是生命之根本，也是拳学之本体。

人体分上丹田、中丹田与下丹田三处。上丹田在两眉之间印堂穴里，与玉枕穴相对，重在养神，通过修炼，可使精力充沛，增强大脑能量，开发智力，并能激发人体潜能，太极拳功法中的提顶、调意就是对上丹田的修炼。中丹田位于两乳之间的膻中穴里，与夹脊穴相对，约与心脏同一高度，在百会穴与膻中穴垂直交点处，又称中田气府，重在养气，可以调心、养神、强心肺、益宗气、通经络。太极拳都是通过中丹田的传递进行发力，所以有"力由脊发"之说。下丹田在脐下一寸三分处，与命门穴相对，在百会穴与会阴穴垂直交点处，是藏精之府、炼精化气之所，重在养精，可以固本培元，聚存能量，通过修炼，能起到稳定重心、平衡身体的作用。以上所说的三个丹田都是人体先天之气运行集中而又活跃的部位，各有分工，相辅相成。总体来说，下丹田炼精化气，中丹田炼气化神，上丹田炼神返虚。

"气沉丹田"是指气沉于下丹田。下丹田是太极之本体，是人体生命的发源地。沉，是利用意识的引导，配合开合、松肩、沉肘、含胸等身法，用逆呼吸法使意气沉于丹田。在发放时，一部分气随发力放出，一部分气沉到丹田，使丹田之气永存。经过不断修炼，就会增长丹田之内气,同时促进带脉内劲的形成。

养丹田之气,要用开呼合吸之法:吸气时两手内旋放松,弧形上掤,至胸前抱圆与肩平齐,劳宫穴内收,用意气引导,经手少阴经,走大包穴,使大包穴扩张,促使横膈肌下降,气向下沉于丹田。这样既增加了腹肌和横膈肌的运动量,又改善了心脏的输入输出条件,促进了血液循环,加强了心肌营养,又使肝、胆、胃、肠等脏腑器官得到锻炼。再加上意念活动,通过两手的开合、松紧、呼吸,结合身体的起落,使内气潜转,收到医疗养生之效。

修炼太极功夫首先必须要有一个坚实的基础框架,下盘稳固是形成基础框架的前提,气沉丹田又是下盘稳固的前提,做不到气沉丹田就不能做到真正的放松,更形不成坚实的基础框架。太极拳式式都有放松与气沉丹田,处处都有开合蓄发之变化,习练者要细心地去体悟,久之,定有所得。

# 第十一节　命　门

## 一、气沉丹田与命门的关系

"命门后撑",是武式太极拳一个非常重要的身法。命门穴是人体督脉上的要穴,位于后背两肾之间,与丹田穴前后相对。命门为人体的长寿大穴,经常开启命门穴,可强肾固本,温肾壮阳,强腰膝固肾气,延缓人体衰老。在太极拳中,命门穴被老前辈称为千金,是稳固下盘,使内气向下通达的关键所在。

气沉丹田是命门后撑的前提,做不到气沉丹田命门就无法后撑。

恩师姚继祖在传授时特别强调,练不对气沉丹田,太极拳功夫就无法提高,回想起来真是一语重千金。若没有恩师的传承,只靠自身体悟是很难提高功夫的。

气沉丹田,必须要掌握逆腹式呼吸法,这一呼吸方式实质上是内气的升降、鼓荡、循环。在修炼逆腹式呼吸法时,利用合吸开呼来完成体内意气的循环。吸气时沉气,首先全身放松,两手上起内合,做到松肩沉肘、含胸拔背,用意念引导内气下沉,经大包穴直达丹田,感到丹田有向后内收之感,同时催动身后的命门穴有向后撑之意。这样通过丹田命门的互动,使内气向下直达脚底。在呼气时利用地面的反弹力使内劲起于脚根,变换在腿,主于腰间,形于手指,发于脊背,从而完成一个内气的循环。

只有懂得了气沉丹田和命门的调配关系,才能使内气畅通,进入带功练拳的层次。

## 二、尾闾与命门

"尾闾正中"是武式太极拳十三条身法之一,在过去是对外不传之秘。结合恩师的精心传授和自身的体悟,我认为尾闾与命门是修炼太极拳的重中之重,两者相互关联,缺一不可。

武式太极拳要求"尾闾正中"，有别于"尾闾中正"。"中正"与"正中"有内外之别："中正"要求立身要中正，做到百会穴与会阴穴上下成一线；"正中"要求在命门向后撑的同时尾闾尖前送并上翘，使尾闾尖向上之意直与鼻尖相照，同时完成松腰坐胯，使腰胯相合，接通上下之气，使之一气贯串。

　　命门又称后丹田，在后背两肾中间，督脉和带脉的交叉点处。中医认为命门蕴藏先天之气，为人体生命之本。命门在人的生命系统中发挥着统领、协调和运化等重要作用，还是贯通人体上下之气的桥梁。气过不了命门，就不能和脚底涌泉穴相连，也不能贯穿一气，更做不到周身一家。所以命门是内功修炼之本，在健身、推手、技击上都有非常重要的作用。

　　我对命门的练功体会是：两手上掤内合时吸气，身体放松下沉，使气沉于丹田，同时用意松开命门，体会命门向后撑开之意，再以意导气注入命门，使命门填实，为气沉脚底搭建桥梁。初练时会感到命门处有一种酸酸涨涨疼疼之感觉。命门的一开一合，使内气上下通达，如此循环往复，长期练习，命门能量就会天天增强，当能量积攒到一定的量，就会发生质变。切记在命门松开后撑时，一定要与松腰坐胯相结合，不能用蛮力硬撑，要用意不用力，日久自能松开。

　　命门的开合又与"一身备五弓"相关联。命门向后撑开，气就往下走，与脚底涌泉穴连成一线，同时命门以上大椎往上拔，形成对拉拔长，也就具备了主弓之弓身，使身体上下连成一个整体。命门是统领全身上下的总关要，掌握着主弓的整体协作，照应上下肢四弓的配合，发挥着主弓中心点的作用。行功走架时注意，尾闾正中，松腰坐胯，松撑命门，上拔大椎，上下对拉拔长，使命门与脚底涌泉穴连成线。接手时弓把命门向后一撑，使前丹田贴命门，就把对手放在挖好的坑里了，体现引进落空之妙。

　　太极拳要求把身体零散的用力方式改变成一个整体的运动形式，所以周身各部位要密切配合。以前丹田和后命门作为中心点，上行与大椎、肩、肘、腕、指贯穿，对拉拔长，相吸相系，周身处处相连，一动无有不动，整体配合，劲以内换，松柔圆活，支撑八面。命门松开后，劲在里边变换，命门穴能前后开合，能左右摆荡，能前后位移，也能翻滚转动，推手时听准对方劲路，劲由内换，使对方感觉不到，我随对方来劲或化或发或粘或走，人不知我，我独知人。

　　尾闾正中和命门后撑是武式太极拳的重中之重，要去勤思善悟，体会验证，方有所得。

# 第十二节　层　　次

## 一、刚与柔之层次

1. 基础阶段

　　刚柔相济，也可称为阴阳相济。太极拳不同于其他拳种，它是以柔为前提的，讲究省力、不用力。所以必须先以柔为主，要以柔克刚，而不是以刚克刚。要突出太极拳之特点，在柔上勤思善悟,要以老子"反者,道之动"为指导,站在弱者的立场上去探求太极的柔中之妙。

2. 中级阶段

在做到松柔圆活、用意不用力之后,慢慢配合神意的引导,及呼吸、开合、松紧及气沉丹田、意气圈的形成,练至意到气到劲到,形成内外相合之势,即可慢慢增加内劲。这里的内劲即刚的一面,它可增长功力,使身体沉稳、脚底生根。这里的刚不是用来技击的,而是用来保护自己的,这一点特别要认识清楚。

3. 高级阶段

刚与柔也是对立的统一。李亦畲拳论中讲"左重则左虚而右已去",即走粘结合,阴阳相济,到此地步,就没有了丢顶之象,以"劲以内换不为人知"的微小变化来处理刚柔的转换,使对方感到只要一想用力,立即就会落空拔根。

## 二、松与放之层次

一层功夫一层认识,在松的问题上,我认为也得一层一层去追求。

第一层:初练太极拳时,不知放松,气沉不下去,上重下轻,下盘不稳,站立不住;第二层:经过一段时间后,在老师的指点下,对松有了认识,可只是心知,没有达到身知,做不到身上;第三层:又练习一段时间后,对松有了进一步的认识,又能体悟到松与气的配合,时有时无;第四层,通过老师进一步的传授,懂得了松与气的关系、松与意上身上手、松与紧的调配等。

这只是基础框架,在功夫上还得与推手相结合。

第一,开始打轮,这是推手的基础,是练习与对方随合之功,体会自身机势;第二,把松随用到身上去体会阴阳在身上的调配,即为不丢不顶、粘连黏随之法;第三,从下盘没根到有根,用上松随、松沉之功法;第四,从招法由己到接劲从人之变化,并做到与对方阴阳合频;第五,达到知己知彼、变化轻灵、落空拔根、借力打人之效;第六,经过长期追求,进入懂劲之层次,进一步达到神明之层次。

对于放也是同样的。一先求基础之框架,即先求外表外三合之运作、身法、配合、圆活松柔等;二求体内神意气调配,由心知到身知;三求整体周身一家内三合,内外相合;四求整体混圆,意气上身,松沉到位,开合有致,守好规矩,懂得每式招法运用;五与推手相结合,打轮、随动、打招、接劲等;六能向外放人,以用双手为主,由己为多;七能做到松随、松沉、接劲转换灵活,不过还以由己为多;八能做到落空拔根、借力,对方被发放时还感觉到劲大,有推人之感;九去掉推人之意,改为拥人之心,要放松去拥人,要达到拳论中讲,"人一挨我,我不动彼丝毫,趁势而入,接定彼劲,彼自跌出",这才算进入太极之门。望大家三思求之。

## 三、松沉之层次

1. 基础阶段求放松

首先要认清"松"。太极拳首先要求放松,不要用力,只有松才能与沉相结合。若只是外表松,是出不了效果的。太极拳要求内外相合,只有外与内的合作,才可实现松沉效果,前辈称这种功法为千斤坠。

2. 中级阶段求松沉

外表的放松与体内意气结合。首先要做到气沉丹田,太极拳要求养丹田之气,丹田为人体生命之本,丹田的盛衰关系到生命的长短和身体的健壮与否,只有养好丹田之气,才能有所进步。

3. 高级阶段意气圈

在对松沉有了一定的体会后,可用逆式呼吸法。在松沉时利用胸腔的沉气使气直接注入丹田,同时命门后撑,开启气道,使气由丹田、命门直达脚底。这样,下盘才能稳固,脚底才能生根,才能在呼气时劲由脚跟注入腰间,发于脊背,形于手指,完成一个气的潜转循环,称之为"意气圈"的形成。

4. 神明阶段求轻灵

意气圈形成后才能形成内刚外柔的境界,达到劲以内换不为人知,外以松随,转换轻灵,省力,实现太极拳的落空拔根、借力打人之妙。

## 四、虚与实之层次

1. 初级基础

初练时要求架式放大,虚实分清,这是腿上的功力。两腿为下盘之根基,拳谚讲"三分拳七分腿""虚要虚透,实要实足"。

2. 中级框架

中级要求虚实与上身框架合拍,即要做到外三合。在这一层次中,架式变化很大,虚实也在逐渐收小,要配合内功的松沉、呼吸、开合、松紧等来完成虚实变换,蓄发沉稳,这需要一个漫长的过程。

3. 高级阴阳

这一层次要求懂得阴阳,特别是脚上的阴阳变化。"一条腿练成两条腿,两条腿练成四条腿",这是太极从大圈收小圈的关键所在,要求做到以内带外,以下带上,完成整体变换。

4. 神明阶段

在这一阶段,虚实变换,达到顶尖的高度,要求"两条腿练成一条腿",周身多处阴阳形成一个整体的阴阳,达到"不知手之舞之,足之蹈之"的境界。

## 五、开与合之层次

1. 初级基础

武式太极对开合非常重视,因它关系到很多方面。首先从两手做起,以小拇指为标准,小拇指向外旋为开,向内旋为合;再与肢体配合,跟步、松沉转换都要合,弓步时都要开。

2. 中级阶段

开与合是互相演变的,在开到一定程度时就要变合,在合到一定程度时就要开。开与合要与呼吸配合,呼气时为开,吸气时为合;又要与肢体配合,肢体放松内收时要用合,向外开展时要用开,开合的演变也就是阴阳的演变。

3. 高级阶段

在这一阶段,开合时手上就有了东西(气感),合时感到手心发凉,有向内进气之感;开时感到手有麻、热、涨之感,有向外出气之感。到此时开合能随意识的走向而调整,能随对方之变化而变化:对方开我即合,对方合我即开,与对方形成阴阳相济,做到知己知彼,百战百胜。

4. 神明阶段

这一阶段,两手有了分寸,与对方相接之时,开合随意而调,配合肢体一变全变,整体如一,实现了老前辈所讲的"开合变换即是打人"的境界。

## 六、桩功修炼层次

1. 定步浑圆桩

(1) 初级功法:求外表框架,立身中正。两脚分开与肩同宽,全身放松,两手抱圆,手心向内,两腿微屈,并做到松肩、沉肘、含胸、提顶之身法。

(2) 中级功法:求内部调理,从意念放松,意气的撑圆,支撑八面,松紧的调配,两足后三分之二为实,前三分之一为虚。可引入意念活动,如抱大树、抱气球、冲温水澡。站半小时至一小时为最佳。

(3) 高级功法:求意念活动,松紧的调配,开合的转换,步伐的微调,矛盾的产生,精气神的辩证运动。每次一小时以上。

2. 上下矛盾桩

(1) 初级功法:求外表框架,立身中正。两脚分开与肩同宽,两手向上掤抱时,全身放松,气向下沉于丹田。同时,两腿微坐,两手向下按时,两腿向上直起,但不可蹬直。

(2) 中级功法:求内部调理,动之则分阴阳,静之则合阴阳,整体的组合,松紧的调配,命门的开启,意气的贯通,两手弧形的运作与松紧的配合。每次做三组,每组36次。

(3) 高级功法:意念活动,命门的开启与两手的内开,两手下按外开与神意的领带,矛盾的产生与内劲的调配,以及开合、松紧、顾盼、实虚的内在变换。每组36次,每次做3—5组。

3. 技击桩

(1) 初级功法:求外表框架,守规矩。若右手守中线,左手则守左外侧;若左手守中线,右手守右外侧。两腿分虚实,三七分担,松沉,合手,放松,实腿微屈坐实,立身中正,两眼平视前手,并做到松肩沉肘、含胸、提顶之身法。

(2) 中级功法:求意气调整,呼吸调配,气沉于丹田,命门开启,松紧与开合,呼吸与松沉,虚实的转换与两手的配合。

（3）高级功法：求意念活动，矛盾的转换，内劲的走向，前进、后退、左顾、右盼的运动，两手圆活中开合、松紧、走粘的运用。

4. 活步桩功

（1）初级功法：外表框架，步伐不丁不八，出脚45度，虚实分清，两手运圆，配开合，配身法，守规矩。

（2）中级功法：意气调理，上下相随，松沉到位，开合有致，松紧合度，呼吸配合，体悟进退步的安排。

（3）高级功法：内外相合，呼吸调理，意念走向，气感上手，松紧合拍，圆活有趣，整体浑圆，松紧发放，体悟进、退、顾、盼、定运作配合。

# 第十三节 推 手

## 一、推手训练四步骤

练习太极拳套路有一定基础后方可练习推手。所谓"有一定基础"，就是首先套路打得要熟练、舒畅，不仅要自己感觉舒服，还要给观众一种美的享受；其次要符合拳理，也就是虚实要分清，每一个动作的内外三合要做到位，然后要正确理解每一式的用法、用意，此后才可学推手。拳架是体，推手为用，体用结合方可事半功倍。

根据恩师的传授和自己的授徒经验，按递进式大致总结了四句话：一重腰腿，二练划圈，三学摸劲，四求懂劲。

一重腰腿。初习武式太极推手，首先应该注重训练腰腿功夫。两人推手时，遵循"不丢不顶，粘连黏随"的要求，练习手的粘接，配合步法的前进后退。两腿在运动中要分清虚实，根据对方迈步的大小，顺随对方步法，与对方快慢相同。在手法上，根据掤、捋、挤、按、采、挒、肘、靠八法的要求，两人进行互相喂劲。利用腰腿的虚实转换，进行顺随走粘的练习，要在互相推揉中打下坚实的基础，此阶段练习的时间越长越好。在推手时要把意念放在腰胯上，手尽量少动，应与对方保持松随状态，久之腰胯自然松开。腰胯为一身之主宰，一定要练活。"腰如车轴，气如车轮""立如枰准，活似车轮，偏沉则随，双重则滞，每见数年纯功不能运化者，率皆自为人制，双重之病未悟耳"，即是对腰所言。恩师姚继祖讲："双重则滞，在推手中被人所制，就是你的腰转换不开，形成死腰。"在自己被制时，利用腰腿的虚实转换，即可由背转顺，能做到由背转顺，才算功夫有了提高。所以习练推手要在腰腿上狠下功夫，为以后功夫的提高打下坚实基础。

二练划圈。在腰胯松活了之后，两腿有了一定的根基，便可进入到划圈的练习。太极拳是圆运动，周身上下都应以走圆为主要运动方式。所以要首先从两手的划圈习练，在两人推手时,要与对方的手臂相接,运动中要注意各部位保持圆活。只有在运动中形成圆运动,才可达到活;只有做到圆活才可避免凸凹、缺陷之病态产生;只有圆才可转换灵活,才可省力。在划圈的动作中,武式太极拳要求两手做到"开合"变换,两手外旋为开,内旋为合,两手的开合旋转又形成了一个圆的运动,再与腰腿的转换相互配合,即是上下肢的"自转"与围绕腰的"公转"密切相系,身体自然可达到上下相随、支撑八面之势。这时在推手中,不管对方的劲力大小、快慢,都能沉着、松静、自然地使周身上下有机地协调与结合,达到顺遂自然、得机得势。长期习练,身体上下有了整体的感觉,即会悟到"粘连黏随"之劲。

三学摸劲。在有了以上的基础后,方可进入摸劲阶段。摸劲是在两人推手中,互相体会感觉对方的劲力变化,自己做出适当的处理。推手的技法是以掤、捋、挤、按、采、挒、肘、靠八种劲法运用在两膊的变化之中,以前进、后退、左顾、右盼、中定五行步法贯穿于两腿的虚实变换之内。摸劲是利用皮肤的灵敏度感觉体会对方的来劲大小、方向、快慢,是练习与对方的触觉。

摸劲就是体验太极拳的劲道,分为体验自身劲道的变化与外来劲的走粘,利用感觉与体悟来处理自己与对方之间劲道的演变。两人在推手摸劲中可体现出各自太极功夫的高低。摸劲是终身探究的课题,学无止境,要按照太极拳中"不丢不顶、舍己从人、粘连黏随、力从人借"的要求去做,从中体验阴阳变化在身体各部的演变,探求引进落空、借力打人之奥妙。

四求懂劲。太极推手是提高懂劲功夫的关键阶段,是进入散手的中间环节。掌握懂劲功夫是很不容易的。首先应注意自身的阴阳配合,在行动时身体每一动就产生了阴阳,各部位随之发生变化。如两腿的虚实,两手的开合,腰的左右旋转,以及呼与吸在运动上的配合等,把身体多处的阴阳组合在一起形成一个整体的阴阳。李亦畲《五字诀》中讲:"左重则左虚,而右已去,右重则右杳,而左已去""气如车轮,周身俱要相随"等,说明了阴阳相济的道理。"立如枰准,活似车轮,偏沉则随,双重则滞",就是要求始终保持身法端正、阴阳平衡,身与手要圆活如轮,既能旋转,又能支撑八面,这样才能得机得势。

自身阴阳相济是知己功夫,在接劲与推手中与对方阴阳相济是知彼功夫,这样才能真正懂得太极拳中的阴阳演变。掤、捋、挤、按、采、挒、肘、靠,是太极拳的八种基本劲道,其他劲道都是从这八种劲道演变而来。比较复杂的是复合劲的演变,如在推手中,对方两手向我按来,我出右臂承接来劲,松沉转化,腰微向左转,可使对方落空拔根;随即腰微右转,拔腰,右臂向上掤带,使对方完全失控,随时就可以发放。如果对方通过变化还有顶抗之力,我又须腰向右转,右臂随对方之劲向下沉带,又可使对方落空拔根。在这样连续的变化中,出现了多个复劲,形成了几个劲圈。必须在求懂劲上狠下功夫,巧中还有巧,精中可更精,不但要明白自己的劲路,更要掌握对方的一举一动,从中探研太极真功的奥妙。

## 二、点 面 之 变

推手时要在舍己从人与松随从人中寻找对方的背点,要在随合中体悟与对方的点面之变。

点面之变即是太极阴阳的调配,阴极生阳,阳极生阴。在接劲时大多用面接,在接的过程中要摸清彼方的劲力分配,大体上的接法是:避实就虚,接阳点用阴走,接阴点用阳粘,也即是见实要走,遇虚要粘,这也称粘走相生。"阴阳相济方为懂劲"就是这个道理。

在大面儿接劲后,要主动去调整与彼方的接劲面,由面变为点,这样即分出了阴阳,就看彼方怎么去应付了。如彼方对抗我之阳面,就形成了两劲相顶,我即可以阳变阴,去走开彼方之劲,如身法得当,对方即落空拔根;如彼方走我阳面,我即随其劲道变化进行粘制,使彼方受制站立不稳,彼方必加劲相助,我即可由阳变阴,利用行圆划弧之法,使彼方受制。

## 三、行圆划弧

太极图内部有一个S形弧线,象征着太极拳圆活及用法上的变化。歌诀云:"由己之动不生效,合频从人才可靠;阴阳相济平衡圆,合则矛盾效果现;太极阴阳虚实变,进退之中配顾盼。"

人体就是一太极,其中还包含了无数的小太极,它们之间相辅相成,互联互补。太极拳行拳走架的特点是行圆划弧,不可有直来直去的动作,要松柔、圆活、有趣。

在动作达到圆活的同时,两手要分出开合,开合中又要分出松紧,又要与开呼合吸之呼吸法相配合等,它们都在行圆划弧的运动中实现:步法上的进退、腰的左右旋转是划弧,两手行圆,并配合开合的内外旋转弧形。可见身体各部位都做行圆划弧的运动。

根据拳理,一接手要从面上分出阴阳,由面变点到阴走阳粘,还要在行圆划弧中求得彼方落空拔根。行圆划弧在技击中至关重要,是走化粘制对方来劲的核心基础,是省力、借力的先决条件。

## 四、方圆相生

方圆相生,是太极拳省力、借力的关键。姚师曾讲到,有一个圆物正在转,你用力去推它,它会把你转空跌出。因你推的是直劲,推的物体正在转,就会产生离心力的效果,这就是方圆相生。

根据恩师的传授,我在几十年的实践中体悟验证了此功法,认为要想在走粘中达到方圆相生,自身基础的要求必须要做到行圆划弧,所以在练拳中要做到松柔圆活,守住框架规矩,应使架势的线路形成轨迹,才好应付对方的来劲。具体的做法是:接住彼方来劲时,要做到松随从人,把彼方劲引入我的轨迹,使彼方推我之劲,变为随我之劲,继而落空拔根,失控跌出。彼方的直劲为方,我之圆弧为圆,两者配合得当便是阴阳相生相克,这才能得省力、借力之妙。

## 五、两极互换

在太极阴阳图中有两个鱼形的组合,一个黑鱼,一个白鱼。白鱼的鱼眼为黑点,黑鱼的鱼眼为白点。两个鱼代表了阴与阳,两个极点即两个鱼眼的黑白两点。太极拳动作运行过程就是一个阴极生阳、阳极生阴的过程,黑白两点代表两腿,两腿要分清虚实,虚实代表阴阳,阴阳变化之理就是太极拳之理。所以必须要懂得阴阳变化之理,才可能练好太极拳。

阴阳是世间所有对立面的概括。在太极拳中,阴阳是指虚实、开合、松紧、上下、左右、前后等,它们在运动中都与阴阳分不开,都有对立的统一,都有两极的转换。如虚与实变换,是由虚转实、由实转虚;开与合变换,同样是由开转合、由合转开,都要在两个极点转换。可是两个极点在虚实上是固定的,要根据机势进行转换,这一点与五行步法的"定"的要求是相同的,只有做到阴极生阳、阳极生阴,才能体悟到变劲的机势,产生效果。

## 六、"拥、撞、漂"之功法

"拥、撞、漂"曾是武式太极拳不外传的三种制人方法,各有所长,进入懂劲层次后方可使用。

"拥"是一种近距离放人法。交手时利用阴阳的变换调整,在对方落空拔根失控之时,己方的身体贴近对方,变化虚实,身体前拥,把对方发出。这其中的关键是要利用松随之法,顺开对方之劲,就虚而入,接近对方,不过还要看自己的随动功夫是否到位,否则是很难接近对方的。拥是劲的放长,上下相随,脚到手到。在多年与恩师姚继祖接劲练习中,我经常看到恩师用"拥"的劲法去放人。他最讲究近身制人,步法灵活多变,不管对方身体高低,劲力大小,总是能使人感到有劲用不上,想退不敢退,落入掌控之中。

"撞"是利用两膊或身体来接对方来劲,通过身法调整,把对方撞出。撞人非同一般,首先要求自身框架稳固,守好身法,特别要做好松沉之功法,使意气松沉得下,两腿站牢,入地三尺,才可以应付对方之来劲。要求做到接劲适时,松沉到位,合力时间要准,才可撞得人出。具体来讲,就是在对方来劲与我相接之时,利用松随引带,使来劲顺随我的松沉,把对方之来劲化掉后,通过劲起于脚跟,行于两腿,注于腰间,发于两膊,与对方的余力相接,把对方撞出,这是利用自身的阴阳互变和对方的阴阳相济达到理想效果。此功法是考验自身功力的一种方法,自己站定不动步,练不到一定程度是不敢用撞人之法的。接劲瞬间利用接、随、走、粘之功法,既能承受对方的巨大来力,又能把对方撞出去,是太极功夫的展现,又是太极阴阳技巧的发挥。

"漂"劲如江河之水漂浮不停,是利用自身的阴阳变化,与对方之阴阳相生相克,使其摸不清我劲之变化,身不由己,东倒西歪。如对方用双手向我推来,我接定彼劲,调配阴阳,使对方落空拔根,身体失控,这时我又调配阴阳,使对方之劲不受控制;对方感觉可用力向我进攻,这时我又调配阴阳,使对方之劲感到落空,身不由己,就这样与对方之来劲相生相克,如波浪一样起伏不定,永在我的控制之中。"漂"劲用起来很省力,只要能与对方的阴阳配合好,用起来就像拍皮球一样,随心所欲。恩师魏佩林就擅长用这种劲,据说在永年杜屯与人比手中,对方一拳打来,魏师单手一接,对方就身不由己,全身失控,东倒西歪,任凭魏师撮拥,最后倒地,叩头拜师。

## 七、发　放

太极拳的发放是有了一定的基础功夫,周身各部位协调配合成为一个整体之后方能求得的功夫,所以太极拳要求做到"周身一家脚手随"。现就发放时周身各部位的心法论述如下。

（1）腰胯的沉旋。腰胯带动四肢,是一身之主宰,要在接劲的一瞬间,腰胯一沉一旋。注意腰胯所旋之圈是点圈、意圈,是松沉下旋的螺旋形圈,旋转速度要与对方合频,还要注意立身中正,周身松静。

（2）命门的开闭。在腰胯沉旋的同时身体松沉,命门后撑,有八面支撑之意。犹如配重一般,增加了撑接之劲,使意气沉于足下,蓄力待发。在发力时,腰胯的回旋、命门的闭合、丹田的高压同时启动,此为中层内劲的弹发。

（3）意气的转换。腰胯与命门在蓄劲之时,通过两手内合放松,气沉丹田；发劲之时,利用地面的反弹力,劲起于脚跟,行于腿,注于腰,发于脊背,形于手指。

（4）重心前移脚掌踏。在发放时,实脚通过地面的反弹力,劲起于脚跟,变换在腿,促使重心迅速前移。同时,前脚掌向地面一踏,意想内劲从脚底而起,沿脊向上,直通两臂两掌发出,体现其根在脚的原理,此为下层内劲的弹发。恩师在传授时说,发劲时要做到"手上一分,脚上一分,要阴阳平衡"。

（5）脊背撑拔肩窝吐。在后脚一蹬,前脚掌一踏,内劲由下而上至脊背时,意念通过脊背微向后撑,有助于劲路畅通到肩窝及两臂,即所谓"力由脊发"。当内劲直达肩窝时,要立即由肩窝输送至两臂两掌,即所谓"肩窝吐劲"。若没有肩窝吐劲之意,则劲路受阻,发劲受制,此为上层弹簧劲关键所在。

（6）两臂的弹放。"臂"包括肩、肘、腕、掌、指在内的整条手臂。两臂要在松肩、沉肘、坐腕、舒掌、展指的前提下,整条手臂一弹而发,内劲如丸弹出。

综上所述,各部分虽分工不同,但在蓄发时则合而为一,体现了太极拳阴阳相济之原理,运用时要同时同步,一气呵成。

## 八、随、听、摸、变

随劲,把对方的来劲变为引领对方之劲。随劲是省力的前提,但要有限度,要把对方由己之劲变为随我之劲,使对方之劲进入我之轨迹。

听劲,要用皮肤的触觉来感知对方劲力的大小、快慢,关键要放松,要在松随中感知。

摸劲,要与对方之劲合频,摸准对方的劲头、劲尾,利用行圆划弧使对方进入我之轨迹,从而落空拔根,实现省力、借力之效。

变劲,根据对方来劲的方向与快慢、大小,来调控自身阴阳,与对方接劲合频,再根据对方劲力的变化进行复合劲的变化。

### 九、问劲、顺劲、复合劲

问劲是在彼方不给劲时,在与彼方接劲之处,慢慢加劲去试探彼方;彼方不得力时,要与我加力相抗,在彼方之来劲与我之劲相合时,我接定彼劲,顺随粘滞,造成彼方失控拔根。

顺劲即为顺随彼方之劲,在接手中彼方用劲先向我推来,我须先与彼方合劲,松沉后顺随彼方之劲,利用划弧、转腰,使彼方之劲进入我的切线,造成彼方落空拔根,而我达到省力之效,还可利用立圆使彼方向后跌出。

复合劲即是利用多个劲法的配合来完成,如我先用问劲去制彼方,彼方运用顺随劲把我劲走开,我需随合彼方之劲进身填入,彼方在不得力时,需与我抗衡,这时我要接定彼劲,转腰划弧,使彼进入空虚之地,失控拔根跌出。

## 第十四节 内功站桩

站桩,是中华传统武术体系中的一种基本功训练方法,历代大师以及广大的武术爱好者对其原理、方法以及功效已有很多论述。这里结合我几十年的修习体会,谈一谈对武式太极站桩的认识。

武式太极站桩是训练内功的方法,其根本意义在于强化神经系统对周身肌肉的统一指挥能力,使肌肉能随时听从心意的调遣,随时随地协调用力,由动作协调达到力量协调。

武式太极站桩关键在"找劲",姿势无须过低,要严格按照身法要求,通过提顶吊裆、松肩沉肘、含胸拔背、尾闾正中、气沉丹田等身法调整,使全身节节放松,劲落脚跟,即是合乎标准。

站桩时气沉丹田,尾闾向前向上内收,命门开启,气沉脚底,有利于养丹田之气,促进大周天的运行;丹田之气充盈,则气血运行畅通。气血是生力之母,也是健康的基础,气血充足则精神充沛。随着练功深入,能自由调动命门开闭,刺激肾脏,增强肾功能,滋阴补阳,对于肾脏方面的疾病有很好的康复作用。同时,配合逆腹式呼吸法,促使横膈膜一升一降,对五脏六腑也起到了按摩作用。

气沉丹田,八面支撑,稳固下盘,要练出圆活之趣,练出弘大的气势,功力到一定程度,自然产生出一种与众不同的气场。

站桩必须配合意念活动,没有意念便是死桩。意念活动能调动更多的肌纤维参加运动,肌腱自然伸缩张紧,久之就会增加肌腱的韧性和弹力。在身体外静不动的状态下,必然在内部产生保持相对平衡的力量,调动更多的深层肌肉协同运动,站桩感到最舒适的时候即这种相对平衡维持到最协调的时候。实际上这种不动才能产生生生不已之动,长期训练,就会提高人体的平衡能力,使下盘站得更稳,可以获得不用力而增力的效果,增长身体的整体力,练出拳术中所需要的内功。

如果练习者身有疾病,则可采用意想病灶的方法,比如颈椎疼痛,则意想颈椎,腰椎疼痛则意想腰椎,假以时日,气血冲击病灶,能起到减缓和辅助治疗病痛的作用。

另外,随着放松和入静层次的提高,练功中可能会出现一些幻想,甚至杂念丛生,这些都是幻象。习练者要收神敛意,不要被表象所迷惑,继续按照要求去做,或者静桩、动桩配合训练,消除幻象,过了这个阶段,功力将会进一步提高。

总之,站桩看似简单,实则高深,内涵丰富,练习者需持之以恒,更需要有明师指点,才能取得良好的效果。

# 第二章 传武课堂

## 第一节 太极拳八项教程

| | | |
|---|---|---|
| 一、太极分阴阳 |  | 太极拳是根据阴阳变化之理而形成的。太极为内,是神、意、气;拳为外,是四肢与躯干。太极拳动静结合,动之则分就是分阴阳,阴阳是所有对立面的概况:虚实、开合、松紧、内外、上下、左右、软硬、主副、前后等。阴阳相济,阴阳互补,从阴阳的对立到统一,才能产生效果。 |
| 二、在气为呼吸 | | 呼吸要配开合。后天呼吸为开吸合呼,先天呼吸为开呼合吸。后天呼吸是胸式呼吸,利用口鼻来完成;先天呼吸是腹式呼吸,利用丹田来完成。先天功法修炼气沉丹田,养丹田之气,可增功力,调气血,培精神,医疾壮肾,益寿延年。 |
| 三、动作行弧圆 | | 太极修炼上要求圆活,圆活才会产生趣味。圆是太极运动一大特点,动作要行圆划弧。圆活是太极运动之本,更是动作的轨迹。方圆相生是在运动过程中的阴阳演变,又是省力、借力的运用。 |
| 四、开合配松紧 | | 开合关系到吸呼、蓄发、松紧、走粘、收放、拿发等。以小拇指标准,往内旋为合,往外旋为开。合为收为蓄,开为放为发。松是太极主旨,有松才能产生紧。松是引蓄,是放松,骨节、肌肉群、意识都要松开;紧才是目的,紧是一霎间产生的: |

| | | |
|---|---|---|
| 五　守框划轨迹 | | 守框就是守好自己的框架,框架搭建就是掌握身法,守好规矩。规矩即是肢体活动之范围和路线,即轨迹。出手高不过眼,远不过前足尖,左右手各管半边,互不逾越等,轨迹是手脚在套路中反复划出或踩出的唯一正确线路。运动时为体,交手时为用,要做到体用结合。 |
| 六　神意领周身 | | 外三合:手与足合,肘与膝合,肩与胯合;内三合:神与意合,意与气合,气与力合。外面通过手的松合,使气往下走,通过气沉丹田、命门后撑、尾闾前送上翘、溜臀等使气沉于脚下;再利用地面的反弹力,实脚跟蹬地,变换在腿,注于腰间,发于脊背,经过两膊,行于手指,一个完整的意气圈就形成了。 |
| 七　整体求混元 | | 太极拳要求身体以腰为主宰,上与两膊相系,下与两腿相随。太极拳在行拳时一动无有不动,一静无有不静,就是全身要动都动,要停全停,这样就形成了一个整体之动。做到"周身一家脚手随"才是上了太极拳正道。混元就是培养阴阳合和二气,做到以上带下,以内带外,内外相合。 |
| 八　玄妙在省力 | | 太极拳要求用意不用力,以小力胜大力,以柔克刚,借力打人,是省力的功夫。它的前提是放松,舍己从人,松随从人,引劲入轨,落空拔根。玄妙在省力,是说太极拳在技击高层次高境界上是特别玄妙,很玄虚,手上只是一开,看不出来怎样动,人就被放出去了,这就是太极拳的精妙处。 |

## 第二节　太极拳要义精讲

### 一

| | | |
|---|---|---|
| 阴阳 | [QR] | 　　太极拳是刚柔相济的拳术，上盘分阴阳怀揣八卦，下盘变虚实脚走五行。阴阳是所有对立面的概括，太极的阴阳是指开与合、虚与实、呼与吸、刚与柔、内与外、进与退、轻与重、上与下、左与右、蓄与发等。 |
| 开合 | [QR] | 　　武式太极拳对开合非常重视。以小拇指领意为标准，往内旋为合，往外旋为开。肢体放松内收时要用合，向外开展时需用开，开合的演变也即是阴阳的演变。跟步、松沉转换都要合，弓步时都要开。开合要与呼吸配合，呼气时为开，吸气时为合。 |
| 行圆划弧 | [QR] | 　　太极拳动作没有直来直去的，都是圈，必须做到行圆划弧，在这个过程中必须守住自己身法框架。太极拳要求内外相合，内里就是精神意念和气，外面肢体的行圆划弧，圆活有趣，达到圆活了才能产生趣味。 |
| 守规矩明尺寸 | [QR] | 　　没有规矩不成方圆，守住自己的规矩才能练好。无过不及，各项身法要有尺寸，要做到位，这就为开合有致。始终要保持整体框架不变。基础是最主要的，练不好基础，懂再多也是无用的。 |

## 二

| | | |
|---|---|---|
| 气沉丹田 | | 修炼丹田之气，在发力的时候既往外发放，也往丹田里存气，保持丹田气永不丢。内劲是通过丹田练出来的，丹田气充实了精神就会饱满。丹田修炼的时间越长内劲越大。 |
| 立身中正 | | 太极拳要求立身中正，身体要保持中正，不偏不倚，不前栽后仰。人身中间以鼻尖往下一条中心垂直线，在练功时每一式都要守住中线。技击时要守住自己中线，去破坏对方的中线。在运动中时常改变自己的中线落点，落点好比陀螺的支撑点，保持圆活才能一直转。 |
| 外三合 | | 外三合是指身体的四肢躯干相互配合。即手与足合，是上肢梢节的劳宫穴与下肢梢节的涌泉穴，左右交叉相合。肘与膝合，是上肢中节的曲池穴与下肢中节的阳陵泉穴，左右交叉相合。肩与胯合，在转换时上肢根节的肩井穴，与下肢根节的环跳穴，左右交叉相合。只有这样，才能构成手足圈、肘膝圈、肩胯圈等三道防线。 |
| 八面支撑 | | 物体在转，拿手去碰一下就会把手旋到一边，这就是太极拳八面支撑的原理。八面支撑就是要守好框架，两手圆活，命门后撑。圆活可使对方的来劲走己方的切线，这是太极拳省力的基础。内里意念一撑，外面合是放松的，骨骼开是撑圆的，外合内开。人身就是太极球，周身混元。 |

## 三

| | | |
|---|---|---|
| 虚实分清 | [QR] | 　　虚实上讲,两条腿一条虚一条实,担负身体重量的这条腿就为实腿,虚实一定要分清,在迈步时保持身法不变,框架不变。在要求上讲虚要虚透,实要实足,只有虚实互相渗透,才能变化灵活,积久成功,身体就能在任何变化过程中保持平衡,稳固如山岳,处处得机得势。 |
| 气势鼓荡1 | [QR] | 　　每一式里都要有气势,气势带出来了,玩套路就好看,气势带不出来,就没有精神。在站桩时要撑圆,气势要往外撑,对方就按不动了。要有往外撑的气势,内劲要撑圆,命门后撑,里面灌着内劲。 |
| 气势鼓荡2 | [QR] | 　　在每一个招式里都要做到气势鼓荡。鼓荡,要做到外合内开,外合就是两手内旋相合,内开就是气沉丹田,命门后撑,内里的骨骼要往外撑,外面手上肌肉要放松。老前辈都说,绵里藏针,摸起来还是软的,里面有针。 |
| 后发先制 | [QR] | 　　"人一挨我,我不动彼丝毫,趁势而入,接定彼劲,彼自跌出。"这就是后发制人。后发制人是太极拳的高层次功夫:一是圈转得小了,自身阴阳配合完善;二是开合的变化小了,劲路短快,对方防不胜防;三是懂劲,放松打人,不用费力,要掌握与对方接劲的时机。 |

## 四

| | | |
|---|---|---|
| 武式太极小架 |  | 　　太极拳先求开展后求紧凑,先练大架,再练中架,最后练小架。先划大圈,再划中圈,最后划小圈。太极拳小架身法要求同中架子一样,架式紧凑,前脚微过后脚尖就行。拳打卧牛之地,越小动作越整,内外配合得越好,虚实变换得也快,劲路短快,在制人上也比大架来得快、效果好。 |
| 太极艺主阴阳生克变奥妙藏 |  | 　　太极图是一个浑圆体,包含阴阳二气,动之则分,就变成了阴阳鱼。根据这个道理,把体内的物质辩证运动,称为太极,也就是神意气之内三合。它的辩证运动,配上外部肢体的运动,成为拳,这就形成了太极拳。 |
| 动起腰管住手开合配圆弧走 |  | 　　开展是练功夫,练底盘,练腿上劲。身体动作顺当了,才能形成整体运动。前弓后退,左转右旋本质上都是虚实开合。手不妄动,腰带着手脚运行,才能达到整体浑圆。圆弧走,总的说太极是个圆。 |
| 桩上推手 |  | 　　太极阴阳平衡桩即桩上推手。两脚有了限制,完全是以两腿的虚实变换及腰的旋转来调整自身的平衡,克服了以力量取胜、见劲就顶、先下手为强的本能意识。总之,不改变后天的意识,太极拳要求的用意不用力、不丢不顶、舍己从人、随人所动、后发制人等技术是很难练上身的。 |

## 五

| | | |
|---|---|---|
| 内三合<br>守规矩<br>找中线<br>神意领 | [QR] | 内三合为内在的太极,外在的肢体运动为拳;处处要以内在的"精神意念气"指挥"肢体运动",形成整体;要守好规矩,守中取中,中线就是规矩;动分静合,认清方向,以神意引领动作,达到周身一家。 |
| 尾间翘<br>命门撑<br>腰胯合<br>意气通 | [QR] | 腰为一身主宰,包括丹田、命门等重要部位;臀部前送,命门后撑,意念上尾间尖向上找鼻尖;松腰坐胯,意气下沉于脚跟,意气由脚跟蹬地上行,达到上下贯通。 |
| 脚扣摆<br>腰随动<br>两手运<br>开合伴 | [QR] | 以下带上,脚的内扣外摆决定方向变化,腰一定会随之而动,步法上要求"不丁不八"。所谓五行变化,就是腿脚的方向变化。两手变化要求"怀揣八卦",是八种劲法的运作;两手随着劲法的变化而开合。 |
| 肢体动<br>随意念<br>内外合<br>整体现 | [QR] | 四肢和身体的运动要求"一动无有不动",意念先行,意到气到劲到,手的方向就是意念的方向;外三合,手到脚到,上下相合,身体中正了,内外就容易相合为一个整体;内三合,神意气,是内功。 |
| 呼吸调<br>意气转<br>松紧合<br>蓄发见 | [QR] | 太极拳呼吸是气沉丹田,是逆腹式呼吸,不是平常的胸式呼吸。意念领气,一松气沉丹田,劲落脚跟;一蹬由两脚跟上行至手,形成意气圈;松紧与呼吸密切配合,能松便能紧;松为蓄劲,紧为发力。 |
| 开合配<br>含蓄承<br>发力脆 | [QR] | 开合首先是手上内外旋,也包括身体的开合。合时整个身体内收,气往下沉;开是整个身体向外展。开合不可分割,开合与虚实配合,形成整体劲。含蓄为合,沉气于脚跟;发力为开,由脚跟直达两手,发力才能脆猛。 |

# 第三章 维传释拳论

## 第一节 解《太极身法行功歌要诀》

1. 太极变化身为主，行功要诀记清楚。

解：太极拳身法是练功时对身体各部位的要求。习拳者必须正确理解身法的作用。练拳必须有一个正确的身法，反之轻则事倍功半，是练不好太极拳的；重则对生理健康不利，起不到健身、防身、祛病、益寿之功效。身法是习练者终身所遵守的原则，是验证太极拳功夫深浅的关键标准。武式太极拳行功要诀就是对身法的具体要求，十三条身法相辅相成，互相影响，互相渗透。身法正确，方能做到八面支撑，旋转自如，省力灵活，处处得机得势。在注重身法的同时又要外三合与内三合相配。外三合为：手与足合，肘与膝合，肩与胯合；内三合为：神与意合，意与气合，气与力合。外三合是外表之要求，易于做到；内三合是体内神意气的配合，无法看到，只有功夫到了一定程度，才能体会到其中之味。

2. 胸不可挺意要含，以心行气乐自然。

解：习太极拳，两肩微向前合，胸不可挺，要有内含之意，这样才可使气向下沉（气沉丹田），下盘稳固，上身灵活，才可以心行气。武禹襄祖师讲"心为令，气为旗，身虽动，心贵静"，说明了以心行气才能达到腹内松静。只有做到含胸之身法，才能周身通灵罔间。如要挺胸，气易上浮，必致胸满气不顺，上重下轻，两脚无根，对身体健康不利，对技艺更无成效，也体会不到以心行气之乐。

3. 含胸拔背灵活现，内有蓄发在里边。

解：能含胸，才可做到拔背，两者相系相连。含胸可使两肩关节松开，做到拔背，两肩关节才可灵活，拔背时脊骨似有上涨鼓起之意，但头不可向前低。含胸拔背的主要用意是，行气通顺，腹内松静，气沉丹田，在蓄劲、走化和发力上起到重要的作用，能含胸才能松、沉、蓄、化，能拔背才能劲由脊发。

4. 两膝内向易裹裆，周身一家里面藏。

解：太极拳身法要求两膝要有内向之意，谓之裹裆。裹裆可使身体重心稳定，虚实清楚，可做到圆裆，避免出现尖裆。两腿是支撑全身之根基，两腿和腰部的变化相互联系，对周身一家之身法起着主导作用，所以拳论中讲"有不得力之处，要于腰腿求之"。

5. 竖尾有力须护肫,身有主宰易转变。

解:竖尾是要求做到尾闾正中,身体不偏不倚,可以适应上下前后、左右之变化,拳论中讲,"立如枰准,活似车轮"。护肫,要两手各护半胸,气下沉于丹田,与腰形成一个整体。因腰为一身之主宰,在动作变化上,腰是连接上下的中枢,所以尾闾和肫部需要相吸相系,这样才有利于腰的变化和腰劲的发挥。

6. 神贯于顶精神起,立身中正转换易。

解:习太极拳首先要提起精神。"虚领顶劲",又称'提顶',后脑用意念领劲上拔,全身皆可自然振奋。它的作用是:提起精神,意念集中,神不外散,有利于立身中正,能立身中正,身体便不偏不倚,周身垂直。百会穴和会阴穴上下一线,易于腰腿及上身的转换和变化。

7. 肩松气沉下盘稳,意守静字变化真。

解:肩松才能气沉,气沉必须肩松。身法要求两肩自然松开下垂,不可耸,不可僵,肩能松则能灵活,可使气沉丹田,下盘稳固。李亦畬《五字诀》一曰"心静",心不静,则意不专。只有心静才可以心行气,以气运身,才可做到各条身法之要求,才能处处得机得势,便利从心。拳论中讲"以静制动""静以含机,动以变化",所以静不是静止,它只是方法,动才是目的,静是为了更有效地动。

8. 沉肘灵活身法伴,动静粘走是关键。

解:沉肘,两肘尖要自然下沉,使肩肘和手腕都能灵活运动。两臂是上身活动的主要部分,肘与手的灵活是完成开合、粘走、蓄发的关键所在,又须与身体各部紧密配合,方能在变化中得机得势。动与静及粘与走是太极拳在技击应用中的关键。武禹襄拳论中讲"视动犹静,视静犹动",静中含有预动之机,动以变化,动静相生,阴阳相辅。走与粘也是矛盾的统一,阴阳互补,走化的同时产生粘依,粘依中也要有走化。王宗岳拳论中讲"粘即是走,走即是粘",从根本上指明了走与粘的关系。

9. 虚要腾挪实精贯,虚虚实实实虚变。

解:李亦畬拳论中讲:"虚非全然无力,气势要有腾挪。实非全然占煞,精神要贵贯注。"虚要有腾挪之意,即有动而未动的预动之势;实要做到精神贯注。虚实之变换,是人体根基的关键,又是五行变化之枢纽,可促使"前进、后退、左顾、右盼、中定"之五行步法的变化。虚实能变化自如,是技击蓄发的关键,可调整人体使之稳固,做到我顺人背,避免双重,使动作一气贯通;还可做到腾挪闪战之身法,达到得机得势,人为我制,而我不被人制之目的。

10. 两股用力臀前送,小腹上翻意集中。

解:练功时要求臀部不可外凸,这样才可保持中正。臀部应微向前送,使小腹有上翻之意,这样易于松腰沉气,转换灵活。膝以上为股,两脚着地,两股用力,分清虚实,以腰为主宰,带动两腿,有利于整体的运动和周身一家的实现。

11. 根托丹田是正中,气沉丹田下不空。

解:"尾闾正中"是尾闾骨向前有上翘之意,由小腹上翻托住丹田,头向上虚领顶劲,身体不前俯后仰、左右偏倚,可起到提顶、吊裆、松腰、沉气之作用和身体上下连接之效果,可使身体上虚下实,上身灵活,根基稳固,达到周身一家。正如李亦畬《五字诀》中讲,"一身之劲,练成一家,分清虚实,发劲要有根源,劲起于脚跟,注于腰间,发于脊背,形于手指",阐明了只有做到周身一家,才能在太极拳道路上勇攀高峰的道理。

12. 气如车轮遍全身,周流旋转八面撑。

解:气在全身如车轮旋转运行,而引导气在体内运行的是意念。要以意气来指挥外形,动作圆活灵敏,随曲就伸,方圆并用;"行气如九曲珠,无微不到",用意念引导丹田之气,身随意动,意到气到,气到劲到,运动时运行于周身,支撑于八面,上下、前后、左右周旋活动,随曲就伸,开合自如,处处和呼吸相应,气如车轮,永无停滞。

13. 周身一家活为好,松柔动静全顾到。

解:习练太极拳必须要达到周身一家之要求,能求得以上所谈之身法,就可做到周身一家。若是练成一身之僵劲,以力量取胜,就不符合太极之理,更求不到太极之奥妙。所以需使周身一家,达到活中有整,整内求活。拳论中讲"一动无有不动,一静无有不静,极柔软然后极坚刚",正是对周身一家要求的论述。

14. 阴阳虚实处处现,多处合一真少见。

解:阴阳虚实在人体运动中处处可见,如两手的阴阳相配,手与肘、肘与肩的阴阳互变,两腿的阴阳虚实变换,两个腰眼的阴阳互换,乃至于在接劲点上的阴阳变化等,运动时都在互相变换,互相依赖,全身多处的阴阳互变如能形成一个整体,就达到了周身一家的要求,人体形成了一个整体的太极,到此地步就形成了无内无外的混元体,达到拳论中所讲的"真不知手之舞之、足之蹈之"之境,只有这样才能真正掌握太极真谛。

15. 字字真切无偏见,认真推研功夫现。想攀高峰技艺通,口授必须跟上行。

解:以上所谈太极拳身法要诀,是以前人理论成果为基础,经过老师的言传身教和笔者几十年刻苦研练而加以总结的,只要太极拳爱好者仔细推敲研练,是不难掌握太极拳身法要诀和体用功效的。太极拳的宗旨是求它的技巧和奥妙,研究其内在变化,将健身与技击合为一体的科学道理。如何运用到身体中去,需先由心知而后达到身知。老师的口授指导与个人的刻苦修炼缺一不可,俗话说"师父领进门,学艺靠个人",只有明师的正确指引才不致走偏路,白费功夫。

# 第二节 经典拳论释义

## 一、蓄劲如张弓,发劲似放箭

武式太极拳祖师武禹襄在太极拳著述中讲:"蓄劲如张弓,发劲似放箭",阐明了拳术中的蓄劲与发劲,明确地把蓄劲比作张弓,把发劲比作放箭。太极拳总体为阴阳、虚实、蓄发之变化,蓄、发是技击基本要素。太极拳理论深奥,有的道理比较抽象玄虚不易理解,就用具体形象的比喻方法来描绘,练习者在不同层次的功夫中会有不同的认识。

首先从字意上来说,蓄劲在拳术中是含蓄储存的意思,是把全身之劲蓄存起来以备所用;发劲是把含蓄之劲发放出去,似放箭之速。但这样理解是不够的,难以提高太极功夫,应向深处探研。笔者认为,蓄劲是靠自己的身体来完成的,"蓄劲如张弓"要在身体的动作上表现出来,在身法上要做到"一身备五弓":上有两膊为两弓,以手肩为弓梢,肘为弓把;下有两腿为两弓,以足与胯为弓梢,膝为弓把;主弓以躯干大椎与尾椎为弓梢,腰为弓把,总称五弓。五弓应归为一弓,一弓张,四弓张,一弓合,四弓合,五弓要相吸相系,节节贯穿,一气呵成,这样才能蓄劲圆满,发劲有力。

蓄劲与发劲必须与开合、呼吸相配合,才能在运动中实现,所以拳论中讲蓄为合、为吸,发为开、为呼。蓄劲时吸气,两臂内旋,身体五弓有向内收合之意;发劲时呼气,两臂坐腕外旋,身体五弓有向外开展之势,这样才可达到内外合一,以内动带动外形。

在技击上,蓄、合、吸是指自身而言,起到从人、引化、落空的作用。如两人交手,在自身完成蓄劲、吸气的同时,要完成和对方的接劲、引化,使对方的来劲落空,而自身的吸蓄之劲已备足,这样才能一触即发。又如在发劲时,不能只认为放箭是发劲的速度,而应认识到箭是对方,在这里能把箭认识为对方是提高技艺的关键,"一身备五弓"是指自身而言,那么对方就是一支箭。在太极拳术中,弓与箭也是对立的统一,如在交手中,自己在粘走对方之劲时,能把对方之劲引进落空,使对方拔根,而自身蓄劲之弓已拉满,使对方已在自己的掌握之中,随时可把对方发放出去。如能做到这些,才算把箭放在了自己的弓上,这样对方越用力,我方可发放对方越远,方可达到借力、省力之效果。如不能使对方落空,就不能借用彼力,是很难把箭放出去的,而只靠自身的拙力把对方推出去,那不仅对方不佩服,自己也费力,更算不上太极功夫。应注意的是在蓄劲的同时要包含从人、引化、落空、拔根,要与对方的随动合度,发劲时要与对方的落空相合。

总之,"蓄劲如张弓,发劲似放箭"是前辈经验的结晶,练功时一定要对照拳理要求反复体验,默识揣摩,并请明师指点,这样才能提高技艺,愈练愈精,向拳艺的高层次攀登。

## 二、"外三合""内三合"

太极拳"外三合"即为手与足合、肘与膝合、肩与胯合。外三合是肢体外表之要求,以腰为主宰,上与两肩两膊相系,下与两腿两胯相随,上中下三节相适应。首先应做到肩与胯合,肩与胯合是保持身体中正不偏、不前俯后仰的关键。肩与胯上下垂直,身体就可中正,肩与胯又要有相吸相系之意,要以胯带肩,要动齐动,能做到肩与胯合,自然肘与膝就会相合。应注意肘与膝的运动相系,做到身法中裹裆及松肩沉肘之身法,这样更有利于肘与膝相合。手与足上下也要相吸相系,要做到足到手到,上下相随,两手的阴阳开合要与两足的外摆内扣相结合。久练外三合可矫正体态,使身体重心稳固,动作灵活,为进一步练习推手打下得机得势无有缺陷的框架基础,并有利于周身一家身法的实现,所以在行功时必须做到外三合。

太极拳的"内三合"为神与意合、意与气合、气与力合。

神与意合:"神"总称为精神,为行功之本能。有精神,运动周转方能得当,并无有呆顿、沉滞不灵、有碍于行动之弊。拳论讲"精神能提得起,则无迟重之虞"。精神在行功时起第一作用,因此称"神为主帅,身为驱使"。意是心神发出的指令,是大脑产生的本能,运用时乃以神导意;意又是心神的想象力,可调动周身的运动。意是在内不在外,神与意是密切相连的,有心神之令才有意动,有精神无意念,便无有方向必致散漫;有意念无精神,神不能固,不能全神贯注,气必散乱,如失掉统帅,没人掌管必致散漫,所以神与意要合。

意与气合:太极拳要求处处意念在先,每一动都要用意念来支配。意念在内而不在外,是无形的想象力,不可能产生功能,需要用气来作为载体。气是人体里的气息,无形不可见,是人生呼吸所必须的养生之道,无气人就无法生存,太极拳就是以神意引导丹田之气,使之运行转动,每一动都要意到气到,以气运身,使周身疏通灵活,无往不到。因神意为气之领帅,气是生力之母,无神意导引,则气无所从,必致散漫,所以意要与气合。

气与力合:太极拳论讲"意到、气到、劲到",劲就是力,力在意念和气的配合运动中产生,力可分为先天之力和后天之力,而太极拳讲用意不用力,是说不用后天拙力和僵劲,而是用以神意引导丹田之元气,练成一种内力。此力在体内以神意引导,收敛入骨,凝为骨髓,气随意运,毫无阻滞,行功时就可做到意到、气到、劲到。此力是太极之内力,所以气与力相合才可产生太极之内劲,如百炼钢,无坚不摧。

内三合的配合是太极内功练习的重点要求,在健身上对于充实精神、增长内劲、医疗内脏与神经系统疾病均有良好的效果。神意气是身体的内在运动,是看不见的东西,只有久练,功夫达到一定的程度才能体会到。内外三合,实为里表,一主一副,不能偏废,拳论行功歌讲"意气君来骨肉臣",正说明了这点。所以要内练神气,外练肢体,内外兼修,方为合法。

## 三、随曲就伸

太极拳历史悠久,博大精深,奥妙无穷,是中华民族智慧的结晶,是内家拳的典范。"随曲就伸"是太极拳的一种技击功法,是太极拳技艺中的专用术语。

"随曲就伸"从字意上讲,"随"是随从,如舍己从人、不丢不顶、随人所动等,又有着从人则活之内涵,在功法中是顺随功夫的体现。"曲"是在圆活的基础上进行弧线运动所形成的曲线。"随曲"完成得好坏与技击的效果紧密相联。"随曲"在运动中所要达到的要求为从人、引化、蓄劲、粘制等,如不能达到此要求就没有完成"随曲"之功法。"就",就势,是指从被势变成顺势,即从"人刚我柔谓之走"中变成"我顺人背谓之粘"。能在运动中做到由背转顺,后发先制,即太极功夫的发挥。"伸"是向外扩展之意,是指发力的一刹间,在对方身体失去平衡,进入拔根、落空状态时发力,才能达到引进落空、借力打人之效果。

"随曲就伸"即太极阴阳的演变,正如太极拳阴阳变化之理,阳来阴走,阴走阳粘,"阴阳相济方为懂劲"。如对方来劲为阳,自己接劲"随曲"为阴。对方之阳进入我方之阴,在公转与自转的曲线运化中使对方越进越被动,使对方拔根、落空而失去平衡,自己的"就伸"即可完成。若对方不与我接劲,我需用问探劲向对方加力,迫使对方加力抵抗;在对方之劲与我劲相接时,即可松开我劲,顺随引化,形成曲线,使对方失控,"就伸"也在同时完成。

要做到"随曲就伸"之功法,就必须勤学苦练、默识揣摩。在有了一定的太极拳基础功夫,做到各项身法之要求,达到"一动无有不动,一静无有不静"的境界,达到懂劲阶段,方可受益。要在顺劲与摸劲功法中去求取,在接劲过程中要处理好与对方的松、沉、粘、化,必须掌握好与对方之劲的相合度,使对方进我之劲变为随我之劲。要从随曲就伸中探求引进落空、借力打人之奥妙。

## 四、借力打人

借力打人是太极拳技击中一门技巧,是在后发制人的情况下实现的。借力是借对方之力,是在阴阳演变中产生的。如对方用力向我推来,我接定彼劲顺随引化,能使对方拔根落空即可达到借力、省力打人之效。又如,我用问劲的方式去制约对方,对方在不得力时要用力反抗,这时我也可接定彼劲顺随粘化,使彼方拔根落空,实现借力打人之目的。

## 五、从人仍是由己

在这一问题上,首先要安排好自己的框架,在对方来劲时,要顺随对方叫"从人"。从人可达到省力,可是要一味地从人,就会越从越背,要在从人中使对方之劲走自己安排的切线,这为由己。从人为阴走,由己为阳粘,这样可以使对方来劲越进越空,这也叫引进落空,可造成对方失控,落入我的掌控之中。从人是手段,由己才是目的,所以说从人仍是由己。

## 六、粘即是走,走即是粘

粘与走本是两个涵义,根据太极阴阳对立的统一,又可合而为一,即为阴阳相济。粘是为了走,走也要在粘中进行。粘是阳,是为了与对方之劲相合,相合是为了更好地走化对方之来劲。走为阴,在走中没有阳粘就无法使对方之劲落空。所以粘是为了走,走是为了粘。粘走相生才能产生效果。

## 七、刚柔相济

太极拳要求做到"刚柔相济"。刚柔相济,又称阴阳相济。刚是修炼出的一种内劲,与外力不同,它是为了保护自身框架的机势。柔是练出的一种柔和、顺随、从人、柔韧的随动功夫,通过圆之动达到省力之效果。古语有"绵里藏针"之说,在松柔圆活之内要包涵刚的一面,其表现在气势的沉稳浑圆,柔显于外,刚隐于内。

## 八、内外相合

内即指身体内部气质辩证运动之精神意识、气血、丹田、命门、经络等。外指四肢,在运动时要以内指挥外,内部为太极,外肢体为拳,相合而为太极拳,即在运动时要以太极来指挥拳的运动,即以内动指挥外形,内与外相互关联,缺一不可。只练外在肢体也只是练个外表,上不了功夫,只有内外相合,才可出功夫。拳谚讲"练拳不练功,到老一场空",功是指内功,由此可见内外相合的必要性。

## 九、拔根落空

拔根落空是太极拳技击的先决条件。因为太极拳是省力、借力的拳,必须要在对方拔根落空的情况下,才可实现省力、借力。拔根是使对方脚底失控站立不稳,落空是使对方来劲落在空虚之地,用不上力。实现这样的效果,必须要有一个很好的基础框架,懂得阴阳变换,达到"阴阳相济,方为懂劲"之后方可做到。

## 十、舍己从人

舍己从人是太极拳技击中站在弱者立场上,在松柔圆活、随动的前提下,实现以弱胜强的技法。舍己即舍弃自己去随从对方,但舍己是有限度的,从人也是有分寸的,必须懂得阴阳的演变。要在守好基础框架的基础上,去随从对方,如接手意在肘,接肘意在肩,接肩意在胸,接胸意在胯。舍己从人是为了实现"小力胜大力,以柔克刚"之要求。

## 十一、以内带外

太极拳要求做到以内带外,即是以内动带动外形,达到内外相合。这要经过漫长的练习、体悟才能实现。

首先要做到外部动作规范,如立身中正、松柔圆活、上下相随、虚实分清,又要与各项身法要求相配合。先要做到以外动带内动,如肢体在运动中的开合松紧要与体内的呼吸相合,呼吸要与身体的松沉相配合,松紧要与两手的开合相配合等,使体内的意气随着肢体的运动而运动,形成体内意气圈。通过一段时间的练习后,通过意识的改变,调整到使体内的意识、呼吸、松沉能带领肢体的运动,即可达到以内带外,达到以太极的运动来指挥拳的运动。改变后天意识是最难之事,这是矛盾对立的统一,是谁指挥谁的问题。内与外即是对立的,又是统一的,谁也离不开谁,是缺一不可的。如在松沉的功法中,只有意气的调配,没有肢体的松合,是达不到效果的;反之只有肢体的松合,没有意气的引导,同样达不到效果。要求做到内外相合,就看在动作上是谁带动谁的问题。所以处处要做到以内带外,才可在太极拳修炼上有所进展与提高。

## 十二、劲 以 内 换

"劲以内换",是以意气催动肢体来改变内劲的走向,达到"人不知我,我独知人"的境界。达不到以内带外之功是不能做到劲以内换的。

内劲即是意气的运动变换形成的内部气质,也可说是体内太极阴阳的调配。太极之体即身体丹田所在地,丹田之气关系到身体的强健、精神的壮旺、生命的长度。通过意气的引导,使气血贯通四肢百骸,打通大小周天,形成意气圈。

武式太极拳架式紧凑,处处守规矩,不出规矩,就能体悟到架式的紧凑和体内意气的形成。到此层次,才能进入外静内动,劲以内换,也就是用意念支配使意气在体内流动,达到"意到、气到、劲到"之境界。

首先要从调整自身做起,如两腿微屈站立,两手向前掤起,利用功法调配,使意气配合内动,达到意气的松沉、蓄放、松紧及开呼合吸之效果。在推手中,对方用劲向我右膊推来,我用右膊接住来劲,身体不动,内调松沉,使身体沉稳,能起到与对方抗衡之效果。右膊微动,利用意气内调,可使接劲之面变为点、分出阴阳,再根据对方劲的变换,调配阴阳,使对方落空拔根。

总的来讲,内在的功夫用文字是很难说清的,要结合老师的亲传口授,勤学苦练,才能进入懂劲阶段,达到以静制动、以不变应万变之神明境界。

## 十三、形如抟兔之鹄,神如捕鼠之猫

形如抟兔之鹄,是指形体的动作如抟兔之鹄。说的是一种捉兔之鸟叫鹄,它在抓兔时不是一下子把兔子抓住,是利用两个翅膀先把兔子打倒一次两次,等兔子昏迷不动了才抓去,好像与兔子玩的一样,抟几下才去抓。在太极拳与对方接手时,不是用力量一下把对方推出去,而是利用阴阳的调控,使对方东倒西歪站立不稳,落空拔根后,才把对方发放出去,这样才能借力省力,才算合乎太极之要求。

神如扑鼠之猫,是指精神而言。猫在捕鼠时精神全神贯注,安排好架势,等待鼠的出现。在太极拳的交手上,同样要全神贯注,集中精力。首先要安排好自身的框架,守好自身中线,松沉到位,随合对方之劲,做到曲中求直,这是一个准备,迎合好蓄而后发,这里又有功法又有用法,这即是有体有用,体用结合。

## 十四、姚师论呼吸

"太极分阴阳,在气为呼吸,呼乃开与发,吸为合与收,初学求自然,习久须讲究,能教一气先,莫教一气后。"

姚师的言语不多,却指明了太极拳修炼的总则和方向。修炼太极拳必须懂得的两个要点:一个是知阴阳,懂阴阳,用阴阳;另一个是气的呼吸,在呼吸上分平常呼吸、配呼吸、调呼吸和用呼吸,在气上可分为后天之气与先天之气。后天之气指的是人出生后利用胸腔的呼吸,为开吸合呼,是维护生命的生存之气,无气人就不能生存。先天之气是利用神意引导丹田之元气,修炼的是丹田之气,它的用法是开呼合吸,正与生命之呼吸相反。所以说在配合呼吸上一定要搞清楚。

在笔者多年的教学中,按照姚师的教导,初学求自然,是在初习太极拳时要求自然呼吸,等练到一定程度后,再进行有层次的指导。姚师说"习久需讲究",在我的理解上,可分为几个层面:第一,在初习时因为动作配合不好,要领和身法掌握不到位,要在呼吸上先求自然,这样也能达到健身的效果。可是要想真正练好太极拳的功夫和技艺,就得在呼吸上有讲究,拳谚讲"练拳不练功,到老一场空",这里说的功是修炼的内功,是修炼太极之本体丹田的先天之气,而不是平常维护生命之呼吸。太极拳就是以神意引导丹田之气,使之运行转动,在运动时以意领气,以气运身,使周身畅通灵活,无往不到。因神意为气之领帅,气是生力之母,丹田气充沛,人就精神壮旺,功力大增,长期锻炼,还可延年益寿,所以拳论上说:"详推用意终何在,益寿延年不老春。"

修炼丹田之气为开呼合吸。在吸气时,不是用口鼻之吸气,而是全身放松,两手内合,体内意气,沉于丹田,感觉丹田有内收之感,同时命门后撑,尾闾前送上翘,溜臀,使意气直达足下。此气由上而下,为吸气,它的功效为稳固下盘,含涵蓄劲,走化转换。呼气时劲起于脚跟,变换在腿,注于腰间,发于脊背,行于手指;此气由下而上为之呼,这样内气从体内完成一个气的循环,以我现在的说法,为"意气圈"的形成,即为拳论上说的"内气潜转"。这种呼吸与维护生命之呼吸的不同之处是用之则有,不用则无。它们是相辅相成的,互相关联,全在认识上的处理,由心知达到身知。

对于呼吸在技击上的用法是有层次之分的。拳论中讲,呼为开为发,吸为合为收,这是初级层次;拳论中又讲,开中寓合,合中寓开,又是一个层次。修炼太极拳是有传承的,很深奥,一层功夫有一层的认识,所以在久练时一定要有老师的传授与指导,少走弯路。要在教学上掌握好,只要是有恒心追求太极拳高境界的,必须要教用先天之气呼吸,后天之气呼吸是不用教的,是求自然呼吸。

## 十五、有上即有下

两仪上下分阴阳,易经上说"易生太极,是生两仪",两仪即为阴阳,以"—"表示阳爻,以"--"表示阴爻,此为体内阴生阳降,上轻下固。在修炼上,清气上升,浊气下降,体内上下意气通达,而达到阴阳平衡,打通大小周天,达到祛病强身之效。在太极拳的功法上,身体每一动即产生阴阳,阴阳又在不停地转换,由对立到统一,由统一到对立,变化无穷。在上下的关系上,身体在每一动时,即产生阴阳,在外表上两手向上掤时为阳,身体向下松沉为阴;从体内意气上讲,意气向下为阴,精神向上为阳,说明了每一动,阴阳是同时存在的。自己身体的阴阳变换好,只是做到了一半,在技击中,还必须与对方的阴阳相配合好,这才算是真正懂得了阴阳的变换,才可进入懂劲层次。

## 十六、上下相随主宰腰

武式太极拳在交手中,时时要求上下相随,两腿一虚一实,不停转换,配合两手的粘黏和引放,达到上下齐动。这样避免了双重,即避免两脚为实,也避免了一侧手和脚为实。一般动作,如左脚为实,则右手为实,而右脚、左手为虚,这样容易达到"左重则左虚,而右已去,右重则右杳,而左已去,气如车轮,周身俱要相随"的技术要求。"有不相随处,其病要于腰腿求之",腰是身体的中枢,上与两膊相系,下与两腿相随,在运动中要以腰为主宰驱使上下,通过腰的抽动联系上下四肢。如定势中左脚为实,右腿就要通过抽动右腰眼向前跟步或向后退步。这样实脚的气极易通过腰的提抽而灌注至右臂右手,势势达到气发于足,主宰于腰,运之于手,这是武式太极拳的一大特点。

## 十七、进步必跟,退步必撤

武式太极拳在运动及交手中的步法特点是"进步必跟,退步必撤",说明了武式太极拳步法的快捷、灵敏。在运动中周身上下随合,在引进落空及发放上缩短了时间差,提高了发放效果。古语有"输赢全在步上看",可见步法的配合在交手过程中至关重要。

如在进攻时,前腿进步落实后,后腿紧跟,有助于向前上催发之气势,又便于转接下势,达到了上下相随之要求。在后退时,后腿坐实后,前腿后撤,有助于外三合之要求,脚到手到,上下相随,并在引进落空中占有很大的优势。又如在套路上,每势在弓步定式后,后脚都要前跟,以足尖点地,像懒扎衣、搂膝拗步、上步搬拦锤等。在退步变式时,后腿坐实后,前腿都要后撤半步,像手挥琵琶、退步跨虎、如封似闭等。

## 十八、实足转体八面撑

武式太极拳在每式转体时都要以实足跟为轴来旋转,虚足以前脚掌点地,配合足跟的转动,同时随转体要气沉于踵,这样可保持身法不散乱,劲法变换快捷,随时都可以劲起于脚跟进行发放。实足为全身的支撑点,要以脚跟为轴,来完成身体实腿的外摆与内扣,使身体重心始终在一垂直线上,这样符合球体运动的原理,因为支撑面最小,只有一个支撑点,重心垂直线总在支撑点上,不易倾倒,重心稳定,可随受力向任一方向转动而保持中轴不变,体现出支撑八面之效。

## 十九、松开我劲勿使屈

按照常理,搏人擒拿必须要用劲或力,但这样容易使劲屈于身上,成了死板的拙力,很不灵活,易被人制。武式太极拳在发放上,有与众不同的特点,要求用松去打人,以静制动,犯者应手即仆。

武式太极拳的松放,符合内家拳的特点。做到松静是发放对方的先决条件。发放中的气场是看不见的,但被抛出于丈外的对方,完全可以亲身体会到这种气场的威力。因为被发放出去的感觉,不是"叭"的一掌,也不是"当"的一拳,而是"嗡"的一下,似被一种高速的气浪轰了出去,而身体并无伤痛,有时反觉得很玄妙、很舒服。所以在引进落空对方的一瞬间,身体要完全放松,使气敛入脊骨,归于足下,不要屈在身上,只有这样才能做到吞而后发,达到松放的效果。

## 二十、阴阳互动内中变

武式太极拳进入高层次功夫,在阴阳的变换上,随着步伐的收小,在动作上是利用意气的潜转,以内带外,来处理阴阳开合的变换。随着内气上与两膊、下与两腿相互贯通,就无有上下明显的阴阳之分。即使在发放时,由于松放的配合,仍可使气含蓄于内,保持丹田的太极一气不变,正如李亦畬宗师所讲:"实非全然站煞,实中有虚;虚非全然无力,虚中有实。"这就是说阴中有阳、阳中有阴。如在修炼小架层次上,架势更加小巧紧凑,在动作拳势中看,阴阳欲分而未分,是一种欲分又合的状态,整个身体处于阴阳萌动的混沌状态,或者说是一种"动桩"。这种萌动即是内功修炼的展现,可催动手足移动,在看似无招之中,完成每个架势的松沉、接化、粘制及意气的潜转,做到"气宜鼓荡""神宜内敛""劲以内换",周身处于太极一气之中,分不清何阴何阳,达到劲整浑圆、圆活有趣、内外相合的境地。

## 二十一、太极无处不在圆

无极图与太极图里那个中空的圆体现出了宇宙的无边无际、无始无终,又预示着"有"与"无"的对立统一,孕育着太极的阴阳互化。太极拳的圆运动,也是无极图和太极图的具体体现。太极拳一举一动皆离不开圆,或大圆、小圆、立圆、平圆及弧圆。这样才能体现出架势的松柔连贯、圆活有趣、无始无终、整体浑圆。

太极拳技艺的特点要求"以静制动,以柔克刚,以慢打快,以小力胜大力"等,这一切都是在圆的运动中,配合松柔和心静进行的,这就是道家"反者道之动"思想的具体运用。只有在运动中做到圆,才能感到动作的圆活有趣,因为圆在周身运动上,起着从人走化、顺随粘制的作用,腰的左右旋转、两膊的运作、两手的开合、虚实的变换、意气的引导等都是在圆的基础上完成的。只有处处做到圆活,才能体现出太极圆的趣味,才可能做到得机得势,才能达到省力、借力之效果。空松圆活是太极拳内功技法的展现,只有练到身上,才能在走粘、发放上达到省力、借力、松放之效果。如:在交手中,双方之劲在相抗的一瞬间,就看自己与对方的接劲点能否放松,使对方之推我之劲变为随我之劲,这样才可做到松的感觉,而对方则有了失控之感,达到了空,这一功法必须要在圆活的基础上才能做到。所以在练功中,太极拳所要求的开合圆活至关重要,要去默识揣摩方有所得。

## 二十二、开展紧凑层次分

太极拳在习练上,有大架、中架、小架之分,这是指套路的架势大小,体现了太极拳功夫的层次。拳论中讲"先求开展,后求紧凑",就是讲在初习太极拳时要做到开展,即是架势放大,把圈划大,这样对基础功夫的锻炼大有好处。

由开展到紧凑分为三个层次:先求开展是初级功夫,也称后天转法,先求肢体外表的运转,带动丹田的运转,这叫做以外带内。练到中层功夫时,是以丹田的运转带动外表肢体的运转,这叫做以内带外。到高层功夫,内外气相合进入太极一气或混元一气、内外相合、整体浑圆的境界。

不管是开展还是紧凑都离不开圆的运动。拳论中讲,先求大圈,再求中圈,后求小圈,这是根据自身的功夫所定,不是想怎样练就怎样练的。如在功夫的初级层次时,按紧凑要求去练,圈是画不圆的,也达不到内外相合,在交手中是站不住脚的。又如只练开展的架子,不练紧凑之势,也是不容易上功夫的,因为在劲法上只走大圈,不去追求小圈,是不能用劲路制人的,所以要按要求去做,才能使功夫不断地提高。

## 二十三、五行步法生克变

太极拳里的五行是步法要求,拳论讲"怀揣八卦,脚踩五行"。五行是下盘步法变换的五个方位,分前进、后退、左顾、右盼、中定,是通过两腿的虚实变换及腰左旋右转来完成的。前进是指向前弓步,身体前移;后退是指身体后移,向后坐步;左顾是指以腰带动,身体向左旋;右盼是指以腰带动,身体向右转;中定是指在两腿虚实不分时的无极状态,武式太极拳前辈们在交手上把中定步称是在十字路口等人,这样对接劲变换非常有利,既可前进,又可后退,也可左旋,还可右转。在技击上,根据对方的来劲和己方随劲变化的机势来确定中定步的位置。必须明白一点,在两腿进退步伐的空间均可出现中定步的机势。

五行是根据太极五行相生相克之理来应变,由相克的对立转换成相生的统一,相克是利用,相生是目的。如在劲法的变化上,我想向回引带对方时,对方不给我劲,我可利用虚实之变换,身体前进,迫使对方以力相抗,与我产生两劲相克,在这一瞬间我接定彼劲,利用开合螺旋劲之变化,身体后移,使彼方顶我之劲落空,身体失控拔根,达到我向回引带之目的。在太极拳中,两劲相丢相顶都为相克,相克是太极拳的病,相生才是目的,相生是阴阳相济,才算懂劲。可是,如果没有太极阴阳相生相克的变换,就不能达到太极拳阴阳变换的要求,这就是太极拳矛盾对立的统一,要去用心探研,方有所得。

## 二十四、粘走贵在阴阳济

粘走是太极拳体系的重要技术,是阴阳相济的展现,即在走化对方来劲的同时,又要对对方进行粘制,使对方在进攻中越抵抗越失控,使对方的来劲落在空虚之地,进不能进,退也不敢退,完全在我的控制之中,随时可发放。正如李亦畬拳论中讲"左重则左虚,而右已去,右重则右虚,而左已去"。

走粘是同时产生的。能达到这一层次,才算阴阳相济,进入了懂劲阶段。粘走的运用是以后发制人为前提,在舍己从人之中来展现太极拳引进落空、借力打人之奥秘,这充分显示出太极拳"反者道之动"的一大特点。粘走的互用,也是阴阳的互变,所以拳论中讲"粘即是走,走即是粘,阴不离阳,阳不离阴,阴阳相济,方为懂劲"。只有进入了这一层次,才算真正进入了太极之门。

## 二十五、"招与劲"关系

王宗岳《太极拳论》中讲"由招熟渐悟懂劲,由懂劲阶及神明",说明了功夫是有层次之分的。其中招法和劲法是太极拳体系中重要的两个概念。

招法是一招一势之法,是主动进攻对方之方法,或者防御、破解对方进攻的方法。招法较为固定,很难灵活变化,达不到省力、借力之效。但招法是进入懂劲的基础,必须要练,不过只练招法还进入不了太极拳之门。

劲法是根据对方来劲之变化,在不丢不顶、舍己从人的要求下,完成走粘蓄放,达到省力、借力之效果。劲法没有招法的限制,能懂得劲法之变化,即是进入懂劲之层次。懂得了劲法的阴阳变化,才算进入了太极拳之门庭。

在交手的过程中,利用招与劲的变化,也可打出很好的效果。用招法只是一种形式,劲法的变化才是目的。比如在交手中主动用招法进攻对方,对方必定接招还击,这时我要接定彼之来劲,进行阴阳的调整,使彼方落空拔根,失控跌出,达到省力、借力之效果。

## 二十六、打意与用气

打意是武式太极拳第三层功夫,是根据彼方的意念反应来粘走彼方,达到自己理想的效果,这样更能显示出太极拳的功夫技巧。拳谚讲"没有打人先挖坑",即是利用太极拳欲上先下、欲左先右、欲前先后之功法。如:欲上先下,想往上打对方时,需先有向下之意,使对方受制,对方一定要调整自己的平衡,与我向下之意相抵抗,在这一瞬间,我接定彼劲向上搓去,使对方向上跌出,达到省力、借力之效果。

用气是武式太极拳第四层功夫,用意气来控制对方,是太极拳高层次功夫的展现,真正体现出小力胜大力、引进落空、借力打人之奥妙。祖师武禹襄所著四字密诀"敷盖对吞"即是以气而言,不到一定的功夫是体会不到的。

## 二十七、怀揣八卦

"怀",就是胸,"八卦",指八个方向,又称米字线及八方线。怀揣八卦就是以胸为参照的前后、上下、左右及两个对角线,是一个包含所有方向的立体方位图。

太极拳要求做到守中取中,即是守住自身的中,去取彼方之中。自身之中是身体中间心口处,主手从中间接手,活动范围左右为身体两侧,上不过眉,下不过腰,都是走弧形画圆圈,把彼方的来劲,利用行圆划弧之动,引入自身轨迹之中,使彼方推我之劲,变为随我之劲,才能产生效果。胸前的变化无非这八个方向,把复杂的劲路变化加以总结,简单化后进行针对性练习,上功就快了。

# 第四章　维传谈感悟

## 第一节　授艺精言

（1）太极阴阳生克的演变是拳法的根本法则。

（2）行圆划弧是太极拳的奥妙所在，是从体到用之核心。

（3）守好框架是太极拳的基础功，自身行弧划圆的轨迹是引进落空、借力打人的路线。

（4）在行圆划弧中劲以内换，只有亲身体验才能知真假。

（5）松随从人是在守好自身框架和行圆划弧中实现的。

（6）能在从人之动中，使彼方来劲进入我方行圆划弧的轨迹中，才能达到方圆相生之效。

（7）练习套路时，要以腰为主宰，带动上下肢运动，把自身动作轨迹划圆，处处走弧形，守住框架；与对方交手时，要以与对方劲头接点为准，以劲头领劲，带动腰腿进行走粘引带。

（8）练功时，先要以外带内，等肢体的动作达标后，在用时要做到以内带外。

（9）划圈时，先要把外圈划圆，等内圈形成后，才可做到以内带外。

（10）落空拔根是太极拳省力之奥妙，来自于听劲、摸劲之功夫。

（11）推手是练习听劲、摸劲的一种艺术，而不是以力抗力的。

（12）丢与顶是太极拳交手之病，懂劲后又是出效果之方法。

（13）放人成功的前提是使彼方落空拔根。落空拔根是省力的前提，做不到落空拔根就不能省力。

（14）省力借力是在松随从人中，使彼方来劲进入我的弧形轨迹，越进越被动，最终实现落空拔根。

（15）"舍己从人"是有限度的，与"由己"是相互关联的。

（16）功力大是对的，是为了保护自己，而不是用来以力胜人。

（17）松柔圆活是练习的方向，是在粘走松随中的应用，而不是守不住自身框架的松散。

（18）自身阴阳为体，与彼方阴阳相合为用，方为懂劲。

（19）自身的阴阳相济是基础，与彼方的阴阳相济才是目的。

（20）在走劲中，要知劲头劲尾。要劲头先动，劲尾要补救劲头，这就叫阴阳互补。

（21）在走劲中，要知谁给谁让路，才可出效果。如在手走化劲时，肘先要给手让路，手才可把对方引空;在肘走化劲时,腰要给肘让路,肘才可把对方引空。让不开路,走不空劲,达不到落空拔根之效。

# 第二节　太极拳歌诀

## 一、太极拳总论三十七要诀

### 一论"太极"
太极二字历史长,用于拳艺奥妙藏。
历代追求无止境,太极之大为阴阳。

### 二论"阴阳"
太极阴阳动中求,奥妙即在变换中。
能知阴阳来相济,技艺提高乐趣浓。

### 三论"虚实"
虚实变化两腿间,能调虚实方得传。
机势全凭虚实变,根基虚实是关键。

### 四论"开合"
阴阳开合处处变,多处合一精中练。
开中寓合合即开,粘走蓄发同时来。

### 五论"呼吸"
吸为合来呼为开,呼吸开合同时来。
肢体随着呼吸变,内外相合乐无限。

### 六论"蓄发"
蓄为合来发为开,蓄发必配呼吸来。
吸蓄走粘一气成,发呼只在一紧中。

### 七论"走粘"

#### （一）
随劲用走变为粘,走粘二法紧相连。
阴中求阳阳变阴,阴阳相济得真传。

#### （二）
认准劲源随合转,松沉开合内里现。
劲蓄机势须站定,放人只在阴阳变。

### 八论"松沉"
松沉得法内外合,根基稳固上体活。
松时不懈守框架,沉时意气注足下。

### 九论"五弓"
#### （一）
身体躯干形五弓,腰椎两腿与两膊。
四弓全凭腰弓带,五弓齐动劲浑整。

#### （二）
身备五弓心里明,我弓人箭要认清。
弓开拔根落空定,箭放要在紧松中。

#### （三）
五弓拉开气势满,撑圆合力松随变。
我弓人箭效果显,放时只在一松间。

### 十论"松紧"
松要随合紧为粘,紧松二法必相连。
松为沉蓄意气通,发放即在一紧间。

### 十一论"懂劲"
太极懂劲最为坚,全凭口授自修难。
虚实开合阴阳变,阴阳相济懂劲现。

### 十二论"占先"
由己先动不为高,接劲顺随为正道。
占先不在顺与背,懂劲占先最为妙。

### 十三论"刚柔"
太极阴阳刚柔变,积柔成刚在修炼。
求得刚柔来互换,借力落空奥妙现。

### 十四论"粘黏"
粘黏不顶自己调,问随二法不可少。
双方阴阳来相济,转换变化添趣妙。

### 十五论"动静"
无极浑元静中藏,由静变动生阴阳。
懂得动静相互变,太极奥妙乐无常。

### 十六论"摸劲"
接手摸劲心内明,劲之头尾两分清。
走头粘尾阴阳现,蓄发即在环中行。

### 十七论"问劲"
接手问劲由己变,调整身法是关键。
贵在顺随环中取,由己从人都占先。

### 十八论"从人"
从人不丢顺中求,松随之法不可丢。
求得动中阴阳配,背中变顺方为歉。

### 十九论"丢顶"
丢顶本是拳艺病,世人虽知多不明。
求得双方阴阳济,不丢不顶方为正。

### 二十论"内劲"
内劲要靠后天练,桩功必修劲自现。
提神松身重意念,松紧整体劲无限。

### 二十一论"意气"
内功意气最为贵,意领气跟内外配。
练到周身意气通,健身防身齐发挥。

### 二十二论"本力"
本力不是练中来,用时僵拙活不开。
去掉本力求懂劲,太极技艺自成才。

### 二十三论"点与面"
粘黏之劲点面变,其中奥妙须口传。
整体浑圆懂劲用,内动无形无法见。

### 二十四论"接劲"
接劲鼓荡随动变,圈环相扣整体现。
入门弟子可授艺,不遇知己莫轻传。

### 二十五论"求圆"

(一)
人体如球太极现,八面支撑框架圆。
接点须用阴阳变,周身是手乐自然。

(二)
两手撑圆随彼动,松沉开合相合转。
果然识得圈中意,松随蓄发一气穿。

(三)
两膊运圈须划圆,八种劲道在里边。
开合松紧随动变,蓄发只在一刹间。

### 二十六论"动中求静"

动中求静太极功,外动内静养意境。
静字内心领悟到,变化有序法自然。

### 二十七论"连绵不断"

运劲断续不为高,连绵不断是正道。
循环无穷如抽丝,意领气随更显妙。

### 二十八论"上下相随"

周身上下相随动,内有意气贯穿通。
内外相合为一体,劲整浑圆技艺丰。

### 二十九论"内外相合"

内指神意外躯干,内外合一是关键。
求得以内带外动,体整协调劲浑圆。

### 三十论"引进落空"

引进落空妙无穷,全凭身法变换中。
求得自身懂劲现,拔根落空即成功。

### 三十一论"借力打人"

借力打人技精玄,拔根落空贵在先。
意气调控把力借,打人只在一闪念。

### 三十二论"球体"

人体如球立体圆,认定轴心来回转。
粘即是走走即粘,打人只在一变间。

### 三十三论"五行"

进退全凭虚实换,顾盼实足左右变。
定在十字路口等,根基五行是关键。

### 三十四论"矛盾"

周身一动分阴阳,上下左右前后忙。
肢体相互来争力,矛盾统一方为强。

### 三十五论"双重"

太极阴阳矛盾生,对立统一方为能。
机势全凭阴阳变,阴阳受制双重现。

### 三十六论"桩功"

（一）

基础定步混元桩,身法意念要得当。
静中求动神意找,健身祛病寿绵长。

（二）
人体犹如树一棵，常年四季任风波。
根须枝梢贵连贯，周身一家灵活现。

（三）
外静内动调气息，稳如泰山不可欺。
果然识得此中意，神意一动现天机。

## 三十七论"试力"

（一）
活步桩功技击宝，变化莫测内中找。
神意带领全身动，体松劲整相随用。

（二）
动静随着神意变，两手不离中心线。
满身轻灵气潜转，发力只在一刹间。

（三）
精神提领为先行，腰转脚拧相贯通。
周身螺旋领悟到，蓄发松紧配合好。

## 二、五行要言

中土不离位，前后互为根。
左右交叉并，上下齐贯通。
不丁八不站，两腿随动变。
从下向上带，尺寸心中现。
进退划弧圆，顾盼随腰转。
中定空间找，松粘阴阳调。

## 三、论打手

前后左右，中土为营。
上下相配，窍在中庭。
左右上下求，上下左右涵。
阴阳相互变，粘走随人愿。

## 四、论划圈

太极功夫要提高，首先划圈是正道。
周身内外圈环现，大圈小圈随动变。

环环相接贵连贯,组成整体功夫现。

## 五、行功四字法

### 松、沉、转、进

松要全身放松,沉须意气下行,
转换圈须划圆,进在上下随整。

## 六、打手四字法

### 接、粘、松、合

接劲要虚灵,粘劲要随从,
松劲要蓄黏,合劲要浑整。

## 七、太极七字诀

太极八卦五行分,身法走架是基本。
动静相随是关键,随动功夫要苦练。
外三内三结合好,不丢不顶不能少。
听摸观看要接准,知己知彼是胜本。
上下等分相配好,腰腿粘走最重要。
虚实变换就是发,粘走时间要准确。
阴阳虚实处处现,多处合一精中练。
周身一家是正法,练好还得口授传。

## 八、太极拳经谱

当今太极,内外流行;真真假假,很难分清;
不会说会,不懂装懂;内外兼使,各说各行;
以劲制劲,硬顶硬碰;以强制弱,不学也中;
外门的货,太极不通;先辈拳论,讲得很清;
太极各派,总归一宗;时常对照,拳理贯通;
得法口授,勤下苦功;太极阴阳,虚实动静;
上下相随,内外合并;以柔克刚,妙在其中;
走即是粘,粘即是走;从人不丢,粘人不顶;
阴阳相济,灵活贯通;周身鼓荡,血脉相通;
虚要腾挪,实需贯精;学会借力,才算劲懂;
呼吸相配,运在内功;意气运行,似停非停;

劲断意跟,一气呵成;旋转如意,缠绕进行;
周身一家,活在其中;借用彼力,妙如神灵;
强身健体,乐意无穷;只要心专,豁然贯通。

## 九、太极三字经

河北省,邯郸地,广府城,人皆知。
杨武式,太极拳,名四海,天下传。
武式拳,禹襄创,称祖师,美名扬。
理论高,拳艺精,巧借力,妙无穷。
架子功,必先行,求身法,基本功。
上八卦,下五行,主宰腰,立身正。
阴阳分,虚实变,走弧形,腰旋转。
内配气,沉丹田,下盘稳,如泰山。
吸为合,呼为开,内外动,身一家。
从人走,粘制找,阴阳配,相济好。
前进弓,后退坐,左右转,为顾盼。
心要静,身要灵,气要敛,劲要整。
命门撑,壮腰功,尾闾送,为正中。
上下合,内外并,讲全身,分五弓。
走劲头,不可丢,跟劲尾,黏中求。
脚下劲,动中找,腰主宰,用在梢。
进之长,退之促,俯之深,仰之高。
步如猫,劲如丝,蓄张弓,发放箭。
吸则起,拔腰功,呼则沉,放得轻。
上下圈,前后转,如球体,刚柔现。

## 十、太极身法行功要诀

太极变化身为主,行功要诀记清楚。
胸不可挺意要含,以心行气乐自然。
含胸拔背灵活现,内有蓄发在里边。
两膝内向易裹裆,周身一家里边藏。
竖尾有力须护肫,身有主宰易转变。
神贯于顶精神起,立身中正转换易。
肩松气沉下盘稳,意守静字变化真。

沉肘灵活身法伴,动静粘走是关键。
虚要腾挪实精贯,虚虚实实实虚变。
两股用力臀前送,小腹上翻意集中。
根托丹田是正中,气沉丹田下不空。
气如车轮遍全身,周流旋转八面撑。
周身一家活为好,松柔动静全顾到。
阴阳虚实处处现,多处合一真少见。
字字真切无偏见,认真推研功夫现。
想攀高峰技艺通,口授必须跟上行。

## 十一、太极拳身法精义要诀

### 一论"肢节"

太极两手圈划圆,八种劲道在里边。
合应内旋开外旋,阴阳螺旋开合换。
交手先从梢节求,接随黏化处处有。
肩松肘沉身法伴,阴阳连粘相随变。
平圈立圈相配用,松沉粘走一气成。
进时肩催肘到手,退时身带肩及肘。

### 二论"上节"

精神贯注顶要提,立身中正转换易。
胸不可挺意要含,以心行气乐自然。
含胸拔背灵活现,内有蓄发在里边。
两胸走化粘拿变,要与两膊相连贯。
左旋右转肩找胯,交叉相合内外圆。
肘膝相配下盘稳,手足合一达贯穿。

### 三论"中节"

开呼合吸气调配,强身健体真可贵。
气沉丹田下盘稳,上身灵活变化真。
膊向上掤身下行,手向下按意上升。
向前推挤命门撑,对拉拔长壮腰功。
腰胯放松臀前送,根托丹田是正中。
小腹上翻意念通,引导意气脚下行。

### 四论"下节"

两腿阴阳虚实变,五行步伐在里边。

前进后退左右转,定为中土是关键。
桩功本是技击宝,定步活步相随找。
前弓膝盖不过足,后腿曲蓄弯中求。
两手划圈随步变,神意引导内外转。
腰腿带领全身动,上下随合周身定。

**五论"根节"**

五行步法是关键,时刻不离守中线。
两脚不丁不八站,外摆内扣随顾盼。
以下带上整体变,阴阳动度心中现。
精神提领为先行,周身上下贵贯通。
虚实阴阳相互换,粘走时间精中练。
五弓备齐蓄发变,周身浑圆太极现。

## 十二、懒扎衣功法口诀

（一）

接手听劲松沉旋,合频拔腰彼根断。
从人由己虚实变,入轨省力妙中玄。
（右脚在前,先左顾,后右盼）

（二）

接面变点松随伴,转腰合手落空见。
二次松沉蓄劲满,虚实调换拥开旋。
（右脚在前,先右盼再变立圆）

（三）

接劲松沉随顾盼,守好规矩行弧圆。
从人由己互调换,两极运化阴阳变。
（左右都可用）

注:武式太极拳母式懒扎衣是太极拳之核心,非常重要,练不懂此式,即等于不懂太极拳。郝为真宗师曾说:"我练了一辈子拳,就练会一个懒扎衣。"恩师魏佩林说:"练会懒扎衣,走遍天下无人欺。"姚师说:"懒扎衣即是一把万能钥匙,可千变万化,必须要用心悟懂。"

## 十三、论太极七字诀

（一）

太极阴阳环扣环,开合动静须随圆。
起落无点任其变,放人只在松紧间。

（二）
基础修炼是关键，内外相合求浑圆。
意气框架鼓荡现，八面支撑稳如山。
（三）
八面支撑交叉并，上下贯穿一线成。
气势鼓荡身法正，前后空间找中定。
（四）
懒扎衣式技艺宝，千变万化内中找。
果然识得环中趣，修炼终身能生巧。
（五）
接劲松沉走粘变，频率相合整体旋。
松开我劲身无主，放人只在紧松间。
（六）
初求肢体松柔圆，再配意气开合旋。
内外相合阴阳调，劲整浑圆为正道。

## 十四、太极拳要义

太极阴阳圆中环，运作全在自身现。
轨迹框架圆中守，松柔圆活身法伴。
由己从人各相半，由下带上整体现。
内外相合求浑圆，阴阳全在两极变。
公转自转相互连，松随粘走相合伴。
知己知彼乐自然，圆活有趣妙中玄。

## 十五、论太极传承

太极功夫奇妙玄，开展紧凑层次见。
人体犹如太极球，两极运化阴阳求。
行圆划弧随动变，以下带上整体现。
框架规矩身法伴，呼吸调配养丹田。
放松沉气下盘稳，开合松紧意当先。
脚踏五行腰腿变，怀揣八卦于胸前。
不丢不顶合频走，从人由己各相半。
阴阳相济求懂劲，放人只在松随间。
知心传承方可得，无有缘分莫轻传。

## 十六、太极技击

太极技击妙中玄,运动全在行弧圆。
呼吸调配开合伴,机势全凭阴阳变。
无过不及规矩守,以下带上求浑圆。
接劲合频松随运,内外相合方得传。

## 十七、接　劲

接手松沉合频走,松随从人点面变。
引彼进圈开合伴,进退之中随顾盼。
从人由己互调换,行圆划弧效果现。

## 十八、走　劲

太极走劲行弧圆,以下带上记心间。
两极微调虚实变,劲窝形成腰微转。
开合随着圆弧走,从人由己个相半。
落空拔根见效果,让不开路艺不全。

## 十九、放人功法

### 要诀一
接劲松随实足变,(效果落空拔根)
虚腿放人实虚换。(追求松放功夫)
以下带上求整体,(实现周身一家)
守好框架规矩圆。(达到规矩圆)

### 要诀二
行圆划弧中线起,规矩不越两侧区。
从人松随顺劲走,引入轨迹合开配。
由下向上一气贯,省力借力显神威。

### 要诀三
走、粘、拿、发
一要问,二要随,三要入轨拔腰偎。
四要转腰准头对,从人由己相互配。
由下往上,一气贯穿显神威。

## 二十、五行行功

两极微调阴阳变,进退顾盼相互连。
进中配合右盼走,退时紧跟左顾连。
中定两极空间找,机势随合定中见。
从人由己各相半,阴阳相济效果现。

## 二十一、六步桩功要诀

### 一步功法

太极技艺要提高,桩功修炼为主道。
基础定步混元桩,身法意念须得当。
体松气沉自然站,两腿微屈目平看。
双膊抬起胸乳前,撑抱意念要周全。
亦可两手在胯旁,提按之意精中藏。
坚持定时经常站,健身强体功力现。

### 二步功法

定步技击桩功站,懒扎衣式贵当先。
两腿前三后七担,不丁不八是关键。
虚要腾挪实精贯,提神含胸意丹田。
两膊掤起于胸前,双手内合目前瞻。
高不过眼远足齐,后手守中不可离。
静中去求意念动,健身壮基增内功。

### 三步功法

技击桩功虚实换,前弓后坐五行现。
两手划圈在胸前,不可凸凹与缺陷。
务使两手运化圆,圈套圈来环扣环。
合为内旋开外旋,八法劲道在里边。
进退协调两手转,上下随合意气连。
松沉转进动中变,以下带上达贯穿。

### 四步功法

活步桩功技击宝,懒扎衣式为主道。
两手阴阳随圈转,粘走螺旋开合变。
前进后退任意换,上下相随身法伴。
平圆立圆环套环,阴阳虚实随腰现。

身法十三相配用，松沉做到最为重。
圈环意念来引导，神意气合方为妙。

### 五步功法
两手划圈随步变，神意引导内外转。
阴阳粘走虚实换，五行步法在里边。
前进后退左右转，定为中土是关键。
以下带上整体现，外摆内扣随顾盼。
掤捋挤按为四正，采挒肘靠更奇玄。
松沉粘走阴阳找，蓄发松紧配合好。

### 六步功法
精神提领为先行，周身上下贵贯通。
开呼合吸气调配，蓄发全靠备五弓。
阴阳折叠复合变，粘走时间精中练。
丹田鼓荡内劲增，对拉拔长壮腰功。
内气循环周天通，终生探研无止境。

## 二十二、内功桩法九式

### 第一式　上下矛盾桩
心静意专放松站，两手合掤松沉伴。
呼吸调配养丹田，起落松紧意领先。
意气引导内潜转，上掤下按矛盾现。

### 第二式　八面支撑桩
两手内合掤胸前，意气松沉于丹田。
命门后撑溜臀伴，八面支撑求混元。
开呼合吸配意念，内外相合效果现。

### 第三式　左右车轮桩
起手掤按松沉伴，动分虚实步前迈。
接紧随动顾盼变，引劲入轨圆中找。
开合松紧配合好，左右车轮求玄妙。

### 第四式　阴阳互动桩
接手阴阳粘走变，行圆划弧动中现。
进退虚实两极换，下盘稳固沉丹田。
顾盼随着进退变，机势要在定中现。

### 第五式　翻江倒海桩

两手开合左右翻,松沉起落进退间。
顾盼变化随腰转,上下合频整体现。
意念引导气潜转,省力借力效果见。

### 第六式　左右滚旋桩

两手滚旋划弧圆,开合引带粘走变。
上下相随求整体,意领气跟随腰旋。
阴阳矛盾生克换,方圆相生妙中玄。

### 第七式　对拉拔长桩

接手松随阴阳变,阴走阳粘同时现。
对拉拔长身法伴,虚实调配随腰转。
以内带外整体圆,矛盾统一效果见。

### 第八式　左右拐线桩

左右拐线行弧圆,进退顾盼紧相连。
进退随着右盼走,后退紧跟左顾连。
定在两极空间找,机势全凭调下盘。

### 第九式　整体放松桩

太极主旨求整体,动分阴阳矛盾生。
周身矛盾多处现,对立统一精中练。
意气引导气潜转,松放只在一瞬间。

附 录

# 翟维传出版发表的作品

**出版的书著与光盘**

[1]《武式太极拳述真》(内部版),武当杂志社 2001 年版。
[2]《武式太极拳术》,山西科学技术出版社 2004 年版。
[3]《武式太极拳传统 37 式》,山西科学技术出版社 2006 年版。
[4]《武式太极拳桩功》,山西科学技术出版社 2006 年版。
[5]《武式太极十三连环剑》,山西科学技术出版社 2006 年版。
[6]《武式太极杆》,山西科学技术出版社 2006 年版。
[7]《武式太极刀》,山西科学技术出版社 2006 年版。
[8]《武式太极拳拳解与论述》,山西科学技术出版社 2006 年版。
[9]《武式太极拳老架》,山西科学技术出版社 2006 年版。
[10]《武式太极拳小架》,山西科学技术出版社 2006 年版。
[11]《武式太极拳竞赛套路》,山西科学技术出版社 2006 年版。
[12]《武式太极拳推手》,山西科学技术出版社 2006 年版。
[13]《武氏太极拳传统套路 108 式》(光盘),人民体育音像出版社 2003 年版。
[14]《武氏太极拳简化套路 36 式》(光盘),人民体育音像出版社 2003 年版。
[15]《武氏太极拳 58 打》(光盘),人民体育音像出版社 2003 年版。
[16]《武氏太极剑、刀》(光盘),人民体育音像出版社 2003 年版。
[17]《武氏太极枪、杆》(光盘),人民体育音像出版社 2003 年版。
[18]《武氏太极拳桩功、小架》(光盘),人民体育音像出版社 2003 年版。
[19]《武氏太极拳四种推手及劲法》(光盘),人民体育音像出版社 2003 年版。
[20]《武式太极拳传统 108 式》,四川科学技术出版社 2012 年版。
[21]《武式太极拳竞赛套路 46 式》,四川科学技术出版社 2012 年版。
[22]《武式太极拳精要 37 式》,四川科学技术出版社 2012 年版。
[23]《武式太极拳简易 28 式》,四川科学技术出版社 2012 年版。
[24]《中华太极拳心法》(光盘),浦东电子出版社 2012 年版。
[25]《中华太极拳身法》(光盘),浦东电子出版社 2012 年版。
[26]《中华太极拳功法》(光盘),浦东电子出版社 2012 年版。
[27]《中华太极拳用法》(光盘),浦东电子出版社 2012 年版。

[28]《中华太极基础功法》,成都时代出版社2012年版。

[29]《武式太极拳老架》,台湾大展出版社2014年版。

[30]《武式太极拳三十七式》,台湾大展出版社2014年版。

[31]《武式太极拳小架》,台湾大展出版社2014年版。

[32]《太极拳秘境》八集纪录片(参与拍摄,央视体育频道制作),北京科音音像出版社2010年版。

[33]《老年26式武式太极拳》,中国老年人体育协会太极拳专项委员会2019年版。

**发表的文章**

[1]《太极拳颂》,《武林》1983年第11期(作者:金竞成、翟维传、胡凤鸣、钟振山)。

[2]《太极拳法的"阴阳变化"》,《武术健身》1992年第6期。

[3]《浅谈太极拳法的"阴阳变化"》,《中国太极拳》1993年第1期。

[4]《太极身法行功歌要诀》,《中国太极拳》1993年第6期。

[5]《论"太极、五行、虚实"之变化》,《太极拳》1997年第3期。

[6]《论"引进落空"和"借力打人"》,《太极》1997年第2期。

[7]《太极拳术中的阴阳》,《太极》1997年第4期。

[8]《浅谈"粘"与"走"》,《太极》1998年第3期。

[9]《浅谈太极拳松柔与劲整》,《武当》1999年第5期。

[10]《论"引进落空"和"借力打人"》,《武当》1999年第6期。

[11]《太极推手之我见》,《武当》2001年第2期。

[12]《解"蓄劲如张弓,发劲如放箭"》,《武当》2001年第9期。

[13]《论太极拳"顺劲"与"摸劲"》,《武当》2002年第10期。

[14]《武式太极拳桩功——六步功法歌诀》,《武当》2003年第10期。

[15]《太极、五行、虚实之变化》,《中华武术》2003年第10期。

[16]《认识太极拳阴阳矛盾的对立统一》,《武魂》2004年第3期。

[17]《古城访道》,《少林与太极》2005年第10期(作者:王孝华)。

[18]《武式太极拳活步桩功》(连载一),《中华武术》2006年第8期。

[19]《武式太极拳活步桩功》(连载二),《中华武术》2006年第9期。

[20]《武式太极拳活步桩功》(连载三),《中华武术》2006年第11期。

[21]《拜师记》,《中华武术》2007年第5期(作者:方礼刚)。

[22]《养怡之福,可得永年》(书法),《太极拳研究》2007年第2期。

[23]《练习太极拳的心得体会》,《太极风》2009年第1期。

维的本义是系物的大绳,又是空间的基本要素。翟维传一生唯有太极:学太极,练太极,讲太极,教太极。武式太极拳就是维系翟维传一生的那根"大绳",串起赛事活动、讲学、授艺等部分人生活动。

　　太极拳是一种高明的搏击术和养生术,更是中华优秀传统文化的载体之一。练太极,不仅要练蓄发之术,更要练太极思维、太极境界。懂劲,首先需要改变自己的思维,要懂得舍己从人、阴阳相济之理;神明,需要提升自己的境界,懂拳,更要懂人,懂得天人合一。

　　"为学日益,为道日损",懂劲之前,要学,学套路、学招法、学器械,让身体在不同的情境中都能做到协调顺遂,空松圆活,让每一动都能在行圆划弧中体现阴阳互变之理;懂劲之后,要舍,舍招法、舍蛮力、舍自我,让身体在彻底放松之中产生真力,刚柔并济,让每一动都能在舍己从人中体现阴阳相济之理;阶及神明,要空,空执念、空法相、空自性、让心灵在无障无碍中享从心所欲之乐。

　　武式太极拳,以文化拳,融技击、养生、文化于一体,理法邃密,功法严谨,势简技繁。习练者按部就班,守住规矩,持之以恒,当能达到太极拳之高境界。练武式拳,看架势与众不同,两手守住中线,各管半边,不上不下,不前不后,框架稳固,前进后退,步法自然,劲落后脚跟,料敌在先却后发制人,不与人争也不容人欺;练武式拳,看气质与众不同,武人文相,内涵精神,外示儒雅,举手投足松沉圆活,与人交手谦逊礼让却也当仁不让;练武式拳,看境界与众不同,内气潜转,接劲打劲,神闲气定,一触即发,不抓不拿,不勾不绊,光明磊落,赢得漂亮,输得心服。敢大舍者,必有大胆略;有大胆略者,必有大本领。拳打人不知,练拳也得在人不知处下功夫。练武式拳由上而下,由外而内,层层加功,一合俱合如山岳难动分毫,一开俱开似狂飙无坚不摧。有了这份功力,才会有引进落空的底气,才会有敢舍敢进的胆略。

　　练拳如修道。练武式拳到高境界,拳即是人,人即是拳,生活无处不太极,太极之外无他物,行走坐卧、言谈举止俱是太极之象。常见翟老端坐,默然不语,神情安闲,和蔼可亲又令人肃然起敬,开口太极理,举手懒扎衣,无论弟子或众,有问必答,三言两语直指要害;又见老先生行拳,始而意动,继而劲动,身法严谨,行圆划弧,开合隐现,内气鼓荡,打至兴起,无招无势,全身劲力一气贯穿,环环相扣,势势相连,犹如长江大河,滔滔不绝,令人叹服。

　　拳品即人品。翟老性情敦厚,武德高尚,一生致力于武式太极拳传播事业,意志坚定,勤勉力行,先后在多地创办学校、协会、拳馆等,又积极参加赛事活动,开讲座,做公益,惠及国内外数以万计的太极拳爱好者,可谓功德无量!

本编内容以图片展示为主，直观展示翟维传太极推广过程中所做出的努力，希望读者能通过这一系列的图片，了解一代太极大师的太极人生！

# 第一章 赛会·活动

1. 大赛、大会及论坛

1984年4月22—25日,陪同恩师姚继祖参加在武汉召开的"中国武汉国际太极拳(剑)表演观摩会",并和姚老师表演了推手。

1984年武汉国际太极拳、剑表演观摩会,市领导接见各派名人
前排右起陈湘陵、郝家俊、傅钟文、顾留馨、吴图南、市领导二人、沙国政、孙剑云、杨振铎、陈小旺、庄汉生、傅声远。后排右八姚继祖、右九翟维传。

1991年10月25日,在首届中国永年国际太极拳联谊会开幕式上表演大杆。

1995年9月,第三届中国永年国际太极拳联谊会开幕式表演。

焦作太极拳大会。

1999年10月16日,首届国际武当拳法联谊会。

2001年11月30日,中国珠海国际太极拳交流大会。

2002年10月25日,第九届中国邯郸国际太极拳交流大会开幕式表演。

2006年4月16日,第三届广府太极拳年会。

2004年2月,首届广府太极拳年会。

2006年9月27日,第十届邯郸国际太极拳交流大会。

2008年5月4日,第五届广府太极拳年会。

2007年5月4日,第四届广府太极拳年会。

2008年10月18日,第十一届中国邯郸国际太极拳运动大会。

2007年8月19日,第四届中国焦作国际太极拳交流大赛。

2009年8月22日,第五届中国焦作国际太极拳交流大赛。

2009年9月12日,中国贵州清镇太极拳交流大会。

2009年9月19日,第六届广府太极拳年会。

2010年11月6日,第七届广府太极拳年会。

2010年12月11日,第三届世界太极拳健康大会。

2011年2月27日,第三届香港国际太极拳邀请赛。

2011年8月22日，第六届中国焦作国际太极拳交流大赛。

2013年5月26日，中国五莲大青山国际太极拳比赛。

2013年8月21日,第七届中国焦作国际太极拳交流大赛。

2014年6月15日,第十二届中国邯郸国际太极拳运动大会。

2015年8月7日,首届温州市太极文化节。

2015年8月27日,第八届中国焦作国际太极拳交流大赛。

2015年9月6日,北京互联网时代太极拳文化发布会。

2016年2月28日,三亚南山首届太极文化节新闻发布会。

2016年4月9日，三亚南山首届世界太极文化节。

2016年4月23日,中国陈家沟太极文化旅游体验季。

2016年5月19日,泰山国际太极拳赛。

2016年9月19日,武当论坛。

2016年9月20日，辽宁桓仁全国太极拳公开赛。

2016年9月27日，第十三届邯郸国际太极拳运动大会。

2016年11月29日，第四届中国－东盟"太极一家亲"交流活动。

2017年9月18日，第九届中国焦作国际太极拳交流大赛。

2018年9月27日，第十四届邯郸国际太极拳运动大会。

2019年3月30日,河南太极拳学院项目开工仪式。

2018年11月25日,第五届中国-东盟"太极一家亲"交流活动。

2019年5月12日,河南省第十三届老年人体育健身大会。

2019年5月18日,山东日照中国老年人体育协会活动。

2019年9月23日,第十届焦作国际太极拳交流大赛。

2019年12月15日,厦门中国老体协老年26式太极拳评审会。

2020年12月17日,中国太极拳世界申遗成功庆祝会。

## 2. 拳界活动及接待

1982年农历八月十五,恩师姚继祖与首批拜师弟子合影留念(左起:钟振山、翟维传、姚继祖、金竞成、胡凤鸣)。

1992年,受邀参加太原杨式太极拳成立30周年纪念活动时广府杨武式太极拳传人合影。

1995年,邯郸市第二届武式太极拳研讨会。

1992年9月27日,邯郸市武式太极拳研究会成立。

1995年8月,参加恩师魏佩林墓地落成典礼。

1996年元月,永年武式太极门人到北京体育大学审定武式太极拳竞赛套路。

1996年农历十一月二十四,姚师80岁大寿。

1996年7月19日,与弟子贾海清合办永年武式太极拳学校南护驾分校。

2003年11月15日,邯郸市武式太极拳学会成立。

2004年5月,中日韩首届民间太极文化交流会。

2004年6月10日,第二届"中华武术展现工程"名家论坛。

2004年11月15日,邯郸市武式太极拳学会成立一周年留念。

2005年8月1日,永年太极拳培训基地成立。

2005年,到中国武术协会给康戈武秘书长赠书。

2006年4月12日，携弟子到开封看望武禹襄后人武福鼐夫人并与其女儿、女婿谈论武式太极拳传承。

2007年5月，在广府太极拳年会上与李翘美国、澳大利亚弟子合影。

2007年8月14日，中国武协组队出访日本，参加"中日友好35周年"活动。

2007年10月26日，到韩国交流。

2007年10月29日，温州武式太极拳研究会成立。

2008年3月14日，在武禹襄故居接待新加坡学员。

2008年3月22日，永年县太极拳研讨会。

2008年4月2—3日，武式太极拳第二代宗师李亦畬及第三代宗师李石泉、李逊之墓地揭碑仪式。

2008年4月3日,清明祭祖活动。

2008年5月2日,在广府家里为湖北学员讲解太极拳。

2008年6月1日,在家里接待英、美、德、法等国的太极拳爱好者。

2008年6月24日,在武禹襄故居接待领导。

2008年10月23日,在家中接待新疆太极拳协会成员。

2008年11月18日,在武禹襄故居接待《21·名家》主编华安一行。

2008年11月19日,在家中接待俄罗斯朋友。

2008年12月5—16日,在香港授拳收徒,香港武式太极拳总会成立。

2009年4月3日,永年武式太极传人清明祭祖。

2009年5月30日,在武禹襄故居与济南太极拳爱好者交流。

2009年6月13日,河北省武术文化产业促进会揭牌。

2010年5月11日,代表邯郸参加上海世博会。

2010年5月26日,在广府城墙上与武式太极武校师生表演太极拳。

2010年6月5日,河北省武协大会。

2010年7月9日,在武禹襄故居接待领导。

2010年7月27日,参加《广府太极传奇》央视首播庆祝活动。

2010年9月1日,广府晨练。

2010年10月10日，与黄圣依、杨子在武禹襄故居。

2010年11月13日，在武禹襄故居教授美国太极拳爱好者。

2010年11月30日，在广府城墙上为李连杰先生讲解武式太极拳。

2011年5月20日，在武禹襄故居接待领导。

2011年9月1日，广府非遗表演。

2011年11月27日，邯郸九福百名老人太极养生游。

2011年11月28日，到石家庄参加长城太极网上线活动。

2012年5月26日，为中国国际太极拳网摄制武式太极拳教学片。

2012年6月17日，湖北罗田太极拳协会成立。

2013年10月20日，杭州柔之艺太极院讲学。

2015年7月26日，广府甘露寺首届永年武式太极拳研究会技理大会。

2016年3月11日，在武禹襄故居接待吴连枝、赵冀龙。

2016年5月28日，参加弟翟会传收徒仪式。

2016年8月17—22日,香港参会授拳。

2016年8月27日,深圳访马广禄老师太极馆。

2016年8月28日,深圳陈小旺老师太极华藏馆开业。

2017年1月10日,与浙江苍南西隐寺传宗法师交流。

2017年11月4—5日,纪念姚继祖宗师百年诞辰。

2018年1月12日,焦作武式太极拳协会成立,翟世宗代表父亲出席。

2018年7月6日,邯郸峰峰武术文化节。

2018年9月26日,武杨式太极拳国家级传承人拍宣传片后合影。

2019年3月24日，永年广府艺术太极拳进景区比赛。

2020年4月19日，在广府仝家大院接待邱县县委书记李剑青一行。

2020年7月，全球太极拳网络赛启动仪式。

2020年10月8日，《世界太极拳蓝皮书——世界太极拳发展报告（2019）》首发式。

2021年2月22日,广府家中(生日)。

2021年5月26日,中国老体协杭州桐庐老年26式武式太极拳培训。

2021年3月19日,应黄骅太极拳协会曲炳强会长的邀请,一行七人与拳友讲学交流。

2021年6月8日,与康永军、李迷山探讨太极意象画。

2021年7月8日,在广府古城城墙上,接待河北省人大常委会副主任邢国辉、邯郸市委书记张维亮。

2021年7月31日，受邀参加永年杨式武式太极拳团队标准文件专家研讨会。

2021年9月3—12日，国家级非遗产（武式太极拳）传承人翟维传记录工程资料档案影片在广府拍摄。

2021年10月2日，焦作武式太极拳协会会长谢胜利带队一行十人来广府寻根求学，并被颁授永年禹襄太极研究院焦作分院。

2021年12月18—21日，河北省老体协在石家庄灵寿举办太极拳教练员培训班，翟老师携子翟世宗应邀参加并授课。

# 第二章 讲学·专访

1992年4月,在邯郸丛台公园参加太极拳录像。

2003年5月18日,在广州俏佳人公司录制"中华武术展现工程"时与弟子合影。

2006年7月,接受新华社记者采访。

2006年8月22日,纪念简化太极拳推广50周年暨中国邯郸国际太极拳交流大会期间,接受邯郸日报、邯郸市电视台记者专访。

2007年9月15日,河南大学中华武术大学堂第二期太极拳名家讲堂授课。

2008年5月15日,CCTV-12频道中国武师纪录片录制。

2008年6月8日,黑龙江卫视龙武堂录制。

2008年10月25日,在北京大学光华学院授课。

407

2010年3月4日,由太极拳世界冠军邱慧芳主持央视《太极拳秘境》拍摄。

2009年1月3日,在北京理工大学讲学。

2011年6月14日,深圳"武式太极拳套路系列"出书拍摄花絮。

# 第三章 教学·授艺

1. 广府教拳
（1）广府城

（2）武禹襄故居

（3）家中

2. 永年武式太极武校

3. 邯郸

（1）品钺太极馆

（2）广安小学

4. 天津维传武式太极拳馆
2014年。

2015 年。

2016 年。

2018 年。

2019年。

2021年。

5. 杭州真源太极馆
2016年2月2日。

2016 年 7 月 25 日。

2016 年 12 月 16 日。

2016 年 11 月 29 日。

2017 年 11 月 15 日。

6. 永年禹襄太极研究院

2019年6月30日—8月7日,永年曲陌乡武式太极拳培训班。

2019年8月8日,波兰卡力一行来永年禹襄太极研究院学习。

2019年9月21—29日,西安学员赵天林等四人来永年禹襄太极研究院学习。

2016年8月23日江门授拳。

7. 广东江门

2004年8月江门授拳。

2018年3月14日江门授拳。

8. 各地教拳讲学

2003年9月,铁岭授拳。

2004年3月3日,温州授拳。

2004年9月，辽宁大连授拳讲学。

2006年11月25日，在广东江门鹤山市带领学员练功。

2005年4月12日，马来西亚授拳。

2008年11月11日，唐山丰南授拳。

2012年3月7日,在北京教外国朋友。

2012年5月10日,丹东授拳。

2013年5月29日,天津红磡集团传艺。

2014年4月,北京延庆传艺。

2017年5月24日,徐州武式太极拳研究会传艺。

2022年4月,首期杭州武式太极拳莲花培训班。

2022年5月,衢州市武式太极拳提高班。

# 第四章 聘书·荣誉

1. 聘书、邀请函

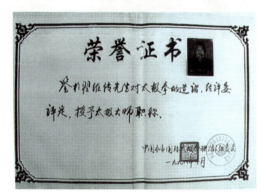

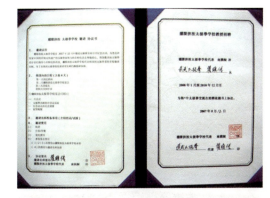

2. 获奖证书

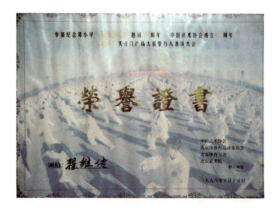

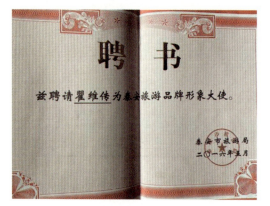

3. 非遗和段位证书

傳

口口相传,法不传六耳,是中国传统文化薪火传承的基本方式和特点,而武术传承更是注重口授心传,那种得到一本秘籍就练成了绝世武功的情节,在现实中不可能存在。

就太极拳来说,要练出真正的太极功夫,需要师徒之间长期接触,相互了解,师父才能根据徒弟的特点进行有针对性的指导和纠正。学习拳架时,师父反复为徒弟讲要点、做示范、捏架子。徒弟勤学苦练一段时间之后,有的动作基本定型,有的动作可能走样,就又需要师父为其纠正。这样一遍一遍,动作渐渐定型,合乎太极拳标准才算过关。推手训练时,师父为徒弟喂劲,一个劲一个劲地训练,反复讲,反复练,直到徒弟掌握并能有效运用。太极拳是内家拳,先以外带内,外在动作顺遂之后,逐渐带动身体内部深层肌肉和气息相配合进行有规律的运动;再继续训练达到以内带外,内气潜转带动肢体运动,动作松柔圆活,内劲充沛;再练达到内外合一,无内无外,神完气足,意念精纯,以神意领劲,以意气运身,一念动而内外皆动,一念静而内外皆静。徒弟在每一个阶段的神意气与动作的进展,师父看在眼里,记在心里,在其百思不得其解之处、百练不得其进之时进行恰当的点拨和纠正,徒弟就会突破瓶颈,达到一个新的境界。有时候徒弟自我感觉很不错,但其实已经走偏了,就需要师父及时提醒,将其拉回到正道上来。招法动作好教,开几次培训班,就可以教会,但是内在的神意气如何教,每一阶段的内外感觉变化如何教,不是听师父说一说就会的。武术界因师心自用而走偏的例子不在少数。

练武,就是修行,师父就是引领你修行的先行者。先行者成功的经验、失败的教训会对后来者起到引领和警示作用。后来者在先行者的指导和纠正下渐修渐悟,终得大成。

拜师,是一种皈依,是精神与心灵对拳与道的皈依。拳虽小技,可通大道。师父是拳与道的继承者,也是传递者,师父有责任将拳与道传递给下一代,徒弟有责任接过师父传递过来的接力棒再传递下去。拜师,拜的是师父所代表的武德、武技,拜的更是师父与历代宗师所共同信奉之道!

师看徒三年,徒看师三年。徒弟找到好师父不容易,同样师父找到好徒弟也不容易。找不到好师父,误了青春;找不到好徒弟,枉费心血。所以,师徒当真是几世修来的缘分。缘分,是武者之间常常用的一个词,即使偶遇他乡,一谈,同是练什么拳的,那就是有缘。一面之缘也终生难忘,何况师徒?

拜师,表的是诚意和决心。徒弟向师父叩拜、敬茶、献礼,表达的是学拳悟道的诚意和决心;师父看到的是徒弟在以后的学习中不会浪费自己的心血,能将师父所传之道再传承下去的诚意。这样,师父才敢放心地教,徒弟才能安心地学。在古代,师徒之间是过命的交情,师父把绝技教给徒弟,也就把性命交给了徒弟,反之亦然。在现代,虽不至于此,但能按传统礼俗授徒传拳的师父和拜师学艺的徒弟一定是有情怀、有责任、有担当、有道心的人。

当下,太极拳发展如火如荼,在普及全民运动的同时,很有必要发扬师徒传承的传统,让更多有情怀的人将真正的太极拳传承下去,发扬光大,为中华传统文化的发展做出贡献。

翟维传先生之拳艺得自魏佩林和姚继祖两位宗师,师徒之间朝夕相伴40余年,所传所学早已超越了太极拳本身。在那个年代,师父是徒弟的指路明灯和榜样,徒弟是师父的依靠和孩子。这份感情,早已超越一般意义上的师徒,情胜父子!直至现在,翟老先生年近八旬,一切看淡,但一提到恩师姓名,仍然眼里泛光,情不自已,那份对师父的崇敬、怀念、不舍之情,令人感慨万分!

武式太极拳是文人拳、文化拳。在武禹襄、李亦畲年代,并不着意收徒。直到郝为真时代,郝为真及其子孙广泛传播,才使武式太极拳广为人知。至第四代魏佩林、姚继祖年代,太极拳的发展一度停滞;改革开放以后,中央重视传统文化复兴,太极拳有了发展环境,渐渐有了较大的影响。到了第五代,翟维传及其师兄弟乘时代东风,响应国家号召,走出家门,四方传艺,广收门徒,培养了一大批德才兼备的人才,使武式太极拳遍地开花,为武式太极拳的发展打开了新局面,做出了新贡献。

本编列翟维传弟子名录于此,一为记录,使众弟子有案可查;二为鞭策,愿众弟子再接再厉,努力传拳,普惠大众。又选部分弟子文章与书画作品入编,以期多维度地展现翟老先生的为人,展现弟子在学艺传艺中的努力和成绩。翟世宗是翟维传之子,第六代传人中的佼佼者,武式太极拳维传系的衣钵传人。血缘上是父子,传承上是师徒。世宗作为儿子,40余年来与父亲朝夕相处,照顾父亲的饮食起居,未有丝毫不孝之心;作为徒弟,多年来在师父的指导下,勤学苦练,全面掌握了师父的武学体系,尊师重道,精益求精,未有丝毫不敬之意;作为传人,常年陪师父走南闯北,传播太极拳,代师传艺,受邀讲学,组织活动,助同门设馆办会,帮师父出书录影,未有丝毫不诚之念。只有民族的,才是世界的;只有传统的,才是现代的。传统武术要在新时代取得长足发展,就必须有一大批志坚行笃的传人!要坚守自身文化体系的硬核,不随波逐流,不固步自封,有继承会发展,在传统武术文化中彰显自己的应有价值!

故本编单列"嫡传"为一章,一记世宗之为,二明世宗之责!任重道远,愿世宗能承父之志,传师之艺,团结众师兄弟,共同为中国太极拳的发展事业和世界人民的健康事业而不懈努力奋进!

# 第一章 弟　子

## 第一节 名　录

| | | | | | | | | |
|---|---|---|---|---|---|---|---|---|
| 翟世宗 | 贾海清 | 冯志刚 | 王为方 | 王　涛 | 翟世奎 | 翟宝忠 | 岳江华 | 王存良 |
| 晏志永 | 武锡恩 | 白合英 | 马则中 | 宋宪彬 | 刘用新 | 虞伯民 | 李胜英 | 张印波 |
| 罗照乾 | 刘现坤 | 吴延强 | 范　峻 | 李　翘 | 贾广太 | 李向东 | 秦世峰 | 邱永清 |
| 吴国富 | 王建冰 | 来云山 | 苏威国 | 李玉庆 | 刘德兵 | 李文峰 | 张建斌 | 代金选 |
| 王新峰 | 徐立新 | 谢德明 | 张云春 | 戴协平 | 吴泽明 | 杜建洲 | 陶江波 | 李　健 |
| 赵小青 | 赵站波 | 李　冰 | 杨海涛 | 关燮龙 | 梁建君 | 钟健强 | 钟澄海 | 罗子常 |
| 方礼刚 | 孔祥刚 | 刘伟书 | 薛长树 | 陆红波 | 吴俭宗 | 张海涛 | 罗远骞 | 庞志华 |
| 甄锡照 | 赵慧君 | 刘　生 | 冯志能 | 冯建潮 | 霍安峰 | 焦奎武 | 刘政军 | 蔡国联 |
| 李国宝 | 杨文渊 | 韩克岭 | 贺太安 | 韩克锋 | 汪化义 | 林铁马 | 吴艳旭 | 檀俊强 |
| 胡　军 | 王　君 | 杜振军 | 司志鹏 | 郭迎娜 | 陈吉强 | 李彦生 | 刘秀祥 | 张贵明 |
| 孙国良 | 李淑英 | 杨金来 | 傅志旭 | 隋福红 | 张增武 | 张德洪 | 孙永恒 | 汤学双 |
| 赵红俊 | 赵冬蕾 | 翟素霞 | 李新建 | 回世强 | 章佳欢 | 张　嵩 | 王米军 | 王大成 |
| 于志彬 | 丁继红 | 范志江 | 余涵颖 | 王　明 | 王振英 | 邢少军 | 桑　静 | 任治仲 |
| 朱年喜 | 金卫群 | 刘东方 | 王　珂 | 谢胜利 | 乔望松 | 回增海 | 李红卫 | 王　林 |
| 米智虎 | 申　健 | 薛　骅 | 李金柱 | 李云云 | 翟青青 | 程中桂 | 窦喜梅 | 李宝霞 |
| 侯静艳 | 邵金元 | 杨自贵 | 吴自力 | 王永丽 | | | | |

## 第二节 拜 师

1992年1月19日,经恩师姚继祖介绍和批准,在广府家中首次收徒4人,右起:贾海清、王为方、冯志刚、王涛。

2004年10月29日,在家中收温州弟子:戴协平、徐立新、张云春、谢德明。

2003年5月18日,由师兄金竞成主持仪式,在广府家中收徒:李翘、贾广太、邱永清等人。

2004年11月12日,应广东江门太极拳协会之邀,讲学办班之际纳徒:吴泽明、杜建洲。

2006年1月12日,江门收徒:李冰、杨海涛、关燮龙、梁建君、钟建强、钟澄海。

2007年1月23日,邀杨宗杰先生主持,在武禹襄故居纳徒:方礼刚、刘伟书等。

2008年7月8日,在家中纳徒:香港冯志能、冯建朝。

2008年12月10日,在香港传拳期间纳徒:蔡国联、李国宝。同时香港武式太极拳总会成立。

2013年6月8日,在武禹襄故居纳徒:天津陈吉强、李彦生、刘秀祥。

2016年5月25日，邀宋恩红主持，在武禹襄故居纳徒12人：徐州李新建，天津回世强、张嵩、王来军，杭州章佳欢、丁继红、余涵颖，通化王大成，邯郸于志彬，海宁王明，永年范志江、王振英。

2015年10月3日，在武禹襄故居纳徒12人：天津张贵明、孙国良、李淑英、杨金来、隋福红、张德洪、赵红俊，杭州傅志旭，山东孙永恒，石家庄张增武，广西汤学双，上海赵冬蕾。

2017年2月15日,在杭州真源太极馆纳徒:磁县任治仲。

2016年12月16日,在桂林阳朔参会期间为杜建洲、桑静补颁拜师证。

2017年6月11日,在武禹襄故居纳徒:杭州朱年喜,深圳金卫群、王珂,海口刘东方。

439

2018年6月18日,在广府太极大酒店纳徒:邯郸薛骅。

2017年10月6日,在广府家中纳徒:焦作谢胜利、运城乔望松。

2018年9月26日,在广府家中纳徒:回增海、王林、李红卫、米智虎、申健。同时为天津馆颁授永年禹襄太极研究院天津分院,任命陈吉强为院长。

2019年2月15日,在广府太极大酒店纳徒:北京李金柱。

2019年8月28日,在永年禹襄太极研究院纳徒:邯郸学院李云云。

2020年5月31日,在广府武家大院纳徒:石家庄翟青青。

2020年10月11日,在焦作纳徒:程中桂、窦喜梅、李宝霞、侯静艳。

2020年12月5日,在广府武家大院纳徒:江苏邵金元、山东杨自贵。

2021年6月24日,在广府家中纳徒:浙江吴自力、山西王永丽。

## 第三节 培 训

2015年7月23日,弟子宋宪彬安排武安青塔湖集中培训。

2016年7月8日,杭州真源馆讲学。

2016年7月11日,杭州真源馆培训。

2018年11月12—17日,首期弟子进修班在广府甘露寺举办。

2016年8月31日,石家庄五方馆培训。

2019年2月10—15日,第二期弟子进修班在广府甘露寺和永年禹襄太极研究院举办。

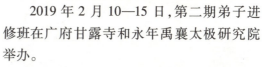

2019年10月1—6日,第四期弟子进修班(五步八法二期)在永年禹襄太极研究院举办。

2019年5月1—4日,第三期弟子进修班(五步八法一期)。

## 第四节  联  谊

2011年9月16日,首届武式太极维传联谊会在邯郸大酒店、广安小学、广府三地隆重举办。

2017年5月20日，第二届武式太极维传联谊会在石家庄五方太极馆举办。

2017年12月17日,维传武式太极天津会馆举办2018年新春年会。

2019年2月10日,第二期弟子进修班联谊会在广府太极大酒店举办。

## 第五节　祝　　寿

2010年2月24日(农历正月十一),广府家中。

2014年2月10日,广府家中。

2013年2月20日,广府家中。

2016年2月19日,广府家中。

2015年3月1日,广府家中。

2017年2月9日,杭州。

2019年2月15日,广府太极大酒店。

2018年2月27日,三亚。

## 第六节 同 游

2006年5月1日,与弟子马则中、方礼刚登北京长城。

2008年11月28日,与弟子韩克峰游淄博周村。

2007年8月14日,日本。

2008年12月14日,香港。

2010年5月14日,上海世博会。

2010年6月5日,在石家庄正定与师弟任智需。

2010年7月1日,内蒙古鄂尔多斯。

2010年11月8日,广东佛山。

2011年8月7日,游邯郸黄粱梦吕仙祠。

2012年5月10日,与弟子刘政军游丹东。

2013年5月20日,到天津学生李迺华家中做客。

2013年9月15日,与弟子陈吉强到武汉参会。

2014年4月20日,应弟子王君邀请到北京延庆游。

2014年7月3日,与上海弟子赵冬蕾。

2015年7月24日,一家人游武安青塔湖。

2015年11月15日,与弟子贾海清、傅志旭游杭州盖叫天故居。

2016年1月9日,盐官。

2016年1月19日,与杭州弟子章佳欢、余涵颖游湘湖。

2016年2月26日,与弟子傅志旭游西湖。

2016年2月28日,三亚南山。

2016年5月12日,与弟子回世强、张德洪游浙江龙泉沈广隆剑园。

2016年5月19日,泰山。

2016年6月10日,与弟子贾广太游杭州西溪湿地。

2016年8月21日,香港。

2016年9月20日,游辽宁桓仁。

2016年11月9日,丹洲古镇。

2016年11月12日,与弟子罗远骞在桂林。

2016年11月16日,与弟子汤学双在贺州。

2016年11月29日,与弟子桑静在阳朔。

2017年1月8日,浙江苍南西隐寺。

2017年5月6日,与弟子张德洪、赵红俊在天津大港。

2017年5月24日,与弟子李新建游徐州。

2018年3月21日,与弟子任治仲等在广东江门。

2018年11月25日,与弟子杜建洲等在桂林旅游。

2019年12月15日,与弟子孙国良福建游。

# 第二章 嫡 传

翟世宗,男,1971年1月生于邯郸广府古城,翟维传之子,并承继衣钵。李剑方入室弟子,武式太极拳第六代嫡亲传人,中国非遗保护协会太极拳专委会副主任,中国武术六段,国家级社会体育指导员,邯郸市级非遗传承人。现任永年禹襄太极研究院执行院长,兼任河北省武术协会副秘书长、邯郸市太极拳运动促进会执行会长、邯郸市永年区青少年太极文化协会副会长、永年广府武式太极拳研究会副会长等职。协助父亲出版专著多部,弟子有翟宝旺、包宝海、李杨、王鑫等。

## 第一节 学 艺

翟世宗向父亲学习太极推手。

翟世宗习练。

翟世宗习练拳势。

## 第二节 活　动

2003年10月5日，代表永年武式门人到保定吊唁孙剑云先生。

2008年12月14日，在香港授拳。

2009年12月7日，陪同河北省武术协会主席魏新换在正定华武园考察。

2016年2月28日，受邀参加三亚南山首届世界太极文化节新闻发布会。

2016年4月22—26日，受邀参加陈家沟太极文化旅游体验季。

2016年4月26日，受邀参加三亚南山首届世界太极文化节。

2016年9月20日，受邀参加世界太极拳养生文化高峰论坛。

2016年5月22日，受邀参加泰山国际太极拳赛。

2016年9月24日，石家庄五方太极馆。

2016年12月16日，浙江大学。

2017年5月24日，到徐州武式太极拳研究会传拳。

2017年8月7日，受邀参加世界太极中青年领袖泰山峰会。

2017年9月17日,参加第九届中国焦作国际太极拳交流大赛。

2017年9月23日,参加三亚南山第二届世界太极文化节。

2017年12月19日,参加河北省武术协会第七届会员代表大会。

2018年1月12日,焦作武式太极拳协会成立。

2018年7月7日,参加邯郸峰峰武术比赛。

2018年7月24日,参加山东菏泽第十五届全国武术之乡套路比赛。

2018年8月12日,参加第三届全国武术运动大会。

2018年9月23日,收徒包宝海、李杨、王鑫。

2018年11月11日,保定白石山。

2019年7月25日,郑州太极牛公司。

2019年9月18日,参加第十届焦作国际太极拳交流大赛。

2019年9月26日,永年区青少年太极拳文化协会成立并当选副会长。

2019年12月15日,参加厦门中国老体协太极拳专项委员会中国老年太极拳评审会。

2020年10月24日,参加邯郸成安新峰推手俱乐部成立仪式。

471

2021年11月10日,翟世宗带队参加河北省文化宝岛行暨第三届冀台太极文化交流会。

## 第三节　教　　拳

2014年11月1日,天津维传武式太极会馆。

2015年6月25日,教授天津特警太极棍。

2016年1月14日,杭州真源太极馆。

2016年6月19日，杭州滨江图书馆太极公益课。

2016年7月26日，杭州真源太极馆。

2016年8月19日，香港武式太极拳总会授拳。

2016年8月23日，广东江门。

2016年8月31日，石家庄五方太极馆。

2016年12月4日，上海大学太极课。

2016年12月14日,吉利集团太极课。

2017年4月1日,温州苍南半书房授课。

2017年1月5日,吉利集团太极课。

2017年7月18日,苍南文化客厅讲座。

2017年7月21日,苍南太极拳公益班。

2017年12月9日,邯郸太极拳公益班。

2017年11月30日,苍南体校太极拳培训。

2017年12月29日,杭州浦沿中学教拳。

2018年1月28日,苍南体校培训班结业。

2018年3月14日,广东江门。

2019年3月19日—5月27日,美国之行。

2019年6月3日,永年曲陌乡太极拳培训班。

2019年7月20日,广府管委会传艺。

2019年7月24日,河南焦作之行。

2019年8月10日,波兰学员太极拳培训班。

2019年9月5日,永年禹襄太极研究院第四期弟子进修班(五步八法二期)。

2020年10月5日,在邯郸孟氏宗亲会授拳。

2020年10月9日,在焦作武式太极拳协会讲学。

2021年5月22日,任中国老体协浙江桐庐培训教练。

2021年7月21日,到浙江衢州传授武式太极拳。

2021年10月25日,翟世宗、申健到冀南新区台城乡赵拔庄学校传授武式太极拳。

2021年12月6—28日,浙江省衢州市举办武式太极拳研修班,翟世宗应邀教授武式太极拳拳37式套路。

2021年12月6—29日,浙江省衢州市柯城公安分局举办武式太极学习班。翟世宗授课、李杨助教,学习武式太极拳37式套路。

# 第三章 弟子作品

## 第一节 文　　章

### 太极拳进阶浅谈

河北邯郸　贾海清

习练太极拳，无非徒手和器械。徒手为基础，器械为身手之延伸，刀在手而不觉刀在手，剑在手而不觉剑在手，枪在手而不觉枪在手，所谓人刀合一、人剑合一、人枪合一，拳艺成矣。

徒手是基础，手眼身法步，拳理拳法尽在徒手练习中。徒手练习，又分为套路练习和推手练习两种途径。套路是练自己，故称为知己功夫；推手是练对抗，故称为知人功夫。知己知人，相互促进。

套路练习，第一步，比葫芦画瓢，亦步亦趋，学太极拳功架外形。第二步，边学拳架造形，边学身法十三条。第三步，学习外三合内三合。第四步，学习一身备五弓。第五步，达到周身一家，浑然一体。话分五句说，
学练起来可步步为营，也可互相穿插，却不可教条，把活泼泼的学练方法练死了。

推手练习，要推手先学接手，接手更接近实战对抗。然要精细探究巧妙之处，又不失之于危险，不能不练推手。推手先练着，着熟然后才能识劲，才能懂劲，懂劲后越练越精，随心所欲，出手奏效，炉火纯青，而达神明。神明不是空中楼阁，不可空自想象，须功到自然成。如何功到？即懂劲。如何懂劲？人常言要学会听劲，所谓"一羽不能加，蝇虫不能落，人不知我，我独知人，英雄所向无敌，盖皆由此而及也"。要靠身体的接触感应，也就是练习皮肤的反应能力，日积月累方能施于身。

## 我的太极拳引路人

天津　陈吉强

我自幼喜爱武术,记得从七八岁的时候,就开始学练少林拳。上初中时,拜了当地有名的八极拳老师,习练八极拳近十年,参军后始终也没间断练习。从部队复员回到地方参加工作后,又学习了几年中国式摔跤。30岁开始,多次去武当山,向武当山的张忠成道长学习拳、刀、剑术和铁砂掌。由于工作的需要和个人的爱好,比较深入和系统地学习、研究了擒敌拳术。随着年龄的增长和对武术的进一步认识,我对太极拳产生了浓厚的兴趣。

开始时,我跟随天津本地的太极拳老师学习陈式和杨式太极拳。学练五六年以后有了一些基础,产生了进一步深入探知太极拳奥秘的愿望,便借出差和休假机会,到全国各地寻访明师。

我先后去过武当山、河南焦作、郑州、石家庄等地,拜访过多位太极拳名师。后来在朋友的建议下,我来到了中国太极之乡——河北邯郸永年广府。

通过多方了解,又经朋友介绍,在2011年初,有幸结缘武式太极拳第五代传人——翟维传先生。从这以后我才真正与太极拳结缘,真正步入太极拳之门!

我与先生结识后,多次去广府,并几次邀请先生到天津小住。一年后,我与天津李彦生、刘秀祥两位师兄一同在广府拜师,成为先生的入门弟子。

为了更好地继承和发扬武式太极拳,我提出在天津建立武式太极拳馆的想法,很快得到了先生和世宗师兄的一致赞同。随后,我几次邀请先生来天津考察选址。地点选定后,先生和世宗师兄住在了天津,一方面办班教拳,一方面参与武馆装修设计。李彦生师兄等人都也给予了大力支持和帮助!经过近三个月紧张的施工,维传武式太极会馆终于落成!

2012年9月13日开馆时,我邀请了全国各地师兄弟和太极拳爱好者及其他武术门派朋友,共计160多人参加了庆典!开馆至今已十年时间,从开馆后,先生、师母和世宗师兄,以及翟世奎、李胜英师兄,曾连续在天津居住、教拳长达四年半时间,先后为天津地区机关、企业、村镇及社会各届举办各类培训班十余个,培训学员近千人。

现在馆内有武式太极拳骨干几十人,入门弟子13人,先后有多人在全国性大型比赛中获得武式太极拳、械奖牌近百枚!

先生和师兄们,多年来辛勤付出,无私奉献,把武式太极拳传到了天津,培训、教授了一大批学员和骨干,为武式太极拳的传播和中华民族传统文化的传承贡献了力量,在天津地区产生了广泛影响!

通过十年与先生朝夕相处及对武式太极拳的学习,我对先生和传统太极拳有了更深刻的认识和体会。

翟老先生是一位心地善良、为人纯朴的老人，其太极拳功力相当深厚。他平易近人，教拳耐心细致，在传承民族文化太极拳方面从不保守，几十年来，他对武式太极拳不懈地追求，精心研究，大胆创新，探索出一套完整高效的教学方法。特别是在太极推手上，动作小巧紧凑，转化轻灵圆活，充分体现了太极拳的粘连黏随、舍己从人、以柔克刚、小力胜大力、后发制人等特点。

先生与人推手，立身中正，变化无穷，浑身上下没有任何滞点，从不抢先、抢上，更是不丢不顶。与任何人交手，都会让对方感觉舒服，但如对方一用力，又会即刻身感悬空，如同要掉进深渊一般！先生的太极拳理论知识更是丰富、渊博，太极拳技艺高超，正如原国家武管中心高小军主任所讲："在太极拳方面，翟先生如同一壶老酒，一坛老醋，越品越有味道！"

传统太极拳不是一般肢体运动，它有着丰富的思想内涵，它是中华民族优秀文化瑰宝，体现了佛学、儒学和道家思想，又包含了哲学、军事学、医学、力学、美学等原理，太极拳博大精深，是一个浩瀚的海洋，取之不尽，用之不绝！

而优秀传统文化的延续和发展，要靠传承。特别是传统太极拳的传承，更加离不开师徒之间一代一代人的言传身教。因为真正传统文化的核心内容和深刻内涵，是现代书本、光盘等传播工具解释不清也解决不了的。比如太极推手，必须要师父亲自给徒弟去喂劲，使徒弟在与师父的交手中，通过听劲、摸劲去亲身感受、体悟，才能逐渐理解，才能逐渐做到从心知到身知，才能懂劲！

优秀传统文化的传承，必须要有明师指导。先生几十年追随魏佩林和姚继祖两位恩师，朝夕相处，得其真传，后又经几十年的刻苦钻研，终于有所成就！先生是中国武式太极拳第五代传人的优秀代表，是国家级非遗传承人，是真正名符其实的名师和明师！我跟随先生学习太极拳，是一种机遇、缘分、福分！

要想学好传统太极拳，除了有好老师亲自教授与指导，自己还要长期坚持，刻苦习练，真正做到对太极拳从兴趣化，到生活化，到生命化！把太极拳融入自己的生活和生命中！

## 太极拳修炼心得

浙江杭州　章佳欢

（1）中国传统文化是实修文化，太极拳是传统文化实修的好选择。练习太极拳让你逐步理解和掌握学习中国传统文化的方法——实修，从而慢慢感悟。"悟"和"感受"贯穿整个学习过程，无感悟能力，学不好太极拳。修炼太极拳也是为了逐步提高自身的感悟能力。

（2）进入太极状态。太极状态是每个修炼者必须掌握的概念。各阶段的太极状态感受不一样，太极状态也只有修炼者自身能感受到。

（3）阴阳之道贯穿修炼过程，练拳者必先明事理。如：练松就是找到紧，上松下就紧，外松内就紧。

（4）太极拳的基础是内家拳,内家拳的基础是武术的基础。练习太极拳之前要先打好武术基础。传统武术的基础就是开胯与撑筋拔骨。

（5）站桩、拳架练习首先是为开胯、撑筋拔骨服务。要学会在静态、动态中开胯和撑筋拔骨。

一要学会放松,掌握下沉、上松下紧,练出劲出脚跟(脚部筋的"启动")。这时候不用考虑虚领顶劲,不然更不易下沉；这阶段需要站桩和打套路结合练习,也可配上推手练习,但目的都是一个：松沉、劲出脚跟。

二要胯部彻底放松,让胯部的筋"启动",胯部慢慢打开(打开是有程度的,各阶段打开的程度不一样)。胯部的打开首先靠站桩。

三要开胯后,通过尾闾向前、挺腰(腰椎前挺,脊柱上拉),撑圆整合达到撑筋拔骨的状态。这也是先从站桩达到。

这个阶段就是通过站桩、打套路、推手练习达到开胯和撑筋拔骨之目的。

（6）学会开胯、撑筋拔骨之后才会真正体会或者才有可能进入太极状态,这时候你的练习才可称为太极拳练习。

（7）进入太极状态后才可慢慢体会守中并练习。从内练到外,"守住中定往开打""持中守一"。

（8）有了守中概念才可与他人进行真正的太极推手,确保在与他人推手中继续保持守中的能力。推手练习并不是练习把对方推倒,而是各阶段在有外力的情况下练习同一目标。

（9）在推手守中的基础上,去尝试与他人相合。

（10）若能与他人相合,恭喜你已入太极拳之门。

# 恩师古彭大地传真经

江苏徐州　李新建

在时光的流逝中,人生的脚步总是渐行渐远。有些事让你模糊、淡忘,有些事却似亮丽的光环,更加灿烂夺目,成为你心中永远的明灯,照亮着你进步的前程。

2016年5月,恩师翟维传先生携子翟世宗师兄受邀参加中国徐州国际武术大赛。期间利用余暇向徐州弟子及众多学生传授武式太极拳。恩师纯朴素雅、功夫纯正、深入浅出、诲人不倦的风范,给人们留下了非常深刻的印象。

## 一、故黄河畔——文韬武略传正道

2016年5月20日上午,徐州市故黄河畔的食在锦绣大酒店宴会大厅里,早早聚集了许多太极拳的爱好者,期待着武式太极拳代表人物翟维传先生的到来。响午时分,恩师和师兄步入大厅,全场骤然响起热烈的掌声。翟师精神抖擞,高兴地挥手,不停地和众人打招呼。

主持人招呼大家安静下来后,会议进入主题,请翟师传授武式太极拳拳理。翟师兴致勃勃地给大家讲了武式太极拳的渊源、祖师武禹襄的创拳经历,介绍了武氏一门忠臣孝子、德义文章、文韬武略的家国情怀;细数了武式太极拳的六个特点:架小紧凑、实腿转身、蓄发内涵、劲路制人、注重身法、强身健体;要求大家练拳时一定要注重身法,并讲解了十三种身法的基本要求。

时间在拳友们求知若渴的目光中飞速流动。翟师看着大家热盼的目光,不忍就此收场,又给大家讲解了武式太极拳中定的具体要求,身体自然站立,随遇平衡,始终保持重心的稳定,做到以腰为轴,带动四肢,身体中正圆活,上下相随。中定的三种表现形式:一是不歪不斜的中正状态,即重心始终在支撑面内移动。此技法要求动步之初先将身体重心移至支撑脚,形成单脚支撑的支撑面,然后移动脚提离支撑面,在移动脚的过程中,要保持身体在支撑面内几乎不出现移动。在移动脚踏实之后,身体重心才随之向新的支撑面移动。据此,武式太极拳又有活桩之称,拳是流动的桩,桩是不动的拳。二是不高不低的中平状态,始终保持顶平、两肩平、两胯平、两足平。即使是仆步也是在保持身体中平的状态下先降低身体重心至一定高度,再平向移动身体重心,完成下势及独立类的动作。三是无过无不及的适中状态,即运动中要做到内外三合,以腰为主,手脚相随,上下相照,远近相齐。以脊柱为中心使身体左右两半对合相等,动作的规格、意气的配合、劲力的刚柔,均应循规蹈矩,恰到好处。从而做到中正圆活,如此方能使动作协调完整,达到无过无不及的适中状态。

翟师的讲课深入浅出,通俗易懂,配上规范的动作演示,人群中不时响起热烈的掌声。

## 二、云龙公园德艺双馨育桃李

2016年5月21日上午,武术爱好者获知翟维传大师要到云龙公园的生肖广场授拳传理,纷纷慕名而来聚满广场。大约8点30分,恩师和世宗老师在众人的欢呼声中一起来到广场,恩师神采奕奕,精神焕发,非常高兴。

简单的暖场后,随即进入主题,世宗老师带领徐州的武式太极拳习练者,演练了两遍37式套路。恩师一边观看一边说:"徐州学武式太极拳的人真不少啊!诺大的广场竟然还有没有机会上场演练的学生。"演练过程中有个小插曲,有人给老师拿来一个凳子,请他坐下观看指导,他坚持不坐:"别人练着我坐着,那怎么行呢?"小小的一件事,体现了老师对学生的尊重,让徐州的弟子学生和拳友们十分感动。

老师的言行体现了他的谦和,于细微处见品德。应大家的要求,翟世宗老师给徐州的拳友们演练了太极13剑,劈撩刺挂、刚柔相济、尖锋刃把、配手合法,来如雷霆收震怒,罢如江海凝清光,他精湛的技艺博得阵阵喝彩,拳友均盛赞其渊源家传。

稍事休息,老师兴趣依然。给大家点评了37式拳架,又讲解了上下矛盾桩的开合、松紧、意气;解释了命门撑、尾闾翘、腰胯合、意气通的歌诀含义。并且亲自示范懒扎衣拳势,讲解了整体框架、开合有致、精神与气势等。看着恩师那刚柔相济、气势磅礴、出神入化、深不可测的拳架,有个拳友情不自禁地说:"看这气势真能把云龙山推到云龙湖里去!"

## 三、大龙湖边倾情相授值千金

傍晚时分,一行人陪着翟师来到新城区美丽的大龙湖边,这里水天一色,青翠欲滴,绿草如茵,景色宜人。大家本意是让老师放松一下心情,领略一下满城山色半城水的徐州风光,他却无意这美景,到了一个安静之处,让弟子及再传弟子围过来,讲起了武式太极推手。

他说，太极推手分为定步推手、活步推手，是一种双人徒手练习，是提高技击能力的一种方法，遵循"反者道之动"的战略思想，形成了在引进落空的基础上，牵动四两拨千斤，借力打人的技击特色。

武式太极推手有老三着之说。初学推手先学搂按肘，此用搂，彼用肘；此用按，彼用搂；此用肘彼用按。让人手不离肘，肘不离手，互相粘连，往复循环，周而复始称之为老三着。总之老师讲了很多，如圆之动，招劲互动；从人由己，阴阳互补；掤捋挤按、采挒肘靠八种劲法等。他是想利用这短短的时间，让徐州的弟子们了解更多武式太极拳的精义。

最后，老师应大家的要求又给大家讲授了落空拔根的技术要点。落实拔根是省力、借力的先决条件，这是太极拳习练者必须遵循的规律。老师不仅言传，更重身教，大家相继和他摸手体验太极功夫的神奇。恩师一边做着推手动作，一边讲解招劲互动的原理，好多人都是第一次感受到这样精彩的教学，不禁感叹道："真是千金难买一课啊！"

大家余兴未尽，落日的余晖已洒在了众人身上，老师那诲人不倦的身影在阳光的映照下，更显得可亲可敬，让人不由得想起唐朝刘禹锡的两句诗："莫道桑榆晚，为霞尚满天。"

恩师的品行感动着在场的每一个人，他的功夫震撼着在场的每一个人。恩师德艺双馨、桃李满天下，不愧是武式太极拳的领军人物。

恩师理论功底扎实，武功高深纯正，胸怀宽广和蔼可亲，充分展示了大师风范和人格魅力。恩师徐州公益之行，上军营，下工厂，进校园，又在百忙之中抽出宝贵时间看望拳迷，为徐州武术事业的发展推波助澜，他播下的种子必将在广袤的徐州大地开出绚丽的花朵。

## 武式太极拳习练心得

河北永年　翟世奎

躬逢师父筹备编纂《武道文踪》，作为弟子我感到兴奋，觉得这非常必要，他老人家一辈子修炼得来的珍贵功夫，做一总结是给自己的武道生涯添上一笔浓墨重彩。同时，这部大作也能给众多弟子及广大太极拳修炼者提供丰富的练拳经验。我结合师父的传授谈几点武式太极拳修炼心得。

我是河北永年广府人，曾与姚继祖师爷毗邻而居。论辈份师父是我本家叔叔，自小耳濡目染，遂喜爱太极拳，勤练不息。武式太极拳动作幅度小，变化灵活，以十三条身法为基准，八种劲道和五行步法随势而生，虚实分明，开合有致，内外相合，是由内在的变化来支配外形的运动。追求人不知我，我独知人，人为我制，我不为人制，以意行气，借力打人的境界。以前师父讲的身法、功法很多，但一层功夫一层认识，练不到身上便理解不透。经过师父的潜心教诲，加上自己年复一年的练习揣摩，我慢慢领悟到武式太极拳奥妙所在。比如站桩，要做到身法和意念合一，身体自然站立，全身放松，两腿微曲，两手屈臂掤起在胸前，精神集中，虚领顶劲，犹双手如抱大树之整体感，调配内气潜转，不可站死桩。在拳架中，则要求排除杂念，放松入静，立身中正安舒，以腰为主轴带动四肢伸缩收发旋转自如，意念活动配合十三条身法完成整劲攻防牵引发放。练习中认真揣摩师父的动作、方位、角度，用心领会拳理拳法，达成内外相合，刚柔相济，动静相宜。拳论上讲先在心，后在身。心为令，气为旗，神为主帅。还有身虽动，心贵静，这都是心法意念指挥动作姿势。

太极拳是阴阳拳、矛盾拳,处处体现矛盾的统一。拳谚讲,练拳不练功,到老一场空。师父常说活步桩和上下矛盾桩长功最快,应该多练多思考。练是最基本的,一日练一日功,日积月累方可水到渠成。在练习方法上,有两种情形,师父说要悟拳,悟透了才能练上身;师父又说要身知,身知胜于心知,练上身才能悟透拳理。太极拳被称为哲理拳、智慧拳,它兼备技法内敛,形不外露,其玄机只可意会不可言传,正如王宗岳《太极拳论》中所概括的"默识揣摩,渐至从心所欲"。

太极拳讲究体用结合,通过推手可以检验拳架套路正确与否,在推手中能否做到松静圆活、劲整、粘连黏随,是判断功夫高低的重要标准。这要求习练者首先要在听劲上下功夫,若听不准化不开,就会犯"丢顶"之病。听劲的三要素:一是劲的力点,二是劲的大小、刚柔和虚实,三是劲的方向和路线。根据对方劲路随机应变,避实击虚,克敌制胜,让对方力点作用在我圆的切线上,滑开落空,其状态犹如缩小空间并旋转的小球,在瞬间身体含蓄形成一身备五弓,蓄足了劲,然后两脚蹬地放松,劲由双脚传递于两手,使劲力整体如一,爆发于体外。拳论讲其根在脚,发于腿,主宰于腰,形于手指,由脚而腿而腰总须完整一气。

总之,武式太极拳是一门结构精巧,善于调配阴阳,变化莫测的内家拳,追求的是性命双修,精神与肢体的高度结合,奥妙无穷,一辈子都探寻不完它的魅力。我等应秉持常学常新的态度,用好武式历代宗师总结凝练的太极拳理论,用好师父的《武道文踪》,把师父所传技艺继承下来,发扬光大。

## 太极拳入门之我见

浙江温州　邱永清

王宗岳十三势行功歌诀曰:入门引路须口授,功用无息法自修。古人云:周身一家如练到,拳术走上康庄道。恩师翟维传授拳时常告诉我们,腰胯微微一动带动四肢运动,这就是一动无有不动;腰胯不动,全身不动,这就是一静无有不静。

我从师学习武式太极拳已17年了,通过恩师传授,自己心悟苦练,已渐入太极拳之门。现与大家分享我的练拳心得。

首先必须得到明师传授,先明白太极拳是一种什么运动。太极拳是一种由外到内、由内导外的整体运动。首先必须练对形态,形态分内形和外形,外形是拳架,内形是身法。如起势、白鹅亮翅、搂膝拗步等这些都是外形;如提顶、吊裆、松肩、垂肘、含胸拔背、立身中正、虚实分清等武式太极的身法是内形。

其次是遵循太极拳运动轨迹,明白运动方向,学会运动方法。必须坚持天天修炼,不断用意识指导动作,稍有不对马上修正。只要静心用意,坚持修炼,慢慢练对全部的形、势,必然会

在身体内产生意气鼓荡,这样就能慢慢步入太极拳之门。

我在2004年6月到广府拜在恩师翟维传门下,认真学习师父传授武式太极拳懒扎衣等活步桩功。师父多次来温办班,指导修正我不对的动作,使我对太极拳体会越来越深。

## 恩师温州授拳纪实

浙江温州　徐立新

### 一、有缘与恩师相识

师兄邱永清在河北邯郸的一本武术杂志上看到翟维传老师发表的一篇关于武式太极拳的报道后,于2004年6月份赴河北永年广府古城拜师于翟维传老师,并在那里刻苦学习武式太极拳一个月,非常投入。2005年3月,师兄邀请恩师翟维传来温州传艺,在师兄的引荐下,我有缘结识了恩师,他那种武术大家的精气神让人敬佩。我还当场向翟师请教了许多问题,他都不厌其烦地一一解释并示范。翟师和蔼可亲、平易近人的言谈举止给我留下深刻印象,至今不能忘怀。当时学员22人,时间一个月。自此,武式太极拳在温州扎根传播。

### 二、拜师

2006年9月,我带着对武式太极拳的那种好奇和向往,在师兄邱永清的带领下前往河北永年广府寻根拜访。后来在恩师的允许下,我有幸和温州的谢德明、戴协平、张云春四人拜在恩师门下,成为了武式太极拳第六代传人。

### 三、成立温州武式太极拳研究会

2007年,我与在温州习练武式太极拳的李志荣老师(现为温州市武术协会主席)、王小伦老师(拜在刘积顺老师门下)因缘相识。虽然我们师承的不是同一恩师,但我们习练的都是武式太极拳,因此我和王小伦老师也非常投缘。为了更好地将武式太极拳在温州发扬光大,我们在闲暇时经常一起探讨关于武式太极拳的问题。经过一段时间的探讨,我们决定在温州成立武式太极拳研究会。2007年9月28日,温州市武式太极拳研究会正式成立并聘请恩师翟维传为名誉会长,我被推选为研究会常务副会长,师兄邱永清为研究会常委兼副秘书长(现为研究会副会长兼秘书长)。当时习练武式太极拳的约有300人。研究会的成立使温州武式太极拳事业正式走上了蓬勃发展的轨道。后又成立了四个分会,特别是由师兄邱永清引领的西部分会,经常在温州市区九山公园、松台广场、瓯海区潘桥镇、瓯海区塘下镇任桥村老虎山公园等地传授武式太极拳套路及活步桩功,吸引了越来越多的人加入到习练武式太极拳的队伍中来。师兄邱永清现已收徒33位,学员100多位,工作开展得有声有色,经常带领徒弟和学员参加温州的各类庆典活动表演,在当地取得了很好的口碑。

我从小学习散打,有一定的技击基础,但这对学习太极拳不一定是好事。原因是拳理不同,前者是大力胜小力、主动出击、直攻硬防;后者是小力胜大力、借力省力、舍己从人、引进落空。前者是"强者"的立场,后者是"弱者"的立场;前者讲究直接的力量速度,后者追求"懂劲"。散打易学,太极难练,这就给我习练太极拳带来了困惑。

于是,我在实践中常将散打与武式太极拳做比较,以期在两者之间找到平衡。渐渐地对武式拳有了深刻的认知:两者步型相似,均为"不丁不八";两者均是架势小巧、手法紧凑,步法灵活,劲路短变化快;母式懒扎衣同散打预备式高度相似。从上述三点可知,武式太极拳不重"美观大方",只重实用效果。

事物总有利弊两个方面,如果将散打和武式拳互相借鉴、融会贯通,功夫练到上乘,针对不同的对手及不同的情势,灵活运用"主动进攻"和"被动设伏"两种技法,不是更胜一筹么?那将是高手中的高手。

心知不如身知,在恩师的指导下,我慢慢地有了一些进步。但由于工作的影响及功夫未到,我只学到恩师的一些"皮毛",但有幸成为恩师的弟子,已然是我的荣耀。

恩师的为人和恩师常讲的"习武先习德,学艺先学礼,做事先做人"的道理让我一辈子受益。

## 太极拳情缘与学拳感悟

河北石家庄　刘德兵

我自幼喜爱太极拳,苦于没有明师指导,只能依靠武术图书和杂志自学,因此收效甚微。直至遇到恩师翟维传先生,我才真正认识到太极拳的博大精深。

2002年底,我被调到邯郸工作。记得是2003年初的一天晚上,我在晋冀鲁豫烈士陵园东南侧的空地上看见一位老者正在教授一群学员练习太极拳,老先生的拳架动作舒缓紧凑,连绵不断,虽然架势幅度小,但气势宏大。连我这个略知皮毛的外行也感到老先生功力深厚,是内家拳的高手。

我被老先生的功夫所吸引,在旁边观摩了几个晚上,最后终于鼓起勇气向老先生提出想学拳的想法。也许是缘分的原因吧,老先生爽快地答应了我的请求,让我跟在学员后面一起学。

在学拳的过程中,我也对老先生有了更多的了解。老先生名叫翟维传,河北永年广府人,先后拜在武式太极拳第四代传人魏佩林、姚继祖两位宗师门下,是武式太极拳代表人物。

经过一年多的考验后,翟师终于收我为徒。恩师教拳有教无类,毫无保留地传道、授业、解惑。先生的拳学博大精深,是中华民族传统文化的瑰宝。先生教拳注重武德教育、理论传授、基本功教学和拳术器械教学等。

武德教育是学拳的第一课,先生言传身教,以强身健体、遵纪守法为宗旨,尤忌好勇斗狠、滋事生非。

在理论教学方面,师父要求我们要多读经典拳论,最好能把王宗岳、武禹襄、李亦畬、郝少如、姚继祖等先生的拳论全部背下来。先生告诫我说:"练拳一定要在正确的拳理指导下进行,要先心知再身知,这样练习,进步才快。"

在基本功教学方面先生强调:上下矛盾桩功、定步桩功、活步桩功是太极拳基本功法,必须下大工夫并自始至终地坚持练习,这是增长功夫的根本。在这方面师父给我们指明了攀登太极拳功夫高峰的捷径。

在拳械方面,先生注重身法教学。反复强调练拳时必须要守住十三条身法。十三条身法相辅相成,相互渗透,对习练太极拳至关重要。可以这样说,身法是太极功夫上身的保障。

以上是我追随师父学拳的经历和师父传拳的内容。下面我以懒扎衣式为例,谈谈我习练太极拳的感悟。

懒扎衣是武式太极拳的母式,武式太极拳宗师郝为真先生曾言:"我练了一辈子拳,就学会了一个懒扎衣。"

师爷魏佩林宗师常说:"练好懒扎衣,走遍天下无人欺。"

为什么这样说呢？因为懒扎衣是整个套路中最具代表性的一式,有万法皆出"懒扎衣"之说。

首先,这一式"懒"字用得非常好。我认为这是要求习练者练拳伊始就要进入懒洋洋的舒适得力的放松状态,并把这种状态融汇到整个练拳的过程中。意拳宗师王芗斋先生有句名言——"脱肩松臂懒束腰,神情意力似黏糕",说的也是这种状态。以这种状态练拳,才容易步入正轨。

其次,我认为懒扎衣式从结构方面能帮助习练者建立武式太极拳特有的人体运动模式。在这种状态下,当对方施加劲力时自然出现"左重则左虚,右重则右杳;仰之则弥高,俯之则弥深;进之则愈长,退之则愈促"的神奇效果。

再次,从外形方面懒扎衣式又能演化出武式太极拳的各主要拳式。例如,在懒扎衣式行进过程中,前手随腰转向下向外引化,拿起对方,后手随腰腿的动作前推就演变成了搂膝拗步。又如,前手随腰转向上向外引化,后手随腰腿的动作前推就演变成了白鹅亮翅。又如,后手随腰转向上向外引化,前手随腰腿的动作前推就演变成了青龙出水。又如,前手随腰转立肘左右引化就是云手。其实练拳只不过是练习几个角度、几个方向的引化和发力而已。无论对手从哪个方向进攻,我均以静待动,因敌变化,化发一体,则无不得心应手。这是我练习武式太极拳懒扎衣式的体会。

## 武式太极拳给了我健康

天津　张德洪

2014年9月的一天,我荣幸地遇见了武式太极拳传承人翟维传先生,从此,身心健康之门为我敞开了。

那天我带着孩子去上补习班,送完孩子后,我下楼的时候不经意间往后排楼一看,咦,这儿有个武式太极会馆。我就带着好奇的心态走了进去。

有位体态魁梧的大哥正在挥舞着5米多长的白蜡杆练功,经介绍知道他是陈吉强,也就是我们现在的大师兄。

我往大厅里面看了一眼,只见一位鹤发童颜、目光如炬的先生手中正捧着一本书。这就是武式太极拳领军人物,现在是我的师父翟维传先生。

接着,翟世宗师兄接待了我,他认真给我介绍武式太极拳传承脉络、馆里练拳人员情况以及大家怎样学拳。

听完介绍后,得知练武式太极拳可以健身防病,我就像找到仙草一般,强烈要求学拳。经过沟通,师父应允先试学以观效果。我暗下决心,一定要学下去、坚持好。此后我就基本上天天去太极馆学习了。

我按照师父的要求,每天坚持训练无极桩、上下矛盾桩和活步桩,这些都是习练传统太极拳的基本要求,也是健身防病的核心方法。

学拳我是最笨的一个,一招我得学好几遍。师父手把手地教,很有耐心,也不着急。就这样一直坚持着。经过半年左右的学习锻炼,我身体的好多症状都有所好转。

比如以前背部总像压着一座山一样,还特别疼,腰腿酸疼无力。通过半年左右的学习,背上这座山卸下去了,腰部的酸痛没有了,颈椎病也好了,年轻时骑摩托车受寒的腿部也有所好转。

一年时间过得真快。在这一年里,我学会了37式整个套路,也得到了师父的认可。我能遇到这么好的师父,真是我的福分。2015年10月4日,我们12位师兄弟在诸位师伯、师叔、师兄弟们的见证下,在武禹襄祖师故居一起拜师。拜师后就按照师父教授的拳架、心法去练,直到今日。

在这几年里,跟师父学习了太极拳的招法心法,最关键的是在学习太极拳过程中懂了太极的理。这个理也是非常实用的理,不只是练拳中,生活中、工作中、与人交往中,或者学习中,无处不可用。自己练拳自己修,师父领进门,把太极内功心法要领都教授给我们了。在某种意义上来说,打拳不是打给别人看的,练的是自己,打得舒服不舒服自己知道。在练拳过程中,我也渐渐转变了自己的思维方式和生活方式。

时间如飞,一转眼七年过去了,通过跟师父学习,我收获了很多。我现在打拳的时候气感非常强,每一动身体就鼓荡起来了,好像自己变成了气球人一样。一做动作,气自己顺着胸部往下走直到脚下,再从脚下顺着腿的外侧往上到背部围着身体转一圈。练完拳以后浑身舒畅,心情愉悦。

在没来太极馆学习之前,我身体已经到了弱不经风的地步了,看过西医中医还用过民间的偏方。虽然到处寻医问药,但对我来说都不起作用,就连出去和朋友吃个饭,也得在家里休息一整天,到晚上才有一点精神头。

通过学习武式太极拳,我身体健康了,精神饱满,内心充实,自信心十足,在此我真心地向师父翟维传先生深鞠一躬,谢谢您!

# 我的太极拳求学拜师路

广西北海　罗远骞

"向祖师叩头""向师父叩头""向师父递交拜师帖"。一切按传统拜师的礼仪,有条不紊地进行。在这令人激动、难忘的时刻,我圆了三十来年的梦——真正意义上的拜师学武,成为武式太极拳第五代传人翟维传大师的入室弟子。

## 一、南珠之乡——太极风

我的家乡广西合浦县是闻名于世的"南珠之乡",历来练武之风甚浓。我从小喜欢武术,梦想有天能拜武林高人为师。跟太极拳的缘分,还得从已故太极拳师金承珍先生的事迹说起。据说金氏家族为合浦四大家族,金家尚武,金承珍从小就精通合浦当地流传的南拳。金先生1934年在广州法学院就读时,师从杨澄甫、杨守中学习杨式太极拳,后留学日本,因患眼疾中途回国。回国后继续跟杨守中学习两年,返乡后随爱人定居合浦县石康镇,从此杨式太极拳便在石康镇传播开来。金先生中年双目失明,命途坎坷,却一生致力于研习传播太极拳。金承珍的事迹和练拳心得得到中国太极拳名家顾留馨的肯定,金承珍著的《太极拳歌》也在全国广泛流传。1979年傅声远曾专程从上海到合浦看望金承珍,并在合浦建立了合浦永年太极拳社,从此合浦太极拳得到空前的发展,有"广西太极拳之乡"之称。

家乡太极拳运动开展得热火朝天,但由于种种原因,我一直跟太极无缘。直到大学毕业返乡后才有了机遇。我晨练中碰到了儿时的朋友在练习太极拳,一搭手,只感对方双手很是松沉,凭我多年的练武底子也占不了对方丝毫便宜。不一会儿我已手酸腿软,而对手却气定神闲,这使我突然对太极拳有了一种新的认识,于是跟朋友练起了太极拳——金承珍传播的杨式太极拳。也许真的跟太极拳有缘,1999年在金承珍众弟子的努力下,合浦杨式太极拳协会应运而生。我加入了协会,在协会开展的活动中,我认识了金承珍的许多高徒,并得到他们的指点,对太极拳有了更高的认识。在习得太极拳的过程中,获得周身的轻快舒畅、心旷神怡的享受。小时候头部因外伤而遗留下的浅度睡眠的困扰得到了很好的改善,不知不觉中睡个好觉变成了现实。我更与太极拳结下了不解之缘,成了我生活中的重要组成部分。

随着合浦杨式太极拳协会的成立,当地太极拳运动有了更进一步的发展。1999年7月由协会组织,请来了太极拳大师林墨根到北海市讲学。我有幸参加了学习班,第一次亲身感受到名家的风采和太极拳的博大精深。林老一行给北海合浦太极拳界注入了活力,北海太极拳运动再掀高潮,太极爱好者纷纷走出家门,有拜在杨振基、林墨根、崔仲三门下的,有陈家沟学艺的等,当地太极拳得到了空前的发展。正是在这种大好形势下,一个多年的心愿不时在我心中涌动,那就是到杨、武式太极拳的发源地——永年广府镇寻根问祖。

## 二、太极古城——求师路

一次偶然的机会,我发现了翟维传老师《武式太极拳术》一书并被其深深地吸引,于是又找到翟老师的音像资料观看。翟师的拳式闪展腾挪,八面支撑,气势磅礴。凭着多年对太极拳的了解,我认定这就是要追求的太极拳术。我怀着激动的心情拨通了翟老师的电话,电话里传出了翟老师浓重的地方音。我兴奋地向翟老师说明了心意,翟老师热情地说:"欢迎你到广府来,武式太极拳需要你们后一辈来发扬光大啊。"就这样,我踏上了永年广府圆梦之路。

2007年7月6日凌晨,从广西北海出发到南宁——郑州——邯郸,一路奔波,到邯郸已是7日晚上7点多。当时世宗师兄来接站,一路上世宗向我介绍了一些基本情况,还不时讲解路上的景观。世宗的热情驱散了我旅途的疲劳。快到广府城的时候,天色已黑,但从周边的环境中,我隐隐感到一种太极文化的芳香,街道两边的宣传画,在淡淡的灯光下,更显出其厚重的人文底蕴。到了南城门外,夜色为传奇的城墙更添了几分神秘的色彩,给我以一种心灵的震撼。过了南城门,穿过古朴而沧桑的街道,便到了翟老师家。一进门便是宽阔的院子,地板上镶着一幅太极图,使整个院子充满了传统的文化气息。仰慕已久的翟老师就在眼前了。翟老师有着北方人特有的憨厚,慈祥的面容给人以亲切如故的感觉。老师热情地说:"小罗,路上辛苦了,到了,这就是你的家了。"当晚,我看到了师兄们演练不同于社会流行的武式太极拳功法。

第二天早上天刚发亮,一阵阵清脆的鸟声把我叫醒,翟老师早已在院子里练起了活步桩功。只见老师"上下翻飞、阴阳互补""左右滚旋、走粘相伴"。加上地板上富有动感、负阴抱阳的太极图,使整个院子充满了阴阳虚实的变幻。我屏息静气,生怕打破了这阴阳相济的和谐。真是如行云流水,如诗如画,无怪乎有人称太极拳为一门艺术。老师收功后,开始了教学。武式太极拳架势紧凑,实腿转换,蓄发内涵,每一动作翟老师边示范边讲解其来龙去脉……我暗下决心,一定好好学习,不辜负老师的一片苦心。早课结束,翟老师亲自带我登上了古城墙。站在城墙上,广府美景尽收眼底,老师不停地向我介绍广府的情况和典故。从西城过南城到东城,再到武禹襄故居,处处都散发着浓厚的太极文化气息。大半个广府城走下来,我早已有点吃不消,翟老师虽年过花甲,一直还是那种沉稳而不乏轻灵的步伐。

接下来的日子,每天早上5点起床跟老师学拳,老师不厌其烦,反复地言传身教,使我体会到太极拳为什么强调"入门引路须口授"。在老师的指导下,我有种豁然开朗的感觉。老师对于基本功要求非常严格,注重理论联系实践。我有多年的太极拳基础,动作外形掌握得很快,老师针对我的情况,着重给我在身法与内涵上的培养。在老师的精心指导下,我基本掌握了武式太极拳的基本功,武式太极拳37式也练得有规有矩。老师对我的勤奋也给予了肯定,在接待法国某武馆馆长一行来访时,老师让我为客人表演了武式太极拳37式。在武禹襄祖师故居跟老师推手是一种难忘的体验。一搭手,就会有种站独木桥的感觉,稍有对抗,就会被腾空发出,那感觉就像在梦中从高处坠下来。但老师从不把其神秘化,总是用通俗易懂和直观的示范来说明其来龙去脉。老师也常让我扶住其腰背部,体会内劲的走向。

### 三、德艺双修——太极魂

对于武林界保守、不外传的问题,翟老师说:"先辈们留给我们的东西,我们有责任与义务让其传播于世,这样才不负恩师的在天之灵。"老师始终把传播武式太极拳作为一种责任和义务。在生活中,老师把教拳作为一种乐趣,对于每一位求学者,老师总是亲力亲为,很少让弟子代劳教拳。我在老师家一直都是老师手把手地口传身授,期间适逢老师代表国家赴日本表演,为了不误我学习,老师再三叮嘱赵师兄负责教学。老师回来后反复给我正架子,直到动作合乎规范才开始往下教。老师经常教导我们注重武德,"为人处世最基本的,就是要无愧于心"。刚到老师家不久,我提出了正式拜师的请求,老师说:"你我相识不久,还不完全了解,正式拜师对你我来说都是不负责任的,你还是先学再说吧。"就这样,一个多月过去了。城墙上、广府街经常出现我和老师的身影。在这朝夕相处的日子里,老师的人格魅力和高超的拳艺深深地吸引了我。老师性情温和,言行一致,恪守习武德为先,在与同道交往中,不管是善意来访,还是恶意较量,总是真诚待人,交流时适可而止,从不给人难堪。对于生活中的一些不良行为,老师会挺身而出进行制止。据师兄们讲,有一次老师到外地办事,刚好遇到一地痞在欺负人,老师上前与其评理,地痞自持身高马大,不把老师放在眼里,见外乡人敢多管闲事,冷不防朝老师面部就是一拳,老师身形微转,顺势一"采",那人被腾空采起,向前栽了个大跟斗,吓得面色惨白,爬起来跌跌撞撞就跑了,旁人给以热烈的掌声。

随着时间的推移,我和老师建立了深厚的师生情谊,老师也早已默认了我这个没入门的弟子。2007年8月15日,这是个令人难忘的日子,也就是我追随老师到河南大学参加由《中华武术》杂志社主办的第二期太极拳名家讲堂的第三天晚上。老师不顾一天讲学的疲劳,在师兄们的张罗下,按传统的收徒仪式,在河南开封圆了我的拜师梦。

由南到北,千里拜师。在整个学习过程中,虽然很苦,但我感到非常的幸福与幸运。师父师母那无微不至的关怀,师兄们手足般的照顾,给我以家的温暖。千年古城深厚的文化底蕴,独特的水乡风貌和源远流长的太极文化,给我以视觉的冲击与心灵的洗涤,在太极拳名家大讲堂中,零距离感受了各大派名家的风采。五湖四海拳友的热情,千年铁塔脚下的百年名校——河南大学的翰墨飘香……传统的情谊,传统的美景,传统的太极拳文化,我传统的太极拳情缘。

# 练太极拳松是核心

#### 江苏常熟　邵金元

练太极拳,松是核心;内里放松是核心中的核心。我的体会是练好太极拳并不难,关键是要有明理的老师指导,理解太极拳原理,守规矩,用心去练,一段时间后,一般都能理解感悟并掌握太极拳内涵。

为什么太极拳的核心问题是松，内里放松是核心中的核心呢？首先要理解太极拳练的是什么。太极拳是一门开发人体潜能的艺术，通过身心自然空松的修炼，达到内里的真正放松。从而能温养人的精气神，使人气血充盈，身体强壮，内外高度统一，周身一家，把身体的潜能开发到极致。身体内外的高度统一，不是通过负重或器械练习肌肉所得，而是通过空松自然的修炼，达到腹松净气、敛入骨里、融化全身所得。这是太极拳的奥妙所在。

那么如何求得空松自然、内外高度统一、周身一家呢？第一步一定要有明师的指导，所谓入门引路须口授。在明理老师的指导下，理解并遵循太极拳原理，用心去修炼，争取一年半载达到懂劲入门。何为懂劲入门？太极拳入门也称懂劲，懂劲就是懂得阴阳。具体讲就是做到腹松净气、收敛脊骨、气贴脊背、融化全身，从而达到凝神不散。王宗岳《太极拳论》有云："懂劲后才能日练一日，技精一日，渐至从心所欲。"也就是说懂劲后练拳达到正轨，进入上升通道，有望步入神明境界。

如何太极拳入门，如何向高境界上升呢？其实很简单：心态、方法及自身的努力。所以良好的心态是练好太极拳的首要条件。太极拳的核心是内里放松，要求练拳者练拳时心灵深处平静下来，意识宁静而专注。方法就是太极拳的基本身法及演练要点。基本身法：含胸、拔背、裹裆、护肫、提顶、吊裆、沉肩、坠肘。演练要点：折叠、转换。基本身法及演练要点是太极拳先辈们在太极拳练习实践中归纳总结出的不可逾越且必须遵守的规矩，这就是现在我们讲的守规矩。太极拳的身法是相辅相成互相联系的，是为内里放松服务的。内里松不了，太极拳入不了门。

幸运的是，我现在能在老师言传身教的指导下，领会理解每个身法的要领，行拳走架时才能一丝不苟地按照要领去操练每个动作。身法是随着修炼的深入，达到入门懂劲后才能真正理解透彻的，切莫要小聪明！有的太极拳爱好者为了加快进度或提升功力，想出一些单练方法，什么开肩、开胯、开裆等，但那是局部不是大道。先辈身法中没有归纳总结的东西一概不要去研究。内里松得了能上升至神聚，达到周身一家。而局部练习是不可能达到周身一家的。

演练要点折叠、转换：折叠转换是走架中每个动作遵守基本身法的前提下，动作过渡与变化时按照折叠与转换的要求去操练。行拳走架中除上下伸缩只有折叠之外，其他动作变化均包含折叠与转换。身体左转时既有左腰抽右腰托的神韵，又有欲左先右的灵气，前后左右皆是如此。要注意的是折叠与转换时不能局限于形上,须与内里同步。用心体认,演练时才能融会贯通。

自身努力:努力是成功的保障。有明理老师的指导,接下去是自身努力了。若有志继承太极拳真谛之宏伟目标,那一定要像太极先辈们那样,肯下功夫努力用心去练,坚持不懈,持之以恒,会从量变到质变,产生质的飞跃的。懂劲入门只是太极路上的起点,境界的提升在于心灵的进一步修为。若只是要求健健身而已,那就另当别论了。

按理来讲,在太极拳入门练习过程中,只要用心专注守规矩,静心修炼,快则三个月、慢则一年一般都能达到懂劲入门的,可实际结果往往事与愿违。有位太极拳名家这样说过:"当今练太极拳者99%练的是操或者是舞蹈。"当然这个结论未免夸张了!但如果说,绝大多数习练者把太极拳练成操或舞蹈,我想这个应该是毫无疑问的。太极拳虽分各大流派,但真正的原理是一致的。不管你练何门派太极拳,若是执着于形上,停留在手上,达不到以心行气,以气运身,那只能是操或是舞蹈。为什么现代人练太极拳总是难于入门,究其缘由,客观上是太极拳承上启下没衔接好,以至明理的太极拳老师太少。一般练拳者没机会得到明理老师的言传身教,仅靠自己摸索几乎是不可能感悟太极拳内涵的。即使在明理老师的指导下也非易事。另外,现代社会生活节奏快,心灵深处难于静下来;心静不下,内里松不了,意味着入门难。而且现代练拳一般起步晚,投入时间少,属业余练习。以致在人们的概念中太极拳逐步被演变成老年人的专利,等同于老年人退休后种种花养养生的一种休闲活动。殊不知太极拳在古代是搏击运动,它的核心价值是技击。

太极推手是太极拳技击的基础。太极推手要求知己知彼。知己功夫是通过行拳走架中求得。有了知己功夫才能在推手中称对方分量,感知对方的变化,这就叫知己知彼。知己功夫是遵循太极拳原理,通过空松自然的修炼过程,达到气贴脊背、敛入骨里、融化全身、凝神不散的懂劲阶段后,再通过推手练习求得。也就是这个时候自己能感知对手预动,称其分量,人不知我而我知人也。若是做不到知己功夫,本身太极拳还未入门,势必神意涣散,就谈不上知彼功夫了。故太极拳未入门之前先不要急着练习推手,以免影响太极拳进度。在行拳走架练习中,达到懂劲入门后,再慢慢进入太极推手训练,这样可达到事半功倍的效果。

太极拳技击根基是太极拳的劲,即内劲。古人云:"学拳容易得艺难,灵劲上身天地翻"。要知道灵劲来自自身,是从空松自然中修炼得来。收敛脊骨、气贴脊背、融化全身、凝神不散是基础。有了这个基础之后,再通过发劲技巧练习,从而把身体的内劲引动出来;前后上下至各种角度皆是如此,再上升至身体的弹抖,所谓全身无处不弹簧。蓄劲如张弓,发劲似放箭。蓄劲全在心中,应无矫揉造作之态。技击的真正发挥,除了太极拳深厚的内劲之外,还须和搏击技术、战略思想、实战经验及胆量完美结合。故太极拳境界的提升,建立在空松自然修炼的累积上。没有火候的模仿发劲,似缘木求鱼最终一无所获。忽略内在空松自然的修炼,等于无根之木、无源之水。

人的天性一般是执着而自信的,往往会自然而然不由自主地把自己的个性贯穿到练拳中

去。导致演练过程中没有守规矩,没有按照老师教的原理去操练,没有把修心放到重要位置,没有认识到内里的放松与心态平静是密切相关的。总是研究来研究去停留在肩胯等肢体动作上,就是没研究到内里如何放松。由于内里没做到真正放松,没完成腹松净气、气贴脊背、收敛脊骨、融化全身,因而达不到凝神不散的神聚过程。殊不知达到这种阶段后观念会发生变化。对于身体而言,其乐无穷;对于功夫而言,像王宗岳《太极拳论》上讲:"懂劲后,才能日练一日,技精一日,渐至从心所欲。"或由于没有得到实质性的体悟与感受,未达到太极拳神聚后带来认知上的改变,且盲目自信,凭想象推断,于是发明了各种辅助练习方法,负重、盘石球、开肩、开胯等各种单操。实际太极拳是大道至简的东西,没有那么复杂,是急躁的心态把它人为复杂化了。

　　许多人练了近20年太极拳,对照一下入门标准,始终在门外徘徊。是谁阻碍了自己太极拳入门呢?不是别人,是自己。人的天性是固执的,练了近20年,也做过一定努力,拳龄也不短,理论一套套,似乎什么都懂,资格很老。这种心态很尴尬,瞧不起别人,实际自己什么都不懂。太极拳不能用练拳时间长短来衡量,练拳一年达到懂劲入门的人,对太极拳的认知胜过一二十年没入门的人。没有入门的人对鉴别他人练习太极拳优劣的认知会有严重偏差。观察拳往往停留在欣赏动作的花哨上,而对动作朴实无华、身心合一、轻灵自然的不感兴趣。这是初学及一般爱好者对太极拳的认识。改变自己很难,要学好太极拳,须懂得放下,做到心态归零。记得1990年我刚学太极拳的时候,又是陈式太极拳,又是武式太极拳。我心里是这样认为的,武式太极拳看上去文诌诌的,只能养养生;虽然武式太极拳老师功夫非常了得,但我总觉得我所看到的陈式太极拳动作有力,是练功的。于是我把绝大部分精力用在陈式太极拳的练习上,每天20多遍,两三个小时。而且为了体现下盘扎实,架子压得很低,还选择一些辅助性的单操,常常练得汗流浃背。执着练功,适得其反。六年下来功夫没练出来,膝关节练坏了。当然,这不是陈式太极拳不好,陈式太极拳的劲也是从空松自然中修得,是我认知上的偏差,犯了急于求成错误。虽然与人切磋交流无数,总能胜人一筹;但我心里明白,这是因为我力量大,有摔跤及其他武术功底,这不是太极功夫。我认真进行了反思,根据我的身体状况,秀才拳武式太极拳更适合我。1997年6月30号,香港回归那天,我下定决心,重新振作起来,练拳心态归零。从零开始练习武式太极拳,老老实实守规矩,放弃任何辅助练法;认真遵守太极拳身法要领,按照折叠与转换原理,静心慢练,特别是夜深人静时,常常练到忘我境界。三个月下来达到腹松净气,注于腰间,收敛脊骨,徐徐上行,融化全身。体会到太极前辈所讲的凝神不散即神聚的感受。随着修炼的深入,身体也不断出现阶段性反应,体内疼痛、吸、胀、重、骨里气行,等等。光阴似流水,一晃30多年过去了,中间过程是从无到有,从弱到强,随着太极拳修炼的深入,对拳的观察能力与认知能力产生了质的变化。内劲也随着太极拳修炼的深入能够随心所欲发挥出来,发劲前无须预动,蓄劲全在心中,冷脆且可频发。现在一蓄可蓄到骨里,全身内外一体;行拳走架时,体内像小宇宙,犹如大海潮起潮落,周而复始地循环,到此阶段可谓其乐无穷矣!

综上所述,只要遵守太极拳身法要领,按照折叠与转换要点去操练每个动作,静心慢练,就能做到身体中正挺拔的前提下,内里自然放松至小腹即气沉丹田。丹田如人体内的交通枢纽,似中转站。要收敛脊骨,融化全身,必须放松沉至丹田。通过命门,敛入骨里,融化全身,达到全身凝神不散即神聚。气沉丹田只是过程,不是最终目的,无须"内转"。过程非常明了,也不复杂。练太极拳松是核心,内里放松是核心中的核心。学者不可不详辨也!

## 拳 缘 慧 命

香港 蔡国联

师兄海量珠玉在前,本不敢僭越,又恐有违师命,体会谈不上,就抛砖吧。自师从翟维传老师后,虽亲恭老师身旁不多,但从老师图书、视频以及老师多次不辞劳苦来香港执教中,获益良

多。就拿老师的矛盾桩来说，老师让弟子体会到阳中有阴、阴中有阳、阴阳一体的深刻道理，也体会到腹中松静气腾然的感受。又老师拳架中正紧凑，虚领顶劲，处处浑圆，通过施教练习，让弟子体会到顶天接地、天地人合一、一即一切、一切即一的道理，也明白到宇宙以圆为运动法则的理。立身中正集儒家做人处事中定无偏，佛家中道思想在拳架的体现。老师示教推手，引进落空，随曲就伸，舍己从人，轻松发放。佛家放下我执，放下贪嗔痴（推手中过犹不及），老师都是那么恰如其分，弟子们无明而授与慧命。

## 南粤随笔

广东江门　杜建洲

周末的清晨至晌午，公园里的人群像大海里的潮水，来了又去。南粤晌午的日头越发毒了起来，逼退了唱歌跳舞打太极的人群，小喇叭自顾自地唱完了《春天的故事》，又连着唱《好日子》。师父就在眼前的这块地上教我练过拳，适逢近期师父维传先生有大作要出版，回想向师父学拳的过往，感触良多。

我少年时就喜欢侠肝义胆的勇士，立志学功夫。挣扎多年，有余力可以安排自己生活时尝试了很多，学什么？跟谁学？没停过步，迷茫许久。届而立之年后，泽明师兄引来了翟维传先生，一经相处，一经摸手，一经讲拳道，内心豁然开朗，如沐春风，确定跟翟先生学习。后来顺利拜了师，成为入室弟子。

维传先生名如其人其事，弘扬武式太极拳、传承中华传统文化瑰宝，可谓是不辞辛苦、不遗余力。适逢改革大潮涌动，人们个个都奔着快钱去了，维传先生深知学拳不易，学成亦不易，传承更是不易，要耐得住寂寞，吃得了大苦。当时哪里有想学想开班的，就去亲自教授，上了年纪，还要克服舟车劳顿、气候变化大、饮食不习惯、方言不易懂等问题，一遍又一遍地比划着讲，一次又一次地示范再示范，手把手地教。初来时为开课方便，二话不说，带延强师兄挤在市体育场太极协会的办公场所里住，狭小闷热。但每天早上五点多就准时出现在绿草地上等着我们来学拳。我们上班后，他就忙着接待周边各市区协会的拳友们来访，讲太极典故，讲拳理，讲招法、用法，抓紧在这里的一切时光。师父和蔼可亲，朴实仁厚，无花无假，最难能可贵的是他把自己跟前辈师爷们学习时的

个人感受毫无保留地分享。师父常说,功夫就是时间,告诫我们把时间用在功夫上,用心去追求,路子对了,持之以恒一定会有收获的。就如他本人一样,一辈子都把心放在练功夫上,纯而又纯,踏踏实实。学有所成就一心放在维与传上,想方设法,因材施教,不改初心。即使已是国家级非遗传承人,依然是以诚相待,毫不摆谱,怕你不来学,怕你学不会,令人感动。

对我个人来讲,跟师父学拳,开拓了眼界,健壮了身心,开启了此生知行合一的不二法门。自师从维传先生,虽相隔千里但我每年都找机会与师父相聚,真正体味了"师父一句话,可以练三年"的滋味。知与行共振,人心静了,燥火灭了,天地宽了。俗话说得好,同什么样的人在一起真的很重要。

恭喜翟师新书出版,也希望有更多的人受益。

## 师 徒 情 缘

广东开平　罗子常

翟维传师父,武式太极拳第五代传人,自幼习拳,先后拜在武式太极拳第四代传人魏佩林、姚继祖两位宗师门下,是当代武式太极拳代表人物之一。本人有幸拜在其门下,虽说偶然,也是必然。

20世纪90年代末,广东习练太极拳的人不多。1973年我读高中时就学习杨式太极拳,算是异类。当时信息欠发达,武式太极拳在广东被人知者甚少。在那个尚武年代,真传、绝招、秘笈显得十分神秘,而祖师爷"心知才能身知,身知胜于心知"的高论,使这些秘笈更如"葵花宝

典",身怀绝学得宝者秘不外传,令爱好者一时也是无处寻觅。

"念念不忘,必有回响。"多年前,在江门太极拳协会会庆上,翟维传师父应邀上台表演武式太极推手,搭档是吴延强师兄。表演精彩亮点发生了,翟师父在转换中发劲,电光火石间吴师兄砰然向后倒地,在地面滑行达6米开外,全场哗声一片!须知在各种表演中,常见被发者多是轰然倒地或弹出数米,或蹦跳者为多。而被发者倒地后,却在地面滑行,则是被发功者强大的内力推动。由此可见,发功者功力深厚,真是不可思议!

这一幕深深震撼了我。其后我力邀翟师来开平教授武式太极拳和推手,同门多位师兄弟多次往来广州、深圳、江门、开平等地传经送宝,武式太极拳遂开始在岭南大地上开枝散叶。后来我们多次组团参加各类比赛,成绩斐然。

光荫荏苒,斗转星移。我投拜其他流派多位师父学艺几十年,又追随翟师父近20年。坦诚而言,翟师父身上的松沉劲,沉雄浑厚,无法捉摸,可谓"独步江湖"。师兄们有幸在师父身边学习体会,功夫"上身",则是个人大幸,师门大幸!

承蒙师父爱护,偶得"私授",也是获益匪浅。几十年学练,不曾有大成,惶惶然!在众徒儿的推举下,也设馆收徒,薪火相传,算有交代,希望没愧对师门。

## 尊师是学好拳的门径

湖北罗田　马则中

河北永年与湖北罗田相距1000多公里,除特殊情况,我每年得去一两趟。为什么?因为那里是武式太极发源地,我师父在那里。

少时家贫，身体瘦弱，曾跟族亲学了三年地方拳，后来"文革"开始了，武术被列为"四旧"产物，教拳和学拳的都被禁止。经历"三年自然灾害"，又经历"文革"特殊时期，加上还有繁重的体力劳动，我的身体被彻底地击垮了，疾病缠身，真是"千村薜荔人遗矢，万户萧疏鬼唱歌"。直到改革开放，邓小平题词"太极拳好"，为太极拳的弘扬营造了良好的政治环境，解放了人们的思想。首届中国武当拳拳法研究会向全国武术之乡发出了邀请，我应邀参加了这次盛会。同住在一间房里有一位河北人，经交谈得知他是武式太极拳第五代传人翟维传，会上他展示的武式太极功夫赢得了雷鸣般的掌声。于是我对武式太极拳产生了浓厚的兴趣。

由于同住一屋，自然比别人近，我也表达了向他拜师的愿望，但翟老师没有马上允许，他叫我先去永年广府了解一下再作决定。

恭敬不如从命，我就安排行程到永年广府。一路打听学拳规矩等相关情况。有位姓赵的老板对我说：学拳的规矩有两个，首先是学武德，其次是学武艺。

就武德而言，当你决定拜师后，无论师父家庭穷富，脾气好坏，要能忍受。拜师后师父如同父母，拜师先要在祖师面前烧香磕头起誓，然后要言行一致，心存敬畏。学艺时，对师父在生活上要有供养。宋朝开国皇帝在治理天下时就亲笔写下了"天地君亲师"五个大字，挂在天下百姓厅堂中间供奉，说明师父的地位与父母基本同等。一个人有再大的本事，再高的职位，不懂得忠孝，也是一文不值的。武德还包括不违法乱纪，不危害社会，不欺善怕恶，不欺贫占色，不坑蒙拐骗。

再说武艺。学艺不得朝秦暮楚，见异思迁，好高骛远。要一门深入，学好学精。学熟一门手艺后，如想再学其他门派的东西，必须先请示师父，征得师父同意后，再去学。学艺定要尊师，表里要如一，真心才可得到真传。赵老板的话让人醍醐贯顶。

半年后，我按传统规矩正式拜在翟维传大师门下。在师父的安排下，系统地学习了武式太极拳套路、器械套路、桩功、推手及六步功法。身体慢慢变结实了，冬天也不怕冷了，肩周炎、颈椎病也缓解了。太极拳博大精深，我只掌握了些皮毛，以后的学习之路还很长。

尊师不是一句空话，不能只要求师父要给我多少，首先要问自己给了师父多少，才是弟子的孝心和公平。

在弘扬传承方面，自觉时不待我，急不得也缓不得。我在带徒弟方面比较谨慎，发展学员要靠个人的修为和缘分，绝不勉强。师父怎么教我，我就怎么教学员，谨遵师训，弘扬武式太极，助力大众健康。

# 拜 师 记

海南三亚　方礼刚

## 一、梦索太极

2007年2月24日，农历正月初七，我坐上了上午8：50从北京西站开往邯郸的直达列车，开始了多年来一直盼望的真正意义上的拜师之旅和太极文化寻根之旅。

我的师父是河北永年广府武式太极拳第五代传人翟维传先生。

我与师父的相识是偶然中的必然。这首先要上溯到我与太极拳的渊源。

16岁那年，第一次认识太极拳。

那是1979年，我高中毕业考入湖北武汉一所专科学校，教我们哲学课的一位王老师每天早上在江堤上打一种软绵绵的拳，动作优美轻松，好像不费力气。王老师慈眉善目、秃顶，一副菩萨像，看上去红光满面神采飞扬。一次在上课的时候，王老师以自己的经验向我们介绍了太极拳的种种好处。

后来体育老师向我们演示了一套简化24式太极拳，虽然只是跟着比划了一下，但感觉轻盈柔美，打起来挺舒服的，非常有意思。满心欢喜以为下一次体育课还会继续练习，谁知此后体育老师再没提起过太极拳，但我却因此而喜欢上了太极拳，并时常挂念着。

毕业后我被分配到大别山一个偏远的乡村工作，那个地方都没听说过太极拳，"太极梦"只能暂时埋在内心深处。虽不能从师学习，但我可以关注相关理论知识，我订阅了刚创刊不久的《中华武术》杂志，并从中得益匪浅。

1983年，我从乡下调到县城，终于再次看到了久违的"太极拳"。那时候，山区小县城打太极拳的人并不多，而且，我所看到的"太极拳"好像打得也不十分熟练，我决心找一位老师系统地学习。偌大个山城哪儿去找呢？我想到了县体委，一位工作人员热情地接待了我，说："倒是有一位师傅，虽然不专业，但可以教，人少办不了班，你留下一个电话吧，如有十来个人，再通知你。"

几天后接到电话，说已经有四个人报名，你来吧。这样，我就参加了一个由五人组成的太极拳培训班，另外四人都是退休老人。后来我发现，别说这个班，就是全县，30岁以下学打太极拳几乎只有我一个人，足见当时太极拳在山区仍然是稀有运动。记得当时报名费是3元钱，还给每人发了一张挂图，学习时间是15个早晨，每早一个小时。老师姓余，是县五金公司退休职工，挺和霭慈祥的一位老人，我们跟老师学的是简化24式太极拳。我好不得意，每天早晨在县人民广场的一群老头老太太中旁若无人乐在其中，颇觉神清气爽，有大侠风范，甚至认为自己有武功了,以至有两次遇歹人"挺身而出",与歹徒撕打在一块居然镇定自若,虽然没制服对方,但稍占上风并得以解围。

后来师父告诉我,太极拳讲究"后发制人",不提倡"先发制人",更不能挑衅别人。师父笑曰:"没功夫你还敢上,胆也够大的。"我听了还真有些后怕。现在想来这应叫"无知者无畏"或者"身上没功夫,心中有太极"。

## 二、十年师缘

1997 我从大别山来到武汉,当了一名记者,也就是从这时起认识了翟维传师父。

一次回大别山采访,在我的好友马则中先生家中见到了翟师。马则中先生是他的入室弟子,马先生得知我亦爱好太极拳,故而安排了这次会面。我也是第一次知道有武式太极拳。

名师难得一见,我赶紧向老师请教,我与翟师接手感觉像小草与大树的接触,这给我留下了深刻的印象。

当时想到要跟翟师学拳,但觉得刚认识就提这个问题有点唐突,况且,他在河北,我在武汉,工作又忙,时间不自由,还是走一步看一步,找机会再说吧。就这样带着遗憾与翟师又是一别经年,其间还是在马则中家中匆匆会过几次。每见一次翟师,便对自己的太极拳水平否定一次,同时对武式太极拳的喜爱加深一次。

2005 年,我调到北京工作已有四个年头了,翟师到北京参加武术交流讲学活动,马则中先生托我接站。因忙于生计,已有好多年没与翟师会面了,这次像见到了久别的亲人,我跟翟师深有同感的话题是,世界是一个圆,就像一个太极,有缘分的人最后总会走到一起。没想到我现在离翟师更近了,从北京到邯郸的列车只要四个多小时。这次我终于下定决心要跟翟师学拳。

说归说,因"工作忙",一年又过去了。

2006 年年初,翟师到北京来录制光盘、接受采访。师父这时已出版著作十余部、光盘十余种,应邀到过马来西亚、香港等地交流传艺,被聘为北美武(郝)式太极拳联谊会顾问,海外媒体对师父的拳艺功夫大加赞赏,师父的交流讲学活动因之非常频繁。当时他住在我这儿,我们已成了师生和朋友。翟师利用空余时间,教了我活步桩功等基本功。

师父一直在进步,"名家""大师"的光环纷至沓来,准徒弟却还未入门。我深感光阴荏苒,"坐失良机"。五一节,我"果断"决定取消原定与老婆孩子一起出游的计划,将翟师请到北京,在单位幽静的小院学拳。

假日很快过去,一切复归平静,更重要的是,用五天时间,换来了一生的幸福。我迈出的这一小步,整整用了十年时间!正是因为"没时间"三个字的伪命题,使我错过了与名师十年的"亲密接触"!不光是学拳啊,人生中的很多遗憾莫不归因于"没时间"这个三个字。

亡羊补牢,犹未为晚,我备加珍惜这一来之不易的机会。

习练武式太极拳近一年以来,深感收获"巨大",因为刚开始练,"功夫"这一层能说的就是内气明显，其他暂不评说。单说健身功效就值得大书特书，这是我没有想到的，它治好了我的两大毛病，一是腿病，二是皮肤病。我的膝盖过去总不得劲，骑自行车，上公交车都感觉到很吃力，医生也没看出啥毛病。我的皮肤特别是下肢一到冬季就起红疹，瘙痒，睡觉时更加重。现在不知不觉中忽然发现这两个毛病没有了。武式太极拳的理论和实践告诉我，这不是什么神奇，答案全在"形意"两字。现在所习太极拳是"形意兼备"，因而气血畅通，"外阻风寒而内通营卫"。

亲身经历告诉我，武式太极拳既是修身养性之瑰宝，也是一种上乘的技击功夫！学真功夫还得从名师，得真功夫还得真习练。

### 三、广府寻根

中午一点多，在邯郸工作的翟师的公子翟世宗先生早已等候在火车站出站口，将我直接送上了开往广府的公汽，让我先走一步。汽车北行一小时，就到了永年县广府古城。

广府城始建于春秋中叶，距今已有两千年历史。这里是杨、武式太极的发源地。进得广府城，浓浓的太极文化与新春气息扑面而来。街道两边的空墙上一幅幅关于杨、武式太极宗师的正说、戏说的故事彩绘，街道中间一幅幅印有"欢迎来到太极之乡""天下太极是一家"等标语口号的"过街红"，一个个高门大户悬挂着写有"太极"的灯笼，镶嵌着刻有"太极"的墙砖，张贴着有关"太极"的春联，城头通道上三三两两男女老少的练拳身影，让人感受到这座古老的小城文兼武备，生机勃勃。

正月十一，公历2月28日，大家说是师父"三喜临门"的日子，一是作为武式太极拳祖师武禹襄诞辰195周年纪念日；二是师父65岁春秋高寿；三是师父喜纳六徒的拜师日。翟师很高兴，也很重视，第一次将收徒仪式的地点安排在武式太极祖师武禹襄故居。

武禹襄生于书香门第，清代举人，富甲广府，其故居占地面积1900平方米，原有房屋75

间。从乾隆三十五年至同治年间，武氏出了两个武举人、三个文举人、两个进士、五个贡生，显然武家是文武世家，武禹襄之拳论同时也可当文学作品欣赏。武氏绝意仕途，泽躬奉亲。朝廷及地方大员多次重金礼聘其出山仍不为所动，一心一意修练太极拳，终独树一帜，成为大家。

行走在雕梁画栋、翰墨余香的武氏故居之中，瞻望那幅由武氏所撰的"立定脚根竖起脊，拓开眼界放平心"的楹联，明白了真正的武术决不是一介草莽武夫所能为，"顿悟"了人们为什么称架式小巧紧凑、内功深厚的武式太极拳为"文人拳"。

收徒仪式由永年《太极》杂志主编杨宗杰先生主持。参加收徒仪式的人员除武式太极拳第五、六、七代传人及学员百余人外，邯郸市体育局、市文化局、市太极拳委员会，永年县政府、县太极拳协会、县体育局领导以及广府镇领导、当地企业界名人拨冗参加了这次收徒仪式。领导和嘉宾的到来，使仪式更显隆重、喜庆和热烈。中国新闻网、《太极》杂志、《燕赵都市报》派记者作了现场采访报道。仪式完全按传统程序进行，行拜师礼，递拜师帖。因我年长，又是北京来的，所以被安排作为六位新徒代表发言。我代表师兄弟当场送给师父一幅由我撰写，师兄马则中手书的一幅红纸对联："习武式武德武艺，拜师父师道师人"，表达了我们此时的真情实感。有趣的是后来中国新闻网、《燕赵都市报》等媒体在刊发的题为《纪念武禹襄诞辰195周年武式太极拳传人收六徒》的新闻报道中，将对联中武艺的"艺"字错写成"文"了，不知是不是记者当时坐得远没看清的缘故。

压轴节目将仪式带入高潮，也让我大开眼界。师父一对众，与十多位年轻力壮的"高足"推手过招，徒弟们像练传球一样，一个接一个地上，循环地上，先慢后快，每一回合下来，众"高足"均被一一发出丈外，最后被站在旁边保护的师兄弟接住不致倒地受伤。这样每人大概轮番交手了三四个回合，看着都已累得差不多了，而师父站在那儿像一尊铁塔，大气不喘，面带微笑。见师父没喊停，徒弟也不敢停，仍然是勇敢地去享受挨摔的滋味。最后师父笑着摆摆手，算是鸣金收兵。师父年过花甲，尚有这等雄风，赢得现场来宾满堂喝彩。我也是第一次目睹这精彩场面，真的是激动不已，方信"耄耋御众"绝非虚言，更知武式太极乃太极拳中之珍品。

与我一同拜师的另外五人，都比我有基础，有的跟师父学了好几年，有的已是国家武术六段，并且到过少林寺、陈家沟等地寻师访友、观摩学习过。先入门的师兄们更是一个个功夫了得，我向他们请教推手感觉是小学生与大学生的区别。其中刘姓师兄参加北京举行的一场散打比赛得过冠军，吴姓师兄获得过邯郸市太极推手第一名。

这是一次收获与感慨良多的太极文化寻根之旅，作为武式太极拳第六代弟子，我感到肩上有一份责任，"功夫无息法自修"，一切只是有了个良好的开头。

## 少年强则中国强

海南三亚　方礼刚

欣闻全国多地推广"太极拳进校园"活动，激动之余，浮想联翩，似看到万千少年，锦衣绣服，在祖国大地上闪展腾挪，翩翩起"舞"。

吾看某电视台的一档体育娱乐节目，笑声之余，别有一番感慨。该节目设计思路是让来自各地的少男少女"跋山涉水"、闯关夺碍。但观众看到的结果是参与者十有八九"折戟沉沙"，"惨"不忍睹。不是难度之大令人生畏，而是体能之差令人咋舌。这档节目是一个很好的标本，折射了中国青少年身体素质之现状，折射了应试教育背景下学生身体与知识发展的极不平衡。

国贫民弱固国危，国富民弱国亦危，古今中外皆然，因此，民强乃国之根本。故孔子的教学课程"礼、乐、射、御、书、数"六艺之中，体育占其二。秦皇汉武，唐宗宋祖，无不习武修文；一代天骄，成吉思汗，亦从马上得天下，但绝非只识弯弓射大雕。强身健体，是国家民族生生不息的永恒主题。

梁启超云："少年智则国智，少年富则国富，少年强则国强。"金玉良言，振聋发聩。这里所谓之"强"，即指身体之强。1917年，毛泽东在其所撰《体育之研究》一文中，开篇之语更似醍醐灌顶："国力苶〔音涅，疲弱的样子〕弱，武风不振，民族之体质日趋轻细，此甚可忧之现象也。"认为"体不坚实，则见兵（兵器）而畏之"，而"坚实在于锻炼"。因此国家人民"欲文明其精神,先自野蛮其体魄"。新中国成立后,毛主席更提出了"发展体育运动,增强人民体质"的号召。时移世序,全民体育运动湮没在"发展"的这个时代主题之中,因此,将太极拳变"教程"实乃一种文化之觉醒和精神之内省,这也是发展的必然。

吾作为太极拳爱好者,先习杨式,后师武式,知杨、武本同源,亦知武式小巧紧凑,称为文人拳,更适宜青少年学子操练。在永年县、邯郸市乃至河北省各级领导的关怀下,永年武式太极拳堪称保存最完好的中华太极文化遗产中的国之瑰宝。

我观师父翟维传先生演练,轻盈舒缓,动静相生,简约如诗律,连绵若江河,徐如舞练,疾如脱兔,趣味盎然。翟维传先生笔耕不辍,文武兼修,敢破陈规,每一招式之后的口诀,一字一句,无有余言,默识揣摩,禅机顿悟,如身临境,如影随形,好记易懂,生动形象,且吟亦练,文武相彰。以我之体会,以26式起步,至108式终止,只要持之以恒,定能养成俊朗之精神,儒雅之风骨。所谓"养乎吾生,乐乎吾心",体强而后德进,时久而后功成。

"燕赵多悲歌慷慨之士",高扬自强之精神,请自太极拳始,请自维传之武式太极拳始。诚然,发展及普及太极拳仅凭一书不能达致。坚持,纵招招拙朴,式式繁芜亦有厚报;浮躁,虽句句金玉,字字珠玑也无寸功。"太极拳要从娃娃抓起",这已成为人们的共识,太极拳进校园就是"娃娃工程"的一个良好开端。希望武式太极拳这燕赵之花也能走向全国,生根开枝散叶,为素质教育和全民体育运动做出新的贡献。

曾几何时,曲梁城下,多少北国枭雄闻鸡起舞;清晖亭畔,一代词坛圣手弄月吟风。燕赵儿女,当以朝宗之心,传薪之责,强国之志,砥砺以求,鼓时代号角,振太极雄风,强民族体魄,展古国新姿,修文习武,再创辉煌。

## 练好太极拳的几点启示与体悟

辽宁丹东　刘政军

### 一、从心里喜爱太极拳

我小时候最喜欢的神话人物就是孙悟空——取经路上斩妖除魔的圣斗士!最喜欢的民族英雄是岳飞,"精忠报国"传为佳话!他们在我幼小的心灵镌刻上了英雄的形象。想成为英雄就要苦练武术,虽然今天我没成为英雄,但是我爱上了武术,爱上了太极拳。

### 二、拜师学艺,继承传统文化

武术的传承离不开一代代前辈的辛勤耕耘!我们中国人一句话:"一日为师,终身为父!"在我学武术的经历中有三名恩师:第一个是贾正福,传授我太祖长拳;第二个是崔志,传授我八

卦掌和太极拳;第三个是武式太极拳第五代传人翟维传。今天我为能传承中华武术武式太极拳而感到幸福！我是个幸运的人,有缘拜得名师。只有师父好才能学到真功夫。没有好的师父是非常可悲的事,教得不正确怎么能练正确？刻苦训练了几十年没有好的师父指导,怎么能对得起"功夫不负有心人"？

### 三、苦练基本功

对于初学太极拳的人,学会太极拳套路外形是非常简单的,但是能练好太极拳的内涵又是极其困难的。其根本原因就是"太极内功"是否扎实深厚。"树长得高,根一定要扎得深",所以蒿草很容易被连根拔起啊！

2009年,我拜在翟维传先生门下。跟师父学拳练的最多的就是无极桩、矛盾桩、活步桩等。我问师父"骨鸣"这个绝技是如何练成的。师父说:"站桩啊！"师父站桩一练就是几个小时,几十年的坚持,功到自然成啊！我问师父怎么能练好太极推手。师父回答:"练站桩啊！练得像一颗大树。谁能推过大树？你给大树多大劲,大树就会反给你多大劲。"大道至简！我醒悟了！

### 四、理论结合实际,总结练功体会

太极者,无极而生,阴阳之母也!……

师父领进门,修行靠个人。中华文化源远流长,博大精深!中华武术的理论来源于中华传统文化,中华武术又是中华传统文化的重要组成部分,太极拳更是如此,内含阴阳之精髓。

武式太极拳的祖师武禹襄为太极拳理论发展贡献巨大,我们学练太极拳就要不断学习拳论,用拳论指导纠正、总结练功体会。比如师父翟维传教我练拳时要做到:有阴有阳、有虚有实、有上有下、有前有后、有左有右等,我在不断的练拳中体悟到了"平衡"的神奇!

### 五、传承与发展

今天练太极拳的目的已不是儿时为了成为英雄了,我现在不止是单纯地喜欢太极拳,而是从心里敬仰太极文化。如今我最大的快乐就是能帮助更多的人练好太极拳,学好太极理论和太极哲理,提升生命质量,获得健康快乐!

# 古 梅 新 枝

赞比亚 虞伯民    成都 范峻

太极者,无极而生,阴阳之母也。始有太极之理,后有以太极入拳者名曰"太极拳"。拳术之道皆隐秘而传,非有夙愿不能得。详究之太极拳确为采古道家阴阳学说为根本,融中华源远流长之拳法、导引法、吐纳法,不离太极阴阳、虚实、刚柔、动静、轻沉等对立统一的变化。既能强健身体,亦能感及心灵渐与道合,非健身体操或擒拿打斗之类可比。然吾等只知先辈如陈长兴、杨禄禅、武禹襄等人离此道近而后人离此道已愈来愈远矣。且于太极拳一理之中分门别派互争归属、正宗、短长,只局于一孔之见,而不能得其全貌。如道德之不存,而附之于仁义、礼节、廉耻,渐失其中的真义而循其枝叶梢节。真知灼见者少而盲师瞎马者比比皆是,吾等感慨良多也。

今之虞伯民、范峻等人皆慕拳好道者,且喜能意气相投,性情相合。彼此愿不分门派,常聚首而深研太极拳。然此道艰难,不遇明师,终不能窥其门径,但在成都能有缘拜识永年武式太极翟公维传先生,心胸豁然开朗。翟师乃永年武禹襄、李亦畲一脉真传,50余年执道而行、弃欲而修,朝夕揣摩,秉持不断,洞彻三昧,功力炉火纯青矣。吾等欢喜雀跃,皆愿随翟师而入太极之门,明师良徒相得益彰。

翟师人坦诚,学严谨,抽取吾等工作之暇,从拳理、拳法着手逐步给吾辈授太极拳之静桩、动桩、内功、劲法、拳架、推手等。让我们渐知武式太极拳之渊源与特点,在自然松静中去体会找功夫,在含胸、拔背、提顶、吊裆、松肩、沉肘、裹裆、护肫、腾挪、闪战、虚实分清、尾闾正中、气沉丹田融合中找拳理。翟师反复告诫我们太极拳应从松筋、活骨、缓慢、柔和的中架,逐步更替到小巧紧凑、开合有致的小架,蓄劲和发劲涵于内而不显于外,真正做到"气以直养而无害,劲以曲蓄而有余",在运动中才能体现方圆相生之意,并配以不断的内气潜转和运化,达到刚中柔,柔中刚,刚柔相济;从大圈到小圈到没圈,由练精化气,练气化神到练神还虚。自然能敛气如骨,虚灵无碍,粘连黏随,劲路制人,而不以招击身,意在从人而不由己,由己者死,从人者活,随曲就伸,缓急相应。此种功夫必须口传身授,勤思苦练,才能有所体悟。

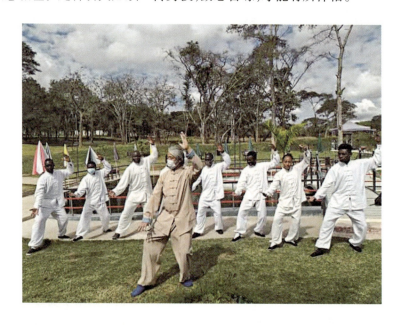

每次练拳空暇之余,翟老师都亲试身手,让我们体味真正的太极拳功夫,弟子们莫不惊叹其神奇高妙。不管你高矮胖瘦,来劲快慢轻重,只要一搭手,在不知不觉中,自己就不能控制身体,随时有失重、跳跃、腾空的感觉。老师要把你打近、打远、旋左、旋右也只是心念一动的事,犹如老叟嬉玩顽童一般。大家感叹之余,老师也只是憨厚一笑,说自己天资愚笨唯勤奋执着,在最近十年中才有所体会。他的两位授业恩师魏佩林、姚继祖才是功夫高超、人品清绝。魏佩林师爷一生痴迷拳道,性情洒脱,只单手就足可应付对手的挑战,平时则涵养功夫。而姚继祖师爷虽名重一时,但家中清贫如洗,只一床、一柜、一桌、一剑而已,其性情和蔼,怀艺不矜,颇有儒家风范。更有武禹襄、李亦畬等先师,可以背对你或坐着,挨着何处何处还击,令人难以望其项背也。可知太极拳之高深莫测,尽毕生之精力,也不能明其底蕴。所以翟师对自己勤于要求,无论行走坐卧,手划、口念、心想皆太极拳也。稍有体会心得,总反复琢磨比划,并记下心得,有时睡觉中也常常惊醒,高兴地说,又悟出一点心得或想起一个劲道。真是无痴不足以为情,无痴不足以求真。

翟师殷切话语时刻在心,仿佛幽香的梅花暗暗扑鼻,不禁使我联想起老师曾讲的话:"武式太极拳授徒极严,在永年极少外传,一直沿续其古老风格,动作精练,朴实无华,仿佛干枝老梅,既行云流水,又古朴芬芳。"翟师就像植根于这中华传统文化土壤中的梅树,虬枝纵横,却暗香浮动,新枝勃发。

## 懒扎衣——武式太极拳的万能钥匙

河北磁县　任治仲

姚师继祖先生常云:"懒扎衣乃武式拳之母式。"就我多年领悟体证,这一论述揭示了太极拳的运动规律。也就是说,太极拳所有动作及行动走架和搏击的奥义均是围绕圆圈弧形的轨迹运动完成的,此式也可称为解密武式太极拳奥义的万能钥匙。

首先,懒扎衣是武式太极拳套路中的首式,在套路中多次出现并贯穿始终,也可作为活步桩功动作单元练习,足见其重要性。其式整套动作之运行皆是遵循圆圈弧形轨迹来完成,同时又涵盖了太极拳中阴中寓阳、阳中寓阴、阴阳互济、虚实互变、八种劲法、五行步伐、周而复始、进退有据、顾盼自如、劲力绵长不绝之全部内涵。在武式太极拳所有的招式中,均有此式作为不同方面的基本元素,在应用中,可做到以不变应万变,一招制敌。

其次,不论搏击和推手,基本是以懒扎衣式与人接手。其时须周身圆融,神意上领,用支撑八面的松沉劲合住(粘)彼劲频率。守住身法,做到上松、下沉、中间空,根据彼劲之劲路、走向、大小、长短调整己劲之组合(复合劲)去应对。舍己从人,彼不动,己不动。彼微动,己先动

（意在先），在不丢不顶中讨消息。从人须遵循圆之动律，周身圆活，无论俯仰、进退、顾盼皆要圆弧运动（这也正是区别其他拳种的先下手为强、回势蓄劲、直进直出之所在）。加之由面变点，阴阳互济互变，虚实交错，横竖济变，诱彼陷入弧圈乱环之内，守住己中，破坏彼中，得机得势时一击中的，一招制敌。

## 结缘恩师武式拳　重拾健康渡众生

河南焦作　谢胜利

2020年12月17日，中国太极拳被联合国教科文组织列入人类非物质文化遗产名录，随着时代发展必将造福人类！

我生在焦作，长在焦作，十几年来我学过陈式、吴式、杨式，后在焦作市原政协主席赵功佩的引荐下，结识了当代武式太极拳代表人物翟维传老师。2017年10月6日在永年广府拜翟维传为师，成为他的弟子！

2018年2月10日，焦作成立了武式太极拳协会，我任第一届会长。从此，协会带领成员致力于武式太极拳的习练和研究。

常言道，练拳不站桩，纯粹是瞎忙。以前练太极拳基本上随意玩，根本就不站桩，拜师后在师父的影响下，不仅练拳更注意站桩！

开始是站上下矛盾桩，把我的体会谈一下。两手上掤时，气沉丹田收腹命门后撑两腿慢慢微屈，沉至小腿后面先后脚跟再前脚趾，两脚有入地之感！下按时后脚跟蹬地，逐渐身体向上，虚领顶劲，如此反复。一上一下为一动，一组36动，每天坚持最少练习三组108动以上，眼神到上肢躯干,下肢上下照顾,毫不散乱,上下连贯绵绵不断,配合均匀的深呼吸与横膈运动,做到心静,精神贯注,这样对神经系统也能起到良好的影响。

俗话说,人常动则谷气消,血脉通,病不在。矛盾桩不论在体质方面还是在心血管系统、呼吸系统、骨骼系统及代谢功能等方面都可得到明显改善,对辅助治疗高血压、心脏病、糖尿病、肠胃病、关节痛等有一定疗效。

由于这些年坚持训练太极拳,特别是这几年通过矛盾桩功,我的健康状况有了明显改观。

2013年我患糖尿病住院治疗,连续吃了两年西药,现在练拳加间断配合中医治疗,病情得到了一定控制。

我十几年前患肠炎,每日大便3—5次,现在也正常了。

2012年前我的膝盖常年疼痛,就是夏季也得穿秋裤,汗水和衣裤粘在一起,可想而知真的难受。后来不知不觉也不疼了,不用大热天穿秋衣秋裤了。

我身上多年来的慢性病明显改善,得益于太极拳!我要感谢太极拳,感谢恩师翟维传。今后我要谨尊师训"功夫就是时间",更加刻苦习练太极拳,站好矛盾桩,从身法、心法、功法上来悟,逐渐提高自己的水平,把自己的身体锻炼好,为武式太极拳的传播和发展贡献绵薄之力,让太极拳更好地造福人类!

## 身法为首松为要  舍己从人随机变

河北邢台  吴延强

我跟随恩师维传先生练习武式太极拳已经很多年了。恩师敦厚慈祥,宽容温和,对弟子倾心传授,言传身教,严格要求,令我受益终生。

恩师传拳首重身法。武式太极拳的身法要求极为严格:含胸、拔背、提顶、吊裆、松肩、沉肘、裹裆、护肫、腾挪、闪战、尾闾正中、气沉丹田、虚实分清。

做到十三条身法的同时,要注重外三合与内三合:手与脚合、肘与膝合、肩与胯合,谓之外三合;神与意合、意与气合、气与力合,谓之内三合。内外三合相交合,形成"周身一家脚手随",这样练出的基础架子就具备了武式太极拳"开关门"的鲜明特点。由于实腿脚跟旋转,故一套架子走下来,地面会留下一串清晰的圆形脚印,似落地梅花。

知易行难,这其中每一条都需要经过千万次的训练才能做到位,恩师手把手,讲解纠偏,无微不至,若有偏差必然及时纠正。"入门引路须口授"说的正是在太极拳传承中师父对弟子的这种面对面、手把手的真心指导,让弟子可以在学习伊始就能按照正确的方法练,练出正确的东西。

关于"松",恩师着重讲四步功法:松沉、松柔、松随、松放。经过多年的练习和揣摩,我体

会到:松沉、松柔是对"己"而言,在行功走架时,上掤下沉形成对拉拔长,体现周身肌肉、经络、骨节以及横隔膜等脏腑内外一动俱动的特点,形成柔和劲道,要全身放松,以"意气下行沉于底、阴阳转换互为根"为原则;松随、松放是对"彼"而言,在与对方搭手粘依时所体现出来的功夫,如:引进落空,以我之力接对方之力,不丢不顶,粘连黏随,把对方引向隅角45度,并且要随着对方之力,而加搓之力,形成锅底劲而涌出,也就是先贤们常说的"力之用,飘为贵"。

总体来说,"舍己从人"是总原则,接、随、走、掤为搭手初级,来劲用截或牵,回劲用随,停劲用串,出劲用搓,闷劲用捂,劲法万变不离其宗。

太极,改变了我的一生,也成就了我的一生。太极,不只是让我拥有了健康和良好的心态,更使我结识了一大批志同道合的师兄弟和一大批积极好学的弟子,是他们让我感受到了人性的善良和生活的美好,使我在顺境时能保持谦虚谨慎的心态,在逆境时能勇于面对,积极化解矛盾,解决问题;更重要的是让我得以在恩师的引领下不迷茫、不焦躁,踏踏实实做人,认认真真做事,使我在年少轻狂的时候就能找到人生的方向和价值!

感恩太极,感恩师父!承继昨天,展望未来。我们有幸生逢盛世,太极拳也正处于历史发展的最佳机遇期,只要我们弟子以"为天地立心,为生民立命,为往圣继绝学,为万世开太平"为胸襟,持之以恒,潜心研习,定会光大我武式太极拳一门之道法,传绝学于后世。

## 追寻太极精神　传承太极文化

河北永年　李红卫

2018年9月26日(农历八月十七),是我正式拜武式太极拳第五代传人、国家级非物质文化遗产传承人翟维传为恩师的日子,恰逢第十四届中国邯郸国际太极拳运动大会暨第三届邯郸市旅游产业发展大会在邯郸永年广府古城召开,古城内外洋溢着节日的气氛。清晨,薄雾中的广府北门外,我伫立桥头,西斜的圆月朦胧地挂在天空;回首北望,大路两旁灯杆上悬挂的大红灯笼整齐地排向远方,壮观喜庆;左右顾盼,延城墙城垛排列的灯带蜿蜒倒映在的护城河中,秀丽静美;凝目南眺,高大的北门城楼斗拱飞檐,琉璃瓦与灯光相映生辉,瑰伟庄严;处身杨、武式太极拳的发源圣地,心中不禁升起朝圣般的感觉。回想学习武式太极拳的历程,不禁感慨万千,冥冥之中自有机缘。

第一次知道太极拳是1991年,第一届中国永年国际太极拳联谊会在广府举办,开幕式上第一次看到各式太极拳的表演,第一次见到外国人打太极拳,所以印象深刻。再一次接触太极拳是1996年,因工作关系认识世宗师兄,言谈中知道师父翟维传太极拳打得非常好,招式千变万化,十分厉害,心中很是敬仰,但因各种原因,始终未曾谋面。

转眼到2014年,五方集团创办《达观》杂志,每期有一篇人物专访,我立刻想到师父翟维传,刊登一期专访再合适不过了,自己也可借此机会结识大师学习太极拳,可谓一举三得。这个想法和世宗师兄沟通后,向集团董事长张增武汇报,双方一拍即合,专访做得非常成功。后来,张增武董事长进而创办五方太极馆,我也由此正式跟师父习练传统武式太极拳。"东隅已逝,桑榆非晚。"这句写在拜师帖里的话,非常贴切地表达了我的心情和决心。

师父教拳循循善诱,善于发现每个人的微小进步和动作上的偏差,每一次得到师父的指点,我都会在招式和拳理上有所感悟,有所提高。武式太极拳非常重视起势:起势要求心静、意专,身法要求松肩、沉肘、含胸、拔背;动作要求一动无有不动,上下统一、内外统一,达到外三合和内三合的统一,体现太极拳阴阳、虚实的变化,由静而动、从无极到太极的状态变化,兼有健身功用和实战用法,是练好太极拳的基础。由此入门,循序渐进,在师父的精心教导下,很快掌握了传统武式太极拳精要37式的套路。工作之余,随时随地练习体会,时时总结对照师父经常讲的心法要点:练习太极拳"越慢越好",步伐要求"不丁不八",动作要求"行圆划弧、实腿转身、进步必跟、退步必撤",要注意"两手的开合松紧、眼和手的配合""身体要整、要松沉到位",等等。经过一段时间的锻炼,我的身体陆续出现了一些反应,练拳时经常有从上腹到下腹咕噜咕噜的肠鸣,手指发麻、发胀,口舌生津等。师父说每个人的反应都不同,但这些都是好现象。到后来,练习套路松沉到位时,实腿的膝关节会发出像放鞭炮似的啪啪的响声。师父说这就是

骨鸣，当年自己就骨鸣现象曾去邯郸中心医院看过大夫，确认不是病症，而是长期练功的结果。这就更增加了我练习太极拳的兴趣和探索未知事物的决心。

在武式太极拳的理论研究和传承发扬方面，师父的研究成果、著作、文章在业界也是有口皆碑，并创办了永年禹襄太极研究院。师父练拳、教拳真正做到了心无旁骛，每次师徒见面，寒暄过后，不出三句话就归到练拳上，师父分享心得毫无保留，纠正错误也绝不留情面，专业精神让人肃然起敬。师父常说，功夫练到身上才是自己的，最终做到由"心知"到"身知"要经过坚持不懈的过程，太极功夫永无止境。追寻太极的道路虽然漫长，但我庆幸，我在路上！

师父这次出版《武道文踪》，是对太极拳界的一大贡献，可以起到拨云见日、正本清源的作用，对武式太极拳的传承和发扬光大更是一件大喜事。平时关注太极拳的各类经典论述，因层次不到，理解有限。但受师父师兄的影响，结合师父编著出版的太极拳书籍文章，也能分辨其中深浅良莠，相信《武道文踪》能给我们更大的帮助和指引。观看网上历史影像资料，参加各类联谊、培训活动，看到师父太极小架的强劲发力、抖太极大杆的澎湃内力和整劲，感受推手时舍己从人的巧妙劲法，我从心里感到深深的震撼，感受到太极拳的博大精深。

生逢盛世，太极拳已经升华为民族文化和国家精神的代表符号。关于太极拳能打不能打的声音、各类伪大师哗众取宠的表演，在时代的大潮中不过是一个个翻腾起的泡沫而已。太极拳以拳载道，厚德载物，它含蓄内敛、刚柔并济，于个人强健身心，于集体凝心聚力，于国家济世利民。它一如沉默的高山，只要你舍得付出，就可以挖掘到取之不尽的宝藏。

最后，用拙作短文一篇作为结语与大家共勉！

"练一套太极拳备用吧！在你少不更事、人微言轻时，静处一隅，进退顾盼，若藏若匿，以使志生；在你窘困落魄、举步维艰时，暂驻脚步，掤捋挤按，抖擞精神，以使志强；在你碌碌奔忙、忘我创业时，偷闲半日，起承开合，荡尘涤埃，以使志恒；在你功成名就、踌躇满志时，远离喧嚣，粘走运化，沉淀意气，以使志远；或许你万缘具备，又勤练不辍，终能炼矿成金，登太极之殿堂，幸甚！"

## 实证实修　薪火相传

山西运城　乔望松

我以前练过一段时间太极拳，热情虽高却无缘得明师指点，再加上心浮气躁，虽刻苦练习而无所收获，后来不仅没有练出"功夫"，反而因不得法而导致腰膝受伤。这才明白一个道理：练太极，也要讲机缘。有机缘，得遇明师指点，练的就是"太极拳"；否则，一生蹉跎，真能"枉费工夫遗叹息"了。

"道之所存，师之所存也。"我真正修习太极拳是在天津结识恩师翟维传先生之后。

翟维传先生拳架规范，内气鼓荡，推手功力深厚，技巧娴熟，尤其是骨鸣功夫令人震惊。但是最令我感动并最终下决心投师学习的是大师竟坦然承认他也不知道骨鸣是怎么回事，希望大家共同研究提高。一般的"大师"，有了这种"功力"一定会故弄玄虚，搬出易经、老子、丹道、易筋经之类的高深理论来牵强一番，而翟维传先生竟然如此坦率，着实令我敬佩。先生对于基础功法、套路招式等的讲解也是言简意赅，决不故意夸大。当时我就得出结论：这是一个有真本事而不屑于故弄玄虚的真正的太极拳大师。真正有价值的老师是"明师"，明师明理却又不用"高深的理论"来糊弄学生，他会结合自身的练功体会来为学生指点迷津。这样的大师是绝不能错过的。

事实证明，我的判断是正确的。

师父对于太极的理解深刻，有点不同于常人。"什么是太极拳？太极是内在的精神意念气与五脏六腑的和谐同一，外在的肢体动作是拳，用内在的精神意念气来指挥肢体动作就是太极拳；'太极者，动静之分，阴阳之母'，讲的就是阴阳动静未分之前的状态，

这种状态就是'太极'。"师父的解说令人豁然开朗。太极拳不再神秘,只要通过正确又勤奋的练习,培养自己的精神意念气,使之充沛并与五脏六腑、外在的肢体动作和谐同一,就能练好太极拳。师父的鼓励使我充满了信心。

师父的教学层次分明,指导有方,耐心细致,严肃和蔼,令人又敬又怕。敬的是师父的拳艺,怕的是稍不留神就漏掉了重要的知识;敬的是师父开明大度,毫无保留地将60余年的练功体会倾囊相授,怕的是自己用功不够而辜负了师父的一片苦心。师父的开明无私常令我感动。"提顶应该提后脑而不是百会穴",师父的要求与其他各家要求提百会穴截然不同。见我有疑问,师父又说:"这是前辈传下来的经验,书上不会这么写,你仔细体会。""不要撅屁股,有人打一辈子拳都是撅屁股,提顶吊裆收尾闾,命门后撑,你脚下就有根了。"像这样的随机指点不胜枚举,每一句指点都包含着师父对前辈经验的传承和对后辈学子的殷切期望,我真的能感受到师父期望他所传承的武式太极拳能够被下一代发扬光大的拳拳之心。

师父推手让人感觉不到着力点,以我的初学水平当然不能和老师正式推手,但是师父在讲太极原理时与我推了几次,使我有了一点感觉,这和几位师兄推手的感觉大不一样。一位师兄和我玩推不动的功夫,他的劲是整体劲,下盘极其稳定,如一座山一样不可撼动。我试着左手变了一下力的方向,他的右肩迅速地向后旋转卸掉了我的来劲,同时迅速地用捌劲将我制住。第二次师兄像推土机一般直接将我推出圈外,我的双脚根本着不了地。世宗师兄教我推过一次,我感觉他像一棵树长在地上,双臂轻轻搭住却让人感到非常沉重,但这种沉重不是僵硬的有力。世宗师兄后来为我讲解时双臂一用力让我体会两者的区别,我想大概前一种就是松沉劲,后一种就是一般的肌肉的力量了。世奎师兄虎背熊腰,教我打轮时,说左右手各管半边能有效地调整虚实,化解对方的攻击,我能感觉其双臂轻轻掤住引带就使我立刻失去重心。而师父给人的感觉是没有感觉,我双手搭上他的小臂稍一用力就失去了重心,我仔细体会了好几次,既感觉不到沉重也感觉不到掤劲,只是感觉我所发的力没了着落,这大概是一种较高的境界吧。我当时自然是琢磨不透。

"入门引路需口授。"只有真正下定决心练拳的人才能体会到指路人的重要性。武式太极拳对身法要求极严,练到中高级阶段,对内劲神意气的修炼,尤其需要师父手把手指导,否则可能会"差之毫厘,谬以千里"。练对了,是真太极拳,有益于健康;练错了,不但"枉费工夫"甚至伤膝伤腰,徒增烦恼。

太极拳是一门融健身、防身、修身于一体的实证实修的学问,是知行合一的功夫,有一层功夫便得一层认识,有一层认识便得一层功夫,容不得半点虚伪。有了师父指导,再加上勤学苦练,我的身体状况越来越好,困扰多年的颈腰椎疼痛、心慌气短、神疲体乏等症状渐渐消失,精力越来越充沛,工作效率也大大提高。

"自我解脱"之后,自然想到了"普度众生"。师父鼓励我开始思考太极拳进学校的问题,让武式太极拳造福更多的人。

武式太极拳素有"文人拳""文化拳"之美称,拳架工整,身法严谨,非常适合学校师生修习。武禹襄祖师终生绝意仕途而居家奉养母亲,开设私塾,精研太极拳;第三代宗师李逊之先生曾任本县初小教师、小学庶务员及县劝学员等职;郝为真先生曾被聘为省立第十三中学暨县立高小武术教员,为太极拳进入正规学校之始;第四代宗师姚继祖先生曾任永年县教师进修学校教师、负责人,后调文教局教研室,主持中学教研工作,再后回乡创办武式太极拳学校。恩师翟维传先生与弟子创办了永年武式太极拳学校,多次进入学校传授武式太极拳,激发了很多青年学子的学习热情,也培养了一大批太极拳人才。

武式太极拳历代大师都与学校教育有着一定的联系,为太极拳的正规化传承与发展指明了方向,并且"文化人"练"文化拳",算是武式太极拳发展的较为方便的途径。

现在的一线教师工作压力大,许多人常年处于亚健康状况,不堪其苦却又无可奈何,严重的甚至丧失了为人师者的乐趣。如果教师们能有机会练习武式太极拳,那么就有可能改变这种现状。再进一步,若学校以此为抓手,进一步创设国学传习课程及多维度开发个性化的学科课程,更新学校的价值体系,将使师生们在这样的学校里"健康成长,快乐学习",过一种健康、幸福、阳光、高效能的教育生活。以武式太极拳带动学校文化建设,深厚的学校文化又促进了武式太极拳的发展,这将会形成一种非常理想化的教育生态。在此基础上,进而建立太极拳学校标准化训练体系,影响更多的师生,形成习练太极拳的良好氛围,进而影响周边社区居民,使更多的人能在正规的传承基地学到真正的太极拳,获得身心健康,提升生活质量,获得人生幸福感。

这一想法得到了很多人的认同和支持。从制定方案到教学计划再到宣传,成立"解中太极拳社",用了不到一个月的时间。2019年3月20日,我们举行了开社仪式,开始了正规的武式太极拳训练。每周三次课,老师们热情高涨,精心研讨习练,相互学习、研讨、纠正。短短的一个多月，从零基础到初具形态，许多老师睡眠得到改善，腰膝酸痛也减轻了，心态渐渐平和，工作带来的焦虑感也得到缓解。当年6月，在校"传统经典·展我风采"文化汇演活动中，"太极颂"表演取得了成功，更多的人开始对太极拳产生兴趣。大家的支持给了我很大的信心。

7月，我们一行10人组成"武式太极拳代表队"加入运城市武术协会代表队参加了"山西省第三十二届传统武术锦标赛"。8月份参加晋城太极拳比赛。9月份以"运城市武术协会武式太极拳培训基地"名义参加"运城市第五届传统武术比赛"，在这几项活动中均取得了优异成绩。

"文化人"有个特点：遇到问题喜欢刨根问底，且随时随地展开研讨。这种较真精神在学拳过程中被发挥得淋漓尽致。学员们认真研练的态度促使我思考更有效的办法来完成教学，以使同仁们提高效率，少走弯路。

要做到高效就必须处理好传承和普及的关系。传承，需要传承人精深研究，全面系统地掌握太极拳理论、训练方法和教学方法，并且传承者本人一定要勤学苦练，练出健康，练出功夫，练出境界，使太极拳的健身、防身、修身的功能通过传承人真实地展示给广大的爱好者。而普及，就一定要使大家练得舒适、开心、有成效，且能很快感受到自身的变化。

不论是传承还是普及，都必须要重视教学标准化和系统化的问题。"太极十年不出门"之说很有道理，但这"十年"中有多少时间真正地用在有效的训练上？有多少时间在无序的训练中荒废？有多少人因训练无效而在迷茫徘徊中懈怠？有多少人能与真正的大师结缘？

这就是我遇到的一个最为关键的问题：如何使零基础的爱好者在不受伤的前提下切身体会到太极拳对健康的好处？这个问题解决不好，就不会有人跟着练习了。

在师父和世宗师兄的指导下，我从最基本的定步浑圆桩开始教学，根据习练者身体素质的不同，提出不同的难度要求，严格按照武式太极拳的身法标准要求习练者；继而教授矛盾桩、虚步桩、定步懒扎衣，每一个动作细节都提出定位标准。等习练者腿部支撑力增强了，有了一定的基础功夫，再过渡到套路训练，套路训练中穿插单式桩功练习，进一步奠定基础。

这样步步有序、层层加功的训练，大大激发了学员们的学习热情。经过一段时间训练，大家很快感受到了身体心理的变化：脚步轻快，膝关节疼痛减轻，睡眠质量提高了，心态渐渐平和了，动作越来越标准，拳架也越来越工整。等大家套路练熟，做到了松柔圆活，初步体会到松沉之后，进行太极剑教学，而后坚持每周集中训练两次，其余时间进行个别巩固纠偏。这样由易到难，由浅入深，层层加功，既能调动学员的积极性，增加练拳的趣味，又能提高效率，取得进步。

  但是，太极拳不是一种单纯的武术，必须与当地文化相结合才有生命力，尤其是在学校中推广发展，更需要与学校的文化和价值观相融合，才有发展壮大的机会，否则，免不了昙花一现、中途夭折之命运。

  因此，综合师父平日教导，我们结合学校文化特色，提出了太极拳社"一二三四五六"的主张，使单纯的太极拳推广，上升到道德和文化修养的层面，将其纳入学校传统文化传承活动之中，提高了学员们太极拳训练的崇高感和价值感。

  一个宗旨：薪火相传，奋发有为，创建传统文化传习基地，为广大师生建设一个强身健体、涵养性情、完善人格、弘扬传统文化的太极拳修习体系和实证实修的文化场。两个标准：文武双修、智勇兼备。三心：敬心、耐心、恒心。四戒：一戒轻慢，二戒骄躁，三戒贪快，四戒怠惰。五要：一要心正意诚，虚心求学；二要志存高远，胸怀宽广；三要勇于担当，善良正义；四要情趣高雅，洁身自好；五要勤学苦练，日日精进。预设的理论教学内容有：太极拳论、太极拳发展史及当代研究成果；中华传统经典选读，如《论语》《孟子》《大学》《中庸》《老子》《庄子》《黄帝内经》《周易》《孙子兵法》及运动、健康与营养知识等。计划以此为核心，吸引更多的师生加入，继而向社区延伸，惠及更多的民众，若条件成熟，再与其他兄弟学校合作，形成校际间的交流……

  理想是美好的，现实却不能按照预设推进。突如其来的新冠疫情打乱了人们生活的节奏，加上县管校聘政策的实施，很多同事工作调动，分散各地。拳社发展计划暂时搁置了。

  我仍然相信，这一切都是暂时的！随着时代的发展，太极拳会有更多的机会，也会有更多的人认识到太极拳的价值，加入到习练太极拳队伍中来，太极拳一定会在中国传统文化发展中发挥重大的作用。我们需要做的就是：坚守本心，日日精进，顺势而为，静等花开！

  师父说，师生是一种缘分。对此，我深有同感。只要认真做过，认真传拳了，那些接受过培训的学员们一定不会忘记曾经的美好时光，若在以后的生活中，太极拳能带给他们健康、快乐，或者由此再传播各处，也算是没有辜负这段缘分。我非常珍惜每一次跟师父见面的机会，尽可能利用一切机会提问提问再提问，而师父从来没有半点厌烦，总是耐心细致地解答。太极拳修炼是功夫，更是人生境界！

## 第二节 书 画

作者:学斌、雪菱、凌丰、洁馨

作者:任治仲

作者:赵小青

作者：马则中　　　　　　　　　作者：陈洁馨

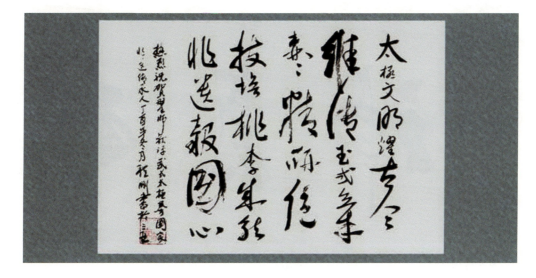

作者：方礼刚

作者:学斌

作者:杜建洲

作者:任治仲

太極者無極而生陰陽之母也動之則分靜之則合無過不及隨曲就伸人剛我柔謂之走我順人背謂之粘動急則急應動緩則緩隨雖變化萬端而理唯一貫由著熟而漸悟懂勁由懂勁而階及神明然非用力之久不能豁然貫通焉虛領頂勁氣沉丹田不偏不倚忽隱忽現左重則左虛右重則右杳仰之則彌高俯之則彌深進之則愈長退之則愈促一羽不能加蠅蟲不能落人不知我我獨知人英雄所向無敵蓋皆由此而及也

二〇一九年夏紅卫

作者：李红卫

作者：陈洁馨

作者：李向东

作者：马则中

作者：李冰

作者：陈洁馨

作者：唯行

作者：王鑫

作者：马则中

作者：李冰

附　录

# 翟维传履历*

**1942 年**
农历正月十一,出生于河北省永年县广府古城。
**1948 年**
经其祖父介绍,从师于武式太极拳第四代传人魏佩林先生学习传统武式太极拳。
**1955 年**
与魏师一起到永年县职工俱乐部教成年人练武式太极拳。
**1956 年**
在魏师家中有幸认识其师弟姚继祖先生,并得到姚先生的指点。
**1961 年**
年初,恩师魏佩林先生因"三年自然灾害",因饥致疾在广府家中病故,享年 49 岁。
**1965 年**
为了进一步学习太极拳,开始跟随姚继祖先生系统学习武式太极拳、械、推手等。
**1967 年**
开始写太极拳心得体会,并经常得到恩师的理论指导。如《太极拳七字要诀》《太极阴阳之变化》等多篇论文就是恩师多次批改后完成的。
**1982 年**
中秋,师兄弟四人在与姚师学拳近 20 年后举行拜师仪式,正式成为武式太极拳第四代传人姚继祖先生的首批弟子。
**1983 年**
与师兄金竞成,师弟胡凤鸣、钟振山共同创作诗歌《太极拳颂》,在当年《武林》杂志第 11 期刊载,在全国反应强烈,来人来信求学者众多。23 年后该诗有幸被《永年太极拳志》设计在封面上。
**1984 年**
4 月 22—25 日,陪同恩师姚继祖参加在武汉举办的"中国武汉国际太极拳(剑)表演观摩会",并和姚师表演了推手。恩师作为武式太极拳代表人物被评为全国太极拳十三名家之一。
**1985 年**
考取邯郸地区太极拳拳师证书。

---

\* 另含翟维传先生之子翟世宗部分履历。

在姚师的指定下,任永年广府文化站太极拳小组组长,接待外来人员,组织表演、教学等活动。

**1987 年**

任邯郸地区太极拳研究会理事。

陪同恩师姚继祖接待日本太极拳协会访华团,参加表演活动。

**1991 年**

5 月,参加首届中国永年国际太极拳联谊会,任武式太极拳牵头人、千人表演队伍总教练,参加各项表演活动。论文《论阴阳变化》获优秀奖,收录《太极名家谈真谛》中。

**1992 年**

1 月 19 日,经恩师姚继祖介绍和批准,在广府家中首次收徒 4 人:贾海清、王为方、冯志刚、王涛。

9 月 27 日,邯郸市武式太极拳研究会成立。

**1993 年**

5 月,参加第二届中国永年国际太极拳联谊会,任千人表演队伍教练,被大会评为"太极十二新秀"之一。

**1995 年**

5 月,参加第三届中国永年国际太极拳联谊会,获传人代表优秀奖。论文《太极五行虚实之变化》获优秀论文奖,收录《太极拳论文集》中。

11 月,受国家武术管理中心、中国武术院邀请,代表永年到北京体育大学参加《武式太极拳竞赛套路》一书的编纂工作,任编委。

**1996 年**

1 月,再次受邀到北京体育大学对《武式太极拳竞赛套路》进行审订。本书已出版,在全国各地普及推广。

5 月,参加接待以张肇平先生任团长的台湾太极拳总会来访团。我方进行了表演并与台湾同胞相互切磋技艺,过后台湾以《两岸太极拳访问交流纪实》对大陆太极拳进行了系统报道。

7 月 19 日,与弟子贾海清合办永年武式太极拳学校南护驾分校成立,为实现"太极拳要从娃娃抓起"而努力。

8 月,经姚师推荐,应邀参加第四届中国温县国际太极拳年会,任年会副秘书长,参加了名人表演。论文《太极五行虚实之变化》获优秀奖,收录《温县太极拳论文专集》中。

农历十一月廿四,恩师姚继祖 80 岁大寿,获恩师签字认证合影照片。

**1998 年**

5 月 10 日,姚继祖恩师在吃晚饭时突发心梗去逝,享年 82 岁。

8 月,应邀参加第五届中国温县国际太极拳年会,任年会副秘书长,参加名人表演并被大会评为"太极拳名师"。

应《太极》杂志社之邀,拍武式太极拳"搂膝拗步"拳照,作为《太极》第4期封面。

10月15日,参加纪念邓小平同志题词"太极拳好"20周年——北京天安门广场万人太极拳表演活动,获纪念奖及表演证书。

10月,应邀参加第五届中国永年国际太极拳联谊会,获传统武式太极拳第一名,被大会评为"太极拳大师",论文获优秀奖。

10月底,应邀参加第三届武当拳法研讨会暨"武当杯"武术大赛,获优秀奖证书及奖杯,被武当拳法研究会聘为顾问。

12月,应邀参加中原内家拳法研究会成立暨"石人山杯"全国武术名家邀请赛,获优秀奖杯及证书,被聘为中原内家拳法研究会顾问。

**1999年**

2月,由弟子马则中联系,应湖北省罗田县体育局邀请到罗田县授拳。

4月,应大连武当拳法研究会会长张奇邀请,到大连商讨振兴武当拳学对策,并被大连武当拳法研究会聘为顾问。

5月,在任智需师弟帮助下,携弟子到河北正定进行封闭式专业训练三个多月。

9月,应邀参加河南省举办的"全国中老年太极拳邀请赛",获传统武式太极拳、剑比赛两项一等奖。会议期间,结识广东省江门市太极拳联谊会会长吴泽明先生,被该会聘为顾问。

事迹收录新华出版社出版的《中国民间武术家大典》中。

10月16日,应中国国际武当拳法首届联谊会的邀请,作为特邀嘉宾到武当山参加会议,并做名家表演;后到十堰市参加专场名家表演。《论太极拳内涵与修炼》获论文奖,收录《武当拳法探微》中。

11月,事迹收录《中华魂——中国百业英才大典》中。

年底,与弟子贾海清开办永年县武式太极武校,文武兼修。

**2000年**

7月,被山东菏泽中华武林名人碑园聘为名誉顾问。

9月,应邀参加大连武当拳法研究会举办的全国武术名家邀请赛,获太极拳比赛银杯奖。《谈太极拳粘与走的关系》获优秀论文奖,收录《武当武术论文集》中。

10月,应邀参加中国邯郸太极拳联谊会,获传统武式太极拳、剑比赛两项金牌,被北美洲武(郝)派太极拳总会聘为海外顾问。

12月,代表永年参加国家体育总局在江西上饶举办的第三届武术之乡武术大赛,获传统太极拳比赛二等奖。

**2001年**

9月,由武当杂志社编印的《武式太极拳述真》出版。

10月,参加中国邯郸国际太极拳交流大会,获武式太极拳传统套路、武式太极拳竞赛套路和自选套路三项金牌。

11月30日,应邀参加中国珠海国际太极拳交流大会,被大会聘为特邀技术顾问,进行了名家表演及拳艺交流。论文《蓄劲如张弓,发劲似放箭》作为唯一一篇功法论文在大会会刊中刊载。

**2002年**

4月,应邀到四川成都授拳讲学。

6月,经永年县文体委批准,成立了永年县维传武式太极拳研究会并担任会长,会员百余人。

8月,作为武式太极拳代表应邀组队参加第二届焦作国际太极拳交流大会,比赛成绩显著,队员获两个推手冠军,并获集体最高奖——体育道德风尚奖。

10月25—28日,受邀组队参加中国邯郸永年太极拳交流大会,代表武式传承人在开幕式上进行名家表演,获大会"贡献杯"。队员获4金4银2铜的好成绩。

**2003年**

5月18日,受人民体育音像出版社俏佳人音像公司之邀,率弟子翟世宗、王涛、翟世奎、虞伯民到广州拍摄"武氏太极拳系列教学光盘"。

7月,"武氏太极拳系列教学光盘"一套(11碟),作为"中华武术展现工程"的组成部分,在海内外上市发行。

9月,应邀到辽宁省铁岭市授拳讲学。

10月,创办中国永年太极网(www.yntaiji.com)。

以武式太极拳母式"懒扎衣"式,荣登《武当》杂志第10期封面。

11月,组队参加邯郸举办的河北省太极拳展示大会,做名家表演。弟子获4金6银3铜的好成绩。

11月15日,经邯郸市体育局、民政局批准,成立了邯郸市武式太极拳学会,担任首任会长,会员达百余人。

**2004年**

1月,《武式太极拳术》一书由山西科学技术出版社出版。

2月,应第二届香港国际武术节组委会的邀请,组队前往香港比赛,参加名家表演。队员获8金2银的好成绩。

邯郸市武式太极拳学会参加了在永年广府举办的首届永年广府太极拳年会,并取得优异成绩。

2月底,应浙江弟子邱永清的邀请,从香港借道温州,在温州进行了近一个月的传拳授艺活动。

4月,永年县维传武式太极拳研究会20余人代表永年县组队参加唐山举办的河北省太极拳锦标会,取得了竞赛套路1金1银,传统套路第一名4人、第二名5人、第三名5人的优异成绩,并获大会"体育道德风尚奖"。

4月,永年县太极拳协会成立,任协会副主席。

5月,受邀组队赴石家庄参加中日韩民间太极拳交流会暨廉让堂太极拳研究会成立仪式,参加了名人表演,被研究会聘为顾问。

5月,邯郸市太极拳委员会成立,任委员会副主任。

5月15日,组队参加永年县太极拳、械比赛,做名家表演。队员获一等奖4人、二等奖4人、三等奖3人,集体获表演二等奖,集体总分第三名。

5月18日,永年县魏佩林武式太极拳功夫研究会成立,被聘为顾问。

6月10—12日,应邀参加第二届中华武术展现工程研讨联谊会暨展现工程宣传推广协作体成立大会,当选为大会常务理事。

9月,应邀到辽宁省大连市授拳讲学。

10月5日,永年县郝为真太极拳学术研究会成立,被聘为研究会顾问。

12月,在广东省讲学期间,被广东省开平市太极拳联谊会聘为顾问。

**2005年**

2月,应邀组队参加第二届永年广府太极拳年会,做名家表演,被聘为广府太极拳协会副会长,同时荣获组织贡献奖。

3月,应弟子陶江波邀请到江苏省金坛市传拳授艺。

4月12日—5月11日,应马来西亚太极拳总会会长李文剑先生邀请,到马来西亚槟城、吉隆坡两地授拳,很受马来西亚人民的欢迎,该国《光明日报》及《星洲日报》以"武式太极拳引进大马"和"翟维传发扬武式太极拳"为题,进行了采访报道。

5月1日,应陈式太极拳传人张志俊先生邀请,到河南郑州参加张志俊先生60岁大寿及收徒仪式,作为收徒见证师,见证此次活动。

5月,应邀参加在正定举办的河北省武术文化交流大会,荣获传统武术表演优秀奖,并被推选为该会在邯郸地区的负责人。

被邯郸市武术协会聘为荣誉主席。

7月25日,应杨式太极拳传人杨振铎先生之邀,作为武式太极拳代表到山西太原参加杨振铎先生80岁华诞,各派名家参加了祝寿表演活动,并共同研讨太极拳的发展大计。

8月1日,应邀参加永年广府太极武术馆成立及永年县太极培训基地成立大会,会上参加了名家表演,CCTV-2财经频道进行了播放。

8月7日,应邀参加山东省烟台市运动协会世秀太极苑成立大会,并被聘为世秀太极苑名誉主任。

8月20日,应中国武术协会邀请,参加第三届中国焦作国际太极拳交流大赛,参加了名家讲学及表演,获中国武术协会颁发的表演证书,并作为武式太极拳传人代表接受焦作电视台专访。

9月,再次应弟子陶江波的邀请到江苏省金坛市授拳讲学。

10月，内蒙古自治区呼和浩特市维传武式太极拳研究会成立，被聘为该会名誉会长，弟子岳江华当选会长。

再次应邀到浙江温州授拳讲学。

10月26日，应邀参加国家有关部门为永年县命名"全国太极拳之乡""中国太极拳研究中心"挂牌仪式与表演活动。

12月25日，再次应广东省江门市太极拳协会的邀请，到江门市授拳讲学。

**2006年**

4月，"传统武式太极拳丛书"一套十本，由山西科学技术出版社出版。

4月12日，携弟子翟世宗、贾海清到河南开封看望武禹襄后人武福鼐夫人，并与武福鼐女儿、女婿谈论武式太极传承情况。

4月16日，参加第三届广府太极拳年会并携武式太极武校组队参演。

9月27日，应国家武术管理中心邀请，参加在邯郸举办的纪念24式简化太极拳50周年暨第十届国际太极拳交流大会，参加名家表演及名家辅导活动，队员参加开幕式100人表演武式太极活动，并获得多项奖牌。

12月，永年县维传武式太极拳研究会在本年太极拳工作中表现突出，被县体育局、县太极拳协会评为先进单位，先生被评为先进工作者。

12月22日，在永年县武式太极武校参加弟子贾海清收徒仪式。

**2007年**

1月23日，在武禹襄故居收徒。

1月，应邀到广东省鹤山市、开平市传授太极拳。

4月，代表永年县参加在山东郓州举办的全国武术之乡大赛，荣获代表拳种表演特殊奖，弟子赵小青获器械银牌。

5月1日，参加永年县政府举办的首届武式太极拳高峰论坛，会上作《谈太极拳的体与用》主题演讲及表演等活动。

5月2日，应邀到北京参加李经梧先生诞辰95周年纪念活动，作为特邀代表展示了武式太极拳的风采。

5月3日，组队参加永年广府第四届太极拳年会，由温州、广州、邯郸、邢台、广府等地会员参加并取得了很好的成绩。

5月12—25日，应弟子钟建强之邀，去香港传授武式太极拳及推手。

8月4日，为纪念中日邦交正常化35周年，丰富中日文化交流活动，应日本武术太极拳联盟会邀请，中国武协副主席王玉龙率队一行12人赴日访问，受邀代表武式太极拳参加了这次活动。

8月，鉴于先生对武式太极拳的贡献，中国武术协会授予先生中国武术七段荣誉，同时加入中国武术协会。

8月13日,受邀代表武式太极拳流派,在河南大学参加《中华武术》第二期太极拳名家大讲堂,并被《中华武术》杂志和人民体育出版社特邀为"中华武术大讲堂第二期太极拳名家讲堂主讲导师",被河南大学聘为客座教授。

8月19日,受国家体育总局武术运动管理中心之邀,参加第四届中国焦作国际太极拳交流大赛暨首届新农村农民健身大赛,会上参加名家表演及名家辅导等活动。

9月28,应邀参加温州市河清武式太极拳研究会成立大会,被聘为研究会顾问,会议期间进行了讲学及授拳活动。

10月,响应市政府太极拳进机关、进工厂、进学校、进农村的号召,应邯郸市广安小学邀请,到该校传授武式太极拳。

10月26日,应韩国掤捋挤按太极拳学校之邀,携弟子王涛到韩国首尔参加学校的宣传表演活动,被聘为学校客座教授。

11月12日,与广府旅游开发管理委员会主任李剑青、太极杂志总编杨宗杰、子翟世宗等一起到正定,参观师弟任智需建造的华武园并一起商讨永年太极拳发展前景。

12月1日,被永年县政府任命为永年县太极拳培训中心总教练,对精英班学员进行封闭式训练,计划两年拿出成绩,改变永年当前太极拳发展趋势。

**2008年**

3月3—5日,参加县政协第九届二次会议,撰写了《发扬我县太极之乡优势,打造太极文化精品》的提案。

3月14日,新加坡太极拳协会来广府交流学习。

3月23日,应邀参加永年县文体局、太极拳协会共同举办的永年县太极拳理论研讨会。作为主讲人之一做了《太极拳的体与用》讲座,有百余名太极拳爱好者参加了本次活动。

4月3日,参加武式太极拳第二代宗师李亦畲及第三代宗师李石泉、李逊之墓地揭碑仪式。有市县镇领导及李氏家族、武式太极拳传人等400余人参加。

4月4日,参加河北省在永年广府举行的清明节文化活动。在武禹襄故居举行的亮拳祭祖活动,武式太极拳门人及弟子进行了拳艺展示,并接受了省、市、县领导的参观采访。

4月12日,先生收徒仪式在武禹襄故居举行。本次收徒共有6人,来自广东开平,河北平乡、隆尧、永年等地。

4月19日,参加永年广府太极拳协会邢台冠长青分会揭牌活动。

4月26日,由广府开发办组织杨、武式太极拳队30余人,赴河北正定参加正定家具市场开业典礼,进行了太极器械、推手表演,展示了太极拳之乡的风采,受到广大观众的好评。

5月2日,接待湖北学员来广府寻根游学活动。

5月2—4日,组队参加第五届永年广府太极拳年会,开幕式上参加了名家表演。精英班成绩突出,共获得奖牌25枚,其中金牌4枚、银牌12枚、铜牌9枚。擂台上有刘振奇、焦亚飞进入决赛,桩上推手有刘振奇、王龙飞进入决赛。

5月15—16日,CCTV-12社会与法频道摄制组,赴永年录制2008年奥运会的献礼片20集系列片《中国武师》,代表武式太极名家接受采访,并率众弟子参与了纪录片的摄制。

5月17—18日,永年县政府组织参加了廊坊国际展览会,在会场上全面展示了永年太极圣地的风貌,携弟子参与了太极拳艺的展示。

5月,永年县太极文化商贸有限公司成立,先生任董事长,翟世宗任总经理,主要经营:武术用品、体育器材、太极文化开发与推广等。

6月1日,在广府家里接待英、美、德、法等国50余名太极拳爱好者。

6月,黑龙江卫视《龙武堂》摄制组到广府专访先生,并对武式太极拳套路、推手、桩功等进行了录制。

6月24日,在武禹襄故居接待领导视察。为领导讲解武式太极拳传承与发展概况,表演了武式太极拳和推手。

7月8日,在家乡广府喜收弟子5人,他们来自香港及河北邱县等地,又为武式太极拳增加了新的力量。

10月17—21日,参加邯郸第十一届国际太极拳运动大会。

10月25日,应邀到北京大学光华管理学院为EMBA学员讲学授拳,使大家了解到武式太极拳的真谛,学员在不同程度上受益。

11月,应唐山丰南区政府之邀,携弟子翟世宗、李胜英到丰南传授武式太极拳。

11月24日,应弟子韩克峰之邀,到山东淄博传授武式太极拳。

12月5—16日,应弟子蔡国联之邀,到香港授拳并成立中国香港武式太极拳总会。

**2009年**

1月3日,应北京《21·名家》杂志社与北京理工大学之邀,在北京理工大学文化交流中心举办武式太极拳专场讲座,表演人员:翟世宗、王涛、赵小青、刘振奇、李胜英、孔令锋等。

1月,在广府家里接受美国太极友人专访。

2月,参加永年县政协九届委员会第三次会议并撰写了《关于在广府建设太极文化苑》的提案。

4月3日,武式太极拳传人100余人,在武禹襄故居举办清明节祭祖活动,以表示对祖师及先辈的敬意。

4月20日,在广府老家接待前来学习武式太极拳的俄罗斯学员。

4月26日,应邀携弟子翟世宗、李胜英、赵小青到唐山丰南区参加武式太极拳集体套路比赛裁判工作。由于区领导的高度重视,武式太极拳传播不到半年时间,人员已发展到400余人,这次比赛共有14个队参赛。

5月30日,在武禹襄故居与济南市太极拳协会交流。

6月11日,受邀到正定参加河北省武术文化产业促进会揭牌仪式。

7月2日,由翟世宗陪同到香港参加商会表演、讲学活动。

8月14日,接受由河北省民盟带领的台湾师范大学林镇坤教授一行的采访,介绍大陆太极拳发展情况。

8月19—24日,应中国武术管理中心之邀,参加第五届中国焦作国际太极拳交流大会,会议期间进行了名家讲学、表演等活动。所带队员吴艳旭荣获65公斤级推手金牌,谭俊强荣获75公斤推手冠军。

9月9—13日,应中国武术管理中心之邀,参加中国贵州清镇首届国际太极拳交流大会,期间参加了高峰论坛、名家讲学及表演等活动,论文《论太极拳阴阳与懂劲》收录《国际太极拳高峰论坛征文集》中。

9月19—22日,应邀作为年会顾问参加第六届永年广府太极拳年会,参加名家表演。队员刘振奇荣获桩上推手、太极杆、太极刀、太极拳套路四项金牌,谭俊强荣获75公斤级推手银牌。

9月24日—10月26日,应邀到广东江门市河塘镇授拳,期间带队参加江门市蓬莱区国庆表演活动。

11月6日,应邀作为特邀嘉宾参加邢台市任县举办的首届太极拳套路、器械比赛大会。

12月15日,英国友人在邯郸进行专访,谈武式太极拳源流、特点、身法内功及如何走出国门,弘扬武式太极拳等问题。

12月19日,应邀带队参加CCTV-4中文国际频道在永年广府拍摄的太极拳新年贺岁片。

**2010年**

1月12—15日,应中国武术协会邀请,代表河北省到北京参加国家武术管理中心对太极推手的赛制研讨活动,弟子吴艳旭、谭俊强陪同前往。

1月25日,应邯郸学院太极文化学院郭振兴院长之邀,到邯郸学院商讨太极拳进学校事宜。赠予学院"传统武式太极拳丛书""武氏太极拳系列教学光盘"等。

3月2—4日,由国家武术管理中心推荐,在广府参加中央电视台体育频道《太极拳秘境》的摄制。该片共8集,由世界太极拳冠军邱惠芳主持,以纪录片的形式对当今陈、杨、武、吴、孙、和式六大门派的代表人物进行实地访谈,播放后社会反响强烈。

3月10—12日,参加永年县政协第九届委员会第四次会议,递交了《关于在永年电视台开办太极文武堂专栏》的提案。

3月,到省会石家庄参加河北省武术协会换届选举及总结表彰大会,与翟世宗一起当选为河北省武术协会委员。

4月,应弟子韩克峰邀请,一行6人到山东淄博传拳,并游览了泰山。

4月16—19日,应邀到江苏镇江参加第四届世界华人艺术节华东区武术选拔赛暨2010年法尔胜"泓凯杯"武术与健身论坛交流大会,会上做名家表演。

5月1日,经广府生态文化园区管委会批准,在武禹襄故居宣传、推广、培训学员及为参观者表演武式太极拳。

5月10—13日,应邯郸市政府邀请,带翟世宗、王涛到上海世博会参加"成语之都、太极圣地"的推介会,期间进行了太极拳推手表演等活动,并在会上推广"阳光太极——都市精英抗疲劳五式"。

6月25日—7月6日,应邀到内蒙古鄂尔多斯传授武式太极拳。

10月,在市县各级领导的亲切关怀下,经邯郸市教育局、永年县政府批准,由其编写的邯郸市中小学普及专用教材《武式太极拳初级教程》问世,计划在邯郸市中小学普及推广。

10月中旬,应邀组队参加中国邯郸永年太极峰会,被聘为大会仲裁委员,队员荣获多项奖项,大会闭幕式上举行了《武式太极拳初级教程》的捐赠仪式。

11月6—8日,应邀组队参加在广东佛山举办的"永年春杯"第七届广府太极拳年会,参加名人表演,队员荣获多个奖项。

11月12—15日,美国太极拳爱好者Peter到广府学习武式太极拳,在认可武式太极拳的同时,商定组团来广府学拳等事宜。

11月19—21日,应邀参加在浙江杭州举办的"上海电视台ICS圆满世博国际太极文化旅游节",担任组委会名誉主席,并荣获太极功勋奖。

11月30日,在广府古城上为李连杰先生讲解武式太极拳。

12月8—12日,应国家体育总局武术运动管理中心之邀,参加在杭州举办的第三届世界太极拳健康大会,参加了名家论坛及表演等活动。

**2011年**

1月11—12日,参加政协永年县第九届委员会第六次会议,撰写了申请推广《武式太极拳初级教程》的提案。

2月25—28日,应香港国际武术联会之邀,组队到香港参加第三届国际太极拳邀请赛暨第二届国际太极推手赛。会上参加名家讲学及名家汇演等活动。弟子吴艳旭荣获60公斤级第一名,谭俊强荣获75公斤级第一名,套路获2金2银1铜的好成绩。会后受到香港中西区议员、香港大学职员协会会长陈捷贵太平绅士的接见,并受邀到香港大学进行表演。

4月11日,应邀参加杨式太极拳祖师杨禄禅墓地奠基仪式,弟子李翘代表永年维传武式太极拳研究会捐款1000元。

5月25日,应邀参加河北任县董氏太极拳协会成立仪式,参加名人表演,并被聘为协会专家顾问。

6月11—22日,携翟世宗、赵小青、林铁马、吴泽明、钟建强等弟子到深圳拍摄"中华太极拳系列"光碟等。

8月17—19日,应河南温县政府之邀,参加杰出、优秀传承人命名大会暨太极拳传承与发展高峰论坛,会上参加名家讲学与表演等活动。

8月20—25日,应国家武术管理中心之邀,参加在河南焦作举办的第六届国际太极拳交流大赛,会上参加名家访谈、授拳、表演等活动。

9月16—18日,首届武式太极拳维传联谊会在邯郸和广府举办。

11月27日,邯郸九福百名老人太极养生游在广府举办。

11月28—29日,应邀参加河北省太极拳网开播上线活动,举行了名家表演及教学等活动,名家有赵幼斌、孙永田、和有禄等。

11月,成立了中国维传太极网,为武式太极拳的宣传和推广起到了一定的促进作用。

**2012年**

4月,由深圳中映良品出品《中华太极基础功法》(书+DVD)。

5月5—17日,应弟子刘政军之邀,和翟世宗到辽宁丹东传授武式太极拳,受到了丹东市武协全体领导的接见和宴请,为丹东市武式太极拳协会会员做了专题讲座。

5月26日,应邀与中国国际太极拳网合作,作为武式太极拳代表人物参加拍摄"太极大师名人堂"的立体视频教学。

6月14—22日,应邀和翟世宗到湖北罗田县参加罗田县太极拳协会成立大会,会上参加了表演、授拳等活动。

7月14日,受邀从天津回永年参加时任全国政协主席贾庆林到广府视察的表演活动,与贾主席交流太极并合影留念。

9月13日,在天津津南区开办了维传武式太极会馆,这是武式太极拳在外地的第一家会馆。

11月,由四川科学技术出版社出版"武式太极拳系列"4本,这是先生古稀之年又一力作同时也是代表作。

**2013年**

2月20日,庆贺70岁华诞并和武式弟子举办了春节汇演活动,参加人员百余人,通过个人的表演,都看到自己的不足,对提高太极拳功夫起到推进作用。

5月24—28日,受陈中华先生之邀,参加中国五莲大青山国际太极拳大赛,会上参加名家讲学与表演等活动。

5月29日,天津红磡集团举办武式太极拳学习班。

6月8日,从天津会馆与李彦生、陈吉强、刘秀祥一起回老家广府,在武禹襄故居举行了传统的纳徒仪式,这也是收的第一批天津弟子。晚上到石家庄参加了李剑方先生纳徒翟世宗仪式。

6月9日,参加弟子王涛在邯郸开办的广府太极会馆开馆仪式。

8月19—22日,受国家体育总局武术运动管理中心、河南省体育局、焦作市政府的邀请,参加第七届中国焦作国际太极拳交流大赛,做名家讲学、辅导、表演等活动。

9月14—16日,受武当拳法研究会之邀,组建"天津维传武式太极会馆"代表队,参加在武汉举办的第二届武当演武大会。队员陈吉强获2金1银1铜,杨玉荣获2金,李迺华获1银。

9月20—22日,受上海陈式太极拳馆之邀,与翟世宗参加上海太极嘉年华名家表演活动。

10月2—4日,"天津维传武式太极会馆"代表队参加在天津举办的华北地区传统武术大赛,荣获集体套路三等奖,队员获多项奖牌。

10月19—26日,受杭州柔之艺太极馆之邀,与翟世宗参加在杭州举办的情系运河太极同源研习会,参观了柔之艺太极馆、太极禅院、浙江国术馆旧址等。会后开办了武式太极拳学习班。

10月,在天津会馆组队参加天津市第四届"体彩杯"全民建身运动会,荣获多项奖牌与证书。

**2014年**

2月11—13日,应邀参加第八届永年广府太极拳年会,参加名家表演活动,队员荣获多项奖牌。

3月9日,被天津津南区武术协会聘为津南区武术协会技术总指导。

4月24—30日,天津维传太极会馆学员李廼华等三人,随队到台湾参加世界杯国际武术大赛,获得5金1银。

6月13—15日,应邀参加第十二届中国邯郸国际太极拳运动大会,参加名家辅导、名家表演等活动。队员获5金2银12铜。

在台湾出版发行《武式太极拳三十七式》《武式太极拳老架》《武式太极拳小架》。

**2015年**

3月14日,接受邯郸电视台到永年广府进行的采访。

3月17日,中国非物质文化遗产专业委员会配合河北体育大学一起到永年,在家和武禹襄故居采访先生。

7月3日,当代武式太极拳代表人物、中国武术八段钟振山先生(先生师弟)一行到天津会馆来看望师兄。

7月10日,河北五方集团张总一行来天津看望先生。

7月15日,应永年武式太极研究会之邀,作为研究会顾问在广府古城甘露寺进行首场专题讲座,参加人员百余名。

7月23—26日,举办弟子培训班,到武安青塔湖修炼太极与讲学。

8月8—14日,应邀参加首届温州市太极文化节,会上进行讲学表演活动,并获得特邀名家奖牌。会后又参加温州市武式太极拳研究会讲学表演,并对温州市弟子及学员进行辅导。

8月19—26日,受邀参加河南焦作第八届中国焦作国际太极拳交流大赛,带弟子十余人参加了开幕式表演,并进行讲学活动,接受中外众多媒体的专访。

9月6日,应邀到北京参加"生活无处不太极"互联网时代太极文化发布会,与陈式陈小星、杨式崔仲三、吴式张全亮、孙式孙永田作为各个门派的代表人参加了表演和论坛。

9月14日,世界太极网一个时代的太极光辉,"我最喜爱的中国太极人物"网络评选活动结果揭晓,先生入选太极传播优秀人物及百名优秀太极人物。

10月3—4日,在故居收徒。3日游览古城、拜谒宗师、参观武校、讲学、联谊晚会等活动;4日进行交流表演,在武禹襄故居举行拜师仪式,有市县政府领导及本门师兄弟参加,收纳了全国各地12位弟子。

11月4—5日,应县领导通知回广府参加CCTV-4中文国际频道拍摄的武式太极拳体验功夫,由翟世宗带弟子参加并商量拍摄事项。

11月8日,在杭州弟子傅志旭的努力下,在杭州成立真源健康管理有限公司;联合章佳欢先生开办了杭州真源养生太极生活馆,同时开始招收学员。

**2016年**

2月27日,应邀携翟世宗参加首届三亚南山国际太极文化节新闻发布会。会上参加了"南山聚友,圆桌论道"论坛。

4月8—12日,应邀携翟世宗一同参加首届三亚南山国际太极文化节,会上进行了座谈、讲学、表演等活动。荣获中华太极优秀人物奖;翟世宗获得中华太极传承突出贡献奖。

4月20—23日,应邀携翟世宗参加在温县举办的首届太极旅游体验季活动。会上,参加了陈家沟世界太极拳名家手印墙、祭拜陈王廷、陈家沟太极讲坛、中国太极拳职业教育中心揭牌仪式等一系列太极文化活动。入选陈家沟世界太极名人墙,并被聘为中国太极拳职业教育中心客座教授。

5月4日,成立杭州市武式太极拳协会。名誉会长翟世宗,弟子傅志旭当选首届会长。

5月18—22日,应邀携河北五方太极馆代表队参加在山东泰安举办的首届泰安国际太极拳邀请赛。队员获5金9银2铜共16枚奖牌,并荣获集体项目一等奖、武德风尚奖、优秀组织奖三项大奖。弟子翟世宗、张增武、李胜英等一同参加了名人讲学表演活动;先生被泰安市政府聘为泰安旅游形象大使。

5月25—28日,在家乡广府古城举行了《真源武式——翟维传太极人生》开机仪式;摄制组分别在武禹襄故居、武家大院、广府古城墙、太极武校等地进行了拍摄取景。同时在祖师武禹襄故居进行了传统而隆重的纳徒仪式,李新建、回世强、章佳欢、张嵩、王来军、王大成、于志彬、丁继红、范志江、余涵颖、王明、王振英12名弟子,分别来自邯郸、杭州、徐州、天津、通化等地,为太极拳弘扬发展增添了新的力量。

8月17—22日,应邀参加香港陈式混元太极拳社成立十一周年庆典。

8月19日,在香港武式太极拳总会办班授课。

8月23—27日,应广东江门蓬江区太极拳协会邀请,在江门开班授课。

8月27日,应马广禄老师之邀,访深圳马广禄太极馆。

8月28日,到深圳陈小旺先生开办的太极华藏参加开业庆典。

8月31日—9月1日,到石家庄五方太极馆举办维传弟子高级培训班。

9月7日,到访弟子处——邯郸品铖太极文化工作室。

9月8日,参加邯郸市太极拳运动促进会、弟子于志彬收徒仪式。

9月10日,参加永年太极武校校长、弟子贾海清收徒仪式。

9月17日,应邀到武当山参加首届中国老年养生文化旅游节暨第九届中国养老产业高峰论坛。

9月21日,应邀到辽宁桓仁参加首届世界太极拳养生文化高峰论坛暨全国太极拳公开赛。

9月26日,应国家体育总局武术管理中心邀请,参加第十三届中国邯郸国际太极拳运动大会。

9月28日,参加永年太极杂志二十周年庆典晚会,并代表武式太极拳做名家表演。

11月4日,翟世宗到上海大学讲学。

11月29日,应国家体育总局武术管理中心邀请,到桂林参加中国-东盟"太极一家亲"活动。

12月14日,翟世宗培训吉利集团部分员工。

12月16日,翟世宗到浙江大学管理学院展演。

**2017年**

1月5日,翟世宗到吉利集团讲学。

1月8日,先生一行到西隐寺。

2月15日,在杭州银丰大厦二楼维传武式太极工作室举行纳徒仪式,拜师人:任治仲。

3月9日,广东江门蓬江太极拳协会到访杭州馆。

4月4日,与翟世宗到温州苍南半书房城市文化客厅讲解武式太极拳。

4月29日,深圳学员到杭州真源太极馆跟先生学艺。

4月29日,唐山学员到杭州真源太极馆跟翟世宗学艺。

5月21日,河北省五方太极俱乐部与武式太极工作室联合举办第二届武式太极维传联谊会。

6月11日,在广府武禹襄祖师故居举行先生纳徒仪式,本次收徒共4人,分别是朱年喜、金卫群、刘东方和王珂。

7月15日,与翟世宗受温州苍南半书房城市文化客厅与苍南太和艺术学校共同邀请,举办武式太极拳苍南(第二期)公益班。

8月5日,翟世宗作为代表,受邀参加在山东泰安举行的主题为"传承与发展"的首届世界中青年太极领袖峰会。

8月20日,到徐州武式太极拳研究会指导工作。

8月28日,五方太极馆的母公司河北五方投资集团代表队代表河北省,参加在天津举办的第十三届全国运动会。

9月18日,与翟世宗参加第九届中国焦作国际太极拳交流大赛,举办太极拳名家讲座等系列活动。

549

9月23日,翟世宗携天津维传武式太极会馆会员参加第二届三亚南山世界太极文化节。

10月6日,先生收徒仪式在广府举行,新晋的两位弟子为谢胜利和乔望松。

11月4日,率弟子参加在邯郸学院举行的姚继祖宗师百年诞辰纪念活动。

11月5日,李逊之、魏佩林、姚继祖三位宗师塑像揭幕仪式在武禹襄祖师故居举行,姚继祖宗师百年诞辰祭拜活动在姚继祖宗师墓地举行。

11月25日,温州苍南体校邀请翟世宗和贺太安再次开班教学。

12月3日,派翟世奎到天津维传武式太极会馆培训交流。

12月8日,指派弟子郭迎娜举办邯郸首期维传武式太极公益班。

12月9日,翟世宗到邯郸首期维传武式太极公益班指导交流。

12月17日,天津维传武式太极会馆举办迎新春年会。

12月17日,河北省第七届武术协会换届会议在石家庄召开,五方集团董事长、五方太极馆创始人张增武当选省武协副主席,翟世宗当选副秘书长。

**2018年**

1月10日,文化部公示了第五批国家级非物质文化遗产代表性项目代表性传承人名单,先生名列其中。

1月12日,焦作市武式太极拳协会成立大会隆重召开,新任会长谢胜利宣布聘任先生为名誉会长。

1月27日,在浙江省温州苍南体校、灵溪五小举办的为期两个月的武式太极拳培训班结业。培训期间,翟世宗与贺太安言传身教,兢兢业业。广大教师学员仔细揣摩,认真体会,收获颇多。

2月26日(农历正月十一),先生在海南三亚过生日,部分弟子到场祝贺。

3月15—21日,2018年非遗展演进万家江门行暨翟维传大师广东江门传艺系列活动举办,先后到蓬江区太极拳协会、城市中心广场、江门市养生协会等进行了讲座和展演。

4月10日—16日,焦作市山阳区第二期社会指导员暨武式太极拳免费培训班开课,区文体局领导到会祝贺。贺太安受委托前去授课指导,13日在龙源湖社区主讲太极拳理。

5月,国家文化和旅游部认定翟维传为国家级非物质文化遗产代表性项目太极拳(武氏太极拳)的代表性传承人。

5月5日—6月7日,先后向永年区教育局、行政审批局提交材料,成立了"永年禹襄太极研究院"。研究院以弘扬传统太极文化、增进全民健康、发展竞技太极拳为宗旨,研究、传授太极拳术,培养太极拳师,组织非遗传承、赛事与全民健身活动。

5月9日,中国武术协会发文公示,经高段位评审委员会评审、批准,先生荣誉晋升中国武术八段。

6月10日,与永年区领导讨论筹备第十四届邯郸国际太极拳运动大会和旅游产业发展大会事宜,畅谈太极拳发展大计,计划在永年广府太极国术馆于8月8—12日,举办一期"迎两会"翟维传太极进阶大讲堂。

7月6日,应邯郸市太极拳运动促进会邀请,参加峰峰武术文化节开幕式表演并在邯郸市中医院国医堂三楼授课,举办太极大讲堂。这是"大师回归故里,传授非遗太极拳,为家乡做贡献"活动的开始。

7月23—27日,翟世宗参加在山东菏泽举办的第十五届全国武术之乡套路比赛。

7月18日,为以河南焦作牵头的中国太极拳申请世界文化遗产提供武式太极拳资料。

8月11—12日,接河北省武协通知,翟世宗参加了在天津举办的第三届全国武术运动大会,取得好成绩。

9月26日,与翟世宗收徒仪式在广府家中举行,回增海、王林、李红伟、米智虎、申健拜先生为师,包宝海、李杨、王鑫拜翟世宗为师。

9月26—29日,携弟子参加在广府古城举办的第十四届中国邯郸国际太极拳运动大会暨第三届邯郸市旅游产业发展大会。期间,在广府古城府衙进行了名家表演,出席了太极文化论坛,被授予"广府太极荣誉钥匙",众弟子也取得了优异成绩。

9月30日—10月8日,参与社会科学文献出版社《太极拳蓝皮书(2018)》一书编撰工作,永年禹襄太极研究院负责"武式太极拳"部分。

10月30日,在硅谷集团宋福如总裁的大力支持下,永年禹襄太极研究院在硅谷大街13号设立接待处,广府景区又添一处太极拳接待和传播"窗口"。

11月11日,应河北省武协邀请,翟世宗参加在保定涞源举办的京津冀白石山首届登山节暨国际太极拳交流大会。

11月13—17日,首期弟子进修班开班,来自全国各地的维传支系弟子30余人,在甘露寺、永年禹襄太极研究院、武家大院等地方上课进修,既游览了古城美景,感受了太极文化,也精进了功夫。

11月25日,作为武式太极拳门派代表,应邀参加在广西阳朔举办的第五届中国-东盟"太极一家亲"系列交流活动。

12月2日,按照中国老年人体协太极拳专项委员会布署,编写《老年26式武式太极拳》,六大流派各编一套,经展示定型后向全国老年体协系统推广。

**2019年**

2月10日,永年禹襄太极研究院第二期弟子进修班联谊会在广府太极大酒店举办。

2月11日,第二期弟子进修班开班,由先生讲授"武式太极拳招法与劲法(初级)",学期四天。

2月15日,先生生日宴会、第二期弟子进修班结业仪式、先生收徒李金柱仪式在广府太极大酒店举行。

3月24日,永年区艺术太极拳展示大赛在广府古城府衙举办,派出11名成员参加了艺术太极拳展演,获"最佳才艺奖"。

3月30日，应邀到温县参加河南太极拳学院项目开工仪式，并进行名家讲座。

3月20日—5月25日，中国彩灯节在美国的阿拉巴马州亨兹维尔植物园举办，有中国武术、太极拳、非遗艺术展演。永年禹襄太极研究院执行院长翟世宗受美国华人协会和中国彩灯节举办方的邀请，赴美国进行两个月表演、展示、讲学。彩灯节上每天表演两场共表演了100场；到中学及小学进行专场表演；到阿拉巴马州孔子学院互赠书籍；为亨茨维尔华人协会举办三期武式太极拳美国培训班。

5月1—4日，举办传统太极拳五步八法功法套路培训班。

5月12日，参加在河南三门峡举办的河南省第十三届老年人体育健身大会。

5月18日，参加中国老年人体育协会在山东日照举办的全国老年人太极拳推广展示大联动活动。

6月30日—8月7日，永年禹襄太极研究院举办永年区曲陌乡工作人员武式太极拳培训班，翟世宗任教师，先生到场指导并与学员结业合影。

7月12—14日，翟世宗应乾程集团的邀请，到河南郑州参加第三届世界武术文化产业博览会，并参加了"乾程助推太极走出国门研讨会"。

7月16—18日，应焦作市武式太极拳协会的邀请，翟世宗在焦作进行为期三天的讲学辅导。

8月8—18日，波兰学生卡力一行5人，到永年禹襄太极研究院学习。期间，永年区文化旅游局局长白贵芬、教育体育局副局长王铭宝莅临指导工作，看望波兰学员。

8月28日，先生纳徒李云云。李云云，毕业于天津体育学院，国家一级运动员，国家运动健将，国家二级裁判，中国武术五段，就职于邯郸学院太极文化学院。

9月16—22日，第十届中国焦作国际太极拳交流大赛在焦作举行，永年禹襄太极研究院代表队参加了套路、器械等项目的比赛，共获得5金8银13铜。期间，携弟子参加了名家大讲堂、与焦作武式太极拳协会联谊、"六进"展演、"一带一路"太极行等系列活动。

9月21—29日，西安学员赵天林等4人到永年禹襄太极研究院学习。期间，永年区青少年太极拳文化协会李超山会长和李利周老师看望学员。

10月1—6日，"太极拳五步八法"第二期培训班开班，学员来自北京、天津、成都、徐州、连云港、潍坊、济宁、上饶等地。期间，武禹襄祖师后人武林先生应邀举办武家文化讲座；永年区宣传部部长王金庆看望老师和学员并指导工作。

10月，先生任《太极》杂志特约编委。

12月3—7日，先生一行5人到天津维传武式太极会馆指导和交流。

12月13—18日，中国老年人体育协会太极拳专委会第三次会议、2019年第一届全国健身养生大会暨中国老年26式各式太极拳评审会在厦门举行，先生作为老体协太极拳专委会专家讲师团专家、武式太极拳代表性传承人参会，与翟世宗共同展示老年26式武式太极拳套路，获评审高度赞同。

**2020 年**

2月8日,为配合全国共同抗疫,制作《太极拳内功桩法——上下矛盾桩》教学片,并与弟子郭迎娜联合在线上直播教学,取得了良好的社会效果。

4月6日,翟世宗应邀在世界太极拳网《太学堂》栏目线上视频直播,主讲《知行合一的武式太极拳》,受众达万人。

5月15日,为宣传永年广府古城,宣传武家大院及武家文化,弘扬中华太极拳,助力广府打造世界太极拳旅游目的地,携弟子在武家大院与古城景区拍摄《广府古城传拳人》宣传片。

5月31日,在广府武家大院收徒翟青青。翟青青,女,32岁,河北石家庄人,河北省航程文化旅游开发有限公司总经理,因工作关系逐渐喜欢上武式太极拳。

7—9月,在老宅基础上改造兴建"翟维传太极拳馆"。拳馆按古建风格,由研学坊、练功坊、养心坊、雅居、餐厅等组成,是太极拳爱好者深造、精进功夫的理想场所,于中秋国庆节前完工。

10月8日,先生携子翟世宗,作为资料提供者和太极拳名家、门派代表,应邀参加在河南焦作举办的黄河文明与太极文化研讨会暨《世界太极拳发展报告(2019)》首发式。

10月11日,在河南焦作收徒程中桂、窦喜梅、李宝霞、侯静艳,她们是焦作市武式太极拳协会骨干成员。

10月24日,由先生弟子王新峰发起筹办的"成安新峰太极推手俱乐部",在成安县文化馆挂牌成立;同时,永年禹襄太极研究院成安分院授牌仪式在此举办,王新峰任馆长及分院院长。

12月5日,在广府武家大院收邵金元、杨自贵两徒。邵金元,男,1956年11月出生,现任常熟市武术协会主席。杨自贵,1965年11月出生,现任临沂市武协大成拳意拳研究会会长。

12月5日,先生与翟世宗接受河北省长城网专访。

12月17日,中国太极拳列入联合国教科文组织人类非物质文化遗产代表作名录。其中,河北省邯郸市永年区的杨式太极拳、武式太极拳,邢台市任泽区的王其和太极拳3个项目位列其中。至此,我国太极拳世界申遗成功,对于增强中华民族凝聚力和文化认同感,扩大中华文化在全世界的影响力,促进民心相通和文明交流互鉴,提高中华文化在国际上的地位有着重要作用。

翟世宗受邀代表武式太极拳社区,带领团队参加了在河南焦作举办的系列庆祝活动。

**2021 年**

1月23日,翟世宗、翟素霞、李杨参加由河南焦作举办的"世界从此太极"太极拳公益线上培训,分别担任讲师和助教,进行了专场讲座。

2月22日(农历正月十一),先生寿诞之日,部分弟子、拳友、朋友前来祝寿,适逢见面之时,先生给弟子讲拳,弟子给老师及来宾汇报各自练拳心得,来宾对武式太极拳提出期望。

3月13日,到天津维传武式太极会馆授拳。

3月19日,应黄骅市太极拳协会曲炳强会长邀请,先生一行7人访黄骅并教授武式太极拳。

4月23日,两个分院授牌仪式在广府古城永年禹襄太极研究院举行。设立广东江门分院并任命武式太极拳第七代传人陈洁馨为江门分院院长,设立江苏徐州分院并任命武式太极拳第六代传人李新建为徐州分院院长。

4月24日上午,《武道文踪》编纂研讨会在武家大院举行。先生及部分第六代、第七代传人,特邀太极拳文化专家参与活动。

5月19—26日,浙江杭州桐庐举行全国老年26式武式太极拳教学骨干培训班。先生携弟子向来自全国各地的120多名学员,悉心传授老年26式武式太极拳。

6月7日,在广府古城武禹襄故居,接待中央军委原副主席范长龙上将,范主席为先生题词:天下太极,披褐怀玉——翟维传太极人生。

6月24日,在广府古城翟维传太极拳馆喜纳慧徒:浙江吴自力、山西王永丽。

7月8日下午,在广府古城城墙上,接待河北省人大常委会副主任邢国辉、邯郸市委书记张维亮。

7月21日,派子翟世宗到浙江衢州传授武式太极拳。

7月31日,受邀参加永年杨式武式太极拳团队标准文件专家研讨会。

9月3—12日,国家级非物质文化遗产太极拳(武氏太极拳)代表性传承人翟维传记录工程传承教学资料档案影片摄制组专程到广府拍摄。

10月2日,焦作武式太极拳协会会长谢胜利带队一行10人来广府寻根求学,并被颁授永年禹襄太极研究院焦作分院,任命谢胜利为分院院长。

10月25日,派弟子翟世宗、申健到冀南新区台城乡赵拔庄学校传授武式太极拳。

11月10日,翟世宗带队参加河北省文化宝岛行暨第三届冀台太极文化交流会。

12月6—28日,浙江省衢州市举办武式太极拳研修班,翟世宗传授武式太极拳37式套路。

12月18—21日,河北省老体协在石家庄灵寿举办太极拳教练员培训班,携子翟世宗应邀参加并授课。

12月6—29日,浙江省衢州市柯城公安分局举办武式太极学习班。翟世宗授课、李杨助教,学习武式太极拳37式套路。

# 后　记

　　《武道文踪》终于出版了！这是父亲的夙愿，也是我们弟子的心愿。

　　翟维传先生是我父亲，也是我师父。父亲淳朴善良，性格耿直，认真踏实，功夫纯正，一生为武式太极拳的发展呕心沥血，深受弟子们的爱戴。我是父亲的独生子，从记事起就随着父亲一起到师爷家练拳，父亲和师爷的深厚情谊及他们教拳、练拳时认真努力的精神深深地影响着我。这种真情和精神激励着我不断努力，不断提高自己的个人修养和拳艺水平，以不辜负师爷和师父对我的教导和厚望。

　　后来，我跟随父亲四处传拳，既当勤务又当助理，既当陪练又做教练，生活上照顾父亲，教学上协助父亲，可以说参与并见证了父亲为武式太极拳的发展所做出的种种实践和努力。父亲一生唯有太极，作为武式太极拳第五代传人，他常常对我讲传承的重要意义，勉励我刻苦练功，认真学习拳理，做一个明真理、有真功、有德行的真正的太极拳家，为武式太极拳的发展竭忠尽智，方不枉为第六代传人。

　　我深知责任重大。作为儿子，我希望父亲能健康长寿，享天伦之乐，能轻轻松松、快快乐乐地过好每一天；作为弟子，我又能真切地体会父亲内心的不安，老人家无时无刻不在为武式太极拳的传承而焦虑。每当弟子们来求教，父亲都不厌其烦地讲，有时弟子已听过多次，但父亲还是一直讲。对于父亲来说，心知必须练到身知，才算上功夫。只要弟子们没有练到身上，就不算是真正掌握！

　　父亲对太极拳已经达到了痴迷的境界：行走坐卧是太极，独自沉思是太极，与人言谈是太极。他的床头、书桌上、茶几上都放置着纸笔，有时临睡前，有时刚睡醒，甚至有时半夜，随时有感悟随时就记下来。久而久之，父亲积累了很多经验，这些经验来源于实践又能指导实践，具有很高的价值。

　　把这些经验总结出来，出版一本代表翟维传拳艺和思想的书籍，这在十年前就提上日程了，2021年初成了众弟子共同心声。为了帮助父亲实现夙愿，为了达成师兄弟的心愿，我不避才疏学浅，尽最大努力组织，依托师兄弟和社会各界力量，全面整理父亲的太极拳资料，去粗取精，精心编选，数易其稿，终于使之与读者见面。

　　本书编纂过程中，得到了范长龙、李慎明、张耀庭、李杰、苏敬斌、余功保、杨其元、李剑方、李剑青、王金庆、杨宗杰、张磊等领导的大力支持；得到了李旭藩、钟振山、翟金录、任智需、魏高志、翟会传等师叔的关心和宝贵建议；得到了所有师兄弟的大力帮扶与激励；还有为本书的出版默默付出的朋友们，这里一并表示深深的谢意！

这本书是一代太极拳家的心血结晶,也是开启新时代传承的标志性著作。前辈志已达,我辈当自强。让我们新一代的传承人以此为契机,共同努力,进一步促进武式太极拳的发展!

也希望广大读者能通过这本书了解翟维传先生修习太极拳之历程,在太极拳技艺和功夫境界上获得启发和提升!

翟世宗

2021 年 12 月